Management Text

経営戦略入門

網倉久永
新宅純二郎

日本経済新聞出版

はじめに

　本書は、初学者を対象読者とする、経営戦略論の入門テキストである。経営戦略論は、1970年代の多角化研究を経て、Michael Porter *Competitive Strategy: Techniques for Analyzing Industries and Competitors*（1980）の出版を機に競争戦略に注目が集まり、米国の研究者を中心に、経営学における比較的新しい研究分野として確立してきた。

　日本でも、伊丹敬之『経営戦略の論理』（1980）、マイケル・ポーター『競争の戦略』（1982、前掲書の邦訳）、土屋守章『企業と戦略』（1984）などの刊行を契機に、1980年代前半に経営戦略論に注目が集まり始めた。85年には、本格的なテキストとして石井淳蔵・奥村昭博・加護野忠男・野中郁次郎『経営戦略論』が出版され、90年代には多くの大学で「経営戦略論」を冠する講義が開講されるようになった。

　筆者の二人はいずれも1990年代初頭から、学部学生を対象に経営戦略論を講義してきた。当初はテキストとして、ポーターの邦訳書などを用いてみたものの、説明に用いられている例は、学生には馴染みの薄い米国企業のものばかりであった。また、国内で出版されたテキストも、半ば研究書としての性格が強く、初めて経営戦略論に触れる読者がテキストとして独力で読みこなすのは難しいと感じていた。そのため、講義では特定のテキストを指定することなく、いわば手作りで講義資料を準備してきた。

　基礎知識を持たない初学者が独習に用いることを念頭に、経営戦略論の基本的な概念やロジックを、読者に馴染み深い事例を用いて、丹念に説明した入門テキストが必要であると考え、筆者の講義資料に基づいて執筆したのが本書である。

　本書が対象として想定している読者は、経営戦略に興味を抱いている学生や実務家である。近年、わが国でも専門職大学院が増加し、経営学を専攻する大学院生も増加してきた。しかし、数の上では、経営学を学ぶ学生の圧倒的多数を、実務経験を持たない学部学生が占めている。また、実務家であっても、実際に戦略的な意思決定に携わっているとは限らない。学部学生や比較的若年の実務家にとって、経営戦略は身近なト

はじめに

ピックとはいえず、戦略は、社長や事業責任者などの「偉い人」が考える難しいものであるという感覚を抱いているように見受けられる。

だが、筆者は、優れた戦略とは「理に適った」ものであり、そのエッセンスは簡明で、専門知識がなくても十分に理解できると考えている。優れた戦略とそうでない凡庸な打ち手の違いを見分ける「戦略審美眼」を読者に養ってもらうことが、本書の目指すゴールである。

このゴールを目指して、本書ではいくつかの工夫を試みた。その第1は、基礎的理論・概念、分析ツールを丹念に説明することである。日本の実務家は世界に類を見ないほど勉強熱心で、書店には数多くの「ビジネス書」が平積みにされている。多くのビジネス書では、基礎的な理論や概念、分析ツールの概略が紹介されているものの、独習する初学者が深く理解できるだけ丹念に説明されていることはまれである。

本書では、経営戦略の基礎理論や分析ツールの考え方やロジックを丁寧に説明することを心がけた。特に、業界の構造分析や製品ポートフォリオ・マネジメント（PPM）などの分析ツールについては、読者が実際に「手を動かして」自ら分析を行えるよう、現実の公表データに基づいた分析のプロセスを詳細に記述している。様々な理論や分析ツールを用いて導いた「結論」だけを提示するのではなく、その結論に至るプロセス、ロジックや考え方をできるだけ丁寧に説明するよう心がけた。

第2の工夫は、経営戦略にかかわる基礎的な理論・概念を網羅的に取り上げることである。比較的新しい研究分野であるとはいえ、海外で出版されたものまで含めると、経営戦略に関する優れたテキストは多数存在する。しかし、それらのテキストで扱われているトピックは、1980年代以降に研究者の関心を集めてきた「競争戦略」に偏っているように思われる。70年代に主要な研究対象とされた多角化研究を代表とする「全社戦略」について触れているテキストは少なく、多くの場合はPPMなどが断片的に取り上げられている程度である。本書では、競争戦略・全社戦略の双方について、基礎的な理論・分析ツールを網羅的・体系的に解説するよう心がけた。

本書で取り上げた経験曲線やPPMなどは、1970年代に最先端の経営ツールとして一種のブームとなったため、往時を知る読者には「古色蒼然」といった印象を与えるかもしれない。経営理論にもトレンドがあり、本書で扱っている理論や分析ツールの多くは最先端とは呼べないも

のである。最先端の理論・分析ツールを知ることも大切であるが、その一方で古典的な理論・分析ツールの基礎をしっかり理解することも重要であると、筆者は考えている。

第3に、読者にとって身近な現象を説明対象として選ぶよう心がけた。古典的な理論・分析ツールを、それらが提唱された時代・国での例、たとえば1970年代の米国企業の例で解説しても、現代の日本に生きる読者には「遠い世界」の出来事でしかなく、共感を持って理解してもらうことは難しいだろう。そのため、なるべく日本の新しい事例を取り上げるよう心がけた。

これらの工夫が、他のテキストとは異なる本書の特色であり、差別化のポイントである。ただし、これらの工夫が実際にどれだけ功を奏しているかは読者の判断を待つしかない。特に、第3のポイント、「身近な事象」という点については、近年の社会変化はそのスピードを増しているように感じられ、本書で取り上げている例が「時代遅れ」となっている可能性は否定しきれない。こうした点について、読者からのフィードバックを得られれば幸いである。

本書の執筆は、筆者二人が講義計画・資料を持ち寄り、学部教育の専門授業として経営戦略論を通年4単位（90分講義で30回前後）で講義する際にカバーすべきトピックを検討することからスタートした。本書は、全体として3部から構成され、第1部が「経営戦略の基礎概念」、第2部が「競争戦略」、第3部が「全社戦略」となっている。第2部と第3部が、それぞれ半期（2単位）での「競争戦略」「全社戦略」の講義にほぼ対応している。

本書の全体構成は、筆者の間で比較的容易に合意を見たものの、具体的に各章で何を取り上げるべきかの取捨選択は容易ではなかった。また、取り上げるトピックそれぞれについて、身近な例を探し、分析ツール利用の実例を示すためには、膨大な量の調べものが必要であった。そのため、本書の完成には当初の予想よりも長い時間が必要となった。本書が曲がりなりにも完成できたのは、ひとえに、以下の皆さんから貴重なサポートを得られたためである。ここにお名前を記して、改めて感謝したい。

上智大学経済学部経営学科において開講している網倉ゼミナール卒業

はじめに

生の皆さん。卒業年次順に、岩田寛士、藤井初美、山田真也、鈴木遼、多功英貴、山下麻衣子、居代真澄、田中真帆、東彩貴、樋口賢輔、大畠朋恭の皆さんは、在学中に網倉のアシスタントとして、文献調査・データ収集などに献身的に努力してくれた。

東京大学大学院経済学研究科の大学院生として、新宅の講義資料の整理や改訂、事例分析のデータ収集などに当たってくれた、高松朋史、宮崎正也、魏晶玄、加藤寛之、和田剛明、中川功一、福澤光啓、大木清弘、一小路武安、ラチョット・タンタスラセット、ソ・ヨンキョのティーチング・アシスタントの皆さん。なかでも、和田、福澤、大木、一小路、ソの皆さんは、本書のドラフトに目を通したうえで、読者としての立場から貴重なコメントを多数寄せてくれた。本書が多少なりとも読みやすくなっているとしたら、これらの皆さんのコメントのお陰である。もちろん、本書に関する、ありうる誤りは筆者に帰すものである。

また、すべてのお名前を挙げることは不可能だが、経営戦略論の研究に従事する数多くの研究者の皆さんには大きな「知的な負債」を負っている。紙幅の制約から取り上げることができなかったトピックや参考文献も含めて、先行研究の成果という「巨人の肩」に乗ることで、本書の執筆は初めて可能になった。わが国、そして世界の経営戦略論研究者たちとその知的成果に、改めて感謝したい。とりわけ新宅は、わが国の経営学研究に多大な功績を残して2010年8月に急逝された故土屋守章先生の御霊に本書を捧げたい。

最後に、日本経済新聞出版社の堀口祐介氏には、編集担当者として、本書の企画から10年以上の長きにわたって、遅筆なうえに原稿の手離れが悪い筆者に辛抱強く付き合っていただいた。改めて、深く感謝したい。

2011年4月

網倉久永・新宅純二郎

Management Text
経営戦略入門
[目次]

[第1部] 経営戦略の基礎概念

第1章●経営戦略とは ……… 2

1―経営戦略の定義 ……… 2
2―経営戦略とは何か ……… 3
3―経営戦略の階層：目的―手段の連鎖 ……… 6
　全社戦略／競争戦略（事業戦略）／機能戦略／3階層の相互作用
4―事前計画としての戦略・事後的パターンとしての戦略 ……… 14
　事前計画としての戦略／事後的パターンとしての戦略
〈ケース〉ヤマト運輸――宅急便事業 ……… 22
　個人宅配事業への進出検討／宅急便商品化計画／宅急便事業着手／サービス差別化の継続
〈ケース〉本田技研工業――北米モーターサイクル事業への進出 ……… 30
　ホンダの成功要因：BCGによる分析／ホンダの北米市場参入プロセス：「現実の姿」／進出当初の意図／予期せぬトラブル／新たな販売経路、積極的な広告展開／ナイセスト・ピープル・キャンペーン

第2章●競争優位の実現と維持 ……… 37

1―競争優位・競争均衡・競争劣位 ……… 37
2―競争優位の実現：外部要因と内部要因の適合 ……… 39
　SWOT分析：諸要因の適合を考えるフレームワーク／競争優位

の源泉：外部要因と内部要因
3─競争優位の持続：模倣可能性と能力構築 …………………… 49
資源・能力の模倣可能性／VRIOフレームワーク／能力構築：動態的能力

[第2部] 競争戦略

第3章●業界の構造分析 …………………………………… 68
1─業界の収益性 ………………………………………………………… 68
2─業界の構造分析 ……………………………………………………… 70
基本的な考え方／業界の収益性を左右する要因／既存企業間の対抗度の弱さ／新規参入の脅威の小ささ／買い手の交渉力の弱さ／売り手の交渉力の弱さ／代替品の脅威の小ささ／総合評価／業界の構造分析に関する注意事項／コーペティション：補完財による価値創造と分配
3─戦略グループと移動障壁──業界内の収益率の差 …………… 97
戦略グループ／移動障壁
〈付属資料1〉日本のデジタルカメラ業界1996年の業界構造分析 …… 101
全体像／競争要因別評価／総合的判断
〈付属資料2〉業界の構造分析ワークシート ……………………… 118
競争要因別評価／総合的判断

第4章●差別化 ……………………………………………… 124
1─差別化とは ………………………………………………………… 124
〈ケース〉東京ばな奈
2─マーケティング戦略 ……………………………………………… 126
マーケティング戦略とは／市場細分化（セグメンテーション）／ターゲット選定（ターゲティング）
3─マーケティング・ミックス (4Ps) ……………………………… 138
製品（Product）／流通（Place）／プロモーション（Promotion）／

価格（Price）
1—4　マーケティング・ミックスの一貫性 ･････････････････････････ 161

第5章● コスト・リーダーシップ ･･････････････････････････････ 164

1—コスト・リーダー：価格による競争の前提条件 ････････････ 164
2—コスト優位の要因 ･･････････････････････････････････････ 166
　　　規模の経済／範囲の経済
3—経験効果 ･･ 171
　　　経験曲線／経験効果の発生要因
4—経験効果の競争上の意義 ････････････････････････････ 178
　　　経験効果に基づく価格設定／浸透価格政策
5—経験効果追求型戦略の注意点と限界 ･･････････････････ 184
　　　経験効果追求型戦略を採用する際の留意点／経験効果追求型戦略の限界
〈付属資料1〉経験効果の数学的表現 ････････････････････････ 188
〈付属資料2〉回帰係数と習熟率の関係 ･･･････････････････････ 188
〈付属資料3〉統計データを利用した経験効果の推定 ････････････ 189

第6章● 顧客価値 ･･ 194

1—価値マップ ･･ 194
　　　品質と価格／知覚品質と収益性：PIMS研究／価値マップの考え方／相対的品質：知覚品質による評価／価値マップを利用した戦略分析
2—顧客価値と競争優位 ･･････････････････････････････････ 210
　　　知覚品質と2種類の差別化／水平的差別化による新しい価値の提供
3—顧客価値と企業収益 ････････････････････････････････ 220
〈付属資料〉相対的品質の評価：2003年発売デジタルカメラ ･････ 222
　　　品質プロフィール作成／各属性間の重み付け／属性別評価／各属性得点の加重総和

第7章 ● 競争ポジション … 227

1―競争ポジションの類型 … 227
市場シェアの意味／競争ポジションの類型

2―リーダーの戦略定石 … 231
リーダーの戦略目標／リーダーの定石的マーケティング・ミックス

3―チャレンジャーの戦略定石 … 237
チャレンジャーの戦略目標／チャレンジャーの定石的マーケティング・ミックス

4―ニッチャーの戦略定石 … 243
ニッチャーの戦略定石／ニッチャーの定石的マーケティング・ミックス

5―フォロワーの戦略定石 … 247

〈ケース〉コンタクトレンズ市場におけるシェア逆転 … 250
使い捨てタイプのメリット／J&Jのコンタクトレンズ事業：米国での歴史／日本市場への進出／眼科医への啓蒙と新しい販売ルートの台頭／バリエーションの拡大と従来タイプとの競争

第8章 ● 製品ライフサイクル … 256

1―製品ライフサイクルの段階別特徴 … 256
製品ライフサイクルとは／製品ライフサイクルの段階と特徴／各段階の課題と戦略上の定石

2―導入期 … 266

3―成長期 … 269
導入期から成長期への「離陸」／成長期の定石的マーケティング・ミックス

4―成熟期 … 274

5―衰退期 … 275
撤退／市場再拡大／残存者利益

6―製品ライフサイクルに関する注意事項 … 282
変則的サイクルと分析単位の設定／代替品との関係：自己成就的予言

[第3部] 全社戦略

第9章● 事業の定義と企業ドメイン ……………………… 294
1──競争戦略と全社戦略の結節点 …………………………… 294
2──事業の定義 ……………………………………………… 299
3次元による事業定義／事業定義の比較
3──企業ドメイン …………………………………………… 305
企業ドメインとは／企業ドメインの機能：将来の方向性を示す／企業ドメインの絞り込み／企業ドメインの定義

第10章● 多角化 ……………………………………………… 316
1──多角化と垂直統合 ……………………………………… 317
2──多角化の動機 …………………………………………… 320
既存事業の停滞／リスク分散／範囲の経済／未利用資源の有効活用
3──事業多角化による合成効果 …………………………… 323
相補効果／相乗効果／情報的資源のダイナミズム：多重利用と誘発
4──動態的な合成効果 ……………………………………… 330
ダイナミックな相補効果／ダイナミックな相乗効果
5──多角化と経営成果 ……………………………………… 336
カメラメーカーの多角化と経営成果／日本企業の多角化と経営成果／多角化と経営成果

第11章● 多角化企業の資源配分：製品ポートフォリオ・マネジメント ……… 355
1──キャッシュフローのバランス ………………………… 356
キャッシュフローとは／事業活動のサイクルとキャッシュフロー
2──製品ポートフォリオ・マネジメント（PPM） ………… 359

キャッシュフローに影響する要因／製品ポートフォリオ・マトリックス／各セルの名称と特徴／PPMからの戦略上の示唆／PPMの功績／PPMの問題点と限界

〈付属資料〉公表資料からPPMを作成する 377
事業分野の確定／市場シェア・市場規模のデータ収集／製品別事業規模の推定／分析単位の設定／相対市場シェアの算出／市場成長率の推定／グラフ作成

第12章●垂直統合 389

1──垂直統合とは 389
垂直統合：定義／市場と組織：活動間の調整メカニズム

2──市場取引：メリット・デメリット 392
市場取引のメリット：活動集約による効率性・競争圧力／市場取引のデメリット：機会主義的行動／取引コストと活動内部化

3──垂直統合：メリット・デメリット 397
垂直統合のメリット：取引コスト節約・情報活用／垂直統合のデメリット

4──市場と組織の中間領域：中間組織 404

〈ケース〉シルク・ドゥ・ソレイユ 409
「太陽のサーカス」／「ラスベガスの集客装置」／動物なし、セリフなし、スターなし／内製へのこだわり

第13章●企業活動領域の設定と再構成： 活用と蓄積のダイナミズム 415

1──企業活動領域 416
企業活動領域の変動／企業活動領域の設定

2──企業活動領域の再構成：経営資源・組織能力の活用と蓄積 420

3──企業の境界・活動の境界・知識の境界 424
動態的取引費用／様々な境界の関係

終章●経営戦略の策定・実行プロセス ………………… 431

1—事後的パターンとしての戦略 ………………………………… 431
創発的戦略形成プロセス／創発プロセスの二面性：事後的合理性と予測可能性／創発的な戦略形成・実行プロセス

2—スキーマと組織能力 ………………………………………… 436
スキーマの逆機能／資源・能力の制約／動態的能力

さらなる学習のための参考文献 ……………………………………… 446
索引 ……………………………………………………………………… 449

コラム

目標設定と資源蓄積の時間的順序 ………………………………… 43
競争戦略の４アプローチ …………………………………………… 53
戦略の定義としての「五つのP」と戦略研究の10スクール ……… 54
組織的知識創造プロセス …………………………………………… 63
カバーアルバムのヒット …………………………………………… 134
アップルストア ……………………………………………………… 152
補完財の価格設定 …………………………………………………… 160
薄型テレビの価格下落 ……………………………………………… 165
紙おむつ市場——差別化競争と低価格競争 ……………………… 195
自転車便のティーサーブ …………………………………………… 245
ネットワーク外部性 ………………………………………………… 268
製品ライフサイクルのバリエーション①複合型 ………………… 283
製品ライフサイクルのバリエーション②循環型 ………………… 285
創発的戦略形成・実行プロセスの問題点 ………………………… 441

[第1部] 経営戦略の基礎概念

第1章 経営戦略とは

1—経営戦略の定義

「戦略（strategy）」は、ギリシャ語で「軍隊（stratos）を統率する（ago）」を原義とする軍事用語である。軍事における戦略とは、最終的に戦争に勝利するための全体計画と個別の活動方針を意味している。

軍事戦略論の古典『戦争論』の著者であるクラウゼヴィッツは、個々の戦闘においていかに敵に打ち勝つかの方針である「戦術（tactics）」に対して、戦略は戦争目的を達成するための戦闘の用い方であるとして、「戦略は戦争計画を立案し、所定の目的に到達するための行動の系列をこの目標に結びつける」（『戦争論（上）』岩波文庫 1968 p.252）と述べている。

ビジネスにおける競争を、戦争における戦闘になぞらえて、「経営戦略」という概念が生み出された。戦闘と戦争を区別するように、個別の競争局面でライバルに打ち勝つことと、最終的にビジネスとして成功を収めることを区別し、後者のための基本方針・全体計画として経営戦略が重要であることが、1960年代に主張され始めた。

今日では、経営戦略という用語は一般に広く用いられているが、その用いられ方は多様である。経営戦略は、これまで多くの研究者・実務家によって、様々に定義されてきた。表1.1は、それらの多様な定義のうちごく一部をリストアップしたものである。

これらの定義は、単純なものから詳細なものまで多様であるが、いくつかの共通点を見いだすことができる。それは、(1)到達すべき「目標」や「ゴール」と、(2)企業外部の「環境要因」と企業内部の「資源・能力」とを関係づけて、(3)目標に至るための長期的・包括的に描いた「道

表1.1 戦略の定義

環境適応のパターン（企業と環境のかかわり方）を将来志向的に示す構想であり、企業内の人々の意思決定の指針となるもの 　　　　　石井淳蔵・加護野忠男・奥村昭博・野中郁次郎『経営戦略論（新版）』有斐閣 1996 p.7
価値創造を志向した、将来の構想とそれに基づく企業と環境の相互作用の基本的なパターンであり、企業内の人々の意思決定の指針となるもの 　　　　　大滝精一・金井一頼・山田英夫・岩田智『経営戦略—論理性、創造性、社会性の追求』 　　　　　　　　　　　　　　　　　　　　　　　　　　　　　　　　　　　　　　有斐閣アルマ 2006 p.14
市場の中の組織としての活動の長期的な基本設計図 　　　　　伊丹敬之『経営戦略の論理（第3版）』日本経済新聞出版社 2003 p.2
「企業や事業の将来のあるべき姿とそこに至るまでの変革のシナリオ」を描いた設計図 　　　　　伊丹敬之・加護野忠男『ゼミナール 経営学入門（第3版）』日本経済新聞出版社 2003 p.21
自分が将来達成したいと思っている「あるべき姿」を描き、その「あるべき姿」を達成するために自分の持っている経営資源（能力）と自分が適応するべき経営環境（まわりの環境）とを関係づけた地図と計画（シナリオ）のようなもの 　　　　　沼上幹『わかりやすいマーケティング戦略（新版）』有斐閣アルマ 2008 p.3
企業の将来像とそれを達成するための道筋 　　　　　青島矢一・加藤俊彦『競争戦略論』東洋経済新報社 2003 p.17
いかに競争に成功するか、ということに関して一企業が持つ理論 　　　　　ジェイ・B・バーニー『企業戦略論—競争優位の構築と持続（上）基本編』ダイヤモンド社 2003 p.28
持続的競争優位性（sustainable competitive advantage）を達成するためのポジショニング（positioning）を構築すること 　　　　　コーネリス・A・デ・クルイヴァー、ジョン・A・ピアースⅡ世 　　　　　『戦略とは何か—ストラテジック・マネジメントの実践』東洋経済新報社 2004 p.17
企業戦略とは、企業が複数の市場における活動を組み立て調整することによって、価値を創造する方法 　　　　　デビッド・J・コリス、シンシア・A・モンゴメリー『資源ベースの経営戦略論』東洋経済新報社 2004 p.9

筋」や「シナリオ」という点である。

　こうした点を踏まえて、本書では、経営戦略を「企業が実現したいと考える目標と、それを実現させるための道筋を、外部環境と内部資源とを関連づけて描いた、将来にわたる見取り図」と定義する。

　ここでの定義のように、抽象度の高いレベルでの戦略の定義については、比較的容易に共通点を見いだすことができる。しかし、この定義を現実の事象に対応させようとすると、「戦略とは何か」を厳密に示すことは途端に難しくなる。

2——経営戦略とは何か

　経営戦略を現実に即して示すことが難しい最大の理由は、経営戦略が

第1章 経営戦略とは

計画文書のような「実体」として存在しているわけではない点にある。ここでは、ヤマト運輸による宅急便事業への進出の事例を用いて、この点について検討したい。宅急便事業の事例は、付属資料として本章末に掲載されている。以下を読み進む前に付属資料に目を通して、ヤマト運輸にとって「戦略とは何か」を考察しておくと、より理解が深まると予想される。しかし、以下の記述は、事例を読まなくても理解できるように考慮してあるため、先を急ぐ読者はこのまま読み進んでもらいたい。

経営戦略を「企業が実現したいと考える目標と、それを実現させるための道筋を、外部環境と内部資源とを関連づけて描いた、将来にわたる見取り図」と定義した場合、ヤマト運輸にとって経営戦略とは何だったろうか。ヤマト運輸は、1970年代前半に利益率の低迷を脱するために、個人宅配事業という新しい事業分野への進出を試みた。では、個人宅配事業への進出決定がヤマト運輸にとっての「戦略」だったのだろうか？

個人宅配への進出は、確かに重要な決断であった。だが、この決断だけでは、ヤマト運輸が宅配便市場においてライバル企業を抑えてトップシェアを維持し続けてきたことを説明するには十分ではない。1980年代初頭には35社ものライバル企業が宅配便市場に参入しているが、先行するヤマト運輸のシェアを切り崩せていない。なかには、事業を維持するのに十分な利益を確保できず、撤退する企業さえあった。宅配便市場への参入意思決定だけが、ヤマト運輸とライバル企業との違いではない。

では、ヤマト運輸が、当時の業界常識に反して個人宅配事業で利益を計上することができ、その後も業界トップシェアを維持してきている原因はどこにあるのだろうか。その原因は、宅配便事業を「ネットワーク事業」として捉え、ネットワーク事業で利益を確保するためには何をすべきかを明らかにし、他社に先駆けて実行してきたことに求められる。

ネットワーク事業では、事業着手時に多額の設備投資が必要になる。全国規模の集配ネットワークの構築には時間とコストがかかる。いったん完成した後でも、全国規模の集配ネットワークを維持するコストも発生し続ける。ネットワーク維持のコストは、運ぶ荷物がたとえ一つもないとしても、一定額は発生する。

ただし、ネットワーク維持コストは、運ぶ荷物が増えたとしても、大きく増加することはない。経済学で「限界費用」と呼ばれる、荷物が「もう一つ増えたときに発生する追加的コスト」は、集配ネットワーク

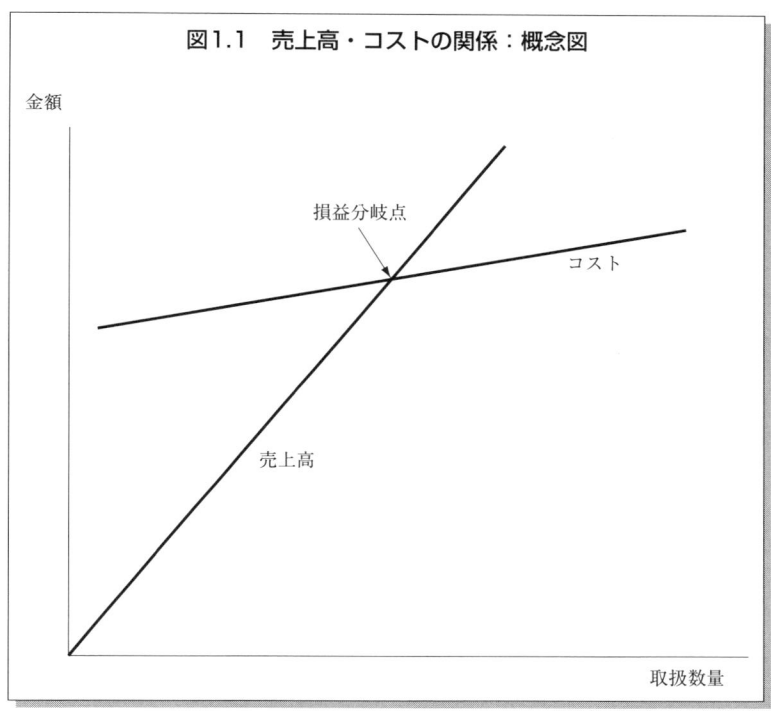

図1.1 売上高・コストの関係：概念図

が完成してしまえば大きくはない。そのため、荷物の取扱数量の増加ペースに比較すると、事業運用費用の増加ペースは小さい。潜在需要を開拓して売上高を増やすことができれば、ネットワーク構築のための初期投資とネットワーク維持のための運用費用を回収して、利益を計上できるようになる。売上高がさらに増えれば、利益はさらに大きくなる。ヤマト運輸は「宅急便商品化計画」や数次におよぶ「ダントツ３カ年計画」によって、潜在需要を顕在化させるための努力を積み重ねてきた。

　こうした活動全体を導く「ガイドライン」や「シナリオ」が戦略である。1970年代前半に、ヤマト運輸は、個人宅配という新しい事業分野への進出を成功させるという「目標」に対して、ネットワーク事業において潜在需要を開拓していくためにサービス差別化を追求するという「基本的な見取り図」を描いた。この基本方針を実行に移すために、ライバル企業の動向やターゲット顧客のニーズ、監督官庁との関係など「外部環境」の要因と、保有するヒト・モノ・カネなどの「内部資源」とを考慮して、宅急便商品化計画やダントツ３カ年計画という具体的な「シナ

5

リオ」を描き、それを実行に移してきた。

　たとえば、内部資源については、量的にも質的にも不十分であった人的資源を考慮して、参入当初は法人需要の取り扱いを禁止し、個人需要のみに特化することで早期のノウハウ蓄積を目指した。

　経営戦略とは、企業の諸活動を導くシナリオやガイドラインで、「実体」として存在する何ものかではない。ヤマト運輸にとって、宅急便への進出決定の判断や「宅急便商品化計画」は戦略上の重要な要素であるが、戦略「そのもの」ではない。戦略とは、特定の意思決定や行動、あるいは具体的な計画そのものではなく、一連の経営活動の背後にあって、それらに一貫性をもたらすロジックとしての「見取り図」である。

　ヤマト運輸の利益計上を見て、表面的な模倣だけで市場に参入したライバル企業の多くは、配送ネットワーク構築という、大きな先行投資に耐えるだけの覚悟や資金的な裏付けを持たず、個人宅配という潜在需要を顕在化し、それを自社に取り込むための基本方針さえ定まっていなかった。

　一方、ヤマト運輸は「目標達成への道筋を描いた見取り図」に基づいて、様々な計画を立案し、実行してきた。優れた経営戦略とは、筋の通ったロジックに基づいた見取り図なのである。

3──経営戦略の階層：目的─手段の連鎖

　経営戦略は、単一の決断やアクションではなく、様々な計画や活動に一貫性・整合性をもたらす見取り図である。こうした見取り図は、「目的─手段の連鎖」として成り立っている。

　個人宅配事業に着手したばかりのヤマト運輸にとっての「目的」は、宅急便を事業として成り立たせることであった。目的を実現させる「手段」として、一方で全国レベルの集配ネットワークの構築、他方で個人宅配という潜在需要の喚起が必要だった。

　潜在需要を喚起するために、ターゲット顧客に気軽に利用してもらえるよう、宅配サービスを「商品」としてパッケージ化することに努めた。パッケージ商品化のために、親しみやすい漢字名称を選び、分かりやすい料金体系を定め、また、「翌日配送」という分かりやすい利便性を前面に押し出してアピールした。

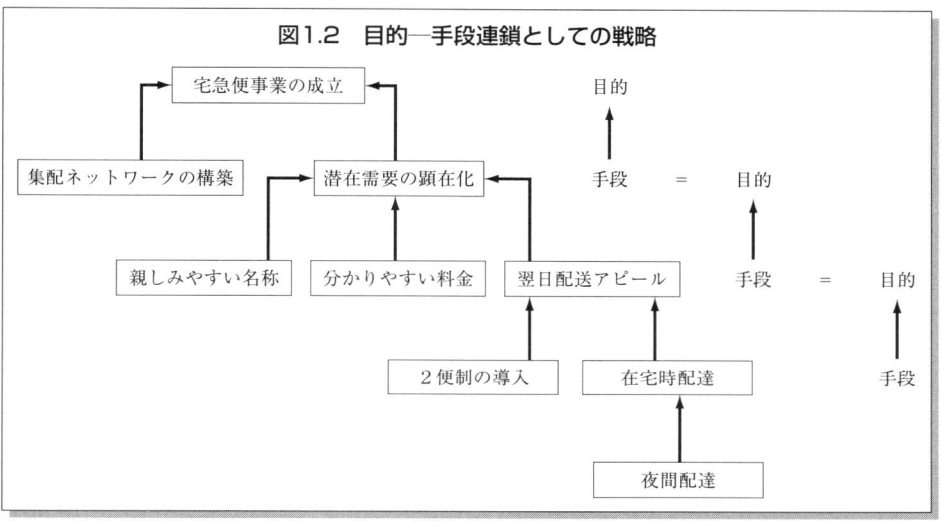

　個人宅配サービスに対する潜在需要を顕在化することは、「宅急便事業の構築」という目的に対しては手段である。しかし、同時に、潜在需要の顕在化はそれ自体で目的でもある。潜在需要を顕在化するために、様々な施策が案出され、実行されている。これらの施策もまたその実現が目的となりうる。

　目標を実現させるための道筋としての経営戦略は、上位目的に対する手段もまた下位目的であるという、目的―手段関係の連鎖になっている（図1.2参照）。こうした目的―手段関係の連鎖のうち、どのレベルに着目するかによって、経営戦略の具体的な意味内容が違ってくる。何を「目的」として設定するかによって、「戦略」の範囲や内容が異なってくる。こうした点も、「経営戦略とは何か」を具体例に則して示すことを難しくしている原因の一つである。

　ヤマト運輸という会社全体にとっては、ライバルとの競争に勝機を見いだせない長距離トラック輸送事業から個人宅配便事業へと事業領域を変更するために、宅急便を事業として成立させることが目的となる。だが、特定のエリアを回って、宅急便の取次店の開拓を担当している社員にとっては、荷物の配送ネットワークが「ハブ・アンド・スポーク」構造をしていることや、日本全国にセンターを何カ所設けるべきかといった問題などは、自身の日常業務にはほとんど影響してこない。

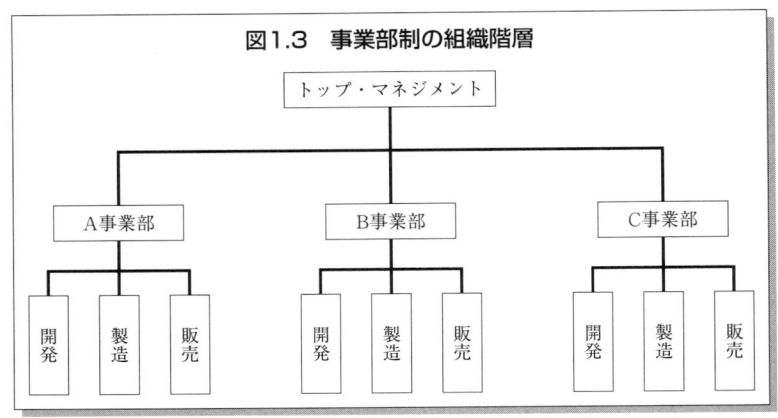

図1.3　事業部制の組織階層

経営戦略は「目的―手段の連鎖」であるため、特定の企業を選び出しても、着目点の取り方次第で具体的な「戦略」の内容は無数にありうる。こうした多様な戦略の具体内容を、経営戦略論では全社・事業・機能という三つのレベルで把握するのが一般的である。この三つのレベルは、「事業部制組織」におけるトップ・マネジメント・事業部・機能部門という階層レベルに対応している（図1.3参照）。

1.全社戦略

「全社戦略（corporate strategy）」は、「企業戦略」とも称され、企業全体としての活動領域の設定にかかわる基本方針である。新規事業への進出や既存事業からの撤退に代表されるような、企業全体として「どこで競争するか」、どの事業を自社の事業構成に組み込むかに関する決定は、トップ・マネジメントが判断すべき事項である。

たとえば、宅急便事業に着手した際に、ヤマト運輸は商業貨物から撤退している。宅急便と商業貨物の両方を扱うと、業態の違いから宅急便の体制作りが遅れると判断したためである。この例のように、事業責任者には下すことが難しい、会社全体としての事業構成にかかわる「大きな決定」のガイドラインとなるのが全社戦略である。

全社戦略で扱われるトピックは、(1)企業の活動領域の設定、(2)全社的な資源配分に大別される。企業の活動領域の設定には、「多角化」と「垂直統合」についてそれぞれの水準の決定が必要とされる。多角化とは、これまで手がけていなかった新しい市場分野へと進出することを意

味している。たとえば、ヤマト運輸は個人向け宅配に専念するためにいったん撤退した商業貨物の取り扱いも再開し、2001年には企業間物流専門の子会社としてヤマトボックスチャーター株式会社を設立している。[*1]

多角化は厳密には事業分野の拡大だけを意味するが、撤退や事業売却などによる事業分野の縮小まで含めて、「事業構成の決定」を意味する言葉として、広い意味で用いられることもある。

垂直統合とは、それぞれの製品分野において、最終顧客に製品やサービスを提供するために必要な活動のうちで、自社で何を手がけ、何は手がけないかの意思決定である。メーカーが、部品を内製するか外部から購買するかの意思決定が代表例である。ヤマト運輸は、集荷・運送・配達まですべての活動を一貫して管理する情報システムを独自に開発しており、1973年にヤマトシステム開発株式会社を設立した。[*2]

事業分野・活動範囲を決定する際には、「自社は何ものか」「これからどのような企業になろうとしているのか」という「企業ドメイン」について考察しておく必要もある。

また、複数の事業分野を有する企業には、事業間での資源配分を工夫することによって、企業全体としての長期的な成長性・収益性を高めるチャンスがある。こうした点について、「製品ポートフォリオ・マネジメント（Product Portfolio Management; PPM）」と呼ばれる分析フレームワークが戦略上の示唆を提供してくれる。本書では、全社戦略に関する詳しい議論は第3部において紹介されている。

2. 競争戦略（事業戦略）

「事業戦略（business strategy）」とも呼ばれる「競争戦略（competitive strategy）」は、多角化した企業においては事業部レベルでの問題になる。競争戦略は、その名の通り、特定の事業で「どのように競争していくか」に関する指針である。たとえば、宅急便の成功を見たライバルが個人宅配市場に参入してきたことを受けて、ヤマト運輸が競争戦略の基本方針として取ったのは「サービスによる差別化」であった。

競争戦略で扱われる主なトピックは、「競争優位」の源泉の解明と維

[*1] 正確には、同社はヤマト運輸に属するのではなく、持ち株会社であるヤマトホールディングス株式会社の100％子会社である。〈http://www.yamatobc.com/〉
[*2] http://www.nekonet.co.jp/

持である。競争優位とは、ライバル企業との競争における優位性であり、競争を自社に有利に展開できる状態である。何が競争優位の源泉なのかが明らかになれば、どうすればライバルとの競争に打ち勝てるのかが判明する。また、特定企業の優位性の源泉が判明すれば、その企業の収益性が他社に比べて継続的に高い水準を保っている原因を究明できる。

　ヤマト運輸は、宅配便という業態を先頭に立って開発してきたため、1980年に競合他社が個人宅配市場に参入してきた時点では、すでに「宅急便」という商標も一定の知名度を得ており、全国レベルでの集配ネットワーク構築が進行していた。また、積極的に集配車両を増やし、セールスドライバーの担当エリアを狭く限定することで、顧客理解が深まり、よりきめ細かいサービスを提供できるようになっていた。他社に先駆けることから発生する「先行者優位」（first mover advantage）が、ライバルとの競争に直面したヤマト運輸にとっての競争優位の源泉であった。

　競争優位の源泉には、比較的長期間にわたって有効なものと、短期間で有効性を失うものがある。多くの市場で、競争が単発で終わることはまれである。競争は一定期間継続し、そのプロセスで、競合企業が様々な対抗策を打ち出してくる。特定企業の優位の源泉が明らかになると、ライバルはそれを無力化させようと努力する。

　競争優位の源泉を模倣することによって、ライバル企業との差をなくすことに努め、旧来の競争優位の源泉が役立たないように「競争のルール」を変えようと試みる。

　ヤマト運輸の成功を見て、1980年には、30社を超える企業が大挙して個人宅配市場に参入した。ヤマト運輸の競争優位の源泉についての理解が十分でなかったライバルは、小型車両に動物のマスコットを大きく描くといった表面的な模倣しかせず、結果的に宅配事業を「ネットワーク事業」として構築することができなかった。ライバルとの競争に直面したヤマト運輸は、「ダントツ３カ年計画」によって、さらにサービス水準を向上させるべく様々な施策を実施してきた。

　先行企業としての知名度や、全国規模での配送ネットワークが完成していることによって低コストで荷物を輸送できることなどは、重要な競争優位の源泉である。しかし、ライバル企業にも積極的なプロモーションによって知名度を高める機会はあるし、十分な資金力のある大手輸送会社であれば、全国レベルの配送ネットワークを構築することも可能だ

ろう。ある時点では、競争優位の源泉であったものが、いつまでも競争優位をもたらすとは限らない。何もしないでいれば、いつかは追いつかれ、追い越されてしまうかもしれない。

　ヤマト運輸は、他社に先駆けてゴルフ宅急便やクール宅急便などの新サービスを導入してきた。宅急便のオペレーションにおいても、きめ細かな荷物管理を実現する情報システムを導入したり、各ドライバーに携帯電話を支給して、不在時再配達の依頼をセールスドライバーに直接できるようにするといった施策をライバルに先駆けて実行してきた。

　競争優位の実現と維持に関する議論が、競争戦略の中心テーマである。本書では、第2章で競争優位について詳しく検討し、続く第2部の各章で競争戦略の個別テーマを議論していく。

3.機能戦略

　経営戦略の3番目の階層は、各機能部門における「機能戦略（functional strategy）」である。機能とは、企業が行っている様々な活動を種類ごとに分類したもののことで、「職能」とも呼ばれる。機能戦略は、研究開発・購買・生産・販売・マーケティング・財務・人事などの各機能部門レベルでの戦略である。[*3]

　企業は、付加価値を生み出すために、一連の様々な活動を行っている。たとえば、製造業の場合には、(1)製造に必要な部品を購入し、(2)それらを用いて生産活動を行い、(3)完成した製品を出荷・販売し、(4)アフターサービスを行うという一連の活動が付加価値としての「利益マージン」の直接の源泉になっている。

　ただし企業活動は、こうした直接的な「主要活動」だけで成り立っているわけではなく、それらを間接的に支える「支援活動」も必要となる。支援活動には、技術開発・人的資源管理・調達などが含まれている。Porter（1985）は、こうした企業活動を、付加価値を生み出す一連の「価値連鎖（value chain）」として整理している（図1.4）。

　研究開発戦略・生産戦略・人事戦略・マーケティング戦略・財務戦略などの各機能分野における戦略は、事業全体の戦略と密接に関連してい

[*3]——図1.3では、機能戦略は事業戦略の下位レベルに位置付けられており、各事業部の中で機能戦略が存在することが示されているが、全社的な機能戦略も存在する。図1.4に示すような複数の事業にまたがった全社的な研究開発、生産システム、人事などについての戦略が典型例である。

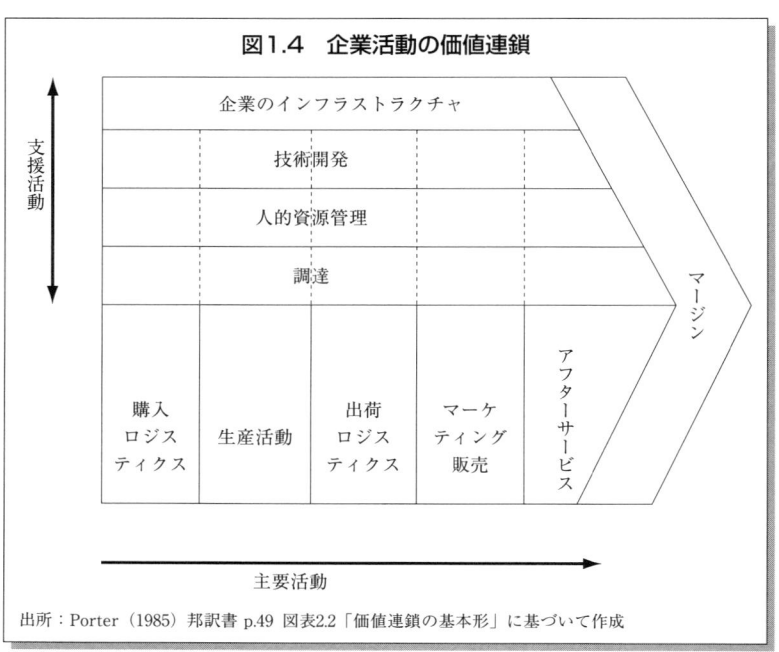

る。たとえば、ヤマト運輸の宅配便事業における競争戦略の基本方針である「サービスによる差別化」を実現するためには、ドライバーへの教育訓練が重要な意味を持っている。現場の第一線で顧客に直接対面する「フォワード」としてのスキルや心構えを、ドライバーに習得してもらうにはどうすべきかの方針を示すためには、人事戦略が重要になる。

あるいは、マーケティング戦略では、ターゲット顧客層である家庭の主婦に宅急便の存在を認知してもらい、サービス特性を効果的に伝達するためにはどのようなプロモーションが適切なのかなどが重要な検討課題になる。

4.3 階層の相互作用

全社戦略で「どこで競争するか」を決め、競争戦略で「いかに競争するか」の方針を定め、機能戦略で戦略方針を実現するために「各機能分野で何をすべきか」を検討することによって、ガイドラインや見取り図としての「経営戦略」が具体的な活動に結びついていく。このように書くと、競争戦略は全社戦略が最上位にあり、その下に競争戦略、最下位

に機能戦略という階層構造になっていて、まず全社戦略を策定し、次いで競争戦略、最後に機能戦略を策定すべきであるという印象を与えるかもしれない。

　しかし、全社戦略・競争戦略・機能戦略は相互に密接に関連していて、必ずしも全社戦略から策定すべきとは限らない。概念的には、全社戦略・競争戦略・機能戦略を別レベルとして切り離して議論することができるが、現実には3階層での戦略は相互に深く関連・依存していて、切り分けることは難しい。現実の企業運営では、トップ・マネジメント・事業部・各機能部門を切り離して、独立して活動することは不可能である。同様に、全社戦略・競争戦略・機能戦略も、それぞれが独立して存在し、別個に機能することは難しい。

　宅配便事業における競争戦略の基本方針が定まり、事業として成立する見通しが立ったからこそ、ヤマト運輸は全社的な事業構成の組み替えに着手できた。商業貨物からの撤退という全社戦略上の意思決定も、「宅急便事業の体制作り推進」という、競争戦略上の判断に基づいて決定されている。また、当初は宅急便事業に付帯する副次的な活動であった情報システム開発や車両整備などの活動範囲が広がってきたことや、宅急便から派生したダイレクトメールの企画・製作・発送などの新しい事業分野が成長してきたことから、グループ企業が増加してきた。2005年には、純粋持株会社に移行するのに伴ってヤマトホールディングス株式会社に商号変更し、物流・金融なども事業領域とする、ヤマトグループとしての新たな「全社戦略」に取り組んでいる。

　宅急便への進出時には、個人宅配事業への進出（全社戦略）→宅急便事業の構想（競争戦略）→機能別の基本方針（機能戦略）という順序で戦略が策定されていた。しかし、今日のヤマトグループとしての戦略は、全社戦略→競争戦略→機能戦略という順序で、トップダウンで決定されているとは限らない。それまでに蓄積してきた固有の強みを生かして、ヤマト運輸が物流事業や金融事業といった新しい活動領域に進出していったように、機能戦略や競争戦略が主導して全社戦略が形成される例も現実には多数観察される。

　ヤマト運輸の宅急便事業における戦略は、多くの日本企業に比べると例外的ともいえるほど一貫していたといえる。ヤマト運輸は、全社的な事業構成の組み替えを意図して、個人向け宅配事業の開拓に臨んでい

る。しかも、宅急便事業に実際に進出する前の段階で、ネットワーク事業において潜在需要を開拓するには何を優先すべきかを明確にし、予想されるデメリットをいかに抑制していくかを詳細に検討し、「宅急便商品化計画」に代表される詳細な事業計画を策定していた。また、事業着手後には、「宅急便事業を構築する」という目的を優先するために、商業貨物から撤退するという「思い切った」決断を下している。

ヤマト運輸の事例に比べると、多くの日本企業では、企業活動はより「場当たり」的で、戦略性は低いように見受けられる。

4──事前計画としての戦略・事後的パターンとしての戦略

経営戦略には実体がないため「見えにくい」。企業を外部から観察した際に戦略が分かりにくいだけでなく、企業内部からでも「見えない」との声を聞くことがしばしばある。特に日本企業の戦略は分かりにくいと指摘されることが多い。時には、「日本企業には戦略がない」とさえ指摘される。

Porter（1996）は、大部分の日本企業は互いに模倣しあい、製品機能・価格・サービスなどで違いを見いだすことは難しく、「ユニークで価値あるポジション」を作り出すという意味で「戦略的」であるとは言い難いとしている。これは、日本企業には一社たりとも戦略がないと主張しているわけではないが、一般的にいって、日本企業には「戦略がない」ように見受けられるという指摘である。

はたして、日本企業には本当に戦略がないのだろうか。それとも戦略があるものの、外部から見えにくいだけなのだろうか。こうした指摘に対する反論として有力なものは、(1)日本企業には戦略があるものの、外部からは見えにくい、あるいは(2)日本企業の戦略は米国流の戦略とは異なっているため、海外の研究者にとってはあたかも戦略が存在しないように見える、というものであろう。

戦略は目的──手段の連鎖である。実際の企業経営では、時には目的が明示されていなかったり、互いに矛盾する複数の目的が示されていたりすることがある。現実は多様であり、単一の「最終目的」を明示することは難しい。たとえシナリオや見取り図があったとしても、構成要素が互いに矛盾し、論理的に「筋の通らない」ものになっていることもあり

うる。さらに、企業活動のすべてが戦略の影響下にあるとは限らない。戦略とは関連のない活動が多数存在する。現実の企業活動は、一貫したシナリオや見取り図に則っているようには見えないことが多い。企業外部から、こうしたノイズと「真の戦略」を見分けるのは困難であるというのが、第1の反論の代表的なロジックである。

しかし、こうした議論に対しては、以下のような再反論がありうる。確かに、ノイズをかき分けて「真実の姿」を見分けるのは容易ではない。だが、それは日本企業のみに限ったことではない。日本企業の戦略が特に見えにくいのは、日本企業の競争行動には戦略とは無関係な要素（ノイズ）が多い、もしくは戦略自体が筋の通らない貧弱なものであるからではないか。

こうした再反論に対する議論が、前述した第2の論点、すなわち戦略の種類が異なっているというものである。次には、本田技研工業（以下、ホンダ）の北米モーターサイクル市場への進出の事例で、この点を検討していきたい。前出のヤマト運輸の宅急便事業の事例と同様に、ホンダの北米モーターサイクル事業の事例も、本章末に付属資料として収録されている。ヤマト運輸の事例と同様に、ホンダの事例についても、読み進む前に付属資料に目を通して、「ホンダには北米市場進出に際して戦略がなかった」という意見に対してどのような議論をするか検討しておくと、理解がより深まるだろう。しかし、先を急ぐ読者はこのまま読み進んでもらっても問題はない。

1.事前計画としての戦略

まずは簡単にホンダの北米事業展開を振り返ってみたい。1958年発売の50ccスーパーカブのヒットにより、国内最大のモーターサイクル・メーカーになっていたホンダは、本格的な海外進出を検討していた。ヨーロッパ・東南アジア・米国で市場調査を行ったところ、日本からの近さや経済発展のポテンシャルなどから東南アジアが有力候補であると目されていた。しかし、藤沢武夫専務（当時）の強い主張によって、最初の進出先は米国となった。1959年にはロサンゼルスにアメリカンホンダモーターカンパニー（以下、アメリカンホンダ）を設立し、米国市場開拓に乗り出した。

当初は、当時市場の主流であった大型モーターサイクルを主力商品と

第1章 経営戦略とは

する予定であったが、紆余曲折があって小型車を主力に据えることになった。米国の消費者は、それまで市場に存在しなかった小型モーターサイクルに対して、予想外に好意的な反応を示した。ホンダは、モーターサイクルにつきまとっていたネガティブなイメージを払拭すべく、「ナイセスト・ピープル・キャンペーン」を代表とする積極的な広告キャンペーンを展開し、1960年半ばにはスーパーカブは全米規模のヒット商品になった。

　ホンダには、北米モーターサイクル市場への進出に際して戦略があったのだろうか。この問いに対しては、様々な回答がありうる。最も肯定的な立場は、ボストン・コンサルティング・グループ（BCG）の報告書に見られるように、ホンダの一連の行動の背後に「大量生産設備への大規模投資、生産自動化による高生産性を背景にした、成長とマーケットシェアを重視した大量販売」といった一貫した〈戦略〉を見いだすものだろう。逆に、最も否定的な見解は、ホンダには〈戦略〉がなく、北米モーターサイクル市場での行動は「場当たり」的で、成功は単なる偶然にすぎないというものである。特に、「米国で売れない商品は世界で通用しない」という藤沢の持論に基づいた米国進出の決定は、事業着手前に「宅急便商品化計画」を策定していたヤマト運輸と比較すると、蛮勇とさえ形容できる。

　「企業が実現したいと考える目標と、それを実現させるための道筋を、外部環境と内部資源とを関連づけて描いた、将来にわたる見取り図」という、前出の経営戦略の定義からすると、北米市場進出を決定した時点でホンダに戦略があったとは主張しにくい。有力視されていた東南アジアではなく、米国進出を主張した藤沢にはそれなりの見通しがあったのかもしれない。しかし、当事者の証言からすると、その見通しは直感の類であり、競争行動に一貫性をもたらす道筋や見取り図とは呼べないものであった。進出当初は、北米市場の需要が春から夏に集中していたことさえ知らなかったため、1959年9月にアメリカンホンダが営業活動を開始した時点では、その年のハイシーズンはすでに終盤にさしかかっていた。スーパーカブを主力車種に据えたのも、大型車種のトラブルによる「窮余の策」でしかなかった。

　ホンダは、北米モーターサイクル事業の立ち上げに際して、ヤマト運輸のように、詳細な事前計画を周到に準備したわけではなかった。ホン

ダの北米での成功には、幸運による「怪我の功名」という側面が多分に見られる。戦略を実行に先立つ計画であると捉えると、北米進出決定時のホンダには「戦略」はなかったと判断できる。

2.事後的パターンとしての戦略

　しかし、ホンダの北米小型モーターサイクル事業の成功は、単なる偶然や幸運だけで説明できるものではない。事業着手の時点では、明示的な事前計画はなかったかもしれないが、ホンダの一連の競争行動を事後的に振り返ってみると、そこにはBCGが指摘するような一貫性の高いパターンを見いだすことができる。

　予期せぬトラブルからスーパーカブを主力車種としたことは、結果として見ると、自国市場でのコスト上の優位性を生かせる製品を選んだことになる。コスト優位を背景にした低価格のスーパーカブが市場に投入されたことによって、手軽な移動手段に対する潜在的な需要が顕在化した。1960年から61年にかけてのスーパーカブのヒットは、まさに「怪我の功名」にほかならない。

　しかし、既存のリーダー企業との正面衝突を避け、自社が得意な製品を生かして新しい需要を開拓して参入するというのは、理に適った新規参入戦略のように見える。さらにそれ以降、アメリカンホンダの施策は徐々に「理に適う」ものになっていったように見受けられる。スーパーカブのヒットという予期せざる事態を受けて、当初は曖昧だったターゲット顧客層を意識的に絞り込み、積極的に働きかけていった。

　米国進出当初は、趣味として大型モーターサイクルに乗る従来からの顧客層をターゲットとして想定していたが、スーパーカブのヒットによって、これまでモーターサイクルに縁の薄かった「良識ある一般大衆」をターゲットに据えた。モーターサイクル業界が従来ターゲットとしてこなかった顧客層に働きかけるためには、新しい販売チャネルを開拓し、従来とは異なる宣伝方法を採用することが合理的である。もっとも、資金投入の大きさには多分にギャンブルの要素があり、決断には強い胆力が必要であったことは想像に難くない。

　ホンダの一連の活動を事後的に振り返ってみると、あたかも「災い転じて福となす」の諺のように、当初の失敗から学び、偶然や思いがけない幸運に助けられ、結果的に成功を収めたというストーリーを描くこと

も可能である。反対に、ホンダの競争行動には、「コスト優位を背景とした新しい市場セグメントの開拓」とBCGが指摘した、一貫性の高いパターンを見いだすこともできる。ただし、この一貫性の高い競争パターンは、北米事業スタート時点で意図していたわけではない。北米事業の立ち上げ初期に経験した数多くの見込み違いや失敗、様々な偶発的要因に対応しながら、試行錯誤の中から形成されていった。

Mintzberg, Ahlstrand, and Lampel（1998）は、戦略には、当事者が事前に意図した計画という側面と、試行錯誤や学習のプロセスを通じて現れてくるパターンとしての側面とがあると指摘している（図1.5）。

事前計画としての戦略には、「意図された戦略」と「計画された戦略」がある。多くの場合、実行に先立って「意図された戦略」の完璧な実現を目指して、実行段階をつかさどる詳細な「計画」が策定される。その「計画された戦略」に従って戦略実現が試みられるものの、実際にはすべてが実現されるわけではない。「実現された戦略」のうちある部分は、事前に意図し、計画され、実現したものであろう。しかし、実現された

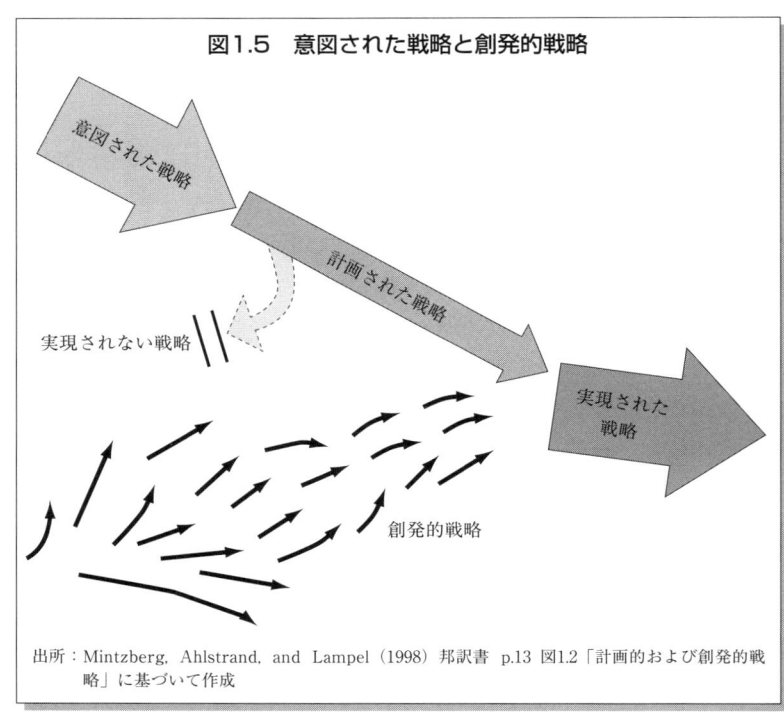

図1.5 意図された戦略と創発的戦略

出所：Mintzberg, Ahlstrand, and Lampel（1998）邦訳書 p.13 図1.2「計画的および創発的戦略」に基づいて作成

戦略の多くの部分は、最初から明確に意図したものではない。試行錯誤的な行動が集積され、そのつど学習する過程を通じて、戦略の一貫性やパターンが形成されていく。

事前には意図していなかった一貫性やパターンが事後的に観察されるような戦略は、「創発的戦略（emergent strategy）」と呼ばれる。創発とは、システム全体を構成する要素における相互作用が複雑に関連し合うことで、システム全体としての状態が個別要素の作用からは予想できないことを指す。企業を取り巻く競争状態が将来どうなるのか、事前には予想できない「非決定論的」な世界において、特定の結果が実現してから、過去の出来事を振り返ることで見えてくる一貫性やパターンが「創発的戦略」と呼ばれる。

ホンダの例では、大型車による北米市場開拓が「意図されたが、実現されない戦略」であった。初期の紆余曲折から小型モーターサイクルを主力商品に据え、それが結果的にヒットしたという「結果」を見て、自社の行動を振り返ってみると、小型車ではコスト優位にあり、低価格を実現することで従来はモーターサイクルの主要顧客として考えられていなかった顧客セグメントを開拓することができていることに気づいた。ホンダは、やむを得ず取ってきた行動が理に適ったものであったことをある時点で自覚し、それ以降は「意図的」に新しい顧客セグメント開拓に邁進していったと考えられる。

現実の企業行動においては、戦略は「事前計画」であると同時に、「事後的パターン」でもある。「一方的に計画的で、全く学習のない戦略はほとんどない。しかしまた、一方的に創発的で、コントロールの全くない戦略もない。現実的な戦略はすべてこの２つを併せ持たなければならない。つまり、学習しながらも計画的にコントロールするのである。別の言い方をすれば、戦略は計画的に<u>策定される</u>、と同時に創発的に<u>形成されなければならない</u>」（Mintzberg, Ahlstrand, and Lampel 1998 邦訳書 p.13、下線部分は原著太字）。

ホンダは、北米事業に着手した時点では「事前計画としての戦略」を持っていたとは言い難い。しかし、試行錯誤プロセスからの創発的な学習に基づいて、戦略計画を立案するようになった。この時点に至ると、「ホンダには戦略がなく、単に幸運だっただけである」と断言するのは難しくなる。

第1章 経営戦略とは

　現実の文脈において戦略について議論する際には、時間的にどの時点においてどこまでの過去や未来を考えているか、空間的にどの範囲を議論の対象としているかを明らかにしておく必要がある。たとえば、今日の北米市場におけるホンダのプレゼンスは自動車メーカーとしてのものである。「手軽な移動手段としての二輪車」という需要を創造しようとしたホンダの「意図」は、ある程度の成功を収めたものの、結局、米国は「自動車の国」であった。国内最後発の自動車メーカーとなったホンダが、国内だけでなく世界の自動車市場でプレゼンスを拡大してきたプロセスには、オイルショックによる石油価格の高騰や排気ガス規制など、事前に予想できなかった「追い風」があった。しかし、単なる幸運だけが自動車メーカーとしてのホンダの成功要因ではない。

　「ホンダの戦略」といった場合、北米でモーターサイクル事業を開拓しようとしていた時点でそれから数年先を見た事前計画として戦略を考えるのか、国内だけでなく米国で二輪車から四輪車へと事業を拡大してきたプロセスでの行動パターンを現時点から過去にさかのぼって考えるのかで、「戦略」という単語が意味する内容が異なってくる。日本企業では、確かに「事前計画としての戦略」を十分に検討しつくしていないと考えられるケースが多いが、その一方で事前に意図していたわけではなくても、事後的に振り返ってみると、競争行動に理に適った一貫したパターンを見いだせるケースも少なくない。

　実際の戦略には、事前計画という側面と、事後的に観察されるパターンという側面がある。本書では経営戦略を「企業が実現したいと考える目標と、それを実現させるための道筋を、外部環境と内部資源とを関連づけて描いた、将来にわたる見取り図」であると定義している。見取り図が事前に描かれている場合と、試行錯誤の学習過程を経て事後的に描かれる場合のいずれにせよ、優れた戦略は「理に適った」ものである。

　本書の続く章では、事前と事後を区別せずに、理に適った見取り図とは何かを理解するために、競争戦略・全社戦略の基礎的な概念・分析フレームワークを紹介する。まず次章で、競争優位とその持続について議論し、次いで第2部では競争戦略、第3部で全社戦略を検討する。戦略の創発性については、終章において改めて議論することにする。

〈参考文献〉

青島矢一・加藤俊彦（2003）『競争戦略論』東洋経済新報社

伊丹敬之（2003）『経営戦略の論理（第3版）』日本経済新聞出版社

Mintzberg, Henry, Bruce W. Ahlstrand, and Joseph Lampel（1998）*Strategy Safari: A Guided Tour Through The Wilds of Strategic Management*, New York; Free Press.（齋藤嘉則監訳、木村充・奥澤朋美・山口あけも訳（1999）『戦略サファリ—戦略マネジメント・ガイドブック』東洋経済新報社）

Porter, Michael E.（1985）*Competitive Advantage: Creating and Sustaining Superior Performance*, New York; Free Press.（土岐坤・中辻萬治・小野寺武夫訳（1985）『競争優位の戦略—いかに高業績を持続させるか』ダイヤモンド社）

Porter, Michael E.（1996）"What is Strategy?" *Harvard Business Review*（Nov.-Dec.）pp.61-78.（竹内弘高訳（1999）『競争戦略論Ⅰ』（第2章「戦略とは何か？」）ダイヤモンド社 pp.67-121）

〈ケース〉ヤマト運輸──宅急便事業

　ヤマト運輸は、1976年に「宅急便」の商標で個人向け宅配サービスを開始した。宅急便サービス開始の5年前、71年に創業者・小倉康臣の息子である小倉昌男が2代目の社長に就任している。70年代初頭、ヤマト運輸の売上は拡大していたものの、利益率は減少傾向にあった。

　トラックによる近距離商業配送を主力事業としていたヤマト運輸は、第二次世界大戦後、貨物輸送分野全般を対象に積極的に事業多角化を推進した。国鉄の貨物輸送向けの集荷・配送、貨車への積み卸し業務である「通運事業」、百貨店の配送業務の請負、航空貨物・海上貨物・港湾輸送・梱包などに次々に進出した。

　しかし、1970年頃から、多角化事業での利益率の低下が顕著になってきた。国鉄による鉄道貨物の取扱量は、競合するトラックへの需要シフト、労使対立による「国鉄離れ」などから減少を続けていた。百貨店配送は取扱個数・売上ともに順調に伸びていたが、73年のオイルショックによる売上減少に見舞われた百貨店からは、配送料金の引き下げを要請され、利益率が低下していった。

　さらに、基幹事業であるトラック輸送の業績も伸び悩んでいた。第二次世界大戦後の経済復興・高速道路網を中心とする道路交通網の整備・トラックの性能向上などから、トラック輸送に対する需要は急速に伸びており、輸送業界全体は好調であった。それにもかかわらずヤマト運輸の業績が伸び悩んでいたのは、長距離輸送への進出に消極的だったためである。社内では長距離輸送への進出が検討されていたものの、創業社長・小倉康臣は「100kmを超える長距離輸送は鉄道の分野である」との信念から、近距離輸送に固執した。

　小倉昌男をはじめとする社内からの強い要請によって、ようやく長距離輸送への進出が決定し、東京─大阪間の東海道路線への免許申請を行ったのは1957年2月であった。先行したライバル企業や地元運送企業からの反対もあり、ヤマト運輸への免許交付には時間がかかった。同業ラ

＊──この事例は、網倉久永（2009）「経営戦略の策定プロセス──事前計画としての戦略、事後的パターンとしての戦略」『赤門マネジメント・レビュー』8（12）pp.701-738の一部を要約したものである。出典情報などの詳細は、上記論文を参照されたい。

イバルに遅れて東海道路線に参入したときには、すでに主要な荷主はライバル企業に囲い込まれていた。

1.個人宅配事業への進出検討

1971年に社長に就任した小倉昌男は、低迷を打破するため、輸送業界の常識を覆す「個人宅配事業」に進出することを決意した。

当時の輸送業界では、個人顧客を対象とする宅配事業では利益が出せないと考えられていた。1970年代初頭、個人向け市場で事業を展開していたのは郵便局だけであった。企業を対象とする商業輸送では、配送元は1カ所で、しかも配送需要の発生するタイミングが事前に予測しやすかった。配送先が事業所であれば、さらに配送効率が高く、高収益が見込めると考えられていた。需要は定期反復的で、荷姿や輸送ルートも一定しており、輸送ロットは大口であった。反復的・定型的・大量の輸送需要を特徴とする商業輸送は、運送業者にとって好都合であった。大手輸送会社は、特に大口かつ定期の輸送需要が見込める、長距離トラック輸送事業に注力していた。

なかでも大量の貨物が輸送される東海道路線では、優良顧客をめぐって先行したライバル企業同士の熾烈な競争が展開されていた。参入が遅れたことで、ヤマト運輸は営業上でもコスト面でも不利な立場に立たされた。「このまま努力を続けても、業績が好転する見込みは薄いのではないか。それならば仕事を変え、新しい市場を目指したほうがよいのではないか」と、小倉は考えた。

新しい市場として、小倉は個人向け宅配を候補とした。個人向け市場は、商業輸送とはまったく異なった市場セグメントであった。商業貨物は、競争が激しいため運賃は安く抑えざるを得ない。しかも、期日の長い手形で支払われることも覚悟しなければならなかった。それに対して、個人向け市場では、顧客が運賃を値切ることはないし、現金で支払ってくれる。だが、そのメリットに比べて、宅配市場のデメリットはあまりに大きかった。

個人向け市場は、需要がどのタイミングでどこから発生するか予測できなかった。どの家庭から、いつ荷物が発生するか分からないうえに、届け先も多様で、荷姿や大きさ・重さも統一されていなかった。需要が偶発的で非定型的なため、売上の予想が立ちにくく、事業は不安定であ

る。個別の集荷・配送は効率が悪いため高コストが予想される一方で、郵便局という強力なライバルが存在するため、郵便小包を上回る運賃を設定することはできない。

　小倉は、個人向け宅配事業はビジネスとして成立しえないという業界の「常識」を疑い、デメリットを抑えるにはどうすればいいかを考え続けた。個人宅配の需要は、本当に散発的・偶発的なのかという疑問を追求するなかで、「人間が生活しその必要から生じる輸送の需要は、個々人から見れば偶発的でも、マスとして眺めれば、一定の量の荷物が一定の方向に向かって流れているのではないか」と思い至った。

　こうして、個別宅配事業を電話と同じような「ネットワーク事業」と捉え、「全国規模の集配ネットワークを築けば、ビジネスになる」という仮説が導かれた。電話も、個別の通話がいつどこで発生するかは予測できず、需要の偶発性・散発性が高い。しかし、電話事業を担う電電公社は大きな利益をあげてきた。最初は限られた数の事業所だけに設置され、業務用に利用されていた電話も、すべての家庭に普及していくと、その利便性から個人の利用度が高まり、夜間の「おしゃべり」にも利用されるようになった。

　ネットワーク事業では、まずネットワークを構築することが重要である。当初はネットワーク構築にコストが必要で、ネットワークが整備されていない間は利用度が低く、収入も少ないため必ず赤字になる。しかし、ネットワークが整備され、利用度が高まって収入が増えれば、損益分岐点を超え、利益が出る。ネットワーク事業では、利用度がさらに高まった場合でも、費用は固定的なので、利用度が高まれば高まるほど利益は大きくなる。

　では、個人向け宅配市場では、どのような集配ネットワークを築くべきなのか。小倉は、個人宅配の需要を「豆粒」にたとえ、次のように述べている。

> 商業貨物の輸送は、たとえてみれば、一升枡のような大きな枡を持って工場に行き、豆を枡に一杯に盛り、枡ごと運ぶようなものである。一方、個人の宅配の荷物はというと、一面にぶちまけてある豆を、一粒一粒拾うことから仕事が始まる。
> （中略）どうすればそんなことができるだろうか。たとえば――。

ターミナルに配属された十トントラックで工場に集荷に行く代わりに、住宅地に設けた小さな営業所から、小型トラックを十台出して住宅や商店をこまめに回って荷物を集める。(小倉昌男 (1999)『小倉昌男 経営学』日経BP社 p.79)

　小型集配車によって各家庭から集められた荷物は、「デポ」と呼ばれる荷受け拠点から、地域の集荷営業拠点である「センター」に集約される。同一地域内の荷物はセンターから配送されるが、他地域に向けた荷物は各都道府県に最低1カ所設けられた運行車の拠点である「ベース」に運ばれる。ベースに集約された荷物は、行き先の方面別に仕分けられ、大型トラックで各地のベースに運ばれる。ベース間には毎晩大型トラックを運行させ、発送の翌朝には大部分の配送先ベースに荷物を届ける。この荷物は、ベースからセンターを経由して配送先へと届けられる。
　航空路線と同様に、「ハブ・アンド・スポーク」システムと呼ばれる、全国規模での集配ネットワークを構築すれば、翌日配達の仕組みを一定のコストで構築できる。配達の速さというサービスで差別化し、適切な価格設定を行うことで需要を喚起することができれば、個人向宅配事業は収益を確保することができる。それが小倉の結論であった。
　潜在需要を顕在化させるため、ヤマト運輸では家庭の主婦をターゲットに据え、顧客の視点に立って様々な工夫を重ねた。1975年10月に作成された「宅急便商品化計画」では、主婦が「買いやすい」ように、宅配サービスを分かりやすい「商品パッケージ」にすることを目指していた。

2.宅急便商品化計画

　宅急便商品化計画の概要は、以下のようなものであった。

(1)名称：宅急便
(2)対象貨物：1個口に限る。重量10kg、縦横高さの合計1m以内。荷姿は段ボール箱、またはしっかりした紙包み
(3)サービス区域：太平洋側の市制の敷かれている地域
(4)サービスレベル：原則として翌日配達、一部地域は3日目配達
(5)地域別均一料金：出荷する地域とそれに隣接するブロックは同一料金
(6)運賃：1個500円、遠距離ブロックは100円加算

(7)集荷：1個でも電話で集荷
(8)取次店：米屋・酒屋などと契約を結び、宅急便取次店の看板を出す。
　取次店に持ち込んだ場合は、運賃を100円割り引く
(9)伝票：専用伝票を作成し、荷物に貼付する。荷札は使用しない

　サービス名称については、当初は米国の貨物運送会社UPSにならってYPS（ヤマト・パーセル・サービスの略称）とすることが検討されていた。しかし、アルファベットの略称は分かりにくいということから、「宅急便」が採用された。
　また、対象貨物を1個口に限定したのは、運賃計算を単純にするためであった。トラック運送の運賃は運輸省（現：国土交通省）の認可制で、認可運賃は貨物の個数ではなく、1口ごとに計算することになっていた。1個口に限定することで、複雑な料金計算の必要がなくなり、後述する地域別均一料金体系を採用することが可能になった。
　サービス区域については、郵便小包に対抗するためには全国を対象とすべきであったが、当面は太平洋側の市制区域とすることにした。
　1970年代半ば時点で、郵便小包を利用した場合は荷物の到着まで4～5日かかっていた。郵便小包に対抗するためには、それよりも早いことが必須であり、すべての荷物を原則として翌日に届けることを目指した。翌日に届くことが顧客に認知されれば、郵便小包では「間に合わない」と諦めていた顧客からの潜在需要を取り込むことができると目論んだ。
　宅急便を商品パッケージとして売るためには、分かりやすい価格設定が不可欠である。貨物輸送運賃は、貨物重量と輸送距離によって決まるため、特定貨物の料金がいくらになるか、家庭の主婦が事前に判断することはほぼ不可能であった。そこで、実際の距離とは関係なく、包括的な均一料金を採用することにした。全国を東北・関東・信越・北陸・中部・関西・中国・九州の9ブロックに分け、発送地と同一ブロックおよび隣接ブロック宛の荷物は同一料金とした。
　また、利用者の利便性を考えて、気軽に歩いていける生活圏内にある、酒屋や米屋などの商店に「取次店」になってもらい、買い物のついでに荷物を送ることができるよう工夫した。

3.宅急便事業着手

　1976年１月20日、ヤマト運輸は宅急便の営業を開始した。東京23区・都下および関東６県の市部から始まった営業区域を徐々に拡大していき、宅急便事業を拡大していくプロセスで、ヤマト運輸は商業貨物から撤退するとともに、参入当初は企業から出る荷物の受注はしないという方針を徹底した。

　小倉は、当初、宅急便と商業貨物は両立可能だと考えていた。しかし、「宅急便を始めても、業態の違う商業貨物を手がければ、人も車両も慣れたほうに流れ、宅急便の体制作りが遅くなる恐れがある」と、営業を宅急便に特化した。

　また、家庭から出て家庭に行く宅配は「一面に撒かれた豆を一粒一粒升に拾うようなもの」であるのに対して、同じ宅配でも企業から出て家庭に行く荷物は「すでに荷主のところで豆が升に入っているから仕事は楽で、誰でも企業の宅配を契約したくなる」ため、小倉は敢えて企業から出る宅配を受注することを禁止した。

　小倉は再三再四「サービスが先、利益は後」と社内に呼びかけていた。宅急便をネットワーク事業と捉えると、全国に集配ネットワークを構築し、荷物の取扱量が損益分岐点を超えるまでは利益が出ない。事業構築の初期段階では、目先の利益を確保するために、投資を惜しむべきではないと小倉は考えた。

　設備投資や社員採用に当たっても、「社員が先、荷物は後」「車が先、売上が後」をモットーに、社員数・車両台数を積極的に増やしていった。現時点の市場規模に合わせて社員や車両台数をそろえたのでは、市場を拡大させることはできない。まずは、社員や車両を増やし、サービス水準を上げることで潜在需要が顕在化できると社内に働きかけた。

　集配車を増やせば、担当エリアは狭くなり、対象顧客数は少なくなる。移動時間が短くなり、ドライバーは担当エリアの顧客をよりきめ細かく理解でき、サービス水準が向上する。ドライバーは、単に荷物を運ぶだけの「運転手」ではなく、「セールスドライバー」に呼称を変更した。セールスドライバーは、サッカーにたとえると現場の第一線で顧客に直接対面する「フォワード」である。顧客の満足度を高めるために何をすべきか、その時々の状況に応じて自ら判断し機敏に行動できる「優

れたフォワード」になってほしいと、ドライバーを再教育した。

4.サービス差別化の継続

　宅急便事業は順調に売上を伸ばし、事業開始から5年目の1980年には経常利益39億円を記録し、ついに損益分岐点を超えた。宅配事業で黒字になったというニュースは、トラック輸送業界にとっては衝撃であり、類似サービスを手がける企業が35社も市場に参入してきた。

　宅急便スタート当初は差別化競争の相手は郵便小包であったが、これからはトラック輸送を手がけてきた同業者がライバルとなる。ヤマト運輸としては、サービスによる差別化をより一層進める必要があると判断し、3年間で他社を引き離した「ダントツのサービス」を実現することを目標に、1981年4月から「経営三カ年基本計画」、通称「ダントツ三カ年計画」をスタートさせた。「ダントツ三カ年計画」の終了後も、「新ダントツ三カ年計画」（1984〜86年）、「ダントツ計画パート3」（1987〜89年）を実施した。三次の「ダントツ計画」の主眼は、「翌日配送区域の拡大」と「在宅時配送」であった。

　在宅時配達とは、「配達に行ったら留守だった」という供給者の論理でサービスを提供するのではなく、「配達先の顧客の在宅時に配達に行く」という顧客の論理に合わせてヤマト運輸の仕組みを変えていこうとする取り組みである。従来、午前中1回のみだった配送を、午後にも配達するようにした。さらに、共働き世帯の増加などから、夜8時までの夜間配達（その後9時までに延長）を実施する体制を作り上げた。

　宅配便市場を自ら開拓し、サービス差別化に向けた努力を続けてきたヤマト運輸は、その後も様々な新サービスを導入した。たとえば、ゴルフ宅急便・クール宅急便、通信販売の代金回収を請け負う「コレクトサービス」、インターネットなどを利用した書籍の通信販売「ブックサービス」、配達時間を指定できる「タイムサービス」、首都圏と北海道・九州を空路で結ぶ「超速宅急便」などが代表例である。

　また、運転席から荷物室に直接入れることから「ウォークスルー車」と呼ばれる集配専用の小型トラックをトヨタ自動車と共同開発したり、集荷・運送・配達までのすべてのプロセスを一貫して管理する情報システム（セールスドライバーの携帯情報端末から、ワークステーション・メインフレームコンピュータで構成される）を独自に開発・運用してき

た。さらには、ベースにおける自動仕分けシステムを導入したり、セールスドライバーの作業マニュアルを策定し、教育訓練を施すといった顧客の目には触れない部分でも、宅配便サービスという「業態」に適したシステム構築の努力を継続した。こうした努力の結果、宅配便市場においてヤマト運輸はトップシェアを維持し続けてきた。

〈ケース〉本田技研工業
——北米モーターサイクル事業への進出

　1950年代前半、日本国内のモーターサイクル市場でのシェアを拡大してきた本田技研工業は、58年発売の50ccスーパーカブのヒットにより、59年には国内最大のモーターサイクル・メーカーになっていた。国内での事業基盤を固める一方で、57年頃から海外進出を本格的に検討し始め、59年には直接投資による海外子会社アメリカンホンダモーターカンパニーを設立し、米国市場開拓に乗り出した。

　ホンダが米国に進出した1950年代末、米国のモーターサイクル市場はハーレーダビッドソンや、ドイツのBMW、英国のトライアンフやノートンといったメーカーによる、排気量500cc以上の大型モーターサイクルが主流であった。なかでもヨーロッパからの輸入車が人気で、1959年の市場シェアは英国製品が49％を占めていた。そこに、ホンダを筆頭とする日本製モーターサイクルが進出してきたことで、米欧メーカーのシェアは減少し続け、特に英国メーカーのシェアは14年後の73年には９％にまで凋落した。

1.ホンダの成功要因：BCGによる分析

　事態を重く見た英国政府は、英国メーカー凋落の原因究明をボストン・コンサルティング・グループ（BCG）に依頼した。BCGは1975年に最終報告書を提出し、その中で英国メーカー凋落の原因は、日本メーカー、なかでもホンダの急伸にあると述べている。さらに、米国市場での成功の背後には、資本集約的大量生産設備への大規模投資・生産自動化による高生産性を背景にした、ホンダの一貫した戦略方針が存在すると指摘している。

①新しいターゲット顧客を選択し、需要を創造

　ホンダは、ハーレーダビッドソンに代表される大型モーターサイクル

＊――この事例は、網倉久永（2009）「経営戦略の策定プロセス―事前計画としての戦略、事後的パターンとしての戦略」『赤門マネジメント・レビュー』8（12）pp.701-738の一部を要約したものである。出典情報などの詳細は、上記論文を参照されたい。

に乗っていた当時の主要顧客ではなく、一般大衆をターゲットにした。市場を再定義し、レジャー用途を開拓することで、市場規模を拡大した。

新しいセグメントにアプローチするために、業界誌やモーターサイクル雑誌ではなく、『ライフ』をはじめとする一般大衆誌に広告を掲載し、1962年には「ナイセスト・ピープル・キャンペーン」を展開した。64年4月のアカデミー賞授賞式では、外国企業として初めてのスポンサーとなった。30万ドル（約1億円）の放映料を支払って、全米に放映されたテレビ・コマーシャルは大きな反響を呼び、「ブラックジャケット」と呼ばれる黒い革ジャンパーを着たアウトローの遊び道具という、それまでのモーターサイクルにつきまとっていたネガティブなイメージを一掃し、「日常の暮らしに密着した手軽な乗り物」という新たな需要の創造に成功した。

②小型軽量・低価格の製品を提供

1950年代末には、市場リーダーであったハーレーダビッドソンや、他の米国、英国などのメーカーの製品は、排気量500cc以上の大型モーターサイクルで、価格も1,000ドルから1,500ドルだった。北米市場の年間需要も5万〜6万台程度で、台数ベースでは日本市場の10分の1ほどであった。対するホンダの主力車種スーパーカブは、排気量50ccで小型軽量、さらに小売価格は250ドル以下で、学生などにも手が届く価格であった。低価格製品の導入によって市場規模は拡大し、1962年にはアメリカンホンダの年間総販売台数は4万台を突破した。

③低価格実現のため大規模投資・大量生産

アメリカンホンダが設立された1959年時点で、売上5,500万ドルのホンダはすでに世界最大のモーターサイクル・メーカーとなっていた。前年に日本市場で発売されたスーパーカブのヒットによって、1959年の総販売台数は28万5,000台、うちスーパーカブが16万8,000台であった。スーパーカブ発売以前には、ホンダで最も人気のある車種でも日本国内市場では月間2,000〜3,000台程度の販売規模しかなかった。

スーパーカブの大ヒットは、大幅な生産能力増強によって実現された。ホンダは、1959年に、日本国内の年間総需要が50万台程度であったにもかかわらず、月産3万台の生産能力を擁する鈴鹿工場を建設している。鈴鹿工場では、設備投資が大規模であっただけでなく、旺盛な需要に応えるために、生産性を向上させるべく自動化技術の高度化にも注意

が向けられた。62年には、従業員1人当たり年間生産台数は159台（ハーレーダビッドソンは74年までこの水準に到達できなかった）、従業員1人当たりの純固定資産投資は8,170ドル（米欧のライバル企業の2倍以上）となっていた。

また、1960年には、ホンダの研究開発部門は700人以上のエンジニア・デザイナーを擁しており、これは、米欧ライバル企業の100人程度のエンジニア・製図技師と好対照であった。

④成長とマーケットシェアを重視した大量販売

日本国内での熾烈な淘汰競争を勝ち抜いたホンダは、市場リーダーのポジションから発生するコスト優位に基づき、低コスト・メーカーとして米国市場に参入した。米国市場でも、攻撃的な価格設定・積極的広告キャンペーンによる市場シェア拡大という日本市場での「勝ちパターン」を再現した。

積極的な広告キャンペーンの影響もあって、スーパーカブの販売台数が上向き始めると、スーパーカブの新規販売店開業を希望する問い合わせが増えた。特に1964年のアカデミー賞授賞式でのテレビ・コマーシャルは大きな反響を呼んだ。新規販売店開業希望が飛躍的に増加しただけでなく、多くの企業から「当社の販売促進キャンペーンの商品として、ぜひスーパーカブを使いたい」との申し込みが殺到した。

新しい市場の創造に成功したアメリカンホンダの売上は1960年の50万ドルから、65年には7,700万ドルに急増。66年にはホンダ単独で、米国市場において63％のシェアを占めるようになった。ヤマハ、スズキもそれぞれ11％のシェアを占め、日本企業3社で85％のシェアに達していた。

2.ホンダの北米市場参入プロセス：「現実の姿」

ホンダの北米市場への参入プロセスは、経験曲線効果によるコスト優位（第5章参照）を活用して、市場シェアを拡大するという戦略方針に合致するものとして、BCGレポートでは描かれている。しかし、現実の姿は「計算違い、思わぬ偶然、組織的な学習」の連続であった。

BCGレポートでは、ホンダは、日本国内での50ccスーパーカブの生産によって得られた経験曲線効果に基づいて低コスト構造を構築し、まず北米市場で小型モーターサイクルに参入し、そこでの成功を梃子にして、次第に大型市場へと展開していったとされている。しかし、アメリ

カンホンダ支配人としてホンダの北米市場進出を指揮した川島喜八郎は、まったく異なる「現実の姿」を語っている。

> わたしたちには、アメリカでいったい何ができるか、まずそれを見極めようという以外、特に具体的な戦略はなかった。私たちは直接藤沢さんと連絡をとり合う権限を与えられていた。初めあの人は、わたしたちが目標とするターゲットを何も与えてくれなかった。利益に関する話もなかったし、収支とんとんにするデッドラインさえなかった。藤沢さんはただこう言っただけだ。「だれかが成功できるなら、君らにだってできるさ」と。
> (Shook, Robert L.（1988）*Honda: An American Success Story*, New York; Prentice Hall.（崎谷哲夫訳（1989）『ホンダ・ウェイ―文化融合型の経営革新』ダイヤモンド社　邦訳書 p.38）

　北米が最初の進出先に選ばれた経緯も、「戦略的」とは形容しかねるものであった。日本国内での基盤を固めつつあったホンダは、1956年末頃から海外進出を本格的に検討し始め、翌57年にはヨーロッパ・東南アジア・米国において市場調査を行った。市場規模や今後の経済発展を考えると、進出先としては東南アジアが有力だと川島は考えていた。しかし、専務の藤沢武夫は米国進出を強く主張した。
「資本主義の牙城・世界経済の中心であるアメリカで商売が成功すれば、これは世界に広がる。逆にアメリカでヒットしないような商品では、世界に通用するような国際商品にはなり得ない」というのが藤沢の持論であった。「アメリカでチャレンジすることは、われわれにとって一番難しいことかも知れないけれども、これは輸出拡大に向けての一番大事なステップである」との主張に基づき、アメリカ進出が決定した。

3.進出当初の意図

　アメリカンホンダ設立には、100万ドル（約3億6,000万円）の資本金を計画していたが、当時は外貨持ち出しが制限されており、通商産業省と大蔵省の認可が得られなかった。度重なる交渉の末、大蔵省から許可された資本金は25万ドルだった。しかも、現金の持ち出しは、その半分弱の11万ドルしか許されず、残りは二輪車とその補修部品を「現物出資」として充当しなければならなかった。

米国市場参入時の販売計画は、50ccスーパーカブ、125ccベンリイ、250ccおよび350ccのドリームの4車種で、販売目標月間1,000台というものであった。この販売計画は、年間5万〜6万台程度しかなかった北米市場においては、非常に野心的なものであった。

当時、ホンダはヨーロッパ・メーカーの製品と競争することを目論んでいた。川島も次のように語っている。

> 初めてアメリカに来たとき、われわれは小型バイクを売るつもりはなかった。スーパーカブは日本では当たりをとったが、それはアメリカではホンダのイメージを損なうと見なしていた。アメリカ人が好むのは、パワーとスピードだと考えていたからだ。当然われわれは大型バイクの市場を追いかけた。スーパーカブはどこから見ても男性的（マッチョ）ではなかった。（Shook 前掲書 p.41）

4.予期せぬトラブル

1959年9月にアメリカンホンダは営業活動を開始した。しかし、当時のモーターサイクル需要は、気候のよい4月から8月に集中していた。アメリカンホンダがシーズン終了直後に営業を開始したのは、北米市場の需要特性を知らなかったためであった。

1960年に入ると、月間販売台数が数百台の規模に達し、順調な推移を見せ始めた。しかし、その矢先の4月、商品トラブルが続発する。主力車種ドリームとベンリイに搭載されたエンジンが過熱のため焼き付くという現象が150台余りのモーターサイクルに見られたのである。原因は、日本と異なる道路事情のため、高速・長距離の走行にエンジン部品が耐えられなかったことにあった。アメリカンホンダは、日本から急遽メカニックを呼び寄せ、対応に当たった。トラブルを起こした商品はすべて販売店から回収し、日本から到着したばかりで陸揚げを待っていた商品も含めたすべての同型車種を日本へ送り返した。

主力車種を失ったアメリカンホンダは、スーパーカブを前面に押し出して営業活動を続けた。この決定以前にも、スーパーカブに対しては多くの好意的な反応が寄せられていた。外貨持ち出しの制約から、社用車を1台しか持てなかったアメリカンホンダの社員は、自らの「足」としてスーパーカブを使っていた。街の人々はスーパーカブに高い関心を示

していたが、企業イメージ毀損を危惧したアメリカンホンダは、50ccスーパーカブを前面に押し出すことを躊躇していた。

だが、主力大型車種のトラブルのため、アメリカンホンダに選択の余地はなくなり、スーパーカブを主力商品とせざるを得なくなった。実際に売り出してみると、市場の反応は好意的だった。250ドル以下というリーズナブルな価格、走行性能の高さに加えて、スーパーカブは4ストローク・エンジンを採用しているため音も静かで、小型で取り回しが容易であった。また、フロント・カバーと幅広いステップを持つデザインは、スカートをはいた女性にも乗りやすいと好評であった。

5. 新たな販売経路、積極的な広告展開

1961年5月には、スーパーカブのヒットもあり、当初目標の月間販売台数1000台を達成した。しかし、川島は、さらに市場を拡大するためには新たな施策が必要だと考えた。

オートバイを手軽に買える商品にすべく、既存の販売店に加えて、新たな販売経路を開拓した。各地でアメリカンホンダの事業概要をプレゼンテーションしてまわり、新たな販売店を募ると同時に、スポーツ用品店やアウトドアショップなどにも販売してもらうよう働きかけた。

「新しいイメージ」をアピールするために、アメリカンホンダの営業スタッフは、全員、背広にネクタイを締め、サービス・メカニックたちも真っ白の作業着を着用するようにした。常に清潔感のある服装と礼儀正しい態度で顧客に接することを心がけ、ホンダのオートバイを取り扱う販売店の経営者たちへも、その大切さをアピールした。そして、セールス活動、サービス技術に関するマニュアルやテキストを作成して各地で講習会を開催し、販売店の育成に力を注いだ。

「油にまみれて薄汚ない」というオートバイ販売店の悪いイメージを払拭するために、販売店の経営者に対して店舗改装を積極的に奨励した。

一方、広告・宣伝にも注力した。アメリカンホンダは、従来とは異なる顧客セグメントにアピールするために、限られた人たちにしか読まれない業界誌やモーターサイクル雑誌だけでなく、『ライフ』をはじめとする一般大衆誌に広告を掲載した。広告には明るく華やかな雰囲気の色を使い写真を厳選し、ネガティブなイメージを連想させる「モーターサイクル」という表現は一切使わず、スーパーカブだけでなくモーターサ

イクルそのもののイメージアップを図った。

6.ナイセスト・ピープル・キャンペーン

　1962年末には、アメリカンホンダの年間総販売台数は4万台を超え、契約販売店も全米に750店近くまで増加していた。川島は翌63年度の販売目標を、前年5倍増の20万台に設定した。

　この数字には、アメリカンホンダのスタッフでさえも驚いたものの、モーターサイクル利用者の社会的イメージと、アメリカンホンダの知名度をさらに高めることができれば、達成可能であると川島は考えていた。そのために、かつてない巨額の広告費を投入する覚悟であった。

　大手広告代理店グレイの提案に従って、"You meet the nicest people on a Honda（素晴らしい人々、ホンダに乗る）"をキャッチフレーズとする広告キャンペーンを、西部11州を対象に展開した。

　この広告には、主婦や親子、若いカップルといった良識ある「素晴らしい人々」が、様々な目的でスーパーカブに乗っている姿が描かれていた。色鮮やかなイラストと完成度の高いデザインは、モーターサイクルという言葉に嫌悪感を抱いている人たちや、モーターサイクルに対して関心を示さなかった人たちに、日常の暮らしに密着した手軽な乗り物として、モーターサイクルの新しい存在価値をアピールした。

　さらに1964年4月には、アカデミー賞授賞式のスポンサーとなった。アカデミー賞授賞式のテレビ放映は、全米で80％近い高視聴率が期待されていた。この番組でコマーシャルを放映すれば、スーパーカブの商品名とアメリカンホンダの企業名を一気に全米中に広められると提案された。放映料は30万ドル（約1億円）と高額であったが、外国企業としてスポンサーになったのはアメリカンホンダが初めてで、モーターサイクル・メーカーの参加は前代未聞であるとして、関係者の話題を呼んだ。

　全米中に放映されたテレビ・コマーシャルは、予想以上の大反響であった。スーパーカブは、それまでモーターサイクルにつきまとっていた邪悪なイメージを払拭し、「日常の暮らしに密着した手軽な乗り物」として受け入れられ、全米規模のヒット商品に成長していった。

　スーパーカブのヒットを追い風に、アメリカンホンダは商品ラインアップを拡充させていった。1970年度には、50ccの小型機種から750ccの大型オートバイまでを取りそろえ、年間販売台数は50万台を突破した。

第2章
競争優位の実現と維持

1──競争優位・競争均衡・競争劣位

　前章で簡単に触れたように、競争優位の実現とその維持が、競争戦略論における主要な論点である。競争優位（competitive advantage）とは、ライバル企業との競争を自社にとって有利に展開できることから、ライバルに比べて「収益ポテンシャル」が高い状態を指す。競争優位を実現することで、収益ポテンシャル、すなわち高収益を実現できる潜在的な可能性が高まる。しかし、潜在的な収益可能性を活用できていない場合もあり、競争上有利な立場にあることが高収益性の実現を保証するわけではない。現実の企業収益は多様な要因で決まるため、競争優位の状態にある企業の収益性が必ずしも高いとは限らない。[*1]

　競争優位に関連する概念として、「競争劣位（competitive disadvantage）」と「競争均衡（competitive parity）」がある。[*2] 競争劣位は競争優位の裏返しである。特定企業が優位にあるということは、ライバル企業の視点からすると、自らは劣位にあることを意味する。また、競争均衡は、競争優位と競争劣位の中間で、他企業と同等・同条件にある状態を指す。

[*1]──たとえば、伊丹（2006）では日米企業の利益率を比較すると、長期間にわたって米国企業の利益率が日本企業のそれを上回っていることを指摘している。しかし、これは単純に日本企業の経営効率が米国企業に比べて劣っているということを意味するのではなく、利益確保の持つ「重み」が日米で異なっている可能性があることが議論されている。田中（2006）は、日米で企業観・市場観・利益観の相違があり、それが利益率の格差をもたらしている可能性を示唆している。

[*2]──ここでの「均衡」は同等もしくは同条件を意味しており、経済学で用いられる、需要と供給が見合っている状態を指す「均衡（equilibrium）」とは別概念であることに注意が必要である。

たとえば、ヤマト運輸など運輸各社の「メール便」は、郵便事業株式会社（旧郵政省・日本郵政公社）の「ゆうメール」（旧称：冊子小包）と競合している。メール便は、郵便法が規定する「信書」以外の軽量荷物の輸送サービスで、1997年にヤマト運輸が「クロネコメール便」を開始して以来、運輸各社も同様なサービスを手がけている。宅配便とは違い、メール便では配達時間は指定できず、配達先のポストに投函したことで配達完了とみなすため、受領印は求めない。メール便の配達サービスの内容は郵便とほぼ同等であり、顧客は料金や配達所要時間などでサービス提供業者を選んでいる。[*3]

郵便配達を手がけ、国内全地域をカバーする郵便局ネットワークを擁する郵便事業は、顧客の転居情報を保有している。引越しの際には、郵便を転送してもらうために郵便局に「転居届け」を出すが、宅配業者に転居先を通知することは一般的ではない。ダイレクトメールやパンフレットなどを大量に発送する事業者にとっては、顧客の住所情報を最新のものにアップデートしておかなくても、自動的に転送してもらえる「ゆうメール」のサービスは魅力的である。顧客の転居先情報は、発送者側の顧客満足度の向上に寄与するだけでなく、宅配業者の配送効率も向上させる。転居先が判明していれば、「配達に行ったら、引っ越していたので、荷物を返送する」という配送効率を低下させる事態を回避できる。

顧客の転居情報は、宅配業者にとって非常に重要であるにもかかわらず、顧客から収集するのは容易ではない。一方、郵便事業には、郵便物の転送を望む顧客が自ら郵便局に転居先を届け出てくるため、ほぼ自動的に転居先情報が集まってくる。顧客の転居先情報は、郵便事業にとっては重要な競争優位の源泉となり、他の宅配業者にとっては競争劣位の原因となる。

ただし、競争優位はライバル企業との比較によって決まるという意味で、あくまでも相対的である。たとえば、ヤマト運輸がそれまで夕方6時までだった宅急便の配達時間を夜8時まで延長したことは、顧客の利便性を向上させ、同社にとって競争優位の源泉の一つとなった。しかし、同業他社が追随し、8時までの夜間配達を実施するようになると、夜間配達は競争優位の源泉としては機能しなくなる。8時までの夜間配

[*3] メール便は配送コスト削減のため、二次・三次業者に委託することが多いため、郵便や宅配便よりも時間がかかることが多い。

達は、競争優位の源泉ではなくなり、競争均衡の実現要因となる。

さらに、夜間配達を実施する企業数が増えていくと、夜間配送を実施できない業者は、競争劣位の状態に甘んじるしかなくなる。大部分の業者が夜間配達を実行していると、それは顧客にとって「当たり前」のサービスになり、顧客に訴求するポイントにはなりえない。競争均衡をもたらす要因は、その条件を欠いた場合には競争上不利になるものの、その条件が満たされたとしても競争上有利に作用するわけではない。

競争優位・均衡・劣位は相対的なポジションであるため、同じ一つの要因や資源が、競争優位・均衡・劣位のいずれの原因ともなりうる。たとえば、収益ポテンシャルを高める資源を自社が保有していて、ライバル企業が保有していない場合、その資源は競争優位の源泉となる。しかし、他のライバルが同じ資源を保有している場合には、同一程度の収益ポテンシャルしか期待できないため、その資源は競争均衡の実現因と考えられる。ライバルが、自社よりも高い収益ポテンシャルを実現する資源を有する場合には、自社の保有する資源は競争劣位の原因となる。

こう考えると、厳密な意味での競争優位は、収益ポテンシャルがすべてのライバルを上回っている状態を意味することになる。しかし、現実には、収益ポテンシャルがすべてのライバルと比較して上回っているか否かを厳密に確認することは困難である。そこで、本書では、「業界の大多数の企業と比較して、収益ポテンシャルが上回っている状態」を競争優位ということにする。

2—競争優位の実現：外部要因と内部要因の適合

競争優位は、どうすれば実現できるのだろうか。経営組織論では、高い経営成果は、企業を取り巻く外部環境要因と各企業の内部要因との「適合（fit, congruence）」からもたらされると考えられてきた（加護野 1980）。経営戦略論でも、適合が高成果をもたらすという「適合仮説」に基づいて、戦略が企業内外の諸要因と適合的であることによって、競争優位が実現されると考えている（伊丹 2003）。

前章では、経営戦略を「企業が実現したいと考える目標と、それを実現させるための道筋を、外部環境と内部資源とを関連づけて描いた、将来にわたる見取り図」と定義した。目的に至る道筋としての戦略が、企

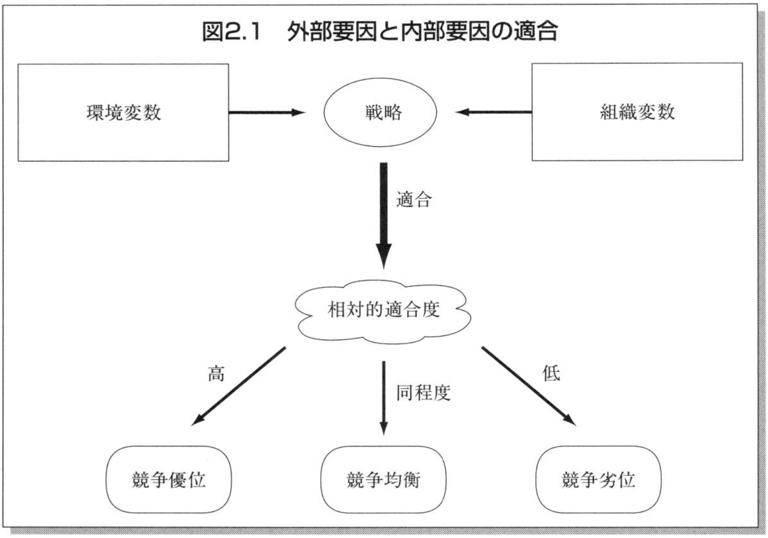

図2.1　外部要因と内部要因の適合

環境変数 → 戦略 ← 組織変数

↓ 適合

相対的適合度

- 高 → 競争優位
- 同程度 → 競争均衡
- 低 → 競争劣位

業を取り巻く外部・内部の諸要因と適合的でないと、競争優位は実現できない。ただし、競争優位はあくまでも相対的なものであるため、単に戦略と内外の諸要因が適合しているだけでは十分ではない。企業内外の諸要因と戦略との適合の程度が、ライバルと比較して十分に高くない場合には、競争均衡の状態しか実現できない場合が多い。企業内外の諸要因と戦略との適合の程度が高ければ高いほど、ライバル企業との相対比較において優位な状況に立つことが可能になり、強固な競争優位を実現し、利益ポテンシャルも高まると考えられる（図2.1）。

　ただし、ここで注意しなければならないのは、企業が競争している「次元」や「焦点」は単一ではない点である。メール便の例では、サービス提供業者は料金やサービス内容（配達時間・転送サービス等）など、多様な次元で競争を展開している。もしも、配達所要時間などの「サービス水準」が各社まったく同一水準にあって、1社だけが突出した低料金を設定していたら、顧客は迷わずその業者を選択するだろう。しかし、現実には価格とサービス内容・水準の組み合わせは多様である。料金は低廉であっても配達に時間がかかるとか、逆に追加料金を支払うことで「速達」扱いとするなど様々なケースがあり、サービス提供業者は単一の次元での優劣を競っているわけではない。顧客のニーズも様々で、ともかく低廉な価格を第一優先に考え、転送サービスなどには

まったく期待しない顧客もいれば、転送サービスに一定の追加費用を支払ってもよいと考える顧客もいる。

そのため、現実の企業の競争優位は様々な要因が複合的に組み合わされた結果として実現され、特定の単一要因だけを「競争優位の源泉」として摘出することは非常に困難である。思考実験としては「仮に他の要因がすべて等しいとした場合に、特定の要因が顧客の業者選択にどれだけ強いインパクトを有するか」を考えることは可能であるが、現実の世界で「他の条件を一定にする」ことは限りなく不可能に近い。

1.SWOT分析：諸要因の適合を考えるフレームワーク

企業内外の諸要因と戦略との適合を考える際には、特定の要因だけに着目するよりも、大きな全体像を考えることが生産的である。そのために有用なフレームワークが、企業が保有する資源や組織特性などから生み出される「強み（Strengths）」と「弱み（Weaknesses）」、外部環境の諸要因がもたらす「機会（Opportunities）」と「脅威（Threats）」を包括的に分析することを目指す「SWOT分析」である（図2.2）。

企業内外の諸要因の適合というアイディア自体は古くから見られ、強み・弱み・機会・脅威に類似した要因に着目する経営計画策定ツールも種々存在する。そのため、「SWOT」の起源については諸説あり、どれか一つに特定するのは難しいが、Andrews（1971）に代表される、ハーバード・ビジネススクールの経営政策（Business Policy）グループによって開発されてきた経営計画策定ツールを起源とするという説が有力視されている。

SWOT分析は、社会全般・一国の経済全体・特定の業界における競争など、様々な外部要因が自社にもたらす機会と脅威

図2.2　SWOTの分析枠組み

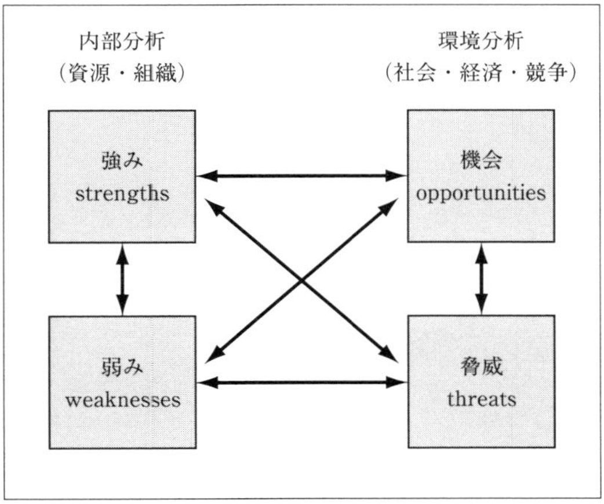

内部分析（資源・組織）　環境分析（社会・経済・競争）

強み strengths　機会 opportunities

弱み weaknesses　脅威 threats

出所：Barney（1997）邦訳書（上巻　基本編）p.47 図1-3「競争に成功し、競争優位を獲得するセオリーの評価とSWOT分析」に基づいて作成

を識別し、自らが保有する経営資源や組織能力から生み出される強みと脅威を対応させていくことで、競争優位の状態を実現させることを志向する、戦略計画策定のための分析枠組みである。SWOT分析では、外部環境要因がもたらす様々な機会と脅威に対して、企業が独自の強みを創造・活用し、弱みを補いながら、外部環境要因がもたらす機会を活用し、脅威を回避していくシナリオとして戦略を策定し、競争優位を実現させていくことを目指している。

SWOT分析は、戦略計画策定ツールとして開発されてきたが、すでに実行された戦略行動の全体像を事後的に把握するためにも有効である。ヤマト運輸が戦略策定の際に、SWOTフレームワークを用いていたか否かは分からないが、SWOTフレームワークを利用して同社の戦略の全体像を把握することができる。

たとえば、ヤマト運輸にとって、共働き世帯の増加という社会的要因は昼間留守にしている顧客が増加することを意味する。不在顧客の増加は、配送効率を低下させるという意味で、宅急便事業にとって「脅威」となる。しかし、「在宅時配達」の実施によって顧客の利便性を高めることができれば、ライバルに対する差別化要因となりうる。この意味で、昼間不在顧客の増加は「機会」でもありうる。

在宅時配達を実現するためには、配送車両・人員を十分に確保する必要がある。ヤマト運輸は、宅急便事業に着手した当初から、「社員が先、荷物は後」「車が先、売上が後」をモットーに積極的に投資を行ってきているため、この点は競合他社に対する「強み」になる。また、情報システムを自社開発してきた強みを活用して、配達予定を事前に電子メールで通知するサービスを導入し、発送時の配達時間指定サービスとも組み合わせることによって顧客不在の件数を減少させ、配送効率の低下という「脅威」を抑制することも可能になる。

2.競争優位の源泉：外部要因と内部要因[*4]

SWOT分析に代表される、外部環境要因と企業内部要因との適合が競争優位をもたらすとする基本的な考え方から、競争優位の源泉に関する二つの議論の流れが派生した。一つは企業を取り巻く環境要因に重点

---

*4——本節および次節での、競争優位の実現と維持に関する記述は新宅・網倉（1998）に基づいている。

目標設定と資源蓄積の時間的順序

　本章で議論しているように、競争優位は企業の外部要因と内部要因の適合によってもたらされる。SWOT分析のフレームワークが示唆するように、企業は競争優位の実現を目指して、弱みを補いつつ独自の強みを創造・活用し、外部環境要因がもたらす機会を活用し、脅威を回避していくシナリオとして戦略を策定していく。

　戦略策定のプロセスにおいて、外部要因・内部要因のいずれに強く注目するかによって、策定される戦略の内容が異なる可能性がある。日本企業の戦略策定プロセスを観察していると、多くの場合、経営資源や組織能力などの内部要因に重点がおかれているように見える。

　戦略策定に際しては、最初に現有資源をチェックし、外部環境要因を考慮しながら、どのような選択肢が可能になるかを考える。すなわち、保有資源をベースに、資源の組み合わせを様々に組み替えつつ、外部要因に対応していくことを考えて戦略目標を策定するのである。それに対して、まず外部環境要因がもたらす潜在的な機会と脅威を分析することによって戦略目標を定め、それを達成するために組織を編成し、資源を調達・動員するという戦略策定プロセスもありうる。

　石井（1993）は、目標設定と資源蓄積の時間的前後関係に着目し、競争行動のパターンを「目的合理的」および「資源先行型」に分類し、日本企業の多くには後者の行動パターンが当てはまると指摘している。

　目的合理的な競争行動では、「まず市場機会を評価し事業目的を設定し、ついでそれに到達するための戦略を工夫し、そして最後にそれを実現するための資源を調達する」（石井 1993 p.72）。それに対して、資源先行型の競争行動では、「必要だと予想される資源をとりあえず蓄積し、その後その蓄積した資源を効果的に運用する場を考え、最後にそれらを矛盾しないようにとりまとめる全体的な目的が決まるというやり方」（同上頁）が採用される。

　前述したSWOTフレームワークの考え方を用いると、(1)目的合理的な競争行動では、まず外部要因（O〈機会〉とT〈脅威〉）に着目して目標を設定し、その後に内部要因（S〈強み〉とW〈弱み〉）を整えるのに対して、(2)資源先行型競争行動では、まず内部要因（SとW）に着目して、それらを有効に活用できる場を検討し、どのようなゴールを設定できるか検討することになる。

> 　目標設定と資源蓄積の前後関係、すなわち、目標が先行するか、資源が先行するかは、それほど大きな問題には見えないかもしれない。内部要因と外部要因の分析は、最終的に統合されるので、どちらを先に検討するかの順序が入れ替わったとしても支障がないと考えることもできる。
> 　しかし、目標設定と資源蓄積の前後関係は重要な意味を持ちうる。それは、まず資源に着目することによって、外部環境に存在しうる潜在的な機会や脅威に関する見解が変わりうるためである。外部環境の機会や脅威は、誰にとっても等しく、客観的に存在するわけではなく、企業が〈発見〉し、具現化していくものである。たとえば、ヤマト運輸が宅配便を手がける前の時点では、ライバル各社は、個人向けの宅配サービスを潜在的な成長市場であると捉えていたわけではない。
> 　また、機会や脅威として外部の環境要因に与える「意味づけ」は、保有資源・能力という「フィルター」を通ることによって変化しうる。特定の資源ミックスを保有し、自分が持っている資源が「何の役に立つか」という眼鏡を通じて外部環境を見る場合と、何も資源を保有しない行為主体が「虚心坦懐」に外部環境を見る場合では、「見えてくるもの」が違う可能性がある。
> 　たとえば、ホンダは、北米市場に進出した当初は大型モーターサイクルを主力に展開することを計画していた。しかし、紆余曲折を経て、市場に提供できる車種が「スーパーカブ」しかない状況に追い込まれたときに見いだした市場機会は、北米進出当初の目論見とは大きく異なっていたことは想像に難くない。

をおく立場であり、もう一つは企業の内部要因を重視する立場である。前者の典型例が五つの競争要因に基礎を置く「業界の構造分析」[*5]であり、後者の典型例が企業を特定資源の集合体とみなす「資源に基づく企業観（resource-based view of the firm 以下、企業＝資源観)」である。

(1) 外部要因：業界構造とポジショニング

　業界の構造分析では、既存企業間の対抗度・新規参入の脅威・売り手の交渉力・買い手の交渉力・代替品の脅威という五つの要因に代表される、業界を取り囲む外部諸要因が個々の産業の競争状態を規定し、競争状態の違いが業界ごとの収益ポテンシャルの違いをもたらすと想定して

---

*5──業界の構造分析については、第3章で詳しく議論している。

いる。熾烈な競争が展開され収益ポテンシャルの低い業界もあれば、競争が比較的穏やかで高収益が期待できる業界もあるという収益ポテンシャルの違いは、業界を取り囲む外部条件の違いがもたらすと考えている。

こうした考え方を前提にすると、競争優位の実現のためには、外部環境条件の分析を通じて、収益ポテンシャルが高い業界を発見することが必須条件となる。他社に先駆けて収益ポテンシャルの高い業界に参入し、他企業が参入してくるのを防止することができれば、持続的な競争優位を確保することが可能になる。

さらに、同一業界内においても、「戦略グループ」[*6]と呼ばれる、異質な外部環境条件に直面している企業群が存在するため、業界内部にも収益ポテンシャルに差が見られる。ライバル企業が収益ポテンシャルの低い戦略グループからより収益ポテンシャルの高い戦略グループへと移動してくることを阻止できれば、収益ポテンシャルの高い戦略グループに属する企業は競争優位を維持し続けることができる。

たとえば、ヤマト運輸は運送業界の中でも、個人宅配という市場セグメントの潜在的可能性を認め、市場を自ら開拓してきた。個人宅配は儲からないという「業界の常識」に反して、ヤマト運輸が宅急便で利益を計上すると、競合運送企業が次々と個人宅配分野に参入してきた。その時点では、ヤマト運輸では全国レベルの集配ネットワーク構築がすでに進行していた。ヤマト運輸を模倣して個人宅配市場に参入してきた後続企業にとっては、集配ネットワーク構築・維持のための初期投資が大きな足枷となり、ヤマト運輸と同程度のサービス水準を維持したうえで、ヤマト運輸と競合できる価格水準を維持することは困難であった。

競争優位の源泉として外部要因を重視する立場は、業界（および業界内）の諸要因が収益ポテンシャルを左右するという考え方を背景に、高い収益ポテンシャルが期待できるポジションを確保し、防衛することが重要であると主張していることから、「ポジショニング・アプローチ」（青島・加藤 2003）や「ポジショニング・スクール」（Mintzberg, Ahlstrand, and Lampel 1998）などと呼ばれる。ただし、ポジショニング・アプローチでは、同一の外部環境条件に直面している場合には収益ポテンシャルは同一であると考えるため、戦略グループ内部で企業間に業績差異が観察される原因を説明することは難しい。

＊6──戦略グループについては、第3章を参照のこと。

(2) 内部要因：経営資源と組織能力

　それに対して、企業の内部要因を重視する立場からは、同一の外部条件に直面している企業間に業績差異が観察されるのは自然であると考えられる。企業＝資源観に代表される、企業の内部要因を重視する立場の議論は、企業はそれぞれに異なっているという前提から出発する。

　企業＝資源観では、企業を特定の資源の集合体として捉えている。それぞれの企業ごとに、資源の「組み合わせ」が異なっているため、(1)実行できる競争行動の種類が異なっていたり、(2)同一の競争行動を実行する場合にも、効率や効果に差が生まれたりする。こうした企業間の差異が収益ポテンシャルの差異の原因となると考えられている。

　企業＝資源観の考え方に基づくと、同一業界に属する企業や、同一戦略グループに属する企業であっても、保有する資源・資産が異なれば、実行可能な戦略のバラエティや、同じ戦略を効果的に実行できる水準が異なってくるため、業績に差異が見られることが自然である。

　経営資源　　企業が保有する経営資源は、伝統的にはヒト・モノ・カネの3種とされてきた。しかし、これらに「情報」を加えて、ヒト・モノ・カネ・情報の4種とするのが近年の通例である。技術ノウハウやブランドなどを代表例とする「情報的資源」は、「見えざる資産」（伊丹2003）とも呼ばれ、ヒト・モノ・カネの「物的資源」とは性質が異なっているため、競争優位の確保・維持にとって重要な役割を果たしている[*7]。物的資源の有無は特定の競争行動を実行できるか否かに関連し、情報的資源はある競争行動をどれだけ効果的・効率的に実行できるかに関わってくる。

　物的資源、たとえば資金が不足していると、販売奨励金を大量に投入して、潜在需要を喚起するという競争行動は実行できない。資金量の多寡が、実行できる戦略行動のバラエティを制約している。だが、大規模な販売奨励金投入は、資金さえ調達できれば、どの企業にでも採用できる競争手段である。この意味で、物的資源の保有は、特定の競争行動を実行するための必要条件となりうるが、競争優位を確保するための十分条件にはなりにくい。

　それに対して、情報的資源は、同じ競争行動を実行しようとする企業

---

*7――情報的資源が競争上で果たす役割については第10章を参照のこと。

間での差異の重要な原因となりうる。技術ノウハウやブランドなどの情報資源を保有する企業は、それらを持たない企業に比べて、同じ競争行動をより効果的・効率的に実現できる。

たとえば、資金調達のノウハウは、調達できる資金量の多寡や、金利などの調達条件を左右する。より有利な条件で、より多額の資金を調達できる企業のほうが、販売奨励金投入競争では有利になる。販売奨励金を投入する際にも、少ない投入額でより大きな効果をあげるためのノウハウを有する企業のほうが有利である。

別の例として、消費者に認知されたブランドの強みを挙げることができる。たとえば、個人向け宅配市場における、ヤマト運輸の強みの一つは、商標名の「宅急便」が宅配便を指す一般名詞として用いられるほどの知名度の高さである。先行したヤマト運輸の知名度は高く、顧客が宅配業者を選択する際に最も想起されやすい。情報的資源は、保有すること自体が競争優位の源泉となりうる。

組織能力　企業が保有するヒト・モノ・カネ・情報という経営資源は、組織として特定の競争行動を実行する能力、すなわち「組織能力（organizational capabilities）」に大きく影響する。藤本（2003）は、企業に固有の経営資源や、組織に蓄積された知識、組織成員の行動を律する常軌的な規範や慣行である「組織ルーティン」の総体を、組織能力と定義している（藤本 2003 p.28）。さらに、藤本（2003）では、組織能力が表層と深層という2段階の競争力を通じて、競争優位の源泉となることも議論している（図2.3参照）。「表層の競争力」とは、特定の製品について顧客が直接観察・評価できる指標、たとえば価格や納期、製品機能や属性などでの競争力である。顧客の愛顧をめぐって市場で競争している企業は、市場シェアとして現れる顧客の支持を追求している。表層の競争力に優れた企業は、顧客の支持を得て、結果的に高い「利益パフォーマンス」を実現できる。ただし、利益パフォーマンスには、表層の競争力以外の「その他」要因も影響しているため、高収益企業の表層の競争力が常に優れているとは限らない点に注意が必要である。

対する「深層の競争力」とは、生産性や生産リードタイム、開発リードタイムや開発工数（効率）、適合品質（不良品率）など、顧客の目に見えない次元での競争力である。表層の競争力は、その背後の深層の競争力に支えられており、深層の競争力は組織能力が源泉となっている。

宅配市場の例では、ヤマト運輸が個人向け事業で利益を計上したのを受けて、ライバル企業が大挙して参入してきた。しかし、新規参入企業には、先行するヤマト運輸と同等もしくはそれを上回るサービス水準を、ヤマト運輸と同等もしくはそれを下回るコスト水準で実現することはきわめて困難であった。全国規模の配送ネットワークの構築で先行しているヤマト運輸は、他社に比べて翌日配達可能な地域が広い。また、ウォークスルー車と呼ばれる集配専用の小型トラックをトヨタ自動車と共同で開発したことが象徴するように、ヤマト運輸の配送ネットワークは個人向けに特化したものであった。

大手運送会社は、すでに全国レベルの配送ネットワークを有していたものの、それは大型トラックによる長距離輸送向けであり、個人宅配に転用するのは難しかった。また、宅急便着手直後のヤマト運輸が企業から出る宅配荷物の受注を禁止したことが示すように、同じ配送といっても企業向けと個人とでは取り扱い時のノウハウが異なっている。

配送用車両や配送拠点というモノ、顧客に直接対面するセールスドライバーなどのヒトが多数集まって構成される、全国規模の集配ネットワークという「物的資源」と、それを効率的に運営していくノウハウなど

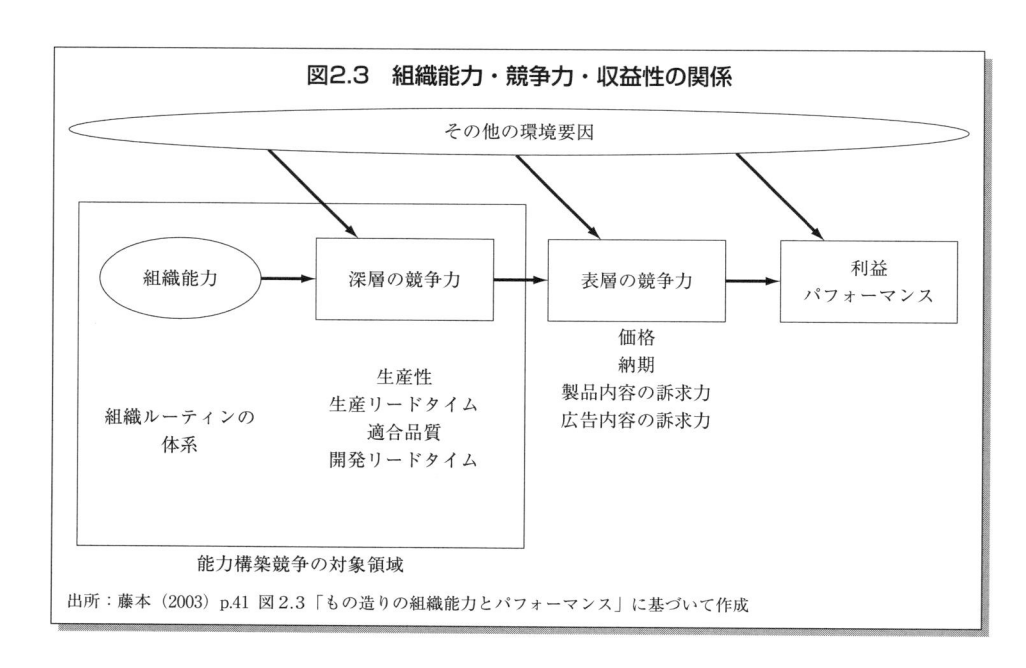

図2.3　組織能力・競争力・収益性の関係

組織能力 → 深層の競争力 → 表層の競争力 → 利益パフォーマンス

その他の環境要因

組織能力：組織ルーティンの体系

深層の競争力：
生産性
生産リードタイム
適合品質
開発リードタイム

表層の競争力：
価格
納期
製品内容の訴求力
広告内容の訴求力

能力構築競争の対象領域

出所：藤本（2003）p.41 図2.3「もの造りの組織能力とパフォーマンス」に基づいて作成

の「情報的資源」の組み合わせによって形成される組織能力の高さが、深層の競争力の源泉となる。深層の競争力に裏打ちされた価格・サービス水準に加えて、「宅急便」という商標の知名度の高さが、顧客に対する訴求力となり、表層の競争力の源泉となり、同社は市場シェア首位を保ち続けることができた。

(3) 内部要因と外部要因の組み合わせ

　ここで注意しなければならないのは、競争優位の源泉を企業外部の環境要因に求める立場と、内部要因に求める立場は、どちらにより重点をおくかの相違でしかなく、互いに矛盾するものではない点である。ここでは記述を単純化するために、外部要因と内部要因を切り離して議論してきた。しかし、現実には両者を厳密に切り分けることは難しい。

　たとえばヤマト運輸の配送ネットワークは、内部要因の典型例である固有資源であると同時に、配送ネットワーク構築のためには多額の投資を必要とすることから、潜在的なライバル企業による個人向け宅配市場セグメントへの参入を防止する、参入障壁の重要な構成要素でもある[*8]。

　現実に観察される競争優位は、外部要因と内部要因の双方によって実現され、持続する。外部要因を重視する立場と内部要因を重視する立場の違いは、SWOT分析の重点を外部分析におくか内部分析におくかの違いでしかない。戦略計画を策定したり、他社の戦略を評価したりする際には、SWOT分析が奨励するとおり、外部要因・内部要因の双方を組み合わせることが必要である。企業にとっては、組織能力に基づく深層の競争力を保持し、魅力ある事業環境でそれらを活用することによって表層の競争力を高めることが理想である。

3──競争優位の持続：模倣可能性と能力構築

　競争優位の中には、比較的長期間にわたって有効なものと、短期間で有効性を失うものがある。競争優位は、あくまでもライバルとの比較による「相対優位」でしかない。そのため、自社やライバル企業の競争行動によって変動しやすい。何もしないでいれば、いつかは追いつかれ、追い越されてしまう。競争優位が、いつまでも持続するとは限らない。

---

*8──業界外部からの参入を試みる企業にとって「参入障壁」であると同時に、宅配ビジネスを始めようとする業界内部の運送業者にとっては「移動障壁」になる。

競争優位の実現と維持

　たとえば、郵便小包の顧客を宅配便やメール便に奪われてきた郵政公社（当時）は、対抗策として2003年に「EXPACK 500（エクスパック500）」と呼ばれる、簡便な配送サービスを導入した。エクスパックは専用封筒を利用し、料金は全国均一500円で、郵便ポストに投函できる。速達扱いのため全国ほとんどの地域に翌日には配達される。また、専用封筒には問い合わせ番号が割り振られているため、インターネットなどを利用して配達状況を確認できる。

　対する宅配便業者も、メール便に「速達」区分を設けたり、宅配便の配達時間指定枠をきめ細かく設定したり、各ドライバーに携帯電話を支給して、不在時再配達の依頼をしやすくするなど、簡便で廉価な配達サービスを提供するための施策を実行してきた。

　多くの市場で、競争は一定の期間にわたって継続し、競合企業が様々な対抗策を打ち出してくる。特定企業の優位の源泉が明らかになると、ライバルはそれを無力化させようと努力する。競争優位の源泉を模倣することによって、ライバル企業との差をなくすよう努めたり、旧来の競争優位の源泉が役立たないように「競争のルール」を変えようとしたりする。

　競争優位を確保した企業が、その優位性を持続させるためにはどうすればいいだろうか。競争優位の源泉として外部要因を重視する立場からは、自社に有利なポジションを占有したら、業界への参入障壁や戦略グループ間の移動障壁を高めるよう努力すべきであるとの示唆がなされている。構造的な障壁によって自社のポジションを防衛することで、競争優位を持続させられるという考え方である。

　一方、競争優位の源泉を企業固有の資源や能力に求める立場では、資源や能力の「取引可能性」や「模倣可能性」が競争優位の持続にとって、決定的に重要であると考えられている。ある時点で、特定の企業が、競争優位をもたらす資源や能力を保有していたとしても、ライバル企業が同様の資源や能力を獲得することが容易にできるのであれば、競争優位は持続しない。

　たとえば、腕時計の性能は「ムーブメント」と呼ばれる動作機構の精度が左右している。時計は動力源・計時機構・表示装置という3要素で構成されている。腕時計のムーブメントは動力源と計時機構が組み合わせられたモジュールで、計時精度や使用時間、耐久性、付随機能（カレ

ンダー・世界時計など）に直結するため、製品機能を決定的に左右している。1969年に計時機構に水晶振動子を用いた「クオーツ式」腕時計を服部時計店（現、セイコーウオッチ）が世界で最初に発売した。

　ゼンマイと歯車で構成されている「機械式」時計に比べると、クオーツ式は飛躍的に精度が高く、また部品点数が少なくてすむため小型化しやすく、生産自動化に適していた。70年代には、低価格・高精度のクオーツ式腕時計が急速に普及していき、クオーツ化を推進してきた日本企業が短期間のうちに市場シェアを伸ばす一方、機械式に強みを有していたスイス企業のシェアは低迷した。時計の性能を決定的に左右するムーブメント製造を一手に担ってきた日本企業は、世界の腕時計市場で優位に立つことができた（新宅1994）。

　しかし、その後も日本企業間でムーブメントの小型化・生産自動化の競争が続き、自社ブランド製品で利用しきれないムーブメントを社外に販売するようになった。1979年にシチズン時計がムーブメントの外販を開始すると、汎用ムーブメント市場が形成され、誰でも精度の高い腕時計を作れるようになった。日本メーカーから購入したムーブメントに、「外装部品」と呼ばれる、表示装置（アナログ式ならば文字盤と針、デジタル式ならば液晶ディスプレイ）やケース・バンドなどを組み付けることで時計が完成する。ムーブメントを大量に購入し、人件費の安い地域で組み立てを行う企業が出現し、製品価格が急激に低下すると同時に、高精度であることだけでは市場でアピールできず、腕時計の「コモディティ化」が急速に進行した（榊原2005）。

「コモディティ」とは、一般には「日用品」などと訳され、性能・機能・品質などの属性で差別化できず、価格以外に競争の焦点がない商品のことをいう。原油や塩化ビニールなどが典型的なコモディティとされ、商品市場における需給関係を反映した価格で取引される。

　高精度・低コストのムーブメント製造という組織能力も、外販市場を通じて汎用ムーブメントが入手できる状況では、競争優位の源泉とはなりにくい。安い汎用ムーブメントは、100円前後で取引されており、低価格セグメントはそのような安いムーブメントを使った製品で価格競争になった。さらには、低価格品の構成比が高まってきた影響から、中価格セグメントが縮小する一方で、高価格セグメントではスイス製の機械式時計の人気が高まり、クオーツ化で世界市場を席巻した日本の腕時計

メーカーは苦境に立たされている。

1.資源・能力の模倣可能性

　腕時計のムーブメントのように、最終製品を構成する部品などは市場を通じて購入できる場合もあるが、多くの場合、競争優位の源泉となる重要な部品を保有する企業はそれを外販しない。重要な部品やコンポーネントが市場で入手できない場合には、ライバル企業は、それと同一もしくは同等な部品・コンポーネントを自社で製造しようとする。ライバル企業が、性能とコストの両面で同等な部品・コンポーネントを製造することができるのであれば、競争優位は持続しない。

　ライバル企業による模倣可能性、特に組織能力の模倣可能性が、競争優位の持続性を左右する。

　他企業が組織能力を模倣でき、再現が容易であれば競争優位は長続きしない。逆に、組織能力の模倣が困難な場合には、競争優位が長期にわたって持続可能になる。Barney（1997）は、資源や能力の模倣可能性を左右する要因として、(1)歴史的条件、(2)因果の曖昧さ、(3)社会的複雑性、(4)制度的条件を指摘している。制度的条件とは、特許による知的所有権保護を典型例とする、法的・制度的な条件によって模倣が阻止される場合である。以下では、それ以外の3条件について詳しく検討する。

(1)歴史的条件

　企業が保有する資源や能力の蓄積・構築の過程で、空間的・時間的な諸条件が作用する場合、資源や能力の再現可能性は低くなる。経営資源や組織能力の蓄積・構築に歴史的な条件が作用する場合、後発企業が模倣することが困難であったり、模倣には長い時間が必要になったりするため、先行企業は「先行者優位」（Lieberman and Montgomery 1988）を享受できる。

　Lieberman and Montgomery（1988）では、先行者優位の源泉として、(1)技術的リーダーシップ（経験効果[*9]・特許など）、(2)稀少資源の先取り（原料などの生産要素・地理的な立地など）、(3)顧客の側でのスイッチング・コストや評判（ブランド）形成などを指摘している。

　たとえば、ヤマト運輸は、他社に先駆けて個人向け宅配市場を開拓したことによって、「宅急便」の商標名を市場に浸透させ、優良顧客を囲

[*9] 経験曲線効果については、第5章を参照のこと。

競争戦略の4アプローチ

青島・加藤（2003）は、利益の源泉を企業内外のいずれに求めるか、分析の主眼を「要因」と「プロセス」のいずれにおくかの2次元によって、競争戦略に関する議論を四つのアプローチに分類している。

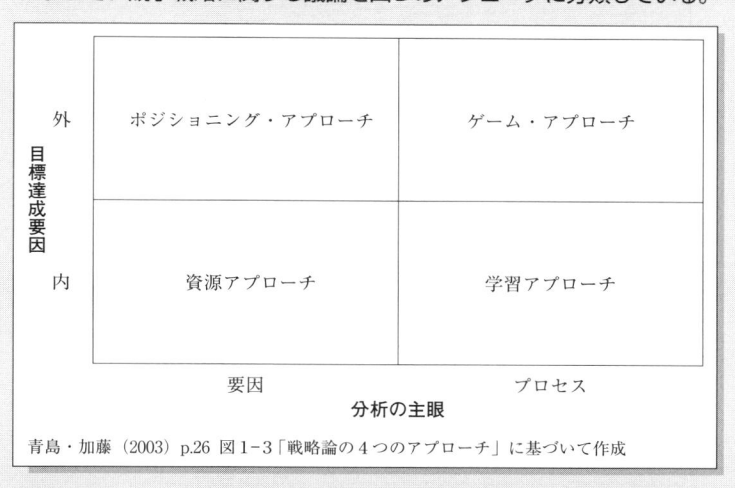

	要因	プロセス
外（目標達成要因）	ポジショニング・アプローチ	ゲーム・アプローチ
内	資源アプローチ	学習アプローチ

分析の主眼

青島・加藤（2003）p.26 図1-3「戦略論の4つのアプローチ」に基づいて作成

　ポジショニング・アプローチでは、外部環境において自社を的確に「位置付ける」ことに主眼がおかれている。中心的なアイディアは、どのような産業でも、個別企業の努力だけでは克服できない構造的な力が働いているというものである。業界の構造分析に代表されるように、外部環境要因がもたらす構造的な諸力を体系的に理解し、自社に有利なポジションを発見するための分析枠組みを提供することを志向するのが、ポジショニング・アプローチである。

　資源アプローチでは、企業＝資源観に代表されるように、各企業が独自に保有する資源や組織能力に着目する。企業が保有する経営資源・組織能力の差異が、企業業績の違いをもたらすという考えが中心的アイディアである。他社に模倣されにくい独自資源は、持続的な競争優位の源泉になる。資源アプローチでは、どのような資源・能力が模倣されにくいのか、独自資源に基づく戦略策定はどうあるべきかを議論の主眼とする。

　ゲーム・アプローチでは、外部環境からもたらされる構造的な圧力に対して、受動的に自社を「位置付ける」だけでなく、外的な圧力をもたらす構造自体を変えていくことを志向する。

競争優位の実現と維持

　ゲーム・アプローチでは、他者の行動を考慮したうえで自らの行動を選択していく「ゲーム理論」を援用して、ビジネスを価値の創造と分配のゲームと捉え、サプライヤやライバル企業などと望ましい関係を構築するための「駆け引き」を考察していく。通常の場合には、サプライヤやライバル企業とは価値をめぐって対立関係にある。ただし、関係者全員が自己利益のみを追求すると、協調した場合に比べて実現される価値は小さくなることが多い。こうした「囚人のジレンマ」状況を回避し、創造される価値をなるべく大きくしたうえで、価値の分配にあたっては自社の取り分をなるべく多くできるような構造を作り出すことを、ゲーム・アプローチでは目指している。

　学習アプローチでは、経営資源の中でも情報や知識という「見えざる資産」が蓄積されるプロセスに着目する。独自資源をベースに戦略を策定・実行していくためには、事前に資源を獲得・蓄積しておく必要がある。事前の資源蓄積は、ややもすると闇雲で場当たり的になりやすい。資源蓄積のガイドラインとして、将来の戦略展開の方針を明示しておく必要がある。しかし、戦略が事前の計画通りに寸分の違いもなく実現されることはあまりない。計画通りにいかなかった際、あるいは逆に予想外の成功を収めた際に、体験を反省し、自社に蓄積された資源・能力を再認識することでその後の戦略策定・実行能力を向上させていくプロセスを分析していくのが、学習アプローチの主眼である。

戦略の定義としての「五つのP」と戦略研究の10スクール

　Minzberg, Ahlstrand, and Lampel（1998）は、戦略とは何かを捉える立場が五つありうることを指摘し、それらを「Pで始まる単語」で表している。

(1) 計画（plan）
　戦略とは、将来に向けて取るべき行動の指針や方針で、行動に先立って策定されるべきものである。「計画的戦略」は「意図された戦略」でもある。
(2) パターン（pattern）
　戦略とは、事前に明確に意図したものではない。過去の行動ひとつひとつが集積され、そのつど学習する過程で一貫性やパターンが形

成されていく。「実現された戦略」は「創発的戦略」でもある。
(3)ポジション（position）
　戦略とは、特定の市場における特定の製品の位置付けである。製品と顧客が出合うマーケット全体に向けて外側へ目を向ける。
(4)パースペクティブ（perspective）
　戦略とは、組織成員を動機づけ行動を導く、企業の基本理念を表すものである。組織の内部に目を向ける。
(5)策略（ploy）
　戦略とは、競争相手を出し抜く計画・策略である。

　また、Minzberg, Ahlstrand, and Lampel（1998）は、これまでの戦略研究を10の学派（スクール）に集約している。

(1)デザイン学派：コンセプト構想プロセスとしての戦略形成
(2)プランニング学派：形式的策定プロセスとしての戦略形成
(3)ポジショニング学派：分析プロセスとしての戦略形成
(4)アントレプレナー学派：ビジョン創造プロセスとしての戦略形成
(5)コグニティブ学派：認知プロセスとしての戦略形成
(6)ラーニング学派：創発的学習プロセスとしての戦略形成
(7)パワー学派：交渉プロセスとしての戦略形成
(8)カルチャー学派：集合的プロセスとしての戦略形成
(9)エンバイロメント学派：環境への反応プロセスとしての戦略形成
(10)コンフィギュレーション学派：変革プロセスとしての戦略形成

　(1)から(3)は、戦略をどのように形成すべきかという「規範的（normative）」な議論であり、(4)から(10)は戦略がどのようなプロセスで形成されているかを「記述的（descriptive）」に示している。

い込むことができた。宅急便の知名度の高さは、ヤマト運輸が先行企業であることに大きく由来している。「ヤマト運輸が先行した」という歴史的事実は覆すことはできない。また、後発企業が宅配便市場に参入した時点では、ヤマト運輸はすでに全国規模での配送ネットワークの構築にとりかかっていた。配送ネットワーク構築には時間とコストが必要であり、短期間のうちにヤマト運輸と肩を並べることはきわめて困難であった。

また、資源・能力の獲得過程で「経路依存性（path dependency）」が強く作用している場合も、他企業による模倣を困難にする。経路依存性とは、ある歴史的な出来事がその後の出来事に影響を与えるため、特定の経路に依存しないと同様の現象が再現されないことをいう。たとえば、メール便を取り扱う企業の中で、郵便事業のみに顧客の転居先情報が集まりやすいのは、同社の前身である郵政省が全国に郵便局ネットワークを構築し、郵便配達を独占していたという歴史的な経緯によるものである。

先行者優位や経路依存性などがある場合、後発企業による資源・能力の獲得・構築には、先行企業がたどった歴史を再現することが必要になるため、「時間圧縮の不経済（time compression diseconomies）」（Dierickx and Cool 1989）が発生することが多い。後発企業が「時間を圧縮」して、短期間でのキャッチアップを試みても、先行企業と比較すると効率性が低くなってしまい、無駄や損失という「不経済」が発生する。たとえば、宅配便市場での後発企業が、ヤマト運輸に追いつくべく全国規模の宅配ネットワークを短期間で整備しようとすると、多額の投資が必要となる。そのため、損益分岐点が高くなり、もしも先行するヤマト運輸がこのタイミングで料金引き下げに動いた場合には、赤字に転落してしまう可能性が出てくる。

(2)因果関係の曖昧性

藤本（2003）が指摘するように、組織能力は収益ポテンシャルや表層の競争力に直結しているわけではない。そのため、模倣を試みる企業にとって、模倣対象の企業が保有する経営資源や組織能力と競争優位との間の因果関係が曖昧で、理解しにくく、模倣も困難になる場合がある。

競争優位とその源泉についての因果関係の理解が曖昧になる理由として、Barney（1997）は、①模倣される側ではあまりに「当たり前」すぎて意識されていない、②模倣される側の因果関係に関する理解が正確でない、③多数の資源・組織ルーティンが複雑なネットワークを形成しているという3点を指摘している。

たとえば、自動車産業では、日本メーカーの新製品開発リードタイムは米欧メーカーに比べて短いことが報告されている（藤本・クラーク 1993）。日本企業の製品開発効率が高いことを知った米欧の自動車メーカーは、日本的な開発手法を取り入れるべく調査を行った。しかし、

「なぜ短期間で新製品を開発できるのか？」と正面切って尋ねられた日本企業の社員たちが回答に窮したであろうことは想像に難くない。製品開発リードタイムという深層の競争力を測定するのは容易であっても、その実現理由を「これこれである」と説明するのは容易ではない。

設計が完了する前に試作に着手するというように、本来であれば前段階での作業終了を待ってから着手すべき活動を、それ以前に開始することで作業段階間の重複度を高め、開発リードタイムを短縮することができる。しかし、作業段階間の重複度を高めることは一種の「フライング」であり、大きなリスクを伴っている。設計などの上流工程で重要な変更があった場合には、試作などの下流工程でも大幅なやり直しが必要になる。場合によっては、それまでの努力がすべて水泡に帰すこともあり、結果的にリードタイムが長くなってしまったり、開発コストが高くなってしまうなど、逆効果となる可能性もある。それぞれの段階で、どこまで「先取り」してよいのか、「間合い」を見切るためには、変更の可能性が織り込まれた曖昧な情報を各作業段階間で上手に共有する、高度なコミュニケーション能力が不可欠である（藤本・クラーク 1993）。

では、なぜ日本企業では新製品開発に携わる組織メンバー間での「あうん」の呼吸による高度なコミュニケーションが可能なのか、当事者に尋ねても理由を説明することは難しいだろう。たとえば、関係者を1カ所の「大部屋」に集めると以心伝心のコミュニケーションが可能になるとの説も見られたが、オフィス・レイアウトを変更しただけで「あうん」の呼吸が体得されるわけではない。自転車に乗れる人は「なぜ自分は自転車に乗れるのか」を意識してはいないし、乗り方を教えるためには「見よう見まね」で覚えなさいとしか言えない。同じように、そうすることが「当たり前」であると思っていて、曖昧で部分的な因果知識しかもたない日本企業から、高度な組織コミュニケーションの能力を獲得する方法を学び取ることは容易ではない。

(3)社会的複雑性

社会的複雑性は、多数の資源・組織ルーティンが複雑なネットワークを形成しているため因果知識が曖昧になるという前項での議論と深く関連している。

新製品開発における高度な組織コミュニケーションのように、多数の人々が関与しているために複雑な仕組みで、しかもそれを機能させるた

めのノウハウや知識が特定の個人に帰属するのではなく、企業文化や組織風土などとして社会的に共有されているような、社会的複雑性が高い状況では、経営資源や組織能力の模倣は困難になる。

設計などの川上作業工程に携わる技術者は、試作・生産エンジニアリングなどの川下工程の関係者に対して、早めに情報を提供する必要があるが、早すぎても混乱の原因となってしまう。また、情報発信者は受け手の側の「解読力」も考慮しなければならない。どのタイミングで、どの程度曖昧な情報を、誰に対して提供すべきかを見極めるノウハウは、一朝一夕には身につかない。

同様に、「カンバン方式」や「ジャスト・イン・タイム方式」とも呼ばれる、いわゆる「トヨタ生産方式」も、生産現場の作業者だけでなく、部品サプライヤをはじめとする多数の関係者の共同作業によって成り立っている。ジャスト・イン・タイム方式は、いわゆる「フォード的大量生産」とはまったく異なる原理で運営されている。そのため、ジャスト・イン・タイム生産を支える組織能力を持たない企業が、表面的な模倣を試みても、現場は混乱するばかりである。

2.VRIOフレームワーク

「VRIOフレームワーク」（Barney 1997）は、企業固有の資源や能力に基づいた競争優位の持続性を考察する分析枠組みである。VRIOとは、資源がもたらす「経済価値（Value）」、資源の「稀少性（Rarity）」および「模倣可能性（Imitability）」に、資源を活用する「組織（Organization）」体制という、競争優位の持続性を決定する4要因の頭文字を集めたものである。

VRIOフレームワークでは、(1)特定の資源が経済的価値の源泉となり、(2)稀少であり、(3)模倣が困難であり、(4)資源を活用できるような組織体制が整っているという条件がすべて満たされていると、その資源に基づいた競争優位は持続可能で、業界標準を上回る収益ポテンシャルが期待できると考えている（表2.1および表2.2参照）。

保有する資源・能力に価値がなければ、競争劣位に甘んじるしかなく、業界標準を下回る収益ポテンシャルしか実現されない。また、価値ある資源・能力を保有していたとしても、それが稀少でなければ誰にでも利用可能であるため、それらは競争均衡の実現要因となり、収益ポテ

ンシャルも業界平均前後の標準的なものになる。保有する資源・能力に価値があり、稀少であっても、模倣が容易である場合、競争上は優位に立て、収益ポテンシャルも業界標準を上回るものの、ライバルによる模倣により、その優位性は長続きしない。価値ある、稀少な資源・能力を保有し、その模倣が困難な場合、初めて競争優位は持続的になる。さらに、こうした資源・能力を活用できるような組織体制が整っていると、競争優位の持続性はさらに強固なものとなる。

3.能力構築：動態的能力

　企業に固有の資源や、それら資源に組織ルーティンや組織に蓄積された知識などが組み合わされた組織能力は、独自性が高く、模倣が困難な

表2.1　VRIOフレームワーク：4要因の質問

1. 経済価値に関する問い
   その企業の保有する経営資源や能力は、その企業が外部環境における機会や脅威に対応することを可能にするだろうか
2. 稀少性に関する問い
   その経営資源を現在コントロールしているのは、ごく少数の競合企業だろうか
3. 模倣困難性に関する問い
   その経営資源を保有していない企業は、その経営資源を獲得あるいは開発する際にコスト上の不利に直面するだろうか
4. 組織に関する問い
   企業が保有する、価値があり稀少で模倣コストの大きい経営資源を活用するために、組織的な方針や手続きが整っているだろうか

出所：Barney（1997）邦訳書（上巻 基本編）p.250 表5-1「企業内部の強み・弱みを資源に基づいて分析する際に発すべき4つの問い」に基づいて作成

表2.2　資源による競争優位の持続性：VRIOフレームワーク

価値があるか	稀少か	模倣コストは大きいか	組織的に活用されているか	競争優位の意味合い	強み・弱み	収益ポテンシャル
No	−	−	No	競争劣位	弱み	標準を下回る
Yes	No	−	↑	競争均衡	強み	標準
Yes	Yes	No		一時的競争優位	強みであり固有の能力	標準を上回る
Yes	Yes	Yes	Yes	持続的競争優位	強みであり持続可能な固有の能力	標準を上回る

出所：Barney（1997）邦訳書（上巻 基本編）p.272 表5-2「VRIOフレームワーク」および表5-3「VRIOフレームワークと企業の強み・弱みとの関係」に基づいて作成

場合には、持続的な競争優位の源泉となり、結果として企業の利益ポテンシャルを高める。しかし、どれほど模倣が困難に見えたとしても、いつかは模倣されてしまう。また、模倣できなくても、他の資源や能力で代替することもありうる。たとえば、トヨタがカンバン方式を独自に考案したのは、第二次世界大戦後の日本の自動車産業が置かれた諸要因から、フォード的な少品種大量生産を実現することが困難であったためである（藤本2003）。

資源や能力をある一時点で「静態的」に捉えるのではなく、時間の経過に伴って向上・進化していくものであるという「動態的」な観点から捉えると、企業間の競争は、市場での顧客の愛顧をめぐる表層の競争と、組織能力の向上・進化をめぐる深層での競争、すなわち「能力構築競争」（藤本2003）という重層的な構造になっていることが理解できる。

藤本（2003）は、組織能力は「静態的能力」「改善能力」「進化能力」の3層をなしていると指摘する。静態的能力とは、特定の経営資源・知識・組織ルーティンの組み合わせによって、たとえば段階重複的な製品開発やトヨタ的な生産システムなどの特定の活動を、高いレベルで繰り返し実現できる能力を指す。改善能力とは、生産現場の改善活動を通じてジャスト・イン・タイム生産方式の効率性や安定性を向上させていくように、静態的能力の水準を着実に向上させていく能力である。さらに、進化能力とは、静態的能力や改善能力の体系としての組織能力そのものを組み替えて、「能力を新たに構築していく能力」である。

たとえば、宅急便の黒字化によって個人宅配市場に注目が集まり、トラック輸送各社が次々と宅配便市場に参入してきたとき、追われる立場となったヤマト運輸は、サービスによる差別化をより一層進める必要があると判断し、「2便制」と呼ばれる作業パターンを導入することで、「翌日配送区域の拡大」と「在宅時配送」に取り組んだ。

宅急便は翌日配達を原則としていたが、営業区域が順次拡大していくのに伴って3日目配達が増えてきた。日中に各家庭から集荷した荷物は夕方各地のベースに集約され、ベース間を結ぶ「運行車」に積み込まれて、夜9時頃に出発する。夜9時から翌朝7時までの10時間を平均時速70kmで走るとすると、運行車は一晩で700km先まで移動できる。しかし、それ以上の遠隔地では、翌朝の配達車の出発時刻に間に合わないため、翌日配送は不可能になる。

たとえば、東京から兵庫県までは翌日配達エリアになるが、岡山や広島向けの荷物は3日目配達になってしまう。
　3日目配達区域を減らすために、「2便制」と呼ばれる作業パターンが導入されることになった。開業当初の作業パターンは、午前配達・午後集荷という「1日1サイクル」であった。これを、午前中に配達・集荷、午後にも配達・集荷という「1日2サイクル」に切り替え、それに伴って、午後9時だけだった運行車の出発も午後3時と午後9時の2回に増やした。午後3時に出発する運行車「第1便」は、翌朝7時までの16時間で1200km、もしくは翌日昼までの21時間で1470kmの地点に到着できる。夜9時発の第2便も、翌日正午までの15時間で1050kmまで到着できる。東京から青森まで770km、東京—広島間が920km、福岡までは1200kmであるため、2便制の導入によって3日目配送区域が大幅に減少した。
　また、在宅時配達とは、「配達に行ったら留守だった」という供給者の論理でサービスを提供するのではなく、「配達先の顧客の在宅時に配達に行く」という顧客の論理に合わせてヤマト運輸の仕組みを変えていこうとする取り組みでもある。
　2便制を採用する前は、配送は基本的に午前中に限られていたので、たとえ午後早くに帰宅した客であっても手元に荷物が届くのは翌日午前中になってしまう。2便制の導入で作業サイクルが変わり、午後にも配達するようになった。それによって、午前中留守だった届け先に、午後にもう一度配達することができる。しかし、共働き世帯の増加などによって日中留守の家庭が増え、夕方6時までの配達では翌日配達未達率は思うように改善しない。そこで、配達は夜8時まで（その後9時までに延長）の夜間配達を実施することにした。
　ヤマト運輸は、全国規模での集配ネットワーク構築において最も先行していたため、ライバルが参入してきた時点では、集配拠点・車両・従業員などの物的・人的資源をベースにした深層の競争力でリードしていた。静態的組織能力の高さでは、他社の追随を許さなかった。
　だが、ヤマト運輸は、組織能力をさらに改善・進化させるべく、2便制の導入・在宅時配達の実現を目指した。車両や配送拠点といった物的資源を一層増強することや、セールスドライバーの顧客知識を充実させるという地道な改善を積み重ねる一方で、全社一斉に「1日1便」から

「1日2便」へと組織ルーティンを大きく変更することによって、翌日配送エリア拡大・在宅時配達の実現を目指した。

漸進的な改善を地道に積み重ねていく「改善能力」の高さと、全社のオペレーション・パターンを根底から組み替えていく「進化能力」の高さが持続的競争優位の源泉となる。

外部の市場環境条件の変化に応じて、既存の能力体系を組み替えて、新たな能力を構築していく進化能力は、「動態的能力（dynamic capability）」（Teece, Pisano, and Shuen 1997）とも呼ばれる。動態的能力には、ヤマト運輸の2便制導入の事例に見られるような、意図的な変革能力だけでなく、ホンダの北米モーターサイクル事業の事例に見られるように、失敗や偶発的な出来事などからも創発的に学んでいく能力も含まれている。

組織能力を向上させていく能力である「動態的能力」は、競争優位の持続にとって非常に重要な役割を果たすものの、その一方でいったん獲得された組織能力は変革が困難であり、その後の能力体系の組み替えにとって障害となる場合もある（Prahalad and Bettis 1986; 加護野 1988; Leonard-Barton 1992; 新宅・網倉 1998）。この点にかかわる議論については、本書末の終章で紹介する。

組織的知識創造プロセス

　企業における能力構築プロセスに関する主要な研究として、「知識創造理論」（野中 1990; Nonaka and Takeuchi 1995; Nonaka, Toyama, and Hirata 2008; 野中・遠山・平田 2010）を挙げることができる。野中郁次郎とその研究グループは、日本企業におけるイノベーション・プロセスの研究を通じて、新しい知識を組織的に創造する方法論について議論している。

　知識創造理論では、Polanyi（1958, 1966）に基づいて、知識には「暗黙知」と「形式知」の2次元があることを前提としている。形式知とは、「言葉や文章や絵や数値などにより表現が可能で、他人にもわかりやすい形式的・論理的言語によって伝達可能な知識」（野中・遠山・平田 2010 p.24）である。それに対して、暗黙知とは「具体的な形に表現して他人に伝えることが難しい。具体的には、熟練、ノウハウなどの行動スキル、そして思い（信念）やメンタルモデル、視点といった思考スキルである」（同上）。

　これらの暗黙知・形式知は、組織の各メンバーに属するだけでなく、メンバー間で共有され、暗黙知から形式知へ、逆に形式知から暗黙知へという相互変換が行われている。たとえば、限られた一部の組織メンバーが共通体験を通じて「体得」した暗黙知が、マニュアルとして形式知化され、他のメンバーにも共有されていく。

　こうした、暗黙知と形式知との相互変換プロセスを通じて、新しい知識が組織的に創造される。これが知識創造理論の根幹をなす考え方である。暗黙知と形式知の相互変換によって、組織的に知識が創造されるプロセスは、「共同化（Socialization）」「表出化（Externalization）」「連結化（Combination）」「内面化（Internalization）」の四つのモードで表現され、それぞれのモードの頭文字をとって「SECIモデル」と呼ばれる（次ページの図）。

　共同化では、主に経験の共有を通じて、個人の暗黙知が他の組織メンバーと共有され、異質な暗黙知の相互作用を通じて、新たな暗黙知が創出されていく。表出化では、個人が蓄積した暗黙知が、言語やモデルなどの表現手段によって形式知として表現される。暗黙知を共同化できる範囲は限られるが、表出化された知識は集団としての共有が容易になる。連結化では、形式知を組み合わせて、より高次の形式知へと体系化

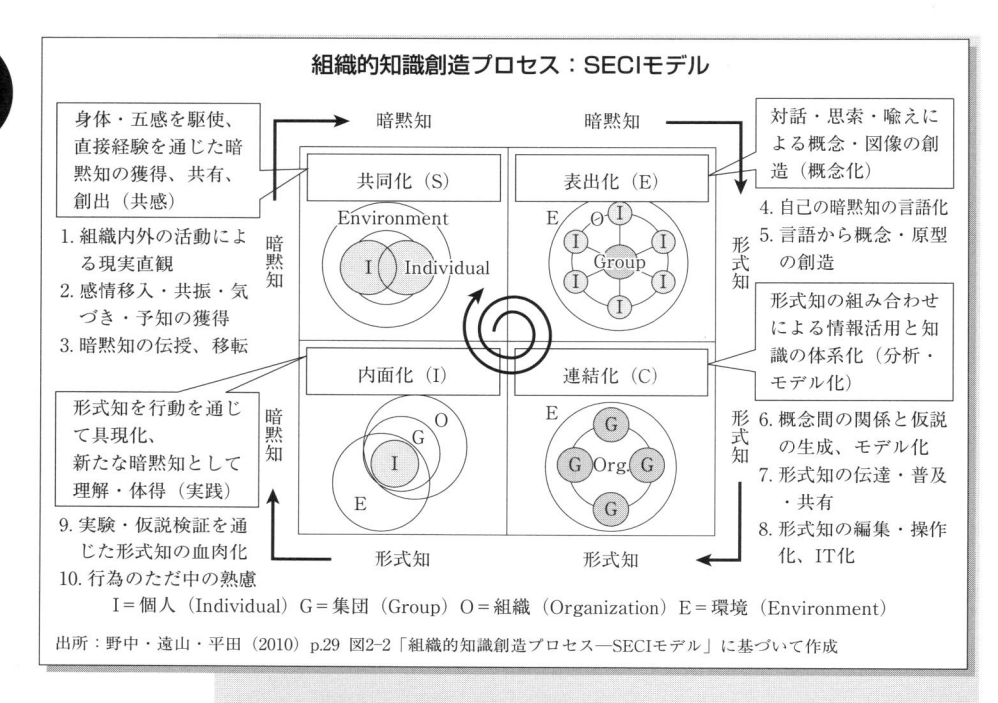

組織的知識創造プロセス：SECIモデル

	暗黙知	暗黙知	
身体・五感を駆使、直接経験を通じた暗黙知の獲得、共有、創出（共感）	共同化（S） Environment I Individual	表出化（E） E / I I I Group I I I	対話・思索・喩えによる概念・図像の創造（概念化）
1. 組織内外の活動による現実直観 2. 感情移入・共振・気づき・予知の獲得 3. 暗黙知の伝授、移転			4. 自己の暗黙知の言語化 5. 言語から概念・原型の創造
			形式知の組み合わせによる情報活用と知識の体系化（分析・モデル化）
形式知を行動を通じて具現化、新たな暗黙知として理解・体得（実践）	内面化（I） O G I E	連結化（C） E G G G Org G G	
9. 実験・仮説検証を通じた形式知の血肉化 10. 行為のただ中の熟慮	形式知	形式知	6. 概念間の関係と仮説の生成、モデル化 7. 形式知の伝達・普及・共有 8. 形式知の編集・操作化、IT化

I＝個人（Individual）　G＝集団（Group）　O＝組織（Organization）　E＝環境（Environment）

出所：野中・遠山・平田（2010）p.29 図2-2「組織的知識創造プロセス―SECIモデル」に基づいて作成

する。内面化では、共有された形式知が、属人的な暗黙知として再び個人に取り込まれる。形式化された知識を実践の中で活用し、「血の通った」生きた知識として体得していくプロセスで、新たな暗黙知が創造される。

Nonaka and Takeuchi（1995）では、共同化・表出化・連結化・内面化というモードを途切れることなく循環させ、個人レベルの知識と組織として共有された知識のレベルを持続的に向上させられる企業を「知識創造企業」と命名している。

知識創造企業という考え方は、企業の保有する知識が「資源」の一種として競争優位をもたらす重要な要因であると認識する点で、直接その名称について言及しているわけではないが、青島・加藤（2003）の「資源アプローチ」と分析視角を共有している。また、組織内部で知識が創造されるプロセスを分析対象としている点で、「学習アプローチ」の主要研究業績の一つでもある。Nonaka, Toyama, and Hirata（2008）では、資源アプローチ・学習アプローチを総合した分析視角として、「知識に基づく企業観（knowledge-based view of the firm）」を提唱している。

〈参考文献〉

Andrews, Kenneth R.（1971）*The Concept of Corporate Strategy*, Homewood, Ill.; Dow Jones-Irwin.（中村元一・黒田哲彦訳（1991）『経営幹部の全社戦略』産能大学出版部、1987年の原著第3版の邦訳）

青島矢一・加藤俊彦（2003）『競争戦略論』東洋経済新報社

Barney, Jay B.（1997）*Gaining and Sustaining Competitive Advantage*, Reading, Massachusetts, Addison-Wesley Publishing Company.（岡田正大訳（2003）『企業戦略論―競争優位の構築と持続』ダイヤモンド社）

Dierickx, Ingemar and Karel Cool（1989）"Asset Stock Accumulation and Sustainability of Competitive Advantage," *Management Science* 35 pp.1504–1511.

藤本隆宏（2003）『能力構築競争―日本の自動車産業はなぜ強いのか』中公新書

藤本隆宏・キム=B=クラーク（1993）『製品開発力―実証研究 日米欧自動車メーカー20社の詳細調査』（田村明比古訳）ダイヤモンド社

石井淳蔵（1993）「日本的競争概念」伊丹敬之・加護野忠男・伊藤元重編『リーディングス 日本の企業システム 第2巻 組織と戦略』有斐閣 pp.61–85

伊丹敬之（2003）『経営戦略の論理（第3版）』日本経済新聞出版社

伊丹敬之（編著）（2006）『日米企業の利益率格差』有斐閣

加護野忠男（1980）『経営組織の環境適応』白桃書房

加護野忠男（1988）『組織認識論―企業における創造と革新の研究』千倉書房

Leonard-Barton, Dorothy（1992）"Core Capabilities and Core Rigidities: A Paradox in Managing New Product Development," *Strategic Management Journal* 13 pp.111–126.

Lieberman, Marvin B. and David B. Montgomery（1988）"First-Mover Advantages," *Strategic Management Journal* 9 pp. 41–58.

Mintzberg, Henry, Bruce W. Ahlstrand, and Joseph Lampel（1998）*Strategy Safari: A Guided Tour Through The Wilds of Strategic Management*, New York; The Free Press.（齋藤嘉則監訳、木村充・奥澤朋美・山口あけも訳（1999）『戦略サファリ―戦略マネジメント・ガイドブック』東洋経済新報社）

野中郁次郎（1990）『知識創造の経営―日本企業のエピステモロジー』日本経済新聞出版社

Nonaka, Ikujiro and Hirotaka Takeuchi（1995）*The Knowledge Creating Company: How Japanese Companies Create the Dynamics of Innovation*, New York: N.Y.; Oxford University Press.（梅本勝博訳（1996）『知識創造企業』東洋経済新報社）

Nonaka, Ikujiro, Ryoko Toyama, and Toru Hirata（2008）*Managing Flow: A Process Theory of the Knowledge-Based Firm*, Basingstoke: U.K. and New York: N.Y.; Palgrave Macmillan.

野中郁次郎・遠山亮子・平田透（2010）『流れを経営する―持続的イノベーション企業の動態理論』東洋経済新報社

Polanyi, Michael（1958）*Personal Knowledge: Toward a Post-Critical Philosophy*, Chicago: Illinois; University of Chicago Press.（長尾史郎訳（1985）『個人的知識―脱批判哲学をめざして』ハーベスト社）

Polanyi, Michael（1966）*The Tacit Dimension*, London; Rutledge and Kegan Paul（佐藤敬三訳（1980）『暗黙知の次元―言語から非言語へ』紀伊國屋書店）

Prahalad, C. K. and Richard A. Bettis（1986）"The Dominant Logic: a New Linkage between Diversity and Performance," *Strategic Management Journal* 7 pp.485–501.

榊原清則（2005）『イノベーションの収益化―技術経営の課題と分析』有斐閣

新宅純二郎（1994）『日本企業の競争戦略―成熟産業の技術転換と企業行動』有斐閣

新宅純二郎・網倉久永（1998）「戦略スキーマの相互作用―シャープの事業展開と戦略策定の参照点」『經濟學論集』64（2）、pp.2-24

田中一弘（2006）「利益率格差の背後にあるもの―日米の企業観・市場観・利益観」伊丹敬之編著『日米企業の利益率格差』(第5章) 有斐閣 pp.159–189

Teece, David J., Gary P. Pisano, and Amy Shuen（1997）"Dynamic Capabilities And Strategic Management," *Strategic Management Journal* 18 pp.509–533.

［第2部］
競争戦略

第3章
業界の構造分析

1——業界の収益性

　次ページに示した表3.1は、上場企業（金融・新興市場を除く）の2004年度決算による、売上高経常利益率の上位20社である。この表から、どのようなことが読み取れるだろうか。

　上位にランクされた企業は、出所である新聞記事にもあるとおり[1]、他社が真似できない製品やビジネス・モデルを有していることはすぐに理解できるだろう。では、個別企業ではなく、業種別に見た場合はどうだろうか。まず、上位20社のうち5社が製薬業界（小野薬品工業・武田薬品工業・大正製薬・第一製薬・エーザイ）である。また、電気・精密機器業界では、パナソニックや日立製作所などの「総合電機メーカー」ではなく、部品メーカー（HOYA・ローム・村田製作所）がランキングに登場している。

　高収益率企業の中に製薬会社が多いのはなぜだろうか。HOYA・ローム・村田製作所といった電子部品メーカーのほうが、日立製作所やパナソニックよりも収益率が高いのはどうしてだろうか？

　こうした収益率の違いには、個別企業の戦略や市場地位などが大きく影響しているのはもちろんであるが、業界全体の特徴も関係している。表3.2と表3.3は、財務省が公表している「法人企業統計調査」に取り上げられている16業種[2]について、業界平均の売上高経常利益率を高い順に

---

[1]——「22社純利益1000億円超　稼ぐ企業に得意技／財務安定でも課題」日本経済新聞2005年6月8日付
[2]——ここで取り上げられた業種分類は以下の通りである。食料品、化学、石油・石炭、鉄鋼業、金属製品、一般機械、電気機械、情報通信機械、輸送用機械、建設業、卸売・小売業、不動産業、情報通信業、運輸業、電気業、サービス業

表3.1 上場企業2004年度決算の売上高経常利益率ランキング

	企業名	売上高経常利益率（%）
1	国際石油開発	54.0
2	ヤフー	51.2
3	小野薬品	42.6
4	武田製薬	39.4
5	ファナック	37.8
6	セブン-イレブン	35.5
7	SANKYO	32.1
8	HOYA	29.1
9	任天堂	28.2
10	SMC	27.1
11	NTTドコモ*	26.6
12	アドバンテスト*	25.8
13	ローム	21.5
14	大正製薬	20.8
15	セガサミー	20.3
16	第一製薬	17.4
17	村田製作所*	17.2
18	エーザイ	16.7
19	JFEスチール	16.4
19	クボタ*	16.4

注：＊印の企業は米国会計基準を採用
出所：日本経済新聞2005年6月8日付に基づいて作成

並べたうちの上位・下位それぞれ3位までをリストしたものである。

2002年から2008年までと限られた期間であるが、上位・下位ランキングに登場する業界は比較的固定している。上位には化学・不動産・電気などが並び、卸売・小売業や石油・石炭、建設業が下位ランクに登場している。これらのデータは、業界ごとの収益性には差異があり、その差異は比較的長い期間にわたって観察されることを示唆している。

業界全体の平均収益は、個別企業の戦略やビジネス・モデルに依存する一方で、業界全体に共通する「構造的」要因によっても決定される。比較的容易に利益があがりやすい「おいしい」業界もあれば、逆にいかに粉骨砕身努力しようとも利益があがりにくい悲惨な業界もある。

こうした業界の「仕組み」や構造が短期間で変化することはまれであるため、業界構造を理解すると、業界全体としての潜在的な収益性を予想できる。これが「業界の構造分析」（Porter 1980）の基本的なアイディアである。

業界の構造分析は、その業界での収益性をどのような要因が左右するかを明らかにするため、特定業界における競争戦略を策定する際に重要なヒントを提供してくれる。また、業界の構造分析は、特定業界の収益ポテンシャルを解明するフレームワークであるため、全社戦略策定、特に特定の事業を全社的な事業領域に組み込むべきか否かの判断に際して、有益なインプット情報を提供してくれる。

表3.2 業界平均売上高経常利益率上位ランク

	上位ランク業種	売上高経常利益率（％）
2002	1 化学	7.6
	2 不動産業	7.1
	3 電気業	6.5
2003	1 化学	7.5
	2 電気業	7.1
	3 不動産業	5.2
2004	1 化学	9.8
	2 鉄鋼業	9.6
	3 電気業	8.6
2005	1 鉄鋼業	10.6
	2 化学	8.6
	3 電気業	7.8
2006	1 不動産業	10.2
	2 鉄鋼業	10.0
	3 化学	9.4
2007	1 不動産業	9.2
	2 化学	8.6
	3 鉄鋼業	8.6
2008	1 不動産業	7.6
	2 情報通信業	6.2
	3 化学	5.5

出所：財務省「法人企業統計調査」

表3.3 業界平均売上高経常利益率下位ランク

	下位ランク業種	売上高経常利益率（％）
2002	1 石油・石炭	1.2
	2 卸売・小売業	1.2
	3 建設業	1.3
2003	1 石油・石炭	1.2
	2 卸売・小売業	1.3
	3 建設業	1.6
2004	1 卸売・小売業	1.5
	2 建設業	1.8
	3 石油・石炭	2.8
2005	1 卸売・小売業	1.7
	2 建設業	1.7
	3 石油・石炭	2.5
2006	1 卸売・小売業	1.6
	2 建設業	1.8
	3 石油・石炭	2.3
2007	1 石油・石炭	1.4
	2 卸売・小売業	1.5
	3 建設業	1.7
2008	1 石油・石炭	−0.7
	2 情報通信機械	−0.6
	3 電気業	0

出所：財務省「法人企業統計調査」

2──業界の構造分析

1.基本的な考え方

　Porter（1980）による業界の構造分析は、経済学の産業組織論での研究成果を基礎にしている。産業組織論では、社会的に最適な資源配分を実現するために、いかに「生産者余剰」を小さくするかという問題意識に基づいて研究が行われてきた。最も望ましい状態と考えられている「完全競争」状態では、生産者たる企業の合理的行動は、ある製品を追

加1単位製造するための「限界費用」が価格と等しい点で操業することとされている。価格と限界費用が等しいということは、生産者の手元には利益が残らないことを意味する。また、生産者余剰は「取引価格と限界費用の差」と定義されるため、完全競争下で合理的に行動する企業にとっての生産者余剰はゼロになる。

しかし、現実の企業が目指しているのは、完全競争状態とはまったく反対の「独占的利潤」の獲得である。利潤獲得のためには、「企業に独占的な利潤を発生させないためにはどうすればよいか」という、産業組織論が積み重ねてきた知見を裏返して実行すればよいというのが、業界の構造分析の出発点となるアイディアである。

業界の構造分析は、ハーバード学派産業組織論の特徴とされる「SCPパラダイム」に基づいている[*3]。SCPパラダイムでは、企業が相互に競争する場である「市場あるいは競争の状態（＝市場構造 Strucure）」が、各企業の取る「競争行動（＝市場行動 Conduct）」に影響を与え、さらにその市場行動によって、業界全体としての「成果（＝市場成果 Performance）」が影響を受けると考えている。

Porter（1980）は、成果の中でも投資収益率に着目し、SCPパラダイムに立脚した既存の研究成果から、業界の収益性に影響を与える要因を網羅的にピックアップし、「既存企業間の対抗度（敵対関係）」「新規参入の脅威」「買い手（顧客・流通業者）の交渉力」「売り手（供給業者）の交渉力」「代替品の脅威」という五つのグループに大別した（図3.1）。

業界の構造分析は、「拡張されたライバル関係（extended rivalry）」を扱う分析フレームワークである。「ライバル関係」と聞いて思い浮かぶのは、通常は同一業界内部での競合関係にある企業だろう。しかし、業界の構造分析では、同業他社だけでなく、部品や原材料の供給業、最終ユーザーや卸売り・小売業者などの買い手も、収益をめぐってライバル関係にあると指摘している。供給業者から原材料や部品を安価に調達できれば、また買い手が製品を高値で買ってくれるならば、当該業界で競争している企業の収益性が向上する。逆に、調達コストが高く、売価

[*3] ――「新しい産業組織論（New Indsutrial Organization）」と対比して、伝統的産業組織論と呼ばれる研究領域には、大別して「シカゴ学派」と「ハーバード学派」の二つの研究グループが存在する。ハーバード学派が成果に対する市場構造の影響を重視するのに対して、シカゴ学派は市場メカニズムの有効性に立脚する。ハーバード学派の産業組織論や新しい産業組織論と戦略論研究の関係については、淺羽（2001）を参照のこと。

図3.1　五つの競争要因

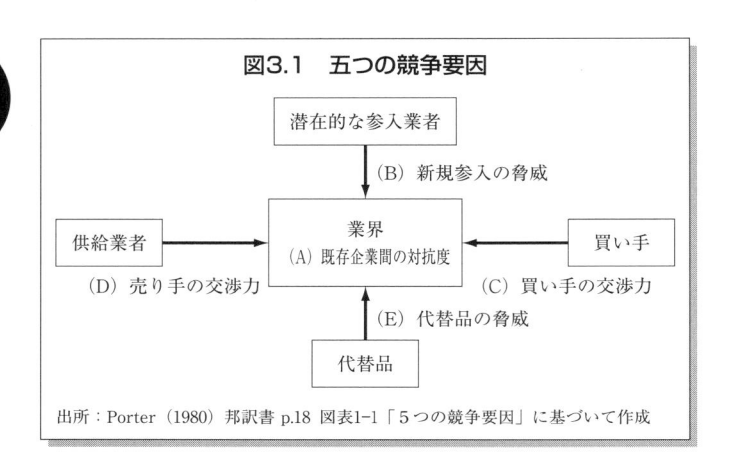

```
                  潜在的な参入業者
                        │
                  (B) 新規参入の脅威
                        ↓
  供給業者  →       業界         ←  買い手
            (A) 既存企業間の対抗度
  (D) 売り手の交渉力        (C) 買い手の交渉力
                        ↑
                  (E) 代替品の脅威
                        │
                     代替品
```

出所：Porter（1980）邦訳書 p.18 図表1-1「5つの競争要因」に基づいて作成

が低ければ、収益性は低下する。

さらに、潜在的な新規参入や代替品の存在は、当該業界の製品・サービスの価格に一定の上限を設定する。既存企業が高価格の製品・サービスを提供し、業界全体としての平均的な収益性が高い業界に対しては、低価格を武器に新規参入を目論む、潜在的なライバルが常に存在する。あるいは、代替品が存在する場合には、当該業界の製品・サービスの価格が高いと、需要が代替品に流れてしまう。こうした潜在的新規参入企業や代替品の存在は、業界の収益性に対して一定の制限を設ける効果がある。

業界の構造分析は、業界内部の「既存企業間の対抗度」という「狭義のライバル関係」に加えて、当該業界に属する企業と収益をめぐって直接的な競合関係にある「供給業者」や「買い手」、さらには当該業界での収益性に一定の制限を設けるという意味で間接的に当該業界の収益性に影響を及ぼす「潜在的な新規参入企業」や「代替品」にまで、「ライバル関係」という概念を拡張した、包括的な分析フレームワークである。

業界構造を規定するそれぞれの要因について、(A)既存企業間の対抗度（敵対関係）が弱く、(B)新規参入の脅威が小さく、(C)買い手（顧客・流通業者）の交渉力が弱く、(D)売り手（供給業者）の交渉力が弱く、(E)代替品の脅威が小さいと、その業界の潜在的な平均利益率は高くなると予想され、魅力的な業界であると考えられる。

「既存企業間の対抗度」「新規参入の脅威」「買い手の交渉力」「売り手の交渉力」「代替品の脅威」という5要因は、マーケティング・ミックスの4Pと同様に、類似した市場構造要因のグループに対する「ラベル」であり、5要因はそれぞれ複数の要因から構成されている。

2.業界の収益性を左右する要因

五つの要因をさらに分解して、収益率を高める要因を列挙すると、以下のようになる。[*4]

> (A)既存企業間の対抗度の弱さ
> - 業界の集中度が高い（競争業者の数が少ない、または規模とパワーに差がある）
> - 産業の成長率が高い
> - 固定費が小さい、または在庫費用が小さい
> - 製品が差別化できる、またはスイッチング・コストがかかる
> - 生産能力の拡大が小刻みにできる
> - 多様なバックグラウンドを持つ競争相手がいない
> - 戦略的な価値の低い業界である
> - 退出障壁が低い
>
> (B)新規参入の脅威の小ささ
> 〈参入障壁が高い〉
> - 規模の経済性が強く作用する
> - 規模に関係のないコスト面での不利（経験効果）
> - 大規模な運転資金が必要である
> - 流通チャネルへのアクセスが困難である
> - 製品差別化の程度が高い
> - 政府の政策や法律で保護・規制されている
> 〈予想される反撃が強い〉
> - 以前に強力な反撃を受けたことがある
> - 既存企業の経営資源が豊富である
> - 産業の成長率が低い

---

*4——この要因リストはPorter（1980）に準拠しているが、一部の項目をリストから削除したり、逆に付け加えたりしているため、オリジナルの項目リストとは一致していない。たとえば、Porter（1980）では、買い手交渉力に「買い手が十分な情報を持つ」という項目があるが、ここでは取り上げていない。また、売り手交渉力には、「買い手にとってスイッチング・コストが発生しない」および「買い手が、最終ユーザーの意思決定を左右できる」という項目を付け加えている。

(C)買い手の交渉力の弱さ[*5]

〈買い手のパワーを弱める要因〉

- 買い手グループの集中度が低い、または買い手の購入量が売り手の売上高に占める割合が小さい
- 売り手の製品が標準化されておらず、差別化されている
- 買い手にとってスイッチング・コストがかかる
- 買い手が後方統合できない
- 買い手である卸売業者や小売業者が最終ユーザーの意思決定を左右できない

〈買い手の価格センシティビティを低める要因〉

- 売り手の製品の価格が買い手の製品のコストに占める割合が小さい
- 買い手の利益水準が高い
- 売り手が供給する製品が買い手の製品の品質に大きな差をもたらす

(D)売り手の交渉力の弱さ

- 売り手グループの集中度が低い
- 売り手にとって、当該業界の企業が重要な買い手である
- 売り手製品が代替品と競合している
- 売り手の製品が差別化されていない
- 買い手にとってスイッチング・コストが発生しない
- 売り手製品が、買い手製品の品質に大きな差をもたらさない
- 売り手が前方統合できない
- 買い手が、最終ユーザーの意思決定を左右できる

(E)代替品の脅威の小ささ

- 代替品と考えられるものが少ない
- 代替品のコスト／パフォーマンス比は急速に向上していない
- 代替品の業界は高い利益率をあげていない

[*5] ここでは、沼上（2008）に準拠して、買い手交渉力を左右する要因を「パワー」と「価格センシティビティ」の二つに分類している。

このリストは「業界の収益性を高める」方向に作用する要因として記述されている。つまり、リスト項目に対する回答が「イエス」である場合、その要因は業界の潜在的な収益性を高める方向に作用すると考えられる。

たとえば、競争業者の数が少ないと、業界の集中度は高くなる。集中度が高い場合には、既存企業間の対抗度（敵対関係）は弱くなる。既存企業間の敵対関係が弱いと、業界の収益性は高くなると予想される。

もちろん、集中度だけが既存企業間の対抗度を決める要因ではない。産業の成長率など他の要因についても検討し、それらを総合して既存企業間の対抗度が高いか低いかを判断する。売り手の交渉力・買い手の交渉力・新規参入の脅威・代替品の脅威についても、個別要因の判断を総合して交渉力や脅威の大きさを判断する。こうした判断を総合して、当該業界の潜在的な収益性がどの程度かを判断するのが、業界の構造分析の利用法である。

業界の構造分析は、レストランを星の数で評価するように、業界の「おいしさ」を星の数で評価する分析手法である。既存企業間の対抗度が低ければ星をつけ、新規参入の脅威が低ければ星をつけるという手順で五つの要因すべてについて評価し、それらを総合して業界の潜在的収益性を星の数で評価する。

期待される収益性が高い業界
　既存企業間の対抗度（敵対関係）が弱く（★）
　新規参入の脅威が小さく（★）
　買い手（顧客・流通業者）の交渉力が弱く（★）
　売り手（供給業者）の交渉力が弱く（★）
　代替品の脅威が小さい（★）

要因が五つなので、業界の潜在的収益性は6段階にランク付けることができる。星が一つもつかない悲惨な業界では、企業がどれほど努力しようと高収益は期待できない。それに対して、五つ星の「濡れ手で粟」業界では、企業はほとんど努力しなくても高収益が見込める。

こうした分析を実施するために、以下では個別要因の詳細について説明する。また、読者が実際に分析を行うためのツールとして、章末に付録として「業界の構造分析ワークシート」[*6]が掲載されている。このワー

クシートに沿って、1996年における日本のデジタルカメラ市場の業界構造を分析した結果も章末に掲載されているので、併せて参照されたい。

3.既存企業間の対抗度の弱さ

● 集中度が高い（競争業者の数が少ない、または規模とパワーに差がある）

経済学において、最も効果的な資源配分が実現すると考えられている「完全競争」状態では、売り手企業は無数に存在し、規模や販売量（市場シェア）にほとんど差がなく、市場での価格形成に影響力をおよぼすことはないと想定されている。ライバル企業が多数存在し、しかもその市場シェアに差がない場合には、企業間のシェア争いは熾烈なものになりやすく、結果的として業界全体としての収益性は低くなると予想される。逆に、少数の企業が市場シェアのほとんどを占めている、集中度の高い状況では「喉元を斬り合う」ような競争にはなりにくく、安定的な市場環境のもとで相対的に高い収益を実現しやすくなる。

集中度は、上位企業の市場シェアを合計した「上位集中度」や、各社シェアの二乗和で算定される「ハーフィンダル指数」によって表すことができる。シェアを二乗しているので、上位企業のシェアが大きいほど、すなわち集中度が高いほどハーフィンダル指数は大きくなる。

● 成長率が高い

成長率の低い市場では、自社の売上や利益を伸ばすためには、ライバル企業の顧客を奪う必要が出てくる。逆に伸び盛りの市場では、ライバル企業間でのシェア争いは熾烈ではない場合が多い。市場成長率の高い業界では、各社とも製品ラインアップの拡充や生産・販売体制の整備に忙殺され、ライバル企業との直接的な競合はあまり観察されないため、業界全体の収益性は高くなると予想できる。

● 固定費が小さい、または在庫費用が小さい

半導体など製造設備に多額の投資が必要な場合には、業界の競争環境

---

*6──「業界の構造分析ワークシート」は、一橋大学大学院商学研究科の沼上幹教授が作成した教材をベースに、筆者が作成したものである。本書への掲載を快諾してくださった沼上教授に感謝したい。ただし、このワークシートについて、ありうる誤りは筆者に帰すものである。

は熾烈になりやすい。生産数量（設備の操業度）とは無関係な固定費がコスト構造全体に占める割合が高い業界では、「損益分岐点」と「操業停止点」の差が大きくなる。すべてのコストが変動費のみであれば、価格水準が損益分岐点を下回ったら、操業を停止すれば損失は発生しない。しかし、固定費は操業を停止しても発生する。固定費が大きい業界では、たとえ赤字であっても、過去の投資を少しでもキャッシュとして回収しようとするインセンティブが働きやすい。損益分岐点を下回る価格であっても操業を続け、赤字覚悟で投資回収を図る企業にとって、販売価格の維持という発想は通用しにくい。設備の稼働率や操業度を高めることが最優先課題であり、そのためにはより多く販売することが必須の前提になる。より多く販売するために、損益分岐点を下回る赤字販売さえ辞さない企業が一社でも存在すると、業界全体としての製品価格は低下しやすく、業界全体の収益性も低下していく。

　同様に、在庫費用が大きい場合にも、販売価格が損益分岐点を下回っていたとしても「売り切ってしまう」ことのメリットが大きくなる。鮮度管理が必要な生鮮品や加工食品などは、賞味期限や消費期限が近づいてくると、「特価品」として大幅に値下げされる。また、衣料品は季節ごとにアイテムを入れ替える必要があることに加えて、売れ行きが流行に左右されるため、「特売品」や「バーゲン品」として大幅な値下げ販売が定期的に行われる。こうした業界では、販売価格を維持するのが難しいため、高い収益性を期待することは困難になる。

● 製品が差別化できる、またはスイッチング・コストがかかる

　差別化された製品を購入している顧客は、たとえライバル企業が提供している製品の価格が低下したとしても、乗り換えることを考えない「ロイヤリティ」の高い顧客である。製品機能そのもの、付帯的サービスなど様々な次元で差別化することが可能な業界であれば、値下げや大規模なマーケティング・キャンペーンなどによって他社の顧客を誘引することが難しいため、業界内部の競争は比較的穏やかなものとなりやすく、業界全体として安定的な収益を確保しやすい。

　同様に、ある企業の製品・サービスからライバル企業へと乗り換える（スイッチする）際に、顧客の側に何らかの費用が発生する場合には、他社の顧客を誘引することが難しくなり、熾烈な競争状態にはなりにく

い。たとえば、携帯電話会社を変更すると、電話番号が変わってしまったり、長期契約者割引の特典が無効になってしまうことは、大きな「スイッチング・コスト」であった。

電話会社を変えても同じ電話番号を引き続き利用できる「ナンバー・ポータビリティ」制度の実施により、携帯電話各社は他社からの乗り換え客を誘引するために、多様な料金割引制度を導入した。こうした料金割引によって、携帯電話会社の利益は、他の業界に比べれば依然として高水準ではあるものの、確実に圧縮された。

● 生産能力の拡大が小刻みにできる

需要が拡大した際に生産能力を小刻みに拡大しにくい製品の場合、短期的に生産能力過剰の状態に陥りやすく、固定費が大きい場合と同様に、業界全体の価格水準は低下しやすくなる。特に生産設備への多額の投資が必用な場合には、その傾向が顕著になる。逆に、生産キャパシティの拡張が需要の拡大ペースに合わせて小刻みに行える場合には、製品価格の値崩れが起こりにくく、業界での競争は安定したものとなりやすい。

● 多様なバックグラウンドを持つ競争相手がいない

多様なバックグラウンドの競争相手が存在すると、異なる「ビジネス慣行」を他業界から持ち込んで、当該業界の企業とは異質な競争行動を取る場合がある。多様なプレーヤーの中には、当該業界にとっての補完財や周辺的なサービスからの収益を期待して、当該業界が提供する製品を低価格で販売しようとする場合もある。

たとえば、オンライン音楽配信は、レコード会社が主導していたとすれば、現行の価格水準（アメリカの場合、アップルのiTunes Storeでは1曲69セントから1ドル29セント）よりも大幅に高くなっていただろうといわれている。音楽コンテンツを保有するレコード会社にとっては、オンライン音楽配信によってCDが売れなくなってしまうので、CDを下回る価格をつけてまで、自ら積極的にオンライン配信に乗り出すインセンティブは乏しい。しかし、アップルはiTunes Storeと連携して利用す

---

*7——アップルは、2003年4月にアメリカでiTunes Music Storeとして音楽配信サービスを開始した（日本では2005年8月）。2006年9月に、映画のオンライン配信を開始したことに伴って、iTunes Storeに改称した。

る携帯音楽プレーヤーiPodで収益が期待できる。iPod普及促進のためには、音楽コンテンツのオンライン配信価格は低廉なほうが望ましい。コピー機とコピー用紙、プリンターとインクの例にも見られるように補完財や消耗品から得る収益を第一優先に考える場合には、本体価格を低く抑えようとするインセンティブが強く働く。事業の目的やインセンティブの異なるライバル企業が多数存在すると、業界での競争が激化しやすくなる。

また、バックグラウンドの違いは、流儀の異なる「他流試合」を強いられることも意味する。たとえば、デジタルカメラはレンズなどの光学技術に加えて、電子部品・ソフトウェアといったエレクトロニクス技術が組み合わされた製品である。伝統的なカメラメーカーは、光学・機械工学の技術を活用して製品を開発し、「すり合わせ」的な改良の積み重ねによって製品の完成度を高めてきた。一方、エレクトロニクス企業は、半導体集積度の急速な向上がもたらす急激な製品機能向上と価格低下に対応するため、頻繁なモデルチェンジや短期間での価格改定に対応する体制やノウハウを蓄積してきた。

比較的長い時間をかけて、製品をじっくり「熟成」させてきたカメラメーカーは、「生鮮品ビジネス」とさえいわれる、エレクトロニクス企業のビジネス・スピードに立ち向かわざるを得なかった。この対応は、製品開発・在庫管理などの社内システムに変革を迫るものであり、当該業界の収益性を低下させたものと推測される。

● 戦略的な価値の低い業界である

当該業界の事業が、既存企業にとって戦略上の価値が低い事業である場合、収益低下時には撤退の決断を下しやすい。逆に、戦略上の価値が高い事業であれば、当該事業での収益を犠牲にしてでも事業の継続・シェアの拡大などを目指す企業が存在するため、既存企業間の競争は激化しやすい。

たとえば、海外のエレクトロニクス・メーカーが日本で生産を行うことは、為替レートや人件費などの問題で、コストだけを考えると得策とはいえない。しかし、日本には優秀な電子部品メーカーが多く、日本で活動することで取引関係のある部品メーカーを通じて最先端の技術動向情報を入手することができる。あるいは、ベルギーのチョコレート、日

本のトイレタリー製品などのように、特定製品の品質について他地域の消費者よりも敏感なマーケットが存在する。こうした「うるさい消費者」に鍛えられることで製品開発の組織能力が向上したり、高感度な消費者の嗜好に関する情報収集が可能になる。

　これらの例のように、技術や消費者の嗜好などについて学習するという戦略上の価値が高い業界では、競争企業の関心が収益以外の要因に向かいやすい。たとえば、消費者嗜好について学習したいというインセンティブを強く有する企業にとっては、収益を多少犠牲にしてでも製品を廉価で大量に販売することが合理化される。こうした企業の存在は、業界全体としての収益性を低下させやすい。

● 退出障壁が低い

　後述する「参入障壁」は、新たに業界に参入する際の障壁である。それに対して、すでに当該業界に参入している企業がそこから撤退するのにも、様々な障壁を乗り越えなければならない場合がある。

　たとえば、半導体製造やビール醸造のように、資本集約的な産業では大規模な設備投資が必要とされる。生産設備の多くは他の用途に転用できないため、事業からの撤退には設備廃棄による大きな損失が伴う。そのため、たとえ事業収益が悪化しても、多額の設備投資を行った企業は容易には撤退できず、前述の固定費が大きい場合と同様に、投資回収のために一層の低価格販売に打って出る可能性が高まり、業界全体の収益性が低下しやすい。

　逆に、退出障壁が低い場合には、低収益企業の撤退が容易になるため、収益性の低い企業はいつまでも業界に居座ることがなく、業界全体の収益を引き下げる要因とはなりにくい。

　退出障壁には、前述した他の用途に転用不可能な多額な投資以外にも、撤退による消費者の企業イメージの低下、たとえば過去からの歴史や伝統といった経営者の心理的要因、法律や社会通念などによる規制といった様々なものがありうる。

4.新規参入の脅威の小ささ

　新規参入の脅威は、参入障壁と予想される反撃の程度の２要因の組み合わせによって決定される。現時点では市場に参入していないが将来的

な参入に興味を示している「潜在的な新規参入企業」にとって、当該業界に参入するために乗り越えなければならない「障壁」が高ければ高いほど、実際の新規参入は起こりにくい。また参入障壁を乗り越えて市場に参入した際に、既存企業から激しい反撃に遭うことが予想される場合、新規参入へのインセンティブは低下する。

従って、①参入障壁が高く、②既存企業から激しい反撃が予想される場合には、新規参入の脅威は低くなる。逆に、①参入障壁が低く、②既存企業からの反撃が激しくないと予想される場合には、新規参入の脅威は高くなる。

(1) 参入障壁を高める要因

参入障壁を高める要因は、コストに関連するものと、それ以外のものに大きく分類することができる。さらに、コスト関連の要因は、規模の経済とそれ以外の要因とに分類される。

【コスト関連の要因】

● 規模の経済性が強く作用する

「規模の経済」とは、第5章で詳しく説明する通り、生産規模が大きくなると単位当たりコストが低下する現象である。規模の経済性が強く作用する業界の場合、既存企業はすでに十分に大きな生産規模に達しているはずなので、新規参入した直後の企業が既存企業に匹敵するだけの生産量を確保することは難しく、新規参入企業は既存企業に比べてコスト上不利な立場になりやすい。このコスト水準の違いが、潜在的な新規参入企業にとっては克服しなければならない参入障壁となる。

さらに規模の経済性が強く作用する業界に新規参入するには、必要とされる生産規模が大きくなるため、大規模な運転資金が必要となる。大規模な資金の必要性は参入に伴うリスクを高めるため、既存企業にとっての新規参入の脅威は低くなる。

● 規模に関係のないコスト面での不利（経験効果）

規模以外にも、新規参入企業が既存企業に比べてコスト上で不利になる要因がある。その典型例が、こちらも第5章で説明する「範囲の経済」や「経験効果」などである。範囲の経済性が作用している場合、取り扱い製品の範囲を拡大させることで、コスト上のメリット（経済性）

が享受できる。たとえばプリンタとコピー機は、完成品としては別種の製品であっても、内部構造が類似しているため共有部品が多く利用されている。プリンタだけ、あるいはコピー機だけを手がけている場合に比べて、双方を同時に手がけている企業は、構成部品レベルでの規模の経済性によって、コスト上有利なポジションにある。

一般に、新規参入企業の製品取り扱い範囲は、既存企業に比べると狭くなりがちなため、範囲の経済は参入障壁を高める要因となる。

特定製品を生産し続けてきた過去からの経験量の差が、コスト差をもたらす場合がある。経験効果とは、経験量に相当する累積生産量が倍増するごとに、単位当たりコストが一定の比率で低下するという現象である。経験効果は、新規参入企業にとってコスト上の不利益の原因となる。規模の経済に起因するコスト上の不利益は、新規参入時の生産規模を大きくすることによって克服できるかもしれないが、既存企業が過去から蓄積してきた経験量に追いつくのは、そう簡単ではない。特に経験効果が強く作用する業界では「後発者の不利益」が大きく、参入障壁が高くなる。

【コスト以外の要因】
● 大規模な運転資金が必要である

大規模な運転資金が必要な業界では、事業リスクが高くなり、新規参入が抑制されやすい。これは、前述の規模の経済に類似した要因であるが、ここでは製造段階以外での運転資金について考えている。

たとえば、自動車は顧客がローンで代金を支払うことが一般的である。また、船舶や航空機のように高額な製品はリースを利用することが一般的である。こうした業界では、キャッシュフローのサイクルが非常に長いため、その期間中に必要になるキャッシュを大量に保有しておかなければならない。必要とされる手元キャッシュ量が大きくなるほど、新規参入は難しくなる。

たとえば、システム・インテグレーション（SI）業界では、システム完成後に代金支払いを受けることが一般的である。構築する情報システムが大規模になればなるほど、完成までの期間が長くなり、必要な資金量は膨大になっていく。大規模システムを構築するためには、専門的な技術ノウハウが不可欠であるが、たとえ技術ノウハウを有していたとし

ても、多量の手元資金が必要とされるため、大規模システム市場への新規参入は容易ではない。

● 流通チャネルへのアクセスが困難である

　製品によっては、流通チャネルが固定的でアクセスが難しい場合がある。流通チャネルへのアクセスが困難な業界への新規参入は難しいため、参入の脅威は低くなる。

　たとえば、書籍は出版社から、トーハンや日販など「取り次ぎ」と呼ばれる中間業者を経て書店に並ぶ。出版は多品種・少量業種の典型で、2004年には約7万5,000点の新刊書が刊行されている。また、製品のライフサイクルも短く、2004年に流通していた書籍は約12万点とされ、新刊書の占める割合が非常に高い。しかも、再販売価格維持や委託販売という特殊な業界慣行から、いったん書店に並んだ書籍の返品率は40％近い。[*8] 一方、日本には出版社が約4,000社ある。うち60％は年間の新刊書刊行点数が5点以下で、さらにその半数は年間1点しか新刊を刊行していない。年間刊行点数が数点しかない小規模出版社が、日本全国に約1万8,000店ある書店と直接取引をすることは不可能に近い。こうした事情から、大手取り次ぎで扱っていない書籍が一般書店の店頭に並ぶ確率はほとんどゼロに近い。

　近年ではインターネット商取引の普及に伴って、Amazon.comと出版社が直接取引をしたり、出版社が読者に直接販売する事例が増えてはいるものの、取次店経由の流通構造はそれほど大きく変わっていない。また電子書籍も増加しつつあるが、少なくとも伝統的な紙媒体の書籍については、小規模な出版社の書籍を大手取り次ぎで扱ってもらうためのハードルは高いため、出版業では潜在的な新規参入者からの脅威は高くない。

● 製品差別化の程度が高い

　これは既存企業間の対抗度を弱める要因としても指摘されている。差別化された製品・サービスを購入している顧客を誘引することは、既存企業がライバル企業から顧客を奪う場合でも、新規参入企業が既存企業から顧客を奪う場合でも、同じように難しい。そのため、既存企業の製品・サービスが差別化されている場合、新規参入企業は不利な戦いを強

＊8──出版科学研究所『出版指標年報2005年版』

いられる。

● 政府の政策や法律で保護・規制されている

電気・ガス・水道、放送・通信（電話）、輸送（鉄道・航空）、医療・医薬など生活のインフラストラクチャを支える産業に対しては、国民の生活基盤を脅かさないようにするために様々な制約が課されている。こうした「規制業種」に新規に参入していくのは容易ではない。たとえば、携帯電話会社を新たに設立しても、使用する周波数帯の割り当てを総務省から受けなければサービスを開始することはできない。

(2) 予想される反撃が強い

潜在的ライバルが新規参入を果たした場合に、予想される反撃の強さに影響するのは以下の3点である。

● 以前に強力な反撃を受けたことがある

新規参入業者が過去に強力な反撃を受けたという事実は、「今回もまた」強力な反撃があるだろうと予想させ、新規参入を目論んでいる潜在的なライバルが参入を思いとどまる可能性が高まる。

● 既存企業の経営資源が豊富である

既存企業が豊富な経営資源、特に投資資金を保有する場合、新規参入業者に対して熾烈な反撃をしかけてくる可能性が高まる。反対に、既存企業が資源に乏しい場合には、反撃を行いたくても資源制約から実行不可能になることもある。資源を豊富に持つ強力な既存企業の存在も、強力な反撃を予想させ、新規参入の脅威を低下させる。

● 産業の成長率が低い

既存企業間の対抗度でも述べたとおり、市場の成長率が低いと限られたパイを奪い合うことになり、競争が熾烈になりやすい。既存企業間の競争が熾烈なところに新規参入があれば、既存企業は強力な反撃を行うだろうと予想される。逆に、成長率が高い場合には、たとえ市場シェアが下がったとしても、売上高や利益の絶対額が増加することもありうる。こうした場合には、既存・新規を問わずライバルと熾烈な競争を展開するインセンティブはそれほど高くない。

5.買い手の交渉力の弱さ

　買い手の交渉力は、交渉時の「パワー」と「価格センシティビティ」の強さによって決定される。価格に対して敏感（センシティブ）な買い手は、厳しく価格交渉に臨んでくる。価格センシティビティが高く、なおかつ交渉上強力なパワーを有する買い手との取引では大幅な譲歩を強いられるため、業界の収益性は低下しやすい。逆に、価格にこだわらず、交渉上もパワーを持たない顧客との取引は、売り手のペースで進めることができるため、高収益が期待できる。

(1)買い手のパワーを弱める要因
- 買い手グループの集中度が低い、または買い手の購入量が売り手の売上高に占める割合が小さい

　買い手が集中している場合、規模を背景にした交渉上のパワーが強くなる。最終消費財のように買い手が多数で分散している場合と、産業財のように買い手が少数でなおかつ買い手ごとの購入量が大きい場合を比べると、後者のほうが価格交渉力が強く値引き要求が通りやすくなる。

　また、特定の買い手との取引量が、売り手の売上高に大きな比率を占めている場合、その買い手との取引停止は売り手側にとって非常に大きなダメージとなる。逆に、買い手が多数で分散している場合、買い手の交渉力は弱くなる。

- 売り手の製品が標準化されておらず、差別化されている

　買い手の目に「どのメーカーの商品であっても違いはない」と映る標準的な「コモディティ」の場合、「品物自体に違いがないなら、一番安いもので構わない」と考えられやすく、売り手が高いマージンを設定することは困難になる。逆に差別化された製品・サービスの場合、「価格が多少高くてもそれが欲しい」と考えるロイヤリティの高い顧客を相手にするので、収益の確保が容易になる。

- 買い手にとってスイッチング・コストがかかる

　ある製品・サービスから他のものに変更した場合、有形・無形様々なコストが発生することがある。たとえば、規格間で互換性のない製品でプラットフォームをスイッチすると、製品を買い換える以外にも周辺的

な補完財へも新たな投資が必要となる。かつてのビデオカセットにおけるVHS対ベータの例に見られるように、ベータからVHSにスイッチすると、ベータのビデオテープに録画した過去のコンテンツを再生するためには、ダビングし直す必要が生じる。

あるいは、携帯電話端末のようにメーカーごとにユーザーインターフェースが異なる製品の場合、特定メーカーの電話機を使い続けているユーザーは、他メーカーの電話機には「違和感」や「使いにくさ」を感じて、買い換え時も同じメーカーのものを選ぶことがある。

このような有形・無形様々なスイッチング・コストが買い手側に発生すると、買い手は「囲い込まれ」、売り手に対する価格交渉力が低下する。逆に、携帯電話の「ナンバー・ポータビリティ制度」によって、スイッチング・コストが小さくなり、ユーザー側は「他の携帯電話会社に乗り換える」という強力な交渉カードを手に入れることができた。

● 買い手が後方統合できない

後方統合とは、原材料から最終消費者へと至る一連の活動プロセスにおいて、それまで取引関係にあったものを内部化していく「垂直統合」の一形態で、原材料方向の「川上」に向かって活動領域を広げていくことである。[*9] たとえば、完成品メーカーがそれまで部品メーカーから購入していた部品を内製したり、販売だけしか手がけていなかった流通業者が自社で製品を製造したりすることが後方統合、あるいは「川上統合」である。

買い手が後方統合できる場合、買い手の価格交渉力は高くなる。たとえば、自動車メーカーが部品を内製することが可能な場合、外部の部品メーカーから購入するか、あるいは自社内で内製するかは、「同じものを作るのに、どちらが安くできるか」という判断に基づいて決定できる。しかし、たとえば技術ノウハウが無いために、部品を内製するという代替選択肢を持たない場合には、部品メーカーに対する交渉力は著しく低下する。「それほど高いなら自分で作りますので、結構です」と言える自動車メーカーと、部品を内製できないメーカーとでは購買コストが大きく変わってくる。

---

*9──詳細については、第12章「垂直統合」を参照のこと。

- 買い手である卸売業者や小売店が最終ユーザーの意思決定を左右できない

　多機能携帯電話端末のように複雑な商品、あるいはペットボトルの緑茶飲料のように顧客が強いブランド選好を持たないコモディティについては、最終消費者の購入意思決定に対して小売業者や卸業者がかなりの程度影響を与えられる。「どれがよいか分からない」あるいは「どれでも構わない」という最終顧客に対して、販売員が「この製品はこの点が特に優れている」という情報を提供したり、値引きやサービスの対象に指定することで、売上が伸びる場合がある。こうした場合、メーカーは流通業者に「売ってもらう」立場になり、販売価格を引き下げたり、値引き販売のためのリベートを支払ったりする必要が出てくる。反対に、「iPodが欲しい」あるいは、「Walkmanを」というように、顧客が指名買いをしてくる商品の場合、売れ筋商品を扱いたい小売業者の価格交渉力は弱くなる。

(2) 買い手の価格センシティビティを低める要因

- 売り手の製品の価格が買い手の製品のコストに占める割合が小さい

　部品の購買価格はメーカーの利益に直結する。たとえばPC製造におけるマイクロプロセッサのように、他の部品に比べて高額なためコスト構成比が高い部品について、値下げ交渉に成功すると製品コストは大幅に低下する。マイクロプロセッサの仕入れ価格が全体のコスト構成のうち60％を占めていたとして、購入価格の10％の引き下げに成功すれば、製造原価は一気に6％低下することになる。コスト構成比が低い他の部品で、これに相当する原価削減効果を得ようとすると、かなり大幅な価格引き下げが必要になる。たとえばメモリが原価構成で10％だったとする。メモリだけで6％の製造原価削減を実現しようとすると、仕入れ価格を60％も低下させなければならない。

　逆に、コスト構成上の比率が小さい製品の価格に関しては、買い手の価格センシティビティはそれほど高くならない。たとえ購買価格引き下げに成功しても、製品全体のコストが「目に見えて」下がることはないため、購買コスト削減の努力は原価構成比の大きい部品に向かいやすい。このことは、技術革新のペースが緩やかな、いわゆる「枯れた技術」を活用している電子部品メーカーの収益性が比較的高いことの一因にもなっている。「枯れた」電子部品は販売単価が低いため、市場での

価格低下のペースを上回るスピードで原価を削減できれば、利益を確保しやすくなる。

● 買い手の利益水準が高い

部品の購買コストは最終製品の利益に直結するため、利益水準の低いメーカーは購買コスト削減に必死に取り組む。逆に、利益水準の高いメーカーの場合、購買コストにセンシティブでないケースが見受けられる。消費財であっても、富裕層は価格に対してそれほど敏感ではない。

● 売り手が供給する製品が買い手の製品の品質に大きな差をもたらす

最終製品の性能や品質が特定の部品やパーツに大きく依存することがある。たとえば、PCの性能は搭載しているマイクロプロセッサと基本ソフト（OS）に大きく左右される。PC業界では、「ウィンテル」とも呼ばれる、マイクロソフト社のウィンドウズとインテルのマイクロプロセッサの組み合わせが「事実上の業界標準（*de facto* standard）」（269頁参照）となっている。最終ユーザーが「ウィンドウズが使えなければ購入しない」と言うのであれば、ウィンドウズ以外のOSを採用することは難しく、PCメーカーのマイクロソフトに対する交渉力は弱くなる。同様に、搭載するマクロプロセッサの性能によって、PC全体の性能が決定的に変わってくるため、インテルに対する価格交渉力も低くなる。

6.売り手の交渉力の弱さ

売り手と買い手の関係は相対的なもので、たとえばデジタルカメラのメーカーは流通業者や最終ユーザーに対しては「売り手」であるが、デジタルカメラ用部品のメーカーにとっては「買い手」となる。また、売り手の交渉力と買い手の交渉力は表裏一体であり、買い手の交渉力が強くなれば売り手の交渉力は弱くなる。

従って、前述した買い手交渉力を決定する各要因は、関係を逆転させると、そのまま売り手の交渉力を決定する要因になる。そのため、ここでは各要因についての説明は省略する。

7.代替品の脅威の小ささ

代替品とは、自社製品・サービスが満たしている顧客ニーズを、それ

とは異なるアプローチで満たす製品・サービスである。たとえば、電子メールの普及によって、ファクスの利用頻度は減少している。電子メールは、文字情報（文書）の伝達という機能（顧客ニーズ）を、専用のファクス機と電話回線を利用するのではなく、PCや携帯電話とインターネット回線を利用するという別のアプローチで満たしている。

　代替品の存在は、業界の潜在的な収益性に対してマイナスの影響を及ぼす。ダイヤルアップによるインターネット接続サービスは、短期間でADSLや光ファイバーを利用した常時接続サービスに代替された。ダイヤルアップ・サービスのみを提供していたプロバイダは、ADSLサービスという代替品に顧客を奪われ、収益性が大幅に低下した。

　ライバル企業と顧客を奪い合う直接的競合が業界の潜在的収益性を低下させるのと同様に、代替品との間接的な競合には、業界の潜在的収益性に一定の上限を課す。たとえば、電話回線を利用するADSLにとって、ケーブルテレビ回線を利用するインターネット接続は代替品である。回線キャパシティ・通信速度・料金などをめぐって両者は競合しており、新規顧客をめぐって直接的に競合しているだけでなく、既存顧客による他陣営へのスイッチを阻止するという意味でも競合している。

　それぞれに一長一短があり、両者が共存しているような代替品が存在すると、当該業界の製品・サービスに対しては価格引き下げ圧力が作用し、一定以上の収益を確保することが難しくなる。ADSL接続は、ケーブルテレビ回線接続や光ファイバー接続と相互に代替関係にある。他陣営へ顧客が流失しないよう引き留めておくためには、料金をある程度の範囲内に抑えたり、追加的なサービスを提供したりする必要がある。

　こうした点を顧慮すると、当該業界の潜在的な収益性を向上させる条件は以下のようになる。[10]

● 代替品と考えられるものが少ない

　代替品となるものが少なければ、前述したような直接的・間接的な競合が起こりにくく、業界の潜在的な収益性が低下する可能性が低くなる。ただし、現実の文脈で何を代替品とみなすかは簡単な問題ではな

---

[10]——代替品の存在は、業界の潜在的な収益性を低下させる方向のみに作用するため、「潜在的収益性を向上させる」という表現は正確ではなく、本来は「潜在的収益性を低下させない」と記述すべきである。しかし、ここでは代替品の脅威以外の要因も含めて一律の記述を行うために、「収益性を向上させる」と記すことにする。

い。たとえば、音楽CDが売れなくなったのは、若者が高額の携帯電話料金を支払うようになったためであると指摘されたことがある。その真偽のほどはともかく、この指摘は顧客の「財布の中身」をめぐって音楽CDと携帯電話は競合しており、互いに「代替品」と考えられていることを意味している。だが、財布の中身をめぐる競合については、潜在的な代替選択肢は無限に想定できるため、どこまでを代替品の範囲とするかの判断は簡単ではない。

たとえば、デジタルカメラの場合、映像の記録という機能・顧客ニーズをめぐって、伝統的な銀塩カメラ・ビデオカメラに加えて、携帯電話（カメラ機能）とも競合している。また、財布の中身をめぐる競合という点では、デジタル家電「新三種の神器」とも称されてきた、薄型テレビやハードディスク・レコーダと互いに代替関係にあるといえる。

ただし「財布の中身」をめぐる競合の範囲はデジタル家電だけに限定されず、斜めドラム洗濯乾燥機や過熱水蒸気を利用する「ウォーターオーブン」などに代表される高機能・高付加価値の家電製品、携帯音楽プレーヤーやPC、旅行・レジャー、洋服やアクセサリーなども潜在的には代替品となりうる。どこまでを「現実的な代替関係」とするかの判断は、分析の目的に応じて変わりうる。

● 代替品のコスト／パフォーマンス比は急速に向上していない

代替品が存在していても、代替品によるコスト／パフォーマンス（もしくはベネフィット）比が大きく向上するものでなければ、熾烈な顧客争奪合戦は起こりにくく、業界の潜在的収益性が悪化することは考えにくい。

逆に、コスト／パフォーマンス比を急速に向上させる代替品には注意が必要である。たとえば、ダイヤルアップ接続に比べると、ADSLの回線速度と利用料金は圧倒的な差があった。ソフトバンクとヤフーがYahoo! BBのサービスを開始した2001年当時、ダイヤルアップによる常時接続（回線速度64kbps）には月額約5,000円が必要であったという[11]。Yahoo! BBは8Mbpsで月額料金（ADSLモデムなどの機器レンタル料を含む）2,830円[12]と、回線速度・料金比で約220倍の差があり、ユーザーは

---

*11──池田信夫「通信要素のアンバンドリング─その効果と限界」RIETI Discussion Paper Series 03-J-012（2003年10月）〈http://www.rieti.go.jp/jp/publications/summary/03100005.html〉

急速にADSLに流れていった。

- 代替品の業界は高い利益率をあげていない

　代替品を提供している業界の利益率が高い場合には、そこでの収益を原資にして、代替品の普及促進のための大規模なキャンペーンを展開したり、販売促進費を大量に投入して、低価格販売を行ったりすることができる。このような代替品には注意が必要になる。

　逆に、代替品を供給している業界の利益率が低い場合には、当該業界が提供する製品・サービスと代替品との熾烈な競争が起こりにくく、業界の潜在的収益性が悪化することは考えにくい。

8.総合評価

　ここまでの各項目についての検討結果に基づいて、五つの要因それぞれについて評価し、それらを総合して最終的な評価を行うのが分析の次のステップである。

　たとえば、章末の〈付属資料〉で取り上げた1996年のデジタルカメラ業界における「既存企業の対抗度」に関して、個別項目の検討結果をリストアップすると以下のようになる。

　　業界の集中度：高い
　　売上規模の格差：大きい
　　産業の成長率：高い
　　固定費用：小さい
　　在庫費用：小さい
　　製品差別化：困難
　　スイッチング・コスト：低い
　　生産能力の小刻みな拡大：可能
　　競争相手のバックグラウンド：多様
　　業界の戦略的価値：高い
　　退出障壁：低い

＊12──「ソフトバンク、ヤフー共同のADSL接続サービス開始　月額2,280円、最大8 Mbpsで提供開始」〈http://www.watch.impress.co.jp/pc/docs/article/20010619/yahoo.htm〉

これらの項目のうち、「製品差別化が困難」「スイッチング・コストが低い」「競争相手のバックグラウンドが多様」「業界の戦略的価値が高い」という要因は、既存企業間の対抗度を高める方向に作用する。反対に、上記以外の要因は対抗度を低める方向に働く。対抗度を高める要因と低める要因の作用をすべて総合することで、既存企業間の対抗度は「低い」と評価できる。これは、この項目に「★」をつけられることを意味している。

同様な総合評価を、新規参入の脅威・買い手の交渉力・売り手の交渉力・代替品の脅威について行った結果、各項目は以下のように評価された。

既存企業間の対抗度（★）
新規参入の脅威（なし）
買い手の交渉力（★）
売り手の交渉力（なし）
代替品の脅威（★）

この結果、1996年時点でのデジタルカメラ業界は「★★★」の「比較的容易に利益を出しやすい業界」であったことが分かる。

9.業界の構造分析に関する注意事項

(1)主観的評価

1996年のデジタルカメラ業界の構造に関する「★★★」という前述の分析結果について、必ずしも合意を得られるとは限らない。業界の構造分析では、①主観的な評価基準の違い、②分析単位の違いを主な原因として、分析者によって結果が異なる可能性が高い。

業界の構造分析では、①各項目の評価、②五つの要因ごとの評価、③総合評価の各段階で、主観的な評価を行っている。たとえば、既存企業の対抗度を左右する要因の一つである、業界の成長率について考えてみよう。市場規模のデータが入手できれば、市場成長率は客観的な数字として算出できる。だが、その数字に対する評価は分析者によって異なっている可能性がある。

仮に過去5年間の平均市場成長率が5％だった場合、この産業の成長率は高いだろうか、それとも低いのだろうか。もしも、経済全体が低成長であったら「5％はすばらしく高い成長率」と評価されるかもしれな

いが、逆に経済全体の成長率が10％を上回る状態であったとしたら「5％は低成長」と考えられるだろう。分析者の評価基準が均一である可能性は低いため、まったく同一の客観的事実に対する評価が異なってくる可能性は高い。

　また、五つの要因それぞれについて「★」をつけるか否かの判断も、分析者によって異なる可能性が高い。前述の「既存企業の対抗度」の例のように、★がつくかどうかの評価は、それぞれの項目に対して「重み」をつけた総合判断に基づいてなされる。分析者によって各項目に対する重みづけが異なっていると、各項目に関する判断が完全に一致していたとしても、総合判断の結果は異なることがありうる。同様に、五つの競争要因の評価結果が一致していたとしても、総合判断の結果が異なることもありうる。

　このことは、五つの競争要因、またそれぞれを構成する項目ひとつひとつについて、業界の潜在的収益性に与えるインパクトの大きさが等しいわけではないことを意味している。たとえば、既存企業の対抗度を左右する要因のうち、ある項目だけが収益性を高める方向に作用し、それ以外はすべて反対方向に作用するという分析結果が出たとしよう。その項目に対する重みが十分に大きければ、他の要因の影響を考慮しても、既存企業の対抗度は「低い（★がつく）」と判断することもありうる。

　また、それぞれの★には「重さ」があるため、★の数だけによって複数業界の期待収益性を比較することもできない。たとえば、分析結果が「★★★」であったとしても、「軽い」★ばかりでほとんど収益を期待できない業界である可能性もあるし、「重い」★ばかりで潜在的収益性が非常に高い業界である可能性もある。

　業界の構造分析では、主観的な評価や「重みづけ」が必要とされているため、まったく同一の客観的事実に基づいても、分析結果が異なってくる可能性が高い。そのため、分析結果のみに注目していると、戦略上の判断を誤るリスクが高まることを十分に認識する必要がある。

　業界の構造分析は、分析結果を重視するのではなく、「業界で成功を収めるためにはどの要因が重要であるか」を判断するための分析手法として捉えるべきである。重く評価される要因は、業界の潜在的収益性に対して強く作用する要因であり、業界で成功を収めるために重要な要因である。

分析者は、主観的評価基準や各要因への重みについて自覚的でない場合が多い。個別要因の評価と総合評価とが整合的でなかったり、同僚など他者の分析と自らの分析結果とが異なっていることが、分析者が無意識のうちに行っている判断や重みづけの違いを明らかにするための糸口となりうる。分析者によって結果が違うことにこそ、業界の構造分析の積極的な意義を見いだすべきであると筆者は考えている。

(2)分析単位の設定

業界構造の分析結果は、分析者の主観的判断以外の要素によっても異なってくる可能性がある。その二つの大きな要因は、時間的要因と分析単位の設定である。

業界の構造分析は、潜在的な収益性を左右する諸要因をある一時点でスナップショットとして撮影するような、静態的な分析手法である。そのため時間の経過によって業界構造が変化していくプロセスを十分に捉えることは難しい。

デジタルカメラのように、続々と新モデルが市場に投入され、競争の焦点が次々と移り変わっていくような業界を分析対象とする場合、たとえば1996年という分析時点を設定しても、年初と年末では業界の様相が大きく変化している可能性がありうる。従って、業界構造の分析を行う際には、分析時点はどのタイミングであるかを常に念頭においておく必要がある。

また、分析単位の設定によっても、分析結果は大きく異なりうる。たとえば、近年のデジタルカメラ市場はコンパクト型と一眼レフ型とに大きく分類される。分析対象となる「業界」として、コンパクトのみ（あるいは一眼レフのみ）を選んだ場合と、コンパクトと一眼レフの双方を含んだ市場全体を分析単位に設定した場合では、分析の結果は大きく異なるだろう。

たとえば、コンパクト型ではパナソニックやソニーなどのエレクトロニクス企業が健闘する一方で、デジタル一眼レフではニコンやキヤノンなどのカメラメーカーが強みを発揮している。そのためセグメント別に見た場合、市場シェアの数字も変わってくる。それ以外にも、市場成長率、サプライヤや買い手とのパワー関係、技術的な要因による参入障壁、代替品との競合などについても、分析単位の設定次第で異なった分析結果が導かれるだろう。「分析対象の業界」はどのように定義され、

どこまでがその業界に含まれるのかについても、業界構造の分析に当たって、十分に注意を払っておく必要がある。

10.コーペティション：補完財による価値創造と分配

　分析単位設定に関連して注意が必要になるのは、補完財の存在である。補完財が存在したり、複数の製品・サービスを組み合わせて使用される「システム製品」などの場合には、「組み合わせ全体」として利益を大きくすることを目指して、特定事業の製品・サービスに思い切った低価格を設定する場合がある。

　たとえば、プリンタにとって、インクやトナーなどの補充品は不可欠な補完品である。プリンタメーカーはインクジェットプリンタ本体と補充用インクの組み合わせからの利益を大きくするために、消耗品の利益率を高く設定する一方で、普及促進のために本体価格は低く抑えている。

　また、携帯音楽プレーヤーiPodはオンライン音楽配信ストアiTunes Storeとの組み合わせによって利便性がより向上する。アップルはiTunes Storeでオンライン配信される音楽コンテンツには思い切った低価格を設定する一方で、iPodの販売価格を低下させないよう、製品ラインを拡張したり、定期的な製品アップデートを行ったりしている。

　プリンタメーカーが純正インクを供給する例のように、当該製品・サービスのメーカー・供給者が自ら補完財を手がける場合もあるが、多くの場合、補完財は他企業によって提供される。この場合、補完財の存在は当該製品・サービスの付加価値を向上させるために、付加価値創造という局面では補完財供給者は「協力者」である。その一方で、付加価値の分配という局面では、同じ補完財供給者が「競争者」になる。

　このように、競争（competition）と協調（cooperation）の両側面を併せ持つ状況を、Brandenburger and Nalebuff（1996）は「コーペティション（co-opetition）」と名付けている。

　コーペティションの状況下では、補完財との組み合わせによって当該商品の魅力を向上させる一方で、補完財提供者に付加価値を奪われないように工夫しておく必要がある。たとえば、コンピュータ本体にとって重要な補完財であるソフトウェアは、基本ソフト（OS）とワープロ・表計算などのアプリケーションから構成されている。PCの基本ソフトとしては、マイクロソフトのウィンドウズが「事実上の標準（デファク

ト・スタンダード)」の地位を占め、同社が高い収益性を確保している一方で、PCメーカーの収益性は決して高くない。

　それに対して、アップルは自社開発のOSを自社のハードウェアのみに搭載しているため、マイクロソフトに収益を簒奪されることはなかった。しかし、その一方で、独自OSであるがゆえにPC市場でのシェアを伸ばせず、苦戦してきた。こうした経験から、近年では同社はコーペティション状態に対して十分に配慮しているように見受けられる。

　たとえば、iPodにとってPCは重要な補完財である。音楽コンテンツの管理はPC上で行うため、iPodを利用するためにはPCに接続することが前提となっている。iPodとPCは、物理的にはUSBケーブルによって接続されるため、USBポートを備えたPCであれば、接続相手は選ばない。しかし、iPodの接続ポートの規格がクローズになっているため、アップルの音楽コンテンツ管理ソフトiTunesを経由せずにPC側からiPodを制御することはできない。また、スピーカーなどのiPod周辺機器を接続する際には、アップルによる承認が必要になっている。

　アップルは、USBというオープン規格を採用し、iTunesを無償配布することによって、iPodの付加価値をより高めている。その一方、iPod接続ポートの規格をクローズにしたり、音楽データの圧縮に「Apple Lossless」と呼ばれるiPodでのみ再生できる独自形式を採用したり、iTunes Storeで配信される音楽コンテンツを「デジタル著作権管理技術（Digital Rights Management; DRM）」で暗号化して、ユーザーによる利用・複製を制限したりすることで、補完財や補完的サービスの提供業者に付加価値が流出していくのを防止している。[*13]

　業界構造を分析し、戦略を策定していくに際して、コーペティション状態には特別な注意を払う必要がある。業界の構造分析では、補完財を明示的に扱っていないため、近年では「六つ目」の構造要因として加えるべきとの指摘もある。分析対象となっている業界の製品・サービスがどのような製品・サービスと競合・補完関係にあるか、業界構造の分析に先立って、分析単位を慎重に設定する必要がある。

＊13──アップルは、2009年1月に、米国において販売する音楽コンテンツをすべて「DRMフリー」とすることを宣言し、音楽コンテンツをiPod以外の機器でも利用できるようにしている（http://www.apple.com/jp/news/2009/jan/07itunes.html）。ただし、米国以外の市場については、各国の音楽レーベルとの個別契約が必要となるため、DRMフリーにならない場合もありうる。

3——戦略グループと移動障壁——業界内の収益率の差

　業界の構造分析は、先述の通り、業界構造を検討することによって、業界全体として期待される「潜在的収益性」の程度を予想しようとする分析フレームワークである。構造分析によって、その業界で成功を収めるために重要な要因を明らかにすることができる。しかし、構造分析の結果は「どの企業にとっても同じ条件」で当てはまるため、分析結果から個別企業に対する戦略上のインプリケーションを導き出すのは難しい。

　たとえば、現在競争している業界の構造を分析した結果、期待できる潜在的収益性が低いという結果が得られたとしたら、その業界からは撤退すべきなのだろうか。逆に、潜在的収益性が高い業界では、事業部などの戦略単位の責任者は何もしなくていいのだろうか。

　個別企業にとって、業界全体の構造を変えて潜在的収益性を高めていくことは不可能ではないが、非常に困難であり、また必要な投資も大きなものになると予想できる。その一方で、現実には、同一業界の内部に企業間での収益性の差異が持続的に観察されている。

　たとえば、PC業界は、既存企業の対抗度が高く、参入障壁が低く、買い手は価格にセンシティブで、インテルやマイクロソフトという強力なサプライヤが存在し、スマートフォンなど強力な代替品が存在しており、業界全体としては高収益を期待しにくい。しかし、すべての企業が同一の利益水準にあるわけではなく、ヒューレット・パッカード、デル、アップルなど相対的に高収益を確保している企業もあれば、パソコン事業を売却してしまったアイ・ビー・エムのような例もある。

　同一業界内部に、企業間で収益性に差があり、しかもその違いが持続する傾向にあることは、業界の構造分析によっては説明しきれない。また業界内部での収益性に差異が見られるならば、個別企業にとって、業界全体の構造を変革していくよりも、業界内でより収益性の高いポジションに自社を位置付けるほうが労力が少なくてすむ。

　こうした点から、業界内部において、高収益企業群と低収益企業群とを「戦略グループ（strategic group）」として区分することが提唱されている（Porter 1980）。戦略グループとは、業界内部で「類似した戦略を採用する企業グループ」のことである。この概念の背後には、業界内

部での収益性の差異は、採用している戦略の違いによってもたらされるという考え方がある。

1. 戦略グループ

たとえば、アメリカの白物家電（冷蔵庫、洗濯機など）市場では、垂直的統合の程度と製品ラインの広さという二つの次元によって、四つの戦略グループを識別することができる。四つの戦略グループは、それぞれ次のような特徴を持っている（図3.2）。

(A)全国ブランド・メーカー

白物家電の中でも、冷蔵庫・電子レンジ・洗濯機・掃除機など多様な製品を幅広く手がけ（製品ラインが広い）、また各製品の研究開発・製造・販売・アフターサービスなど多くの活動段階を手がけている（垂直統合度が高い）。日本でいえば、日立・東芝・パナソニックなどの「総合電機メーカー」に相当する企業。

(B)専門品メーカー

たとえば、英国の掃除機専業メーカーであるダイソンのように、特定の製品のみを扱う（製品ラインが狭い）一方で、製品の研究開発・製造・販売などを自ら手がける（垂直統合度が高い）企業。

(C)プライベート・ラベルのための製品を生産するグループ

米国の流通大手ウォルマート・ストアーズは、独自のプライベート・ブランドで多様な製品を販売している。テレビやビデオはDurarandというプライベート・ブランドで販売されており、船井電機

図3.2 アメリカ白物家電市場

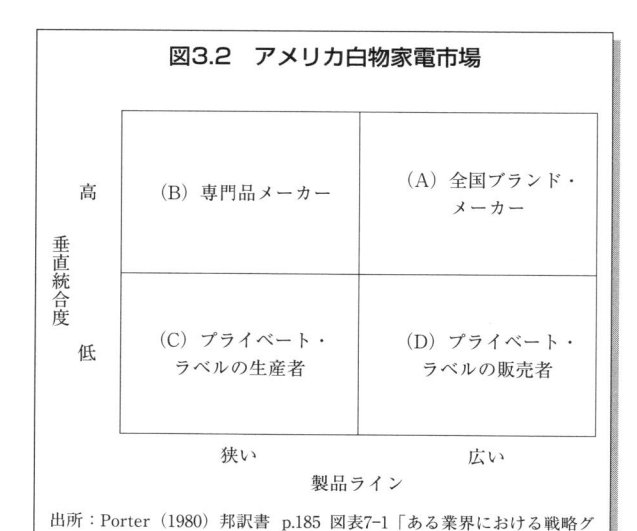

	狭い	広い
垂直統合度 高	(B) 専門品メーカー	(A) 全国ブランド・メーカー
垂直統合度 低	(C) プライベート・ラベルの生産者	(D) プライベート・ラベルの販売者

製品ライン

出所：Porter (1980) 邦訳書 p.185 図表7-1「ある業界における戦略グループ・マップ」に基づいて作成

（フナイ）はテレビの主要サプライヤである。こうした供給業者は自社での販売を手がけない場合が多く（垂直統合度が低い）、また製造している製品の幅も、たとえば電子レンジのみに限定されていたりする（製品ラインが狭い）。

⑷プライベート・ラベルで販売するグループ

ウォルマート・ストアーズのように、プライベート・ブランドによる白物家電製品の販売のみを行っている企業。取り扱う製品の範囲は広い（製品ラインが広い）ものの、販売のみに特化している（垂直統合度が低い）。

2.移動障壁

新規参入を企図している企業にとって、同じ業界であっても、参入障壁の高さは参入しようとする戦略グループごとに異なってくる。たとえば、上記の白物家電市場の例では、「(A)全国ブランド・メーカー」が競争している市場セグメント(A)に参入するためには、幅広い製品ラインを擁し、垂直統合の程度を高める必要がある。これは投入資源量から考えても容易ではない。

それに対して、「OEM（Original Equipment Manufacuring）供給者」とも呼ばれる、「(C)プライベート・ラベル生産者」となるためには、特定製品の製造ノウハウを有していれば、参入して競争していける。戦略グループ「(A)全国ブランド・メーカー」への参入障壁は、戦略グループ「(C)プライベート・ラベル生産者」への参入障壁に比べると高い。

新規参入企業が参入障壁を乗り越えなければならないのと同様に、業界内の既存企業にとっても、ある戦略グループから他の戦略グループへと移動するためには克服しなければならない障壁、すなわち「移動障壁」が存在する。

上述の新規参入の例と同様、移動障壁の大きさは、戦略グループごとに異なっており、この違いが産業内での収益率の差を生み出す一因となっている。業界内部において特定の戦略を採用する企業の収益性が高いことが判明した場合、ライバル企業はそれと同じ戦略を採用しようとする。もしも、戦略グループ間での移動障壁が低ければ模倣が容易となり、高収益状態を独り占めし続けることはできなくなる。一方、移動障

壁が高い場合には、その戦略グループへの新規参入や、ライバルによる模倣によってもたらされる脅威が低いため、高い収益率を維持することができる。

ここから、個別企業に対しては、高い収益性の期待できる市場セグメントをライバルに先駆けて発見し、実際に市場を押さえたら、各種の移動障壁を築くことで、競争優位を持続させるべきであるとの戦略上の方針を導くことができる。

〈参考文献〉

淺羽茂（2001）「競争戦略論の展開—経済学との共進化」新宅純二郎・淺羽茂（編著）『競争戦略のダイナミズム』日本経済新聞出版社 pp.1-25

Brandenburger, Adam M. and Barry J. Nalebuff（1996）*Co-opetition*, New York; Currency Doubleday（嶋津祐一・東田啓作訳（1997）『コーペティション経営—ゲーム論がビジネスを変える』日本経済新聞出版社〈『ゲーム理論で勝つ経営—競争と協調のコーペティション戦略』日経ビジネス人文庫、2003に改題〉）

藤本隆宏・武石彰・青島矢一（編）（2001）『ビジネス・アーキテクチャ—製品・組織・プロセスの戦略的設計』有斐閣

Porter, Michael E.（1980）*Competitive Strategy: Techniques for Analyzing Industries and Competitors*, New York; Free Press.（土岐坤・中辻萬治・服部照夫訳（1995）『競争の戦略（新訂版）』ダイヤモンド社）

沼上幹（2008）『わかりやすいマーケティング戦略（新版）』有斐閣アルマ

〈付属資料１〉日本のデジタルカメラ業界 1996年の業界構造分析

第3章

全体像

```
                    ┌──────────┐  あるとすれば
                    │ 新規参入企業 │  エレクトロニクス・
                    └──────────┘  カメラ関連企業

                    ┌────────────────┐
                    │    既存企業      │
┌──────────┐      │ ①カシオ計算機    │      ┌──────────┐
│  供給業者  │      │ ②富士写真フイルム │      │   買い手   │
└──────────┘      │ ③リコー          │      └──────────┘
                    │ ④セイコーエプソン │
①CCDメーカー       │ ⑤オリンパス光学工業│       ①中間流通業者
②レンズメーカー    │ ⑥その他（９社）   │        家電量販店
③半導体メーカー    └────────────────┘        カメラ店
④その他部品メーカー                              ②最終ユーザー
 液晶ディスプレイ・
 電池・シャッター等
                    ┌──────────┐  あるとすれば
                    │   代替品   │  銀塩カメラ・
                    └──────────┘  カメラ付き携帯電話
```

101

競争要因別評価

I 既存企業間の対抗度

①集中度

　国内のデジタルカメラ市場では、1996年には14社が合計28機種の新製品を投入していた。[*1]前年の7社各1機種という状態に比べると、競争企業数は急速に拡大している。96年度の市場シェアは表1に示すとおりで、そこから上位3社集中度を計算すると68%、上位5社集中度は82%となる。また、ハーフィンダル指数は0.25となる。

　ちなみに翌1997年度には、市場リーダーのカシオ計算機がシェアを大きく落としている。そのため、上位3社集中度が42.7%、上位五社集中度60.8%、ハーフィンダル指数は0.08と集中度が急激に低下している。

表1　1996年度デジタルカメラ市場シェア

(%)

カシオ計算機	46.7
富士写真フイルム	12.0
リコー	9.3
セイコーエプソン	8.0
オリンパス光学工業	6.0
その他	18.0

出所：日経産業新聞編『市場占有率'98』日本経済新聞出版社　1997　pp.202-203

表2　1996年度デジタルカメラ市場のハーフィンダル指数[*2]

	シェア（%）	シェア二乗
カシオ計算機	0.47	0.22
富士写真フイルム	0.12	0.01
リコー	0.09	0.01
セイコーエプソン	0.08	0.01
オリンパス光学工業	0.06	0.00
その他（9社）	0.02	0.00
ハーフィンダル指数		0.25

---

*1──伊丹他（2003）p.203

表3　1997年度デジタルカメラ市場シェア

(%)

カシオ計算機	15.4
富士写真フイルム	15.0
オリンパス光学工業	12.3
ソニー	9.2
コダック	8.9
その他	39.2

出所：日経産業新聞編『市場占有率'99』日本経済新聞出版社　1998 pp.192-193

以上から、1996年時点でのデジタルカメラ業界は「集中度が高く、売上規模の格差が大きい」と判断できる。

②産業成長率

日本のデジタルカメラ市場は、1995年3月発売のカシオQV-10によって、実質的に立ち上がった。96年度の国内市場規模は、前年度比3倍近くの約75万台（出荷台数ベース）へと急成長し、96年は「実質的なデジタルカメラ元年[*3]」と位置付けられている。こうした点から、96年時点でのデジタルカメラ業界は「産業成長率が高い」と判断できる。

③固定費・在庫費用

デジタルカメラは、CCD（Charge Coupled Devices 電荷結合素子）・液晶表示装置・LSIなどの主要部品で構成されている。これら主要部品の製造には、電子部品用の高額な製造設備が必要となり、部品を内製しているメーカーの固定費は高くなる。部品レベルでの固定費の高さは、基幹部品の外販に積極的に乗り出すインセンティブともなる。デジタルカメラの最終組立工程では、操業度に連動した変動費の構成比が高いため、主要部品を外部から購入している完成品メーカーにとって、固定費

---

*2——各社シェアの二乗和であるハーフィンダル指数は、シェアが判明していない「その他」企業をどう扱うかによって数値が異なってくることに注意が必要である。
「その他」の企業数が判明している場合は、各社のシェア分布を何らかの基準で推定したり、「その他企業のシェアが均等である」と仮定するなどの方策を取りうる。また、「その他」企業数が不明の場合には、シェアの判明している上位企業分のみについて各社シェアの二乗和を計算したり、シェアの判明している分のみを「仮の市場規模」と想定し、シェアを調整し直すなどの方法もありうる。

　たとえば、1996年度のデジタルカメラ市場では、シェアの判明している上位5社までのシェア二乗和が0.25となる。企業数が14社と判明しているので、上位5社を除く「その他」9社のシェアが均等であると仮定すると、「その他企業」のシェアは各社2％と考えられる。9社分のシェア二乗和は0.0036になり、それを0.25に加えても有効桁数を小数点以下2桁とするとハーフィンダル指数は変わらないことになる。

　また、もしも「その他」企業数が不明であった場合には、上位5社合計シェアの82.0％を「仮の市場」全体とすることも可能である。「仮の市場」に対する、カシオのシェアは57.0％、富士フイルムが14.6％となる。以下、リコー・セイコーエプソン・オリンパスも同様に計算し、これら修正シェアの二乗和を計算すると、「仮の市場」でのハーフィンダル指数は0.37となる。

*3——日経産業新聞（編）『市場占有率'98』p.202

はさほど大きくはならない。

　また、技術革新のペースが速く、新モデルの導入サイクルも短いため、デジタルカメラでは製品陳腐化のペースが速い。1995年には7社から7モデルの新製品が導入されたのに対し、翌96年には14社から28モデルが発売されている。こうした「新製品ラッシュ」は、後年一層激しさを増し、売れ残りのリスクが高まっていった。デジタルカメラ自体の在庫費用は決して大きくはないものの、在庫処分のために不人気モデルや「型落ち品」の値下げ販売を招きやすくなった。ただし、市場が立ち上がりつつあった96年時点では、在庫処分はそれほど深刻な問題ではなかったと推測される。

　以上から、「固定費・在庫費用ともに小さい」と判断できる。
④製品差別化、スイッチング・コスト

　1996年時点のデジタルカメラ業界では、各社ともにカシオQV-10をベンチマークとした製品を導入しており、基本性能や利用法などに大きな差異は見られなかった。

　また、記憶装置は本体内蔵のメモリのみで、メモリカードなどの外部記憶装置を備えていない機種が大半を占めていた。内蔵メモリのみの機種は、標準化された通信規格（RS-232Cなど）を用いてPCと接続することが多かったため、メーカー間（あるいは同一メーカーのモデル間）でのスイッチング・コストは大きくはなかった。

　以上から、1996年時点では、「製品は差別化されておらず[*4]、スイッチング・コストは小さかった」と判断できる。
⑤生産能力の小刻みな拡大

　デジタルカメラは、前述したように半導体関連の電子部品を多用しているので、部品に関しては生産能力の拡大を小刻みに行うことは難しい。しかし、最終組立てのみを手がけるメーカーは、作業担当者の人数を調整することによって生産キャパシティを小刻みに増減させることが可能になる。

---

*4──翌1997年後半から相次いで「メガピクセル機」と呼ばれる100万画素CCDを搭載したカメラが発売され、「高画質競争」が展開されたことから、96年時点でも「画質による差別化」の潜在的可能性は各社に認識されていたと考えることができる。ただし、96年時点ではCCD製造コストが「1画素1円」といわれており（山口 2004 p.261）、画質向上のためにCCD画素数を上げることは高価格に直結するため実現は難しいと考えられていたものと推測される。

第3章　業界の構造分析

以上から、「生産能力の小刻みな拡大は可能」であったと判断される。
⑥競争相手のバックグラウンド

　1996年のデジタルカメラ業界のシェア上位企業の顔ぶれは、エレクトロニクス・事務機器メーカー（カシオ計算機・リコー・セイコーエプソン）、写真フィルム（富士写真フイルム）、カメラメーカー（オリンパス光学工業[*5]）と多様である。[*6]

　富士写真フイルムやコダックなどのフィルムメーカー、セイコーエプソンやキヤノンなどのプリンタメーカーにとって、デジタルカメラ本体からの収益だけでなく、プリンタやインク・印刷用紙など補完財からの利益も重要な目標となりうる。

　企業バックグラウンドの違いは、業界の将来性に対する期待の違いの原因ともなっている。デジタルカメラは、その本格的な登場以前から、将来的には伝統的な銀塩カメラを代替していく製品であると期待されていた。1996年当時、印刷時の画質が銀塩写真に比べて大きく見劣りするため、銀塩方式からデジタルカメラへの本格的な代替にはしばらく時間がかかると考えられていたものの、デジタルカメラは、従来からの顧客を画質を重視する層とデジタルの利便性を重視する新しい層とに分断する「分断的イノベーション[*7]」であると考えられていた。

　カメラメーカー、特にキヤノンやニコンなど銀塩カメラの上位企業にとって、「共食い（カニバリゼーション）」を起こす可能性の高いデジタルカメラに積極的に注力するインセンティブは強くなかった。しかも、1996年４月には、富士写真フイルム・イーストマンコダック・キヤノン・ミノルタ・ニコンが共同で開発した「APS（Advanced Photo System）」と呼ばれるアナログの新写真方式カメラが発売されたばかりであった。

　一方、エレクトロニクス企業の目には、デジタルカメラは自社の技術ノウハウが活用できるだけでなく、新製品の投入頻度の高さ・「浸透価格政策[*8]」・高頻度の価格改定など、エレクトロニクス業界でのビジネス・モデルが強みを発揮できる市場と映っていたと推測できる。

＊5──2006年10月、持ち株会社制への移行と同時に「富士フイルム」に社名変更。
＊6──2003年10月、オリンパスに社名変更。
＊7──分断的イノベーションについては、第６章「顧客価値」を参照のこと。
＊8──浸透価格政策については、第５章「コスト・リーダーシップ」を参照のこと。

以上から、初期のデジタルカメラ業界には多様なバックグラウンドを持つ競争相手が存在していたと判断できる。実際に、伝統的なカメラ・エレクトロニクス・事務機器・フィルム（消耗品）といった、多様な業界慣行を背景にした複雑な競争行動が観察されている。

⑦産業の戦略的価値

1996年のデジタルカメラ業界は、エレクトロニクス企業、写真フィルムメーカー、カメラメーカーにとって、将来の成長が期待される有望な業界であった。

エレクトロニクス企業にとっては、自社が蓄積してきた技術やビジネス・モデルを流用でき、なおかつ将来の市場拡大が期待できる有望市場であり、早い段階からプレゼンスを確保し、ブランド・イメージを定着させる価値を有する業界であると映っていたものと考えられる。特に初期のデジタルカメラはビデオカメラの技術が多数流用されているため、パナソニックやシャープのようにビデオカメラ事業を手がけていた企業にとっては注目すべき事業分野であった。

また、カメラメーカーおよび写真フィルムメーカーにとっては、デジタルカメラは伝統的な銀塩カメラを将来的に代替していくものと認識されており、将来的な成長期待の高さもあって、非常に大きな潜在的な脅威と認識されていたと考えられる。

カメラメーカーの多くはデジタルカメラへの移行に慎重な姿勢を示していたものの、なかには積極的にデジタルカメラへの転換を推し進めようとしている企業もあった。たとえば、オリンパスは1997年以降「メガピクセル機」を相次いで投入している。銀塩カメラの事業規模が上位企業に比べると小さかった同社にとって、銀塩からデジタルへの転換は、共食いによる事業縮小のリスク要因としてよりも、カメラ市場でのシェア拡大の好機として捉えられていたものと推測できる。

以上から、エレクトロニクス・カメラ・フィルムなどを手がけてきた各社にとって、1996年のデジタルカメラ業界は「戦略上の価値が高い」と判断される。

⑧退出障壁

1996年のデジタルカメラ業界では、退出障壁は低いと考えられる。電子部品製造やソフトウェア開発を除くと多額の固定的な投資は必要とされないため、事業への参入も容易であるのと同時に事業からの撤退もそ

れほど困難ではない。また、96年時点ではデジタルカメラ市場は本格的な成長が始まったばかりであり、各社とも事業規模はそれほど大きくなく、デジタルカメラからの撤退が会社の「屋台骨をゆるがす」という状況ではなく、また撤退が引き起こす戦略上の大きな問題も見あたらない。

⑨総合評価

以上の項目の中で、「製品差別化が困難」「スイッチング・コストが低い」「競争相手のバックグラウンドが多様」「業界の戦略的価値が高い」という要因は、既存企業間の対抗度を高める方向に作用する。それ以外の、「集中度が高い」「売上規模の格差が大きい」「産業成長率が高い」「固定費用が小さい」「在庫費用が小さい」「生産能力の小刻みな拡大が可能」「退出障壁が低い」という要因は、逆に既存企業間の対抗度を低める方向に働く。

対抗度を高める要因と低める要因の作用をすべて総合して、既存企業間の対抗度は「低い」と評価する。

Ⅱ 新規参入の脅威

①参入障壁

(1)コスト関連要因

規模の経済　デジタルカメラ業界においては、電子部品の製造や部品購買といった段階では規模の経済が強く作用するものの、完成品製造においては規模の経済性は大きくないと考えられる。そのため、エレクトロニクスメーカーが得意とする「セル生産方式」のような、多品種・少量生産が実施されている。

規模以外の要因：範囲の経済・経験効果　1996年時点のデジタルカメラ産業では、本格的な市場開拓が始まったばかりで、主要部品も他製品と共通利用できるものも多くはなく、共通部品を原因とする製造段階での範囲の経済性はあまり作用していなかったと考えられる。さらに、連続プロセス型の生産方式や副産物の存在に起因する範囲の経済性もほとんど作用していなかったと思われる。

また、経験効果もさほど重要ではなかったと判断される。デジタルカメラ生産に関する統計資料が出そろうようになったのが1999年以降であるため、経験効果によるコスト低下率である「習熟率」を96年時点で推定することはできない。しかし、1999年から2004年までの期間について、経験曲線効果を算出したところ習熟率は約89％であった[*9]。

図1　デジタルカメラ経験効果[*10]

デジタルカメラ経験曲線

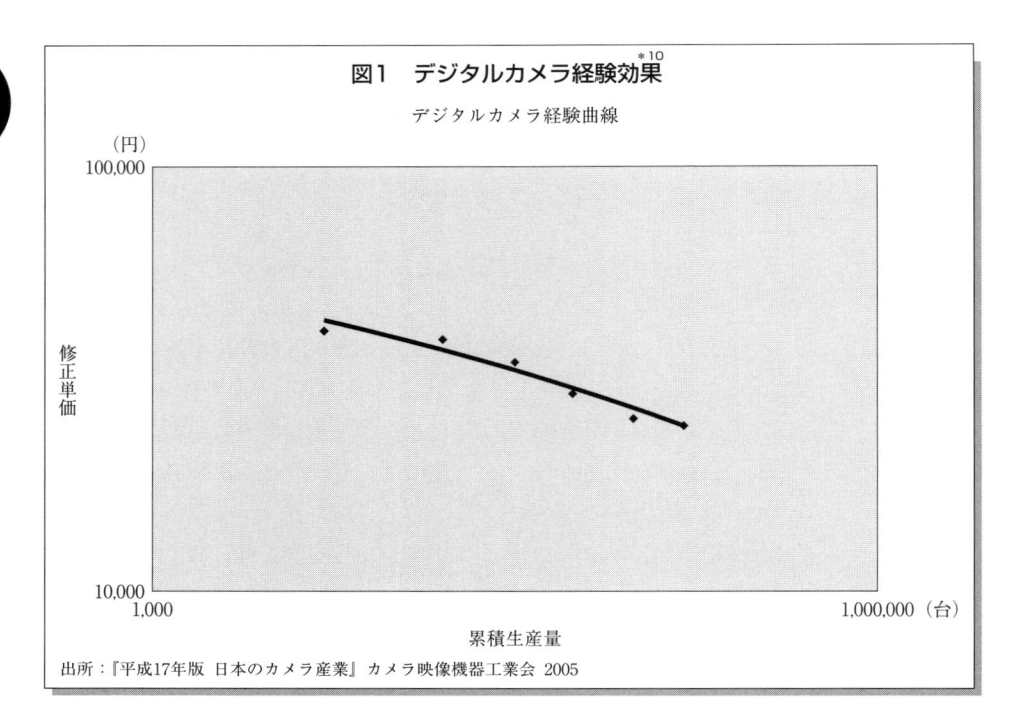

（縦軸：修正単価（円）、10,000〜100,000）
（横軸：累積生産量、1,000〜1,000,000（台））

出所：『平成17年版 日本のカメラ産業』カメラ映像機器工業会 2005

　　参入企業数・製品機能・製品価格など競争状況が異なっているため、この数字が96年時点での実態を反映していない可能性は否定しきれない。しかし、その一方で、習熟率が大きく変化した可能性を示唆するような事実も見あたらないため、96年のデジタルカメラ産業においては、経験効果は重要ではなかったと判断される。

(2)コスト以外の要因

　　参入時の必要資本量（運転資金）　　1996年時点で、デジタルカメラの主力商品は、販売価格が5万円から10万円弱程度で、一般消費者向けの「売り切り」商品であった。電子部品を内製している場合は状況が異なってくるものの、主要電子部品を外部から購入している完成品メーカーの場合、材料・部品の調達から売上代金の回収までの期間はさほど長くはなく、生産段階での規模の経済があまり重要でないこともあって、大規模な運転資金は必要ではなかったと判断される。

---

*9──経験曲線効果について、また習熟率の算出方法については第5章を参照のこと。
*10──デフレータは、平成16年国民経済計算「国内総生産（平成12年連鎖方式）」を用いている。

流通チャネルへのアクセス　デジタルカメラの主要流通チャネルは、銀塩カメラ時代と同様に、カメラ店・家電量販店などであり、店頭でのシェルフスペースをめぐるメーカー間での奪い合いは熾烈ではあっても、流通チャネルへのアクセス自体が困難というわけではない。こうした状況は、市場が立ち上がり始めた1996年時点から現在まで、大きく変化していない。

　製品差別化　1996年のデジタルカメラ業界においては、前述の通り、製品差別化の程度は低かったため、新規参入企業が既存企業から顧客を奪うのは難しくなかった。事実、96年に市場のほぼ半分を押さえていたカシオは、翌97年には大幅にシェアを落とし、2位の富士写真フイルムにほぼ並ばれている。

　政府の政策で保護　デジタルカメラ業界への参入に対する、政策上の制約や法的な規制などは見あたらない。

(3)参入障壁：総合評価

　以上の結果、潜在的な新規参入企業にとって不利になる要因は見あたらない。また、技術的要因についても、主要部品を外部調達することが可能なため、参入障壁とはなりえない。こうした点から、1996年のデジタルカメラ業界に対する「参入障壁は低い」と評価される。

②既存業者からの反撃予想

(1)過去に激しい反撃を行った事実

　1996年のデジタルカメラ業界では、業界が事実上立ち上がったのが95年という歴史の浅さから、新規参入企業に対して強力な反撃を行った事実は確認されていない。

(2)既存企業の経営資源

　デジタルカメラ業界において、1996年末の時点でデジタルカメラを発売していた企業は、オリンパス光学工業・カシオ計算機・キヤノン・京セラ・コダック・コニカ・シャープ・セイコーエプソン・ニコン（ただし一眼レフのみ）・富士写真フイルム・ミノルタ（一眼レフのみ）・リコーなどである。

　これらのエレクトロニクス企業やカメラ企業は、表4に示すように1996年度の利益率も決して高くはなく、[*11]またバブル崩壊や90年代後半の円高などの影響もあって、経営資源が豊富であったとは言い難い。

表4　1996年度売上高経常利益率

(％)

オリンパス光学工業	1.8
カシオ計算機	2.5
キヤノン	7.1
京セラ	18.1
コニカ	2.6
シャープ	4.9
ニコン	9.3
富士写真フイルム	12.8
ミノルタ	2.5
リコー	5.1

出所：日経NEEDS-Financial QUEST

(3)産業の成長率

　1996年のデジタルカメラ市場は、前述の通り本格的な市場開拓が始まったばかりで、将来的な高成長が期待されていた。そのため、新規参入企業への反撃はさほど強くなかったと予想される。

(4)反撃予想：総合評価

　上記3要因から、新規参入した場合に予想される既存企業からの「反撃は穏やか」であると予想される。

③新規参入の脅威：総合評価

　参入障壁は低く、新規参入があった場合でも反撃は穏やかであると予想されるため、1996年のデジタルカメラ業界における新規参入の脅威は「大きい」と評価する。

Ⅲ　買い手の交渉力

①買い手のパワーを左右する要因

　買い手の集中度　デジタルカメラ業界での買い手は、エンドユーザーとそこに至る中間段階を担う流通業者である。エンドユーザーは1人で何台もまとめてデジタルカメラを購入するわけではないため、デジタルカメラメーカーから見ると集中度は低く、またひとりひとりのユーザーの購入量が売上高に占める割合は非常に小さい。

　買い手の購入量が売上に占める割合　デジタルカメラの中間流通業者としては、家電量販店やカメラ店が主な流通チャネルとなっている。チャネル別の販売比率などのデータがないため断定はできないものの、特別に大きな流通業者も見あたらず、流通業者の集中度も決して高くないと推測される。そのため、デジタルカメラメーカーの売上のうちで、特別に大きな比率を占める流通業者もなかったと考えられる。

＊11──デジタルカメラを発売している企業のほとんどは多角化しており、デジタルカメラだけのセグメント情報は入手が難しいため、ここでは企業全体の経常利益率を収益性の代理指標として用いている。

製品差別化　1996年のデジタルカメラ業界では、前述の通り、製品差別化がなされていたとは言いにくい状況であった。

　買い手のスイッチング・コスト　1996年時点のデジタルカメラ産業では、前述したとおり、スイッチング・コストは大きくないため、この要因は買い手交渉力には影響していないと考えられる。

　買い手による後方統合の可能性　デジタルカメラの場合、1996年時点では、前述の通り、決定的に大きな参入障壁は存在していなかった。そのため、たとえば流通業者が自社ブランド商品を導入することは不可能ではなかったが、本格的な市場拡大が緒についたばかりであったというタイミングを考えると、流通業者が後方統合に乗り出す可能性はきわめて低かったと考えられる。

　最終ユーザーの購入意思決定への影響力　1996年のデジタルカメラ業界は、カシオQV-10が嚆矢となって一種のブーム状況にあり、QV-10対抗製品が各社から導入された。販売モデル数が急増した一方で、必ずしも十分な商品知識を持たないユーザーが店頭に殺到していった。こうした状況から、家電量販店やカメラ店などの小売業者は最終顧客の購買意思決定にかなり強い影響力を行使できたと判断される。

　買い手の交渉パワー：総合評価　以上を総合すると、市場が本格的に立ち上がり始めたばかりの1996年時点では、最終消費者・中間流通業者ともに、交渉上のパワーは強くなかったと判断できる。

　「製品が差別化されていない」「スイッチング・コストが小さい」「中間流通業者が最終ユーザーの意思決定を左右できる」という要因は、買い手の交渉力を高める方向に作用している。反対に、「買い手の集中度が低い」「買い手の購入量が売り手企業の売上に占める比率が低い」「買い手による後方統合の可能性が低い」といった要因は、買い手による交渉力を低める方向に作用している。

　上記の要因以外にも、1996年当時、カシオQV-10が顕在化させた旺盛な需要も、買い手の交渉力を弱める要因となっていたと考えられる。

②買い手の価格センシティビティを左右する要因

　製品購入価格が、買い手企業の製品コスト構成に占める割合　デジタルカメラは産業財ではないため、この項目は該当しない。また、卸売・小売業界を買い手と考えた場合でも、カシオQV-10以降のコンシューマ向けデジタルカメラは実売価格で5万円前後と、他の家電品やカメ

ラと比較しても決して高くはないため、中間流通業者の価格センシティビティを高める要因として作用してはいないと判断できる。

買い手企業の収益性　買い手としての最終ユーザーには、この項目も直接は該当しない。ただし、最終ユーザーの「財布の紐」は決してゆるくはなかったと推測される。また、カメラ販売業や家電流通業界の利益率も決して高くはなかったと推測されるため、最終ユーザーの意向を反映して、流通業者も仕入れ価格に対してセンシティビティが高かったと考えられる。

買い手企業の製品・サービスの質にもたらす影響　この項目も、デジタルカメラには該当しない。

買い手の価格センシティビティ：総合評価　上記3要因はすべてデジタルカメラ業界には直接的には該当しない。ただし、個人でも購入できる5万円台という価格で発売されたQV-10は、民生用デジタルカメラに対する潜在需要を顕在化させる起爆剤になり、価格に敏感な最終ユーザーをも市場に呼び込み、販売価格に一定の上限を設定する結果になった点には注意が必要である。

③買い手の交渉力：総合評価

上記の分析の結果、1996年のデジタルカメラ業界では、買い手の価格センシティビティはある程度高いものの、需要が旺盛であり、交渉パワーも強くはないため、買い手の交渉力はどちらかといえば「弱い」と判断する。

Ⅳ 供給業者の売り手交渉力

①供給業者の集中度

デジタルカメラ業界にとっての主要な売り手（供給業者）は、部品サプライヤである。デジタルカメラは数百点の部品から構成されており、多数のサプライヤから部品を調達している。取引しているサプライヤ数は全体では多数になるものの、個々の部品ごとに見てみると、表5が示すように、サプライヤ数はそれほど多くはない。

特に、中核部品であるCCDは、市場シェアのデータが入手できていないものの、ソニー・三洋などの上位メーカーによる寡占状態であったと推測されている。また、液晶表示装置・レンズ・半導体などは比較的少数のメーカーから購入しているため、売り手の集中度は高いと判断できる。

表5　デジタルカメラの主要部品メーカー

部品	メーカー
CCD	ソニー、松下電器産業、三洋電機、シャープ、富士写真フイルム
レンズ	ニコン、オリンパス光学工業、ミノルタ、キヤノン、コニカ、富士写光機、タムロン、HOYA、カールツァイス
ASIC（特定用途向けIC）	富士通、富士写真フイルム、ソニー、松下電器産業、NEC
メモリカード	東芝、日立製作所、サムスン電子、ハギワラ・シスコム、サンディスク、三洋電機、ニコン
電池	三洋電機、松下電池工業
シャッター	電産コパル
液晶	カシオ計算機、エプソン

出所：伊丹他（2003）p.211 表5-1「デジタルカメラの主な部品メーカー」に基づいて作成

②買い手としての当該業界企業の重要性

　たとえば、買い手（当該産業の企業）の購入量が売り手の販売量に占める割合が大きい場合、当該業界の企業は重要な買い手となる。1996年時点では、デジタルカメラ市場は急拡大してはいたものの、売り手（電子部品メーカー）の販売量（数量・金額ともに）に占めるデジタルカメラメーカーの購入量はそれほど大きくなかったと推測される。

　また、取引量以外の観点でデジタルカメラメーカーが、部品企業にとってとりわけ重要な取引相手になるような条件は見受けられない。

　以上から、当該業界は売り手にとって「買い手として重要性は低い」と判断される。

③売り手製品の代替品との競合
④供給業者製品の差別化
⑤供給業者製品のスイッチング・コスト
⑥供給業者の製品が当該業界企業の製品品質に及ぼす影響

　デジタルカメラは「モジュラー型アーキテクチャ」[*12]製品であり、高性能の部品を組み合わせることで製品性能を向上させられる。主要部品であるCCD・レンズ・半導体（画像処理エンジン）・画像処理ソフトウェア・液晶表示装置などが「画質」を決定する。供給業者の製品・サービスが最終製品の性能に大きな違いをもたらす中核部品については、代替品との競合程度は低く、性能の点で差別化され、スイッチング・コスト

＊12──製品のアーキテクチャについては、藤本・武石・青島（2001）を参照のこと。

も高いと判断される。

　ただし、1996年時点では、デジタルカメラの主要用途は、本体付属の液晶ディスプレイで画像を見たり、ホームページで利用する小さいサイズの画像入力であり、画質はそれほど重視されていなかった。そのため、CCDやレンズといった中核部品のサプライヤの交渉力はこの時点ではそれほど強くはなかったと考えられる。

　なお、初期ユーザーには撮影した画像を液晶ディスプレイで確認できる点が高く評価されていた一方で、小型ディスプレイの供給元は限られていたので、1996年時点ではディスプレイメーカーの交渉力が、それ以降の時期に比べると相対的に高かったと考えられる。

　以上を総合すると、上記4項目については、中核部品とそれ以外の汎用的な部品とでは状況が異なっており、中核部品については「代替品と競合せず」「差別化されており」「スイッチング・コストが高く」「最終製品の性能を左右する」と判断される。

　一方、一般的な電子部品についてはデジタルカメラ自体の性能・品質には大きな影響をおよぼさない。また、デジタルカメラの構成部品は産業財であるため、最終消費財とは違って「ブランド」はあまり強力な意味を持たず、部品・素材の性能とコストの兼ね合いが重要である。このため、一般的な部品については、中核部品とは反対の状況であると考えられる。

⑦供給業者による前方統合の可能性

　前述の通り技術的な参入障壁は低いので、売り手である部品メーカーが自らデジタルカメラを製造することは不可能ではない。しかし、消費財を扱っていない部品メーカーにとって、コンシューマ向けのビジネスに必要なブランド知名度や販売ルート・営業ノウハウなどを欠いている場合には、これらが参入障壁となるため前方統合は困難になる。

　ただし、デジタルカメラメーカーでもあり、CCDや電池の主要サプライヤでもある三洋電機は1995年からOEM供給を開始している。これと同様にブランド力がなくても、製造技術力を有する部品メーカーであれ

---

*13――部品の互換性という意味での、技術的なスイッチング・コストはさほど高くなくても、サプライヤをスイッチすることに伴う不確実性は高いと考えられる。最終製品の性能を大きく左右する中核部品を、技術水準・部品の安定供給力・不測の事態への対応力などが不明な取引相手から調達するのはリスクが高く、サプライヤの変更には慎重にならざるを得ない。

ばOEM供給を行うことは可能である。しかし、市場が立ち上がり始めたばかりの96年時点で、部品メーカーにとって前方統合のインセンティブは高くなかったと考えられる。

　以上から供給業者による前方統合の可能性は高くないと判断できる。
⑧買い手による最終ユーザーの購買意思決定への影響力

　買い手であるデジタルカメラメーカーは、卸売り・小売業者を通じて最終消費者と取引しており、最終ユーザーの購買意思決定を左右することは困難であるため、この項目はデジタルカメラ業界には該当しない。
⑨売り手交渉力：総合評価

　以上を総合すると、中核部品については「供給業者の集中度が高く」「当該業界は買い手としての重要度が低く」「代替品との競合度は低く」「製品は差別化され」「スイッチング・コストが高く」「供給業者の製品は買い手製品の品質に大きな影響を与え」るため、交渉力が非常に強いと判断される。

　しかし、一般的な部品については状況が反対で、交渉力は弱い。中核部品と一般部品との状況を総合的に勘案すると、中核部品サプライヤの影響力の強さを重視して、売り手の交渉力は「強い」と判断する。

V 代替品の脅威

①代替品の多さ

　デジタルカメラの場合、映像の記録という機能・顧客ニーズをめぐって、伝統的な銀塩カメラ・ビデオカメラに加えて、カメラ機能付きの携帯電話とも競合している[*15]。また、「財布の中身」をめぐる競合という点では、デジタルカメラは、デジタル家電「新三種の神器」とも称されてきたように、薄型テレビやハードディスク・レコーダなどと互いに代替関係にある。

　ただし、財布の中身をめぐる競合の範囲はデジタル家電だけに限定されず、斜めドラム洗濯乾燥機や過熱水蒸気を利用する「ウォーターオーブン」などに代表される、高機能・高付加価値の家電製品、携帯音楽プレーヤーやPC、旅行・レジャー、洋服やアクセサリーなども潜在的に

---

*14──「ケーススタディー 三洋電機 ブランドを捨て、実を取る デジカメ、携帯電話……OEM事業が急成長 強い部品生かし〈ハードのソリューション企業〉目指す」『日経ビジネス』2000年5月29日号 p.55
*15──ただし、カメラ付き携帯電話機の登場は2000年10月であるため、1996年時点では代替品とはなっていない。

は代替品となりうる。

このため、どこまでを「現実的な代替関係」とするか、判断は難しいものの、1996年時点では、デジタルカメラはまだ「目新しいオモチャ」にすぎなかったと考えられる。将来的に銀塩カメラを代替していく可能性を秘めてはいても、デジタルカメラが他の製品・サービスに代替されるという事態を想定することは困難である。

②代替品のコスト／パフォーマンス比

同様に、コスト／パフォーマンス比が大きく向上している代替品も想定することは難しい。逆に、液晶モニタを利用して、撮影した画像をその場で確認できるデジタルカメラは、印刷・現像するまでチェックできない銀塩カメラに比べて「割安」な印象を与えていたため、銀塩カメラにとって、デジタルカメラは強力な代替品であると認識されていたと推測される。

③代替品を提供している業界の利益率

1996年時点では、デジタルカメラの主要な代替品である銀塩カメラ・ビデオカメラともに、前述の表4に見るとおり、供給企業の利益率は高いとはいえない。

④代替品の脅威：総合評価

以上のように、デジタルカメラにとって「代替品と考えられるものは少なく」「コスト／パフォーマンス比が急速に向上している代替品も見あたらず」「代替品を提供している業界の利益率も高くない」ため、代替品の脅威は「低い」と判断する。

総合的判断

五つの競争要因に関する評価結果は、以下の通りである。

```
既存企業間の対抗度：低い（★）
新規参入の脅威：高い（なし）
買い手の交渉力：低い（★）
売り手の交渉力：高い（なし）
代替品の脅威：低い（★）
```

この結果、1996年時点でのデジタルカメラ業界は「★★★」の「比較的容易に利益の出やすい業界」であったと判断される。

〈参考文献〉

青島矢一（2003a）「〈産業レポート6〉デジタルスチルカメラ」『一橋ビジネスレビュー』Summer pp.116–121

青島矢一（2003b）「〈ビジネスケース〉オリンパス光学工業：デジタルカメラの事業化プロセスと業績V字回復への改革」『一橋ビジネスレビュー』Summer pp.122–147

青島矢一・福島英史（1998）「異業種からのイノベーション—カシオのデジタルカメラ（QV-10）開発」伊丹敬之・加護野忠男・宮本又郎・米倉誠一郎編著『ケースブック日本企業の経営行動3 イノベーションと技術蓄積』（第14章）有斐閣 pp.361–396

藤本隆宏・武石彰・青島矢一（編）（2001）『ビジネス・アーキテクチャ—製品・組織・プロセスの戦略的設計』有斐閣

伊丹敬之・一橋MBA戦略ワークショップ（2003）「市場創造の成功要因—日本が創ったデジタルカメラ市場」『企業戦略白書〈2〉日本企業の戦略分析2002』東洋経済新報社 pp.201–226

山口洋平（2004）「〈ケース研究〉カシオ計算機における『EXILIM』の開発」『赤門マネジメント・レビュー』3（6）pp.253–288

〈付属資料２〉業界の構造分析ワークシート

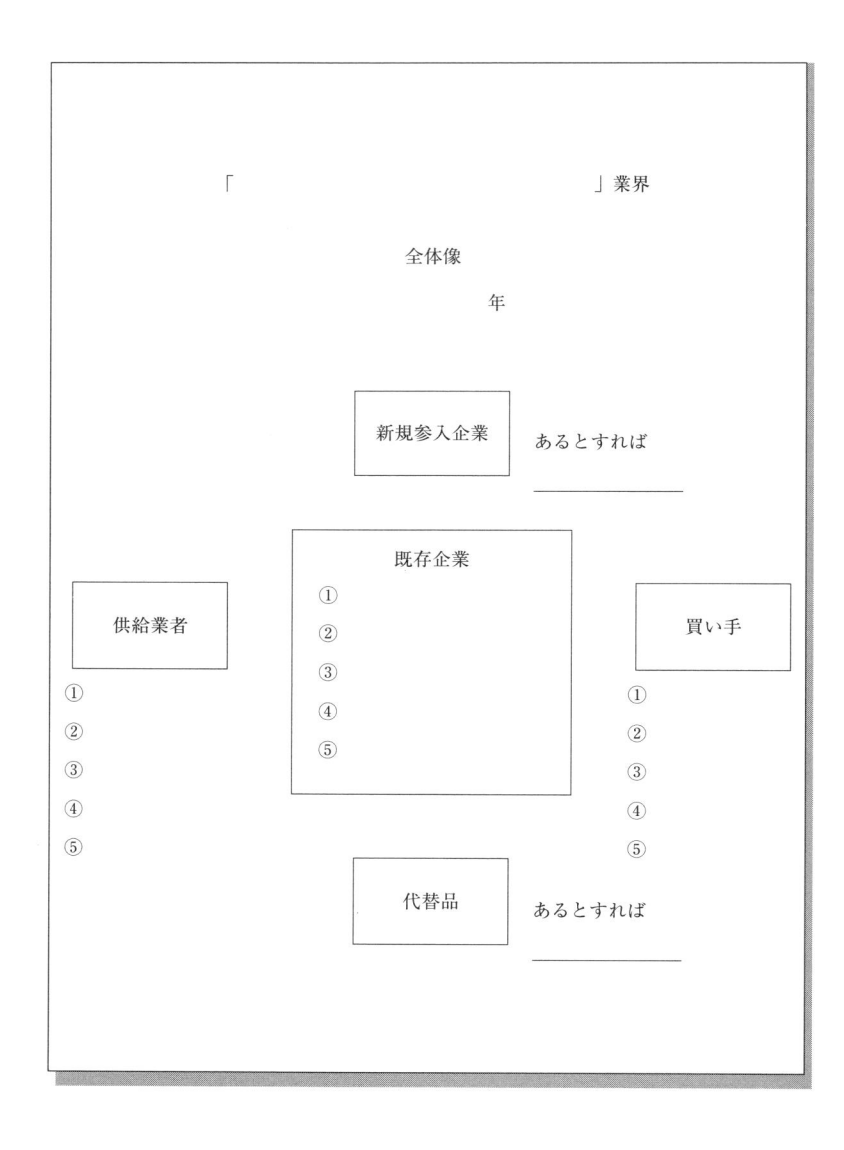

「　　　　　　　　　　　　　　」業界

全体像

年

| 新規参入企業 | あるとすれば _____ |

既存企業
①
②
③
④
⑤

供給業者
①
②
③
④
⑤

買い手
①
②
③
④
⑤

代替品　あるとすれば _____

競争要因別評価

Ⅰ.既存企業間の対抗度

①当該業界における競争企業数は＿＿＿＿＿社、上位＿＿＿＿社集中度は＿＿＿＿＿、
ハーフィンダル指数は約＿＿＿＿＿

　　以上から判断して、集中度は、　(1)高い　(2)どちらともいえない（？）　(3)低い

②売上規模の格差は、　　　　　　(1)大きい　　　　(2)？　　　　(3)小さい
③産業の成長率は、　　　　　　　(1)高い　　　　　(2)？　　　　(3)低い
④固定費用は、　　　　　　　　　(1)大きい　　　　(2)？　　　　(3)小さい
⑤在庫費用は、　　　　　　　　　(1)大きい　　　　(2)？　　　　(3)小さい
⑥製品差別化が、　　　　　　　　(1)可能　　　　　(2)？　　　　(3)不可能
⑦スイッチング・コストは、　　　(1)高い　　　　　(2)？　　　　(3)低い
⑧生産能力の小刻みな拡大は、　　(1)可能　　　　　(2)？　　　　(3)不可能
⑨競争相手のバックグラウンドは、(1)多様　　　　　(2)？　　　　(3)同質的
⑩この産業は戦略的に、　　　　　(1)重要　　　　　(2)？　　　　(3)重要ではない
⑪退出障壁は、　　　　　　　　　(1)高い　　　　　(2)？　　　　(3)低い

以上の項目の中で、既存企業間の対抗度を高める方向に働いている要因は、＿＿＿＿＿＿＿
＿＿＿＿＿＿＿＿＿＿であり、逆に低める方向に働いているのは＿＿＿＿＿＿＿＿＿＿＿＿＿＿
＿＿＿＿＿＿＿である。

これら以外に、既存企業間の対抗度を左右する要因があるとすれば、

★全体を総合してみると、当該業界における既存企業間の対抗度は
　　　　　　　　(1)高い（★なし）　　(2)どちらともいえない　　(3)低い（★あり）

Ⅱ.新規参入の脅威

①参入障壁
　・コスト上の不利

　　　　　　　　この業界では規模の経済は、　(1)重要　　(2)?　　(3)重要ではない
　　　　　　　　経験効果は、　　　　　　　　(1)重要　　(2)?　　(3)重要ではない
　　　上記「規模の経済」「経験効果」以外に、新規参入企業が既存企業に比べてコスト上で不利になる要因があるとすれば、

　・コスト以外の要因

　　　　　　　　業界参入時の必要資本量（運転資金）は、　(1)大きい　　(2)?　　(3)小さい
　　　　　　　　流通チャネルへのアクセスは、　　　　　　(1)容易　　　(2)?　　(3)困難
　　　　　　　　製品差別化は、　　　　　　　　　　　　　(1)可能　　　(2)?　　(3)不可能
　　　　　　　　政府の政策で保護されて　　　　　　　　　(1)いる　　　　　　　(2)いない
　　　これら以外に、新規参入を困難にしている要因があるとすれば、

　　　以上の分析の結果、当該業界に対する参入障壁は、
　　　　　　　　　　　　　　　　　　　　　　　　　(1)高い　　　(2)?　　(3)低い

②既存業者からの反撃予想

　　　　　　　　過去に激しい反撃を行った事実は、　　　(1)ある　　　　　　　(2)ない
　　　　　　　　既存企業の経営資源は、　　　　　　　　(1)豊富　　　(2)?　　(3)乏しい
　　　　　　　　産業の成長率は、　　　　　　　　　　　(1)高い　　　(2)?　　(3)低い
　　　これら以外に、既存企業からの反撃予想を左右する要因があるとすれば、

　　　以上の分析の結果、業界に新規参入した場合に予想される既存企業からの反撃は、
　　　　　　　　　　　　　　　　　　　　　　　　　(1)激しい　　(2)?　　(3)穏やか

★「参入障壁」と「予想される反撃の強度」を総合すると、当該業界は新規参入の脅威は、
　　　　　　　　　　　　(1)大きい（★なし）　　(2)?　　(3)小さい（★あり）

Ⅲ. 買い手の交渉力

①買い手のパワーを左右する要因

買い手の集中度は、　　　　　　　　　　　　(1)高い　　　(2)?　　(3)低い
買い手の購入量は、売り手である当該業界企業の売上に占める割合は、
　　　　　　　　　　　　　　　　　(1)大きい　　(2)?　　(3)小さい
当該業界の製品は、差別化されて　　(1)いる　　　(2)?　　(3)いない
当該業界の製品はスイッチング・コストが、(1)大きい　(2)?　(3)小さい
買い手による後方統合の可能性は、　　(1)高い　　(2)?　　(3)低い
買い手である卸売業者や小売業者が最終ユーザーの購入意思決定を
　　　　　　　　　　　　　　　　(1)左右できる　(2)?　(3)左右できない
これら以外に買い手のパワーを左右する要因があるとすれば、

以上の分析の結果、買い手のパワーは、　　(1)強い　　(2)?　　(3)弱い

②買い手の価格センシティビティを左右する要因

当該業界が提供する製品の購入価格が、買い手企業の製品コスト構成に占める割合は、
　　　　　　　　　　　　　　　　(1)大きい　　(2)?　　(3)小さい
買い手企業の収益性は、　　　　　　(1)高い　　　(2)?　　(3)低い
当該業界が提供する製品は買い手企業の製品・サービスの質にとって大きな差を
　　　　　　　　　　　　　　　(1)もたらす　　(2)?　　(3)もたらさない
これら以外に買い手の価格センシティビティを左右する要因があるとすれば、

以上の分析の結果、買い手は価格に　　(1)敏感　　(2)?　　(3)敏感でない

★以上を総合すると、買い手の交渉力は、
　　　　　　　　(1)強い（★なし）　　(2)?　　(3)弱い（★あり）

業界の構造分析

IV. 供給業者の売り手交渉力

供給業者の集中度は、	(1)高い	(2)?	(3)低い
供給業者にとって買い手として当該業界は、	(1)重要である	(2)?	(3)重要でない
供給業者の製品は代替品と競合	(1)している	(2)?	(3)していない
供給業者の製品は差別化	(1)されている	(2)?	(3)されていない
供給業者の製品のスイッチング・コストは、	(1)高い	(2)?	(3)低い
供給業者の製品は当該業界企業の製品品質に大きな差を	(1)もたらす	(2)?	(3)もたらさない
供給業者が前方統合に乗り出す可能性は、	(1)高い	(2)?	(3)低い
買い手である当該業界の企業は最終ユーザーの購買意思決定を左右	(1)できる	(2)?	(3)できない

これら以外に売り手交渉力を左右する要因があるとすれば、

★ 以上の分析の結果、供給業者の交渉力は、
　　　　　(1)強い（★なし）　　　(2)?　　　(3)弱い（★あり）

V. 代替品の脅威

代替品と考えられるものは、	(1)多い	(2)?	(3)少ない
代替品のコスト／パフォーマンスは急速に向上	(1)している	(2)?	(3)していない
代替品を提供している業界の利益率は、	(1)高い	(2)?	(3)低い

これら以外に代替品の脅威を左右する要因があるとすれば、

★当該業界は代替品の脅威に
　　　　　(1)さらされている（★なし）　　(2)?　　(3)さらされていない（★あり）

代替品の脅威にさらされている場合、特に注意すべき代替品はどのようなものか。

総合的判断

①以上の五つの要因を総合すると、当該業界は、
- (1)「濡れ手で粟」業界　　　　　　　（★★★★★）
- (2)簡単に利益が出る業界　　　　　　（★★★★）
- (3)比較的容易に利益を出しやすい業界　（★★★）
- (4)ほどほどに利益が出る業界　　　　　（★★）
- (5)あまり利益があがらない業界　　　　（★）
- (6)悲惨な業界　　　　　　　　　　　（なし）

②この業界で成功を収めるためには、五つの要因のうちどれに最も注意を払うべきだろうか。

③当該業界で競争する企業は、業界の構造を変える必要があるのだろうか。あるとしたら、どのような業界構造が望ましいだろうか。また、当該業界の企業には、業界構造を変えることができるだろうか。できるとしたら、どのような手段を講じるべきだろうか。

第4章 差別化

1─差別化とは

　競争戦略の基本的定石は、(1)差別化の追求、もしくは(2)低コストの実現を背景にした低価格の追求のいずれかである。本章では、まず差別化を取り上げる。

　差別化とは、自社製品・サービスの「違い」を顧客に認識してもらい、単純な価格比較ではなく、違いに価値を認めてもらうべく顧客にアプローチすることを意味している。価格は、顧客の購入意思決定に際して非常に強力な決定要因である。しかし、すべての顧客が価格に敏感とは限らない。なかには、たとえ競合他社が提供する製品・サービスの価格が低下したとしても、乗り換えようとしない顧客もいる。

　製品・サービスが差別化されている場合、顧客は、代替的な競合関係にある複数製品間での「違い」に価値を認めているため、たとえ競合製品の価格が低下したとしても、簡単にはスイッチしない。経済学の概念を用いると、このような状況は「需要の交差弾力性」が低いと表現できる。

　経済学では、複数の財・サービス間の関係を需要の交差弾力性で把握する。弾力性とは、「ある変数の変化率と他の変数の変化率の比」である。たとえば「需要の価格弾力性」は、「需要の変化率÷価格の変化率」で計算され、価格が一定割合で変化した際に需要がどの程度変化するかを示している。「交差弾力性」とは、ある財・サービスの価格変化が他の財・サービスの需要にどの程度影響をおよぼすかを示すもので、「B製品需要の変化率÷A製品価格の変化率」で求められる。交差弾力性の絶対値[*1]が小さい場合、B製品の需要はA製品の価格変化の影響をほとんど受けない。

本章では、顧客に対して自社製品の「違い」を認識してもらい、そこに価値を見いだしてもらうために、企業に何ができるかを議論する。そのために、以下では、まず「東京ばな奈」が東京土産の新しい定番となった事例を紹介したい。歴史の浅い東京ばな奈は、いかにして定番となりえたのだろうか、またライバル企業には東京ばな奈の台頭を阻止することはできなかったのかを検討しながら、以下のケースを読んでもらいたい。

〈ケース〉東京ばな奈

　1991年に発売された「東京ばな奈」は、人形焼きや雷おこしといった伝統的な土産物に並ぶ、東京土産の新しい定番とされている。洋菓子販売店「ぶどうの木」を展開していた株式会社グレープストーンは、85年からデパートでのギフト用高級洋菓子販売を開始した。しかし、荻野惇社長は、「デパートのギフト需要には限界がある。高付加価値の菓子は大量生産が難しく、人件費も膨らむ」[*2]として、新たな製品分野への進出を検討し始めた。

　「本当に東京らしい土産はあるようでない」と感じていた荻野社長は、「景気変動によって量的な変化はあっても、出張や旅行に行けば必ず土産を買うはず」と考え、安定した需要の見込める土産物の市場に進出することを決意した。

　商品は、年齢を問わず幅広い層に人気のあるバナナをテーマに、バナナカスタードクリームをスポンジケーキで包み込んだ。商品名の「東京ばな奈」というネーミングは、当時話題になっていた作家の吉本ばなな氏からヒントを得たという。

　価格は税込みで1個125円。箱入りのみの販売で、1,000円（税込み：以下同じ）の8個入り、1,500円の12個入り、2,000円の16個入りの3種類が用意されている。

＊1──A製品の価格増減とB製品の需要増減の方向によって、交差弾力性はプラスにもマイナスにもなりうるため、交差弾力性の値を比較する場合には絶対値を用いる。一般に、A製品とB製品が競合的な代替関係にある場合には、B製品の価格は一定で、A製品の価格が下がる（上がる）とB製品の需要は減少する（増加する）ため、交差弾力性はプラスになる。なお、交差弾力性がゼロの場合、A製品の価格変化はB製品の需要変化に影響を与えないことを意味し、AB両製品は独立している。

＊2──本節での引用は、日経産業新聞1998年11月20日付「『東京ばな奈』のグレープストーン　笑顔で声掛け　土産物で地歩　老舗の牙城接客で崩す」による。

第4章　差別化

　1991年の発売時には、デパートでの販売からスタートした。しかし、土産物である以上、駅や空港での販売が不可欠であった。同社の幹部社員が羽田空港関係者と旧知の仲であったこともあり、1カ月の期間限定で空港内に仮店舗の出店を許可された。7平方メートルしかない狭いスペースであったが、1カ月で5,000万円販売すれば店舗を常設できるという条件を取り付けていた。

　知名度のない商品の販売実績を上げるために、顧客に対して他社とは違うアプローチを採用し、従業員の接客に注目した。当時、競合他社は客の側から声がかかるのを待つだけであったところに、「東京みやげの、東京ばな奈です」と大きな声で連呼し、積極的に声をかけ、客を呼び寄せた。従業員は笑顔で接客し、トイレやタクシー乗り場など空港内の施設を覚え、商品を買わない客に対しても親切に案内するよう指導された。

　結果として、1カ月に6,850万円を売り上げ、常設店舗を持てることになった。羽田空港に続き、JR東京駅にも出店し、ここでも積極的な声かけや笑顔の接客を行っている。その後、成田空港、上野・大宮・新横浜・新宿・品川など新幹線・特急列車の停車駅、新幹線・特急の車内販売、高速道路のサービスエリアやパーキングエリア、さらには東京タワーなどでも販売されるようになった。また、グレープストーン社の菓子は、インターネットや電話などで注文して全国各地から取り寄せることができる。ただし、パイやゴーフレットなど東京ばな奈の「派生商品」は取り寄せ可能だが、バナナカスタードクリーム入りスポンジケーキの「東京ばな奈」は店頭販売のみに限定されている[*3]。

2──マーケティング戦略

　東京ばな奈は、なぜ東京土産の定番となることができたのだろうか。1個125円という手頃な価格、「東京ばな奈」というネーミングの妙、販売員による積極的な声かけ、羽田空港・東京駅など交通機関で売り場を確保できたことなど様々な要因を指摘することができる。しかし、こうした要因は、グレープストーン社のみに実現可能で、競合ライバルには実行できないものだろうか？

　「東京」と「バナナ」の結びつきには必然性はないので、年齢を問わず

---

*3──http://www.paqtomog.com/shop/

幅広い年齢層に受け入れられる食品をテーマにすることは可能だろう。また、バナナ以外の何かを選んだとしても、二番煎じでインパクトが弱いかもしれないが、「東京」と組み合わせたネーミングもできるだろう。販売員の接客態度の向上や積極的な声かけも実現を妨げる要因は見あたらない。交通機関の土産物売り場への新規出店は容易ではないとしても、既存の土産物業者であれば店頭に陳列する商品を変更することができる。それにもかかわらず、東京ばな奈以外に、新たに東京土産の定番になった商品が見あたらないのはなぜだろうか？

　この問題にアプローチするためには、「マーケティング戦略」の考え方が参考になる。以下では、まずマーケティングの定義、そしてマーケティング戦略およびマーケティング・ミックスについて紹介した後で、東京ばな奈の問題に戻ることにしよう。

1.マーケティング戦略とは

(1)マーケティングの定義

　マーケティングとは、製品やサービスの作り手・売り手である企業と顧客との相互理解のプロセスと捉えることができる。たとえば、Kotler and Keller（2006）は、マーケティングを「人間や社会のニーズを見極めてそれに応えること」（Kotler and Keller 2006 邦訳書 p.6）としている。また、同書は、アメリカ・マーケティング協会による公式の定義、「マーケティングとは、顧客に向けて価値を創造、伝達、提供し、組織および組織をとりまく利害関係者を利するように顧客との関係性をマネジメントする組織の機能および一連のプロセスである」（邦訳書 p.7）も紹介している。同様に、日本マーケティング協会は、「マーケティングとは、企業および他の組織がグローバルな視野に立ち、顧客との相互理解を得ながら、公正な競争を通じて行う市場創造のための総合的活動である」（http://www.jma-jp.org/）と定義している。いずれの定義も、マーケティングを企業と顧客の相互作用として定義している。

(2)マーケティング戦略の構成要素

　マーケティング活動の計画は、「戦略的マーケティング計画」と「戦術的マーケティング計画」の二つのレベルに区分できる。戦略的マーケティング計画では「市場機会の分析に基づいて標的市場と、提供する価値提案を計画」し、戦術的マーケティング計画では「製品特徴、プロモ

第4章 差別化

ーション、マーチャンダイジング、価格設定、販売チャネル、サービスなどの具体的なマーケティング戦術を策定」する（Kotler and Keller 2006 邦訳書 p.56）。戦略的・戦術的という両レベルのマーケティング計画全体を、ここでは「マーケティング戦略」と呼ぶことにする。

　本書では、マーケティング戦略を「類似のニーズを持つセグメントのうち、目標とするターゲット市場を探り出し、ターゲットに影響力を行使するために、統制可能な変数を組み合わせていく活動」と定義する。こうした定義の背後にあるのは、「市場は同質ではない」という認識である。

　たとえば、土産物市場、パーソナルコンピュータ市場、教育サービス市場など、世の中の大多数の製品やサービスには、それに対応する「市場」が存在する。「土産物市場では、東京ばな奈が東京土産の新しい定番の地位を確実にした」などと表現されることが多いが、実際にどこかに物理的な場として「土産物市場」が存在するわけではない。市場とは、様々な交換の当事者（売り手・買い手）の集合体である。実際には、様々な作り手・売り手が多様な製品・サービスを提供している。

　一括りに「東京の土産物」といっても、人形焼き・雷おこしなどの定番とされている菓子だけでなく、東京タワーや東京ディスニーランドなどの観光スポットで売っているノベルティやキャラクター商品、さらには「東京でしか手に入らない」ものであれば何でも「東京土産」になりうる。

　一方、顧客の側も多様であり、まったく同じ製品・サービスを購入した顧客であっても、購入動機や製品に対する期待が異なっていることが多い。人形焼きを買った顧客の中には、「あの人の好物だから」と積極的に選んだ人もいれば、「何となく」とか「いつもの定番だから」と消極的な姿勢の顧客もいるだろう。

　市場には、多様な買い手が存在している。この意味で、市場は同質的ではない。しかし、「顧客は多様である」といっても、ひとりひとりがまったく異なっているわけでもない。たとえば、毎日通勤や通学で東京駅を利用している人が家族への土産に東京ばな奈を選ぶことはほとんどないだろう。また、いくら好物だとしても、東京ばな奈を自分で買って自分で食べるケースは少ないだろう。東京ばな奈を「おいしい」という人は少なくないが、「自分で食べるために買う菓子」ではなく、「土産物

として人からもらう菓子」だと考えている人が多いだろう。

　市場は完全に同質的でもないし、顧客ひとりひとりが完全に異なっているわけでもない。市場には、似た特徴を有する顧客グループが複数存在している。こうした顧客グループを「顧客セグメント」と呼び、市場全体を顧客セグメントに分割していくことを「セグメンテーション(市場細分化)」と呼ぶ。

　顧客セグメントが異なると、作り手・売り手からの特定の働きかけに対する反応も異なってくる。たとえば、東京駅を通勤・通学で利用する人に対して「東京土産に、東京ばな奈はいかがですか」と笑顔で声をかけても反応は返ってこないだろう。そこで、顧客セグメントの中から、自社が「ターゲット(標的)」とする顧客セグメントを選択する「ターゲティング」を行い、ターゲットに対して最も影響力を行使できるよう、自社でコントロールできるあらゆる要因を組み合わせていく。これがマーケティング戦略の基本的な考え方である。

　ターゲットに対して働きかけるための諸要因の組み合わせを「マーケティング・ミックス」と呼び、Kotler and Keller（2006）の定義する「戦術的マーケティング計画」の策定に相当する。対する「戦略的マーケティング計画」は、セグメンテーションとターゲティングに対応する。

　マーケティング戦略の策定は、(1)セグメンテーション、(2)ターゲティング、(3)マーケティング・ミックス構築という作業から成り立っている。以下では、それぞれの項目について議論していく。

2.市場細分化(セグメンテーション)

(1)セグメンテーションの基準

　セグメンテーションの目標は、特定のマーケティング・ミックスに対して類似の反応を示すような同質的な部分に市場を分解することである。そのためには、「同一セグメント中では同質性が高く、セグメント間では異質性が高く」なるように、市場を細分化することが望ましい。

　実際に市場を細分化するためには、多様な基準が用いられている。沼上（2008）は、代表的な消費財セグメンテーションの基準として、「地理的基準」「人口統計的基準」「心理的基準」「行動的基準」を挙げている（表4.1参照）。

　地理的基準は、「地理的軸」とも呼ばれ、消費者の居住する地域・都

表4.1　消費財のセグメンテーション主要基準

軸		典型的な区分
地理的軸	地域	関東、関西、北海道、九州…
	都市規模	5,000人未満、2万人未満、5万人未満、10万人未満、50万人未満、100万人未満、400万人未満、それ以上
	人口密度	都会、郊外、地方
	気候	太平洋側、日本海側、など
人口統計的軸	年齢	6歳未満、6～12歳、13～15歳、16～18歳、19～22歳、23～28歳…
	性別	男、女
	家族数	1人、2人、3～4人、5人以上
	家族ライフサイクル	若年独身、若年既婚子供なし、若年既婚最年少子供6歳未満、若年既婚最年少子供6歳以上、高年既婚18歳以下の子供あり、高年既婚18歳以下の子供なし、高年独身、その他
	所得	年収300万円未満、300万～500万、500万～800万、800万～1,000万、1,000万～2,000万、それ以上
	職業	専門職、技術職、管理職、公務員、(企業、不動産)所有者、事務職、営業マン、職人、工員、運転手、農民、定年退職者、学生、主婦、無職
	学歴	中学卒または以下、高校在学、高校卒、大学在学、大学卒
	社会階層	下級階級の下位、下級階級の上位、中流階級の下位、中流階級の上位、上流階級の下位、上流階級の上位
心理的軸	ライフスタイル	伝統的タイプ、快楽主義者
	性格	社交的、権威主義的、野心的
行動面の軸	購買機会	定期的機会、特別機会
	追求便益	経済性、便宜性、威信
	使用者状態	非使用者、旧使用者、潜在的使用者、初回使用者、定期的使用者
	使用頻度	少量使用者、中程度使用者、大量使用者
	ロイヤリティ	無、中間、強、絶対
	購買準備段階	無知、知っている、知識あり、興味あり、欲望あり、購買意欲あり
	マーケティング要因感受性	品質、価格、サービス、広告、セールス・プロモーション

出所：沼上（2008）p.53 表2-1「消費財市場の主要セグメンテーションの軸」に基づいて作成

市規模・人口密度・気候などが代表例である。たとえば、関東では「濃口醤油」が一般的であるのに対して、関西では「薄口醤油」が好まれるなど、地域によって味の好みに差がある。気候や伝統・文化、地域ごとの所得差など多くの要因から、特定の地域に「典型的なライフスタイル」が観察されやすい。

人口統計的基準は、「デモグラフィック基準」とも呼ばれ、年齢・性

別・家族構成・所得・職業などが代表例である。国勢調査などの人口統計的調査の項目にほぼ対応しているため、こう呼ばれる。年齢や性別など消費者の個人属性は、ライフスタイルに大きく影響する。たとえば、同じ所得の40歳の男性でも、独身の場合と、配偶者・子供がいる場合とでは、消費パターンはまったく異なってくるだろう。

 心理的基準は個人の内面に関するもので、心理学的な性格のタイプ区分に相当するものである。また、行動的基準はこうした内面的な要因が観察可能な行動に表れたものである。人間の内面を把握するときには、多様なタイプ区分がありえるため、心理的基準は表4.1に挙げられているもの以外にも、数多くの要因を想定することが可能な点に注意が必要である。

 産業財においても、消費財の場合と同じようなセグメンテーションの基準を考えることができる（表4.2参照）。

(2) セグメンテーションの注意点

 ここで列挙されたセグメンテーションの基準は、一般に広く知られている。そのため、これらの軸をそのまま用いただけでは、差別化できにくいことが多い。

 たとえば、子供服市場では、従来は年齢に応じてサイズの異なる商品

表4.2　産業財のセグメンテーション主要基準

組織のタイプ	メーカー、病院、政府、公企業、農家、など
人口統計	企業規模 　従業員数 　売上高 日本標準産業分類 保有工場数
地理	立地 　関東、関西、中部、九州、東北、北海道、など 　大都市近郊、地方
製品の種類	部品メーカー、製造設備メーカー、原材料メーカー
購買状況のタイプ	本社一括購入、事業部ごとの発注 調達部門の独自決定権限が強い、あるいは他の部門の影響を受けやすい
調達先忠実度	一度供給業者を決めたら変えない、あるいは購入機会ごとに変更
互恵性	互いに相手の製品を購入している、あるいは一方的に買うだけ

出所：沼上（2008）p.58 表2-2「産業財市場のセグメンテーションの軸」に基づいて作成

第4章　差別化

が投入されており、性別と年齢がセグメンテーションの主たる軸だった。幼児から小学校低学年までは親が洋服を買い与えるため、親をターゲットにしたデザインの差別化が見られた。また、高校生になると自分で服を選ぶようになるので、各社がファッション性をアピールし、差別化が図られていた。しかし、小学校中学年から中学生にかけての「ジュニア層」では、成長が速く、すぐに服のサイズが合わなくなってしまうため、ファッション性よりも機能性を重視した洋服が提供されていた。従来の子供服は、130cmサイズを超えると品数が急速に減少し、140〜160cmは大人用の服と子供服との間の「空白地帯」であった。

　ナルミヤ・インターナショナルは、「ジュニア層」と呼ばれる市場の空白に着目し、ピンクやブルーを基調としたカラフルな色づかいで明るいデザインの洋服を「エンジェルブルー」のブランドで1989年に投入した。ターゲットは8歳から15歳、小学校中学年から中学生の女子である。ナルミヤのジュニア服は、従来の子供服とは一線を画すカラフルな色づかいと明るいデザイン・テイストを基調に、それぞれに異なるキャラクター群を擁する5ブランドで構成されている。各ブランドでは、身長140〜160cmの間でS・M・Lのサイズが準備され、一部には165cm向けのLLサイズが追加された。[*4]

　Tシャツでも5,000円以上、全身そろえると10万円を超える高価格であるものの、子供のおしゃれに出費を惜しまない両親・祖父母の増加や、2000年頃には人気タレントがテレビ番組で着用したことなどから、急速に売上を伸ばした。2004年には韓国・台湾にも進出したものの、同年をピークに「ナルミヤブーム」は急速に収束に向かっていく。売上高は、2005年1月決算期の357億9,000万円をピークに、2008年1月期の244億8,600万円まで減少し、経常利益も2004年1月期の42億4,200万円をピークに2008年1月まで減少の一途をたどっている（図4.1）。

　ナルミヤ・インターナショナルの急速な業績低下の原因として、消費者ニーズの移り変わりや多店舗展開を急ぎすぎたためブランドが希薄化したことなどが指摘されている。特に、若い頃からセレクトショップで洋服を買っていた「団塊ジュニア」が親世代になり、単一ブランドで全身コーディネートを提案するナルミヤ・インターナショナルの販売方法

---

*4──「ジュニアファッション花盛り　ナルミヤ大ヒットのマル秘策」
〈http://allabout.co.jp/children/ikujinow/closeup/CU20050207A/index.htm〉

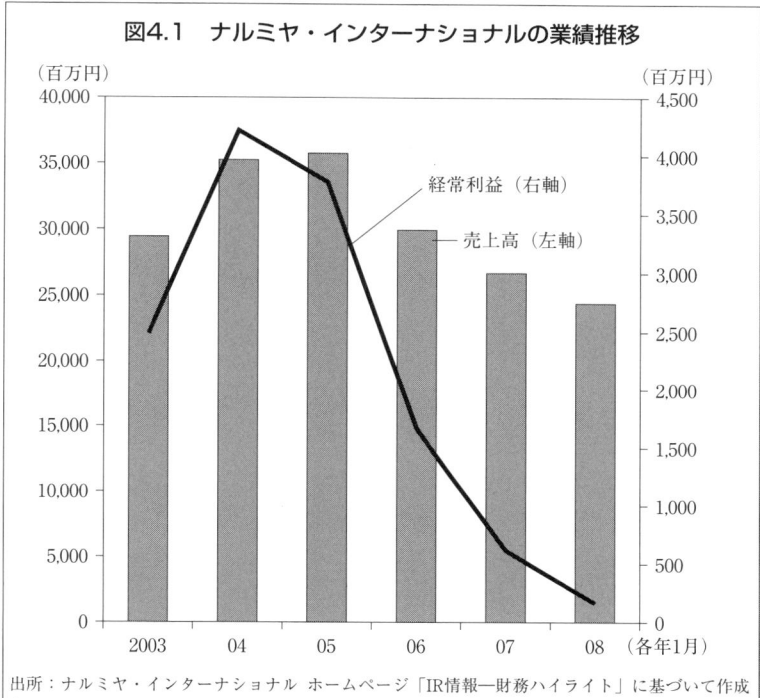

図4.1　ナルミヤ・インターナショナルの業績推移

出所：ナルミヤ・インターナショナル　ホームページ「IR情報―財務ハイライト」に基づいて作成
〈http://www.narumiya-net.co.jp/company/ir/highlight.html〉

に馴染まなくなったと指摘されている。[*5]

　この事例が示すように、「8歳から15歳の女子」という単純な人口統計的基準を用いたセグメンテーションでは、ライバル企業による追随が容易であり、差別化の追求が難しい。そのため、地理・人口統計・心理・行動という複数の基準を組み合わせて、より詳細に消費者を把握することが有効であるとされている。ただし、あまりに多くの基準を用いると、識別されるセグメントが小さくなりすぎる危険性があることには注意が必要である。

　なるべく少ない基準で有効なセグメンテーションを行うためには、一般的に用いられている基準ではなく、他社が思いつかない、他社には理解しにくい基準を発見することが有効である。ユニークなセグメンテーションが、差別化の第一歩である。

---

*5――「子供服市場の潮流変化「ナルミヤブーム」の終焉と進化するセレクトショップ」『エコノミスト』2008年1月22日号 pp.73-74

第4章 差別化

カバーアルバムのヒット

　音楽CDの売れ行き不振が指摘されているなか、過去のヒット曲をカバーした曲やアルバムがヒットしている。2005年発売の徳永英明「VOCALIST」は130万枚のヒットとなり、翌2006年に「VOCALIST2」、2007年には「VOCALIST3」、2010年には「VOCALIST4」とシリーズ化され、シリーズ累計500万枚を超える大ヒットになっている。このヒットを受けて、数多くのカバーアルバムが発売され一種のブームとなっている。

　カバーアルバムの主なターゲットは、最近のヒット曲には馴染めない30代から40代といわれている。年齢が上がるにつれて音楽への関心が低下し、音楽関連の支出も減少しているが、耳に馴染みのある「懐かしの名曲」に触発され、カバー曲を購入していると考えられている。

　しかし、ただ単に「懐かしい」だけならば、カバー曲ではなく原曲を聞くだろう。近年では、iTunes Storeに代表されるオンライン音楽配信サービスでオリジナルの楽曲を見つけることも難しくない。昨今のカバー曲ブームは、単に懐かしさをアピールするだけでなく、選曲やアレンジなどの点で、アルバムとしての完成度の高い、しっかりと「作り込まれた」作品が牽引している。

　なかでも「トランジット・レーベル」という独立系（インディーズ）音楽レーベルから発売されている「Essence of life」シリーズは、音楽業界で注目を集めている。トランジット・レーベルを運営しているのは、音楽会社ではなく空間プロデュースを手がける株式会社トランジットジェネラルオフィス（以下、トランジット社）である。同社は、カフェやレストラン、ホテルの内装から、家具選定・施工業者探しに至るまで、空間プロデュースに関わる活動を幅広く手がけている。CDシリーズの製作を担当した音楽プロデューサーである江頭康郎氏は、「流す音楽も空間デザインの一つだ、と考えて作ったんです。お客さんをくつろがせる音楽って何だろう？　購買意欲を高める音楽って何だろう？　そう考えながら」と語っている（引用出所『週刊東洋経済』2007年11月24日号、以下同様）。

　CD製作時に課題としたのは、「カフェという空間にフィットする日本の音楽」だという。「カフェで日本語の音楽を流すと、どうしても所帯じみてしまう。かといって、よくある歌なしの軽音楽BGMも違う」

と考え、既存曲をアレンジし直して録音することにした。

　当初このCDは、イトーヨーカ堂の衣料品売り場で、「売り場空間そのもの」の価値を高め、30代から40代前半のファッション感度の高い顧客にアピールすべく企画され、トランジット社に製作依頼があった。イトーヨーカ堂だけに限定して販売する予定であったが、仕上がりのよさから一般CD店でも発売することにした。

　発売から時間をおかずに売れ行きが伸び始めたが、なかでも群を抜いていたのは複合型書籍チェーン、ヴィレッジヴァンガードでの売れ行きだった。同社は、「遊べる本屋」をキーワードに、書籍・雑貨、音楽・映像メディア（CD・DVDなど）を、趣味やライフスタイルに沿って複合的に陳列して販売している。「ヴィレッジヴァンガードで売れている」という話題が、ミクシィなどのインターネット・コミュニティやブログなどで広がったことで、大手レコード・チェーンやAmazon.co.jpなどのネット通販での売れ行きが伸びたという。

　トランジット社はCDのおよそ半分はヴィレッジヴァンガードで売れたと推測しているが、ヴィレッジヴァンガードでは単に店内でCDを流しただけで、特別なプロモーションはしていないという。音楽を聴いた客から、店員に「今流れているCDは何ですか？」と問い合わせがある。特に20代の女性からの問い合わせが多いという。「ウチは音楽マニアがCDを買いに来る店じゃない。このCDはマニアじゃない層に向いているのだと思います。まず、選曲がいい。誰もが知っている曲をこうカバーするとおもしろいな、という曲を選んでいる」（ヴィレッジヴァンガード下北沢店店長・粂川太郎氏）

　昨今のカバーアルバムのブームの背後には、有名曲のカバー集であることは、音楽マニアではない一般消費者にとって「期待はずれ」のリスクを小さくし、CD購入の敷居を低くしているという要因がある。しかし、「Essence of life」シリーズのヒットの要因はそれだけではなく、「音楽もインテリアの一種」と考える消費者や、「ヴィレッジヴァンガードが提案するライフスタイル」に共感する消費者から支持されたことが大きな要因となっている。こうした消費者層は、「もう一度懐かしいあの名曲を」と考えてカバー曲を購入する顧客層とは、地理的・人口統計的・心理的・行動的それぞれの基準で異なっているだろう。

参考資料：「音楽業界の異変　予想外の大ヒットCDその意外な黒子とは」『週刊東洋経済』2007年11月24日号 pp.92-93

第4章

3.ターゲット選定(ターゲティング)

　複数の市場セグメントの集合として把握された市場に対して、自社が働きかけるセグメントを選定し、ターゲットとして選ばれた市場セグメントに対する働きかけの基本パターンを決めるのが「ターゲティング」である。ターゲティングの基本パターンは、(1)無差別マーケティング（mass marketing）、(2)分化型マーケティング（differentiated marketing）、(3)集中マーケティング（focused marketing）の三つである。

　第1の無差別マーケティングでは、市場を単一の同質的なものとして捉え、単一の製品、同じマーケティング・ミックスを提供する。無差別マーケティングの最大のメリットは、マーケティング・ミックスの単一性から得られる「規模の経済性」である。そのため、この方法は差別化戦略よりも、コスト・リーダーシップ戦略と結びつくことが多い。デメリットとしては、顧客すべてに単一アプローチで接するため、顧客ニーズへの細かい対応が難しい点が挙げられる。

　20世紀初頭、自動車産業の揺籃期にフォードが採用して成功した戦略がこの典型であろう。ヘンリー・フォードは、販売する車種をT型のみに限定し、色も黒一色に限定することで驚異的な低価格を実現し、あらゆる社会階層の人々に訴求しようとした。日本の紙おむつ市場で、P&Gが当初採用していた方針も無差別マーケティングといえる。いずれのケースも、その後の顧客ニーズの変化によって、方針修正を迫られている。

　第2の方法は、分化型マーケティングである。市場全体が複数の異なるセグメントから構成されているという認識のもとに、各セグメントにそれぞれ異なるマーケティング・ミックスを投入していくアプローチである。自動車産業の例では、GMやトヨタのようなフルライン・メーカーがこれに相当する。これら企業は、セダン・ミニバン・ワゴン・スポーツカーといった多様な車種を「フルライン」でそろえて、多様な市場セグメントに向けて提供している。分化型マーケティングのメリットは、セグメントごとに個別対応ができるため、顧客ロイヤリティを高めやすく、市場での地位の安定につながることである。一方で、個別対応・多様化によってコストが上昇することがデメリットとなる。

　第3のアプローチが、集中マーケティングである。分化型マーケティングと同様、市場は複数のセグメントから構成されていると認識する

が、その中から自社がターゲットとする一つもしくは少数のセグメントを選択し、そこに集中する。一つだけを選択する場合を「単一ターゲット・アプローチ」と呼ぶ。

　集中マーケティングは、「ニッチ企業」とも呼ばれる、比較的小規模であるが特殊なターゲット・セグメントで圧倒的な強みを発揮している企業が採用している場合が多い。[*6]自動車産業でいえば、フェラーリやポルシェのようなスポーツカーに特化した企業や、スズキのように軽自動車に絞った企業も集中マーケティングを採用している。

　集中マーケティングのメリットは、集中によって特定の顧客セグメントに強く働きかけられることと、多様化を回避することで経済性が得られることである。ただし、特定の市場セグメントに絞っているので、そのセグメントの規模が小さい場合には、よほど高いシェアをとらなければ規模の利益は得られない。さらに、そのセグメント自体が環境要因の変化などから縮小・消滅してしまうかもしれない「特化リスク」が、このアプローチのデメリットである。

　以上が伝統的なターゲティングの分類である。近年ではこれらに加えて、「テイラード・マーケティング（tailored marketing）」や「ワンツゥワン・マーケティング（one-to-one marketing）」と呼ばれる、消費者ひとりひとりに個別に対応しようとするアプローチも注目されている。

　従来、個別対応はあまりに費用がかかりすぎるため、一部のサービス業を除いて、実現可能性が低いと考えられていた。しかし、近年のコンピュータ・情報通信技術の発達が状況を変え、「マス・カスタマイゼーション（mass customization）」が可能になった。マス・カスタマイゼーションとは、大量生産（mass production）と同等な価格でカスタマイズされた個別対応の製品・サービスを提供することである。

　インターネット上での書籍などの販売大手Amazon.co.jpでは、顧客の購買履歴から「おすすめ商品」を推奨している。Amazon.co.jpのホームページのデザインやレイアウトは共通しているが、表示される内容は登録顧客ひとりひとりによって異なっている。直近の購入履歴や、ホームページ上で詳細をチェックした商品の履歴などから、ひとりひとりの興味・関心にフィットする商品を「おすすめ」として推奨している。

　情報技術を活用することで、情報システム構築には多額の投資が必要

---

*6──「ニッチャー」とも呼ばれるニッチ企業については、第7章を参照のこと。

とされるが、顧客ひとりひとりに対応するための「限界費用」はほとんどゼロに近くなるため、マス・カスタマイゼーションが実現される。インターネットを利用した販売では、会員登録によって顧客の属性情報を把握し、顧客ごとの購買データを蓄積して、ひとりひとりの顧客に個別対応することが一般的になりつつある。

3 ―― マーケティング・ミックス（4Ps）

　セグメンテーションによって市場を細分化し、自社がターゲットとする市場セグメントの選定ができたら、次のステップは顧客に対してどのように働きかけるかを具体的に決定していくことである。マーケティング戦略では、企業は自らがコントロールできる要因はすべて動員すべきであると考えている。企業がターゲットに対して影響力を行使するために用いる、統制可能な変数の集合体を「マーケティング・ミックス」と呼ぶ。

　マーケティング・ミックスには、原理的にはありとあらゆる要因が含まれることになるが、類似したいくつかのグループに分類することができる。マーケティング・ミックスの分類の中で、最もよく知られているのがマッカーシー（McCarthy 1960; Perreaul, Cannon and McCarthy 2006）による「四つのP（4Ps）」である。製品やサービスの供給者が、ターゲット顧客に対して影響力を行使するために統制できる変数を、「製品（Product）」「流通（Place）」「プロモーション（Promotion）」「価格（Price）」という「P」から始まる4単語のラベルのもとに分類したのが「マッカーシーの4Ps」[7]である。

---

[7]――実際のマーケティング・ミックスの構築やマーケティング計画の策定のためには、顧客の視点に立脚する必要があるとして、供給者側の視点で分類されている4Psに対して、消費者起点の「四つのC（4Cs）」も提唱されている。Lauterborn（1990）は、製品の代わりに「顧客ウォンツとニーズ（Customer wants and needs）」を、流通の代わりに「購入の便利さ（Convenience to buy）」を、プロモーションの代わりに「コミュニケーション（Communication）」を、価格の代わりに「ニーズ・ウォンツ充足のためのコスト（Cost to satisfy）」を提唱している。また、Kotler and Keller（2006）では、製品に対応する「顧客ソリューション（Customer Solution）」、流通に対応する「利便性（Convenience）」、プロモーションに対応する「コミュニケーション（Communication）」、価格に対応する「顧客コスト（Customer Cost）」を挙げている（邦訳書 p.25）。

図4.2　マーケティング・ミックスの構成要素

```
                  マーケティング・ミックス
           ↑        ↑        ↑        ↑
        製品      流通    プロモーション   価格
       Product   Place    Promotion   Price
```

製品 Product	流通 Place	プロモーション Promotion	価格 Price
製品バラエティ 品質 デザイン 特徴 ブランド名 パッケージ サイズ サービス 保証 返品	流通チャネル 流通範囲 立地 在庫 輸送	販売促進 広告 販売員活動 広報活動	標準価格 値引き 支払期限 信用取引条件

Kotler and Keller（2006）邦訳書 p.24 図1-4「マーケティング・ミックスを構成する4つのP」を一部変更して作成

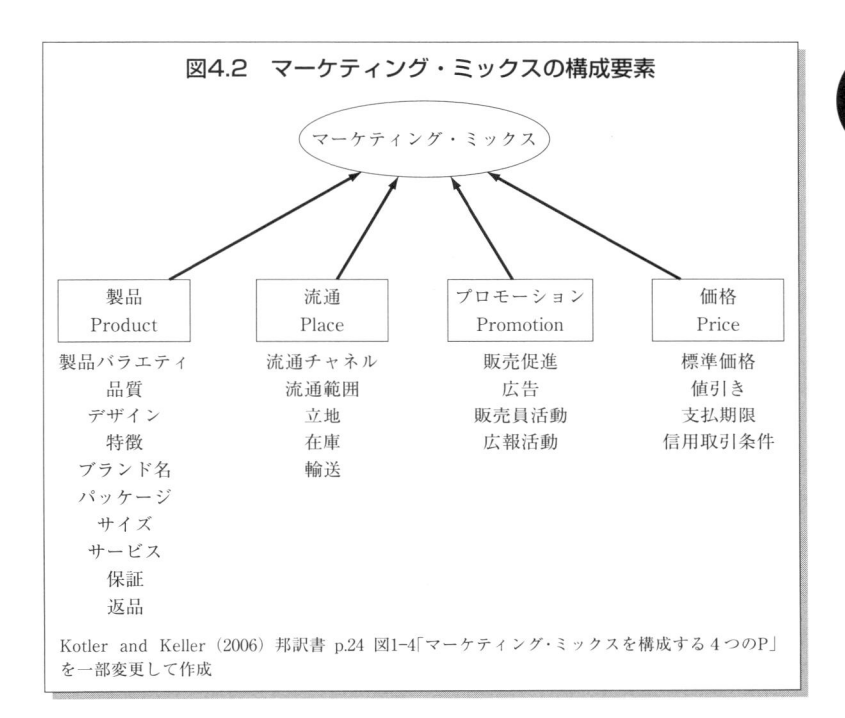

1.製品（Product）

　製品やサービスに関わる様々な要素・属性が、マーケティング・ミックスを構成する4Psの一つ「製品」である。機能・性能・デザイン・品質といった製品特徴から、製品バラエティの豊富さ、ブランド名やパッケージ・サイズなど、製品もしくはサービスそのものに関わる要因と、サービス・保証・返品など製品に関連した要因を、自社がターゲットとする市場セグメントに対して最もアピールできるようにコントロールすることが目標となる。

　東京ばな奈の例では、バナナカスタードクリームをスポンジケーキで包み込んだ菓子（品質・デザイン）を、「東京ばな奈」と命名して（ブランド名）、個別包装したものを8個・12個・16個ごとに箱詰めして（パッケージ・サイズ）、販売している。常温で7日間保存できるという「日保ち」のよさは、土産品として好適である（特徴）。また、「東京ばな奈パイ」や「東京チョコばな奈」などの派生品（製品バラエティ）も販売されている。

第4章 差別化

　まとめ買いをする顧客には、小分けして配るときのために小さい袋をつけて、大きな袋にまとめて入れてくれたり、販売店の店頭から宅配便での発送を取り次いでくれる（サービス）。また、商品に関する問い合わせなどに応じる専用電話番号や、インターネットでの問い合わせ専用ホームページを用意している（保証・返品）。

(1) 本質的サービス

　「製品」に関する意思決定で重要なのは、自社製品・サービスが提供している「本質的サービス」を見極め、それをターゲットとする顧客層のニーズとフィットさせることである。

　製品は、顧客が多様な満足を引き出す「機能・サービスの束」であると考えられている。顧客は、製品やサービスから得られる満足を求めて購入しているのであり、物理的な存在としての「製品そのもの」だけを購入しているわけではない。たとえば、化粧品を購入する消費者は、化粧品の生物学的・化学的な成分だけを購入しているのではなく、「美しくなる」という機能や、「美しくなれる（かもしれない）」という希望や期待にも対価を支払っている。

　「サービスの束」としての製品は、「本質的サービス」と「補助的サービス」に分けて捉えることができる。消費者は、特定の製品から様々な満足を引き出している。それらの中で、消費者にとって決定的に重要な満足に貢献しているものを「本質的サービス」と呼び、それ以外を「補助的サービス」と呼ぶ。

　たとえば、腕時計という製品から、消費者は「正確な時間を知る」ことによる満足を得ている。しかし、腕時計は「装飾品」としての側面も有している。複数の腕時計を保有して、ビジネスの場とプライベートで使い分けたり、その日ごとに洋服や靴・眼鏡・鞄などとコーディネートしたりする。正確な時刻を知らせることや、装飾アイテムとなるといった「機能」や「サービス」を腕時計は提供している。ただし、腕時計が提供する、最も重要な機能・サービスは、正確な時刻を知らせることだろう。いくら装飾品として美しかったとしても、動かない時計を身に着けることはないだろう。よほどのマニアでもないかぎり、一日のうちに数十分もの誤差が出るような時計をアクセサリーとして購入することもしない。このように、「もしもその機能・サービスがなかったとしたら、その製品は購入しない」ほど、重要度が最も高い機能・サービスを「本

質的サービス」と呼ぶ。それ以外の機能・サービスは、「なければ困る」というわけではないが、「あると嬉しい」という意味で「補助的サービス」と呼ばれる。腕時計は、正確な時刻を知らせてくれないと困るものの、正確でさえあれば見た目にはこだわらないという消費者も多い。この場合、「デザインのよさ」がもたらす満足は、あくまでも補助的なものにとどまる。

　自社製品が提供している本質的サービスを見極め、それを顧客ニーズにフィットさせることは「言うは易く行うは難し」の典型例である。なぜならば、顧客は必ずしも作り手・売り手が意図したとおりに製品・サービスを利用するわけではないため、ある製品から顧客がどのような満足を引き出しているかを作り手・売り手が知るのは難しいからである。

　たとえば、腕時計市場ではクオーツ式に比べると、伝統的な機械式のほうが高価格で販売されている。1970年代には、廉価でほとんど誤差のないクオーツ式が市場を席巻し、機械式時計はこの世から消えていくとさえ考えられていた。しかし、80年代以降、徐々にスイス製の高級機械式時計の人気が高まってきた。機械式時計の組み立て・調整には職人の手作業が必要なため、コスト削減には一定の限界があり、また熟練工が手がけたものとそれ以外では精度に「ばらつき」が出てしまう。クオーツ式に比べて精度が劣り、高価格であるにもかかわらず、あるいは逆に、それだからこそ、機械式腕時計は嗜好品・収集品として人気が高まってきた。この例が示すように、顧客はいわば「勝手に」製品から満足を引き出している。

　さらに、顧客自身が自分にとって「どの満足が決定的に重要か」分かっていない場合がある。顧客が勝手に満足を引き出しているだけならば、市場調査などによって、作り手・売り手が想定していなかった「顧客満足」は何かを突き止めることができるだろう。しかし、顧客自身が「どの満足を求めてある製品を購入しているか」を自覚していないとしたら、いくら市場調査に時間と労力を費やしても、答えは得られない。顧客にとって、ある特定の製品から得られる満足は「複合的」なものであり、複合的満足の内訳や、個々の満足感の優先順位を自覚しているケースは少ないだろう。ある製品に不満がある場合は、不満を解消するために顧客自身もその原因を特定しようと努力する。しかし、満足している場合には、「自分はなぜ満足しているか」を考える必要はない。ある

第4章 差別化

腕時計を購入して満足している顧客が、自分自身の満足がどこから来ているのか考えたりはしない。「満足のうち、時計の精度が高いことが45％、ブランドへの信頼が35％、デザインのよさが15％で、高額な買い物をしたことによる興奮が5％」などと、内訳を意識することはない。製品から引き出している満足の中で、自らにとって何が最も決定的に重要なのか、すなわち特定の製品に求めている「本質的サービスは何か」を消費者自身に尋ねてみても、明確に答えられないことが多い。

　そのため、作り手・売り手には、顧客をよく観察して、顧客の「頭の中、心の中」を推測することしかできない。「顧客の気持ち」になりきって、顧客にとって本質的サービスは何かを推測する際には、(1)「これがなかったら、その製品は購入しない」条件とは何かを考えること、(2)一般には想定されていない「意外なライバル製品・サービスは何か」を考えることが有益である。

　「装飾品としての動かない腕時計」のように、様々な思考実験を繰り返すことで、自分自身が消費者だとしたら「こんな製品は買いたくない」という特徴をリストアップし、優先順位をつけていくことで、顧客の求める「本質的サービス」を明らかにできることがある。

　また、「もしもその製品を購入しないとしたら、その代わりに購入するのは何か」をリストアップして、「意外なライバル」を探し出す作業も、自社が提供している本質的サービスは何かを見極めるために役立つことが多い。もしも、音楽CDを買う代わりに、文庫本やゲームソフトを買ったり、『R25』のようなフリーペーパーを手にするのだとしたら、消費者は、音質の優れた音楽を自宅でゆっくりと聴くためではなく、通勤・通学といった移動中の娯楽や気晴らし用に音楽CDを買っているのではないかと推測できる。

　消費者にとって、重要なサービスが判別できたら、それに合わせて製品のあり方を工夫することになる。たとえば、携帯音楽プレーヤーに音楽データを取り込み、手許で操作しながらヘッドフォンで聞くのに適した音楽アルバムと、自宅のオーディオセットに向かってゆっくりと聴く音楽アルバムとでは、音楽のジャンルやアルバムの曲構成、アレンジなど様々な点で異なったものが要求されるだろう。

(2)補助的サービス

　補助的サービスは、本質的サービスに付随する副次的なものである

が、時には重要な差別化要因となることもある。補助的サービスの代表例として、ブランド名やパッケージ、「おまけ」や配達・修理・メンテナンスなどのサービスが挙げられる。

東京ばな奈の場合、東京の土産品としてアピールするためには「東京ばな奈」というネーミングが重要である。「東京の土産」といっても、「東京」は東京駅とその周辺だけを意味するわけではない。草加煎餅も「東京土産」の一種に数えられているが、草加は埼玉県だし、東京ディズニーランドは千葉県にある。出張や旅行で東京に来た人や、そうした人々から土産をもらう家族や友人にとっては、「埼玉県草加市の土産」といわれても、イメージが湧きにくい。ディズニーランドが千葉県にあることは誰もが承知しているが、特定の場所ではなく、漠然とした抽象的な場所としての「東京」の土産として、ディズニーランドで買った品物を「東京土産」として渡している。この意味で、「六本木ばな奈」でも、「表参道ばな奈」でも、「お台場ばな奈」でもなく、「東京ばな奈」というネーミングには意味がある。

また、取引先などへの土産品としては、個別包装されていることに重要な意味がある。羊羹を一竿もらったとしたら、包丁・まな板を出して人数分に切り分け、食べた後も取り皿・楊枝などを片付けなければならないが、個別包装されていれば各自に配るだけですむ。

補助的サービスは、製品・サービスが「コモディティ化」しているために、本質的サービスで差をつけにくい場合には、重要な差別化要因として機能する。ペットボトルの緑茶飲料のように、どのブランドを選んでも違いが分からないと消費者が考えている場合には、「おまけ」が重要な購入意思決定要因になる。しかし、補助的サービスによる差別化は、本質的サービスによる差別化ほどの訴求力がないため、補助的サービスはあくまでも「本質的サービスをより魅力的にするための補助」と認識すべきである。

(3) 製品ミックス

製品は単独の存在としてではなく、他の製品との関連性の中に位置付けることが重要な場合がある。「製品バラエティ」や「製品ライン」など、複数製品から構成される組み合わせを「製品ミックス」と呼ぶ。

たとえば、ビールやインスタントラーメンなどは、数少ない「定番商品」と多数の「バラエティ」とで構成されている。食品や嗜好品の場

合、消費者は馴染みのある「いつもの定番」を選択する傾向が強い。その一方で、定番ばかりだと飽きてしまう。新製品や期間限定、他社とのコラボレーションなど目先の変わった製品を提供することで、定番製品に飽きた消費者がビールやインスタントラーメンそのものから離れてしまうことを防止できる。

また、関連性の高い一連の製品を「製品ライン」と呼ぶ。製品ラインは、「製品系列（ライン）」と「品目（アイテム）」の二つの次元で把握される。たとえば、「白物」や「生活家電」と呼ばれる家電製品には、炊飯器・掃除機・冷蔵庫・電子レンジ・冷暖房機器など数多くの「製品ライン」が存在する。家電メーカーの中には、掃除機や扇風機のみしか扱わないダイソンのように、特定の製品系列に特化した企業もあれば、日立や東芝のように数多くの製品系列を幅広く扱う「フルライン」型の企業もある。製品系列のバラエティの高さを「ラインの幅」と呼ぶことがある。

それに対して、特定の製品系列内のアイテム数を「ラインの深さ」と呼ぶ。特定の製品ライン、たとえば掃除機の中には多様なアイテムがありうる。吸引方式には、紙パック式・サイクロン式・排気循環方式などがある。本体の形状も、ホースを引っ張り移動させる、日本で一般的な「キャニスター型」や、アメリカなどで一般的な「縦型（アップライト型・スティック型）」、小型の「ハンディ型」、自動で掃除してくれる「ロボット型」など多様である。多数のアイテムを取りそろえるメーカーは「製品ラインが深い」、少数のアイテムのみを取り扱っている場合には「製品ラインが浅い」といわれる。

製品ラインを上手に取りそろえると、低価格の製品・サービスで顧客を惹きつけて、より高価格の製品・サービスへと誘導していく「上級移行」を促進することができる（榊原・青島 1988）。特に、近年のインターネット上での各種サービスでは、まず無料サービスで広く会員を集め、その後、より利便性の高い有料サービスへの移行を促進する「フリーミアム（freemium: Anderson 2009）」が注目されている。フリーミアムは、無料を意味する「フリー」と「プレミアム」とを組み合わせた造語である。

たとえば、インターネット・ポータル・サイトのYahoo! Japanでは、検索エンジンや電子メールなどのサービスは無料で利用できる。しか

し、オークションに出品したり、一定金額以上の入札を行うためには、会費を払って「プレミアム会員」となる必要がある。この例のように、無料サービスで会員を惹きつけておいたうえで、オークション出品など付加的なサービスの魅力で有料会員へと誘導するのが「フリーミアム」の考え方である。

　顧客を惹きつけるためには、十分に魅力的なサービスを提供する必要がある。かといって無料サービスが魅力的すぎると、有料会員になってもらえない。上級移行を促進するためには、無料サービスやエントリー・レベルの製品・サービスが適度に魅力的であると同時に、プレミアムな製品・サービスに比べると見劣りすることが消費者に明確に認識される必要がある。製品・サービス間での明確な違いを作り出せないと、自社製品・サービス間での「共食い（カニバリゼーション）」が起こる場合がある。たとえば、発泡酒や「第三のビール」などの「ビール系飲料」は、味や風味などがビールに類似しているため、ビールの需要がより廉価な「ビール系」に流れている可能性が高い。

2.流通（Place）

「流通」とは、製品・サービスが、作り手から最終的に消費者に到達するまでの「流れ」である。製造業者と消費者の間には、「商流」と呼ばれる商取引に関連する情報や金銭の流れと、「物流」と呼ばれる具体的な物財の流れがある。流通で考慮すべき要因は、流通チャネル・流通範囲・立地・在庫・輸送などが挙げられる。

(1)流通チャネル

　消費財の場合、図4.3に示すように、製造業者から卸売業者・小売業者を経て消費者に到達するのが一般的な流通チャネルである。近年では「中抜き」と称して、(1)卸売業者を経由せず、製造業者が小売業者と直接取引したり、(2)卸売業者・小売業者の中間チャネルを経由せずに、製造業者が「直接販売（直販）」を行う場合が多く見られる。

　製造業者と消費者の間に、卸売業者・小売業者が介在するそもそもの理由は、取引相手が数多くなると、商流・物流の管理が煩雑になるためである。たとえば、アパレル業界では、季節と流行に合わせて多様なデザインの洋服が供給されており、しかも顧客の体型に合わせて多数のサイズを取りそろえる必要がある。流通範囲が日本全国におよぶ場合に

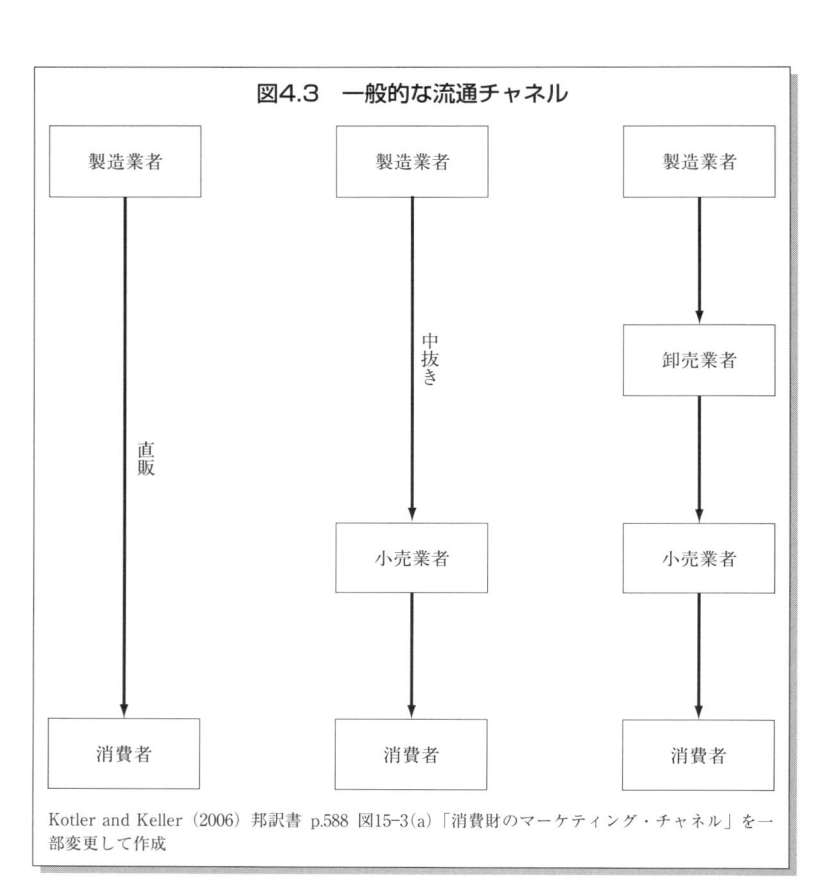

```
図4.3　一般的な流通チャネル

製造業者                製造業者                製造業者
  │                      │                      │
  │                      │ 中抜き                │
  │ 直販                  │                      ▼
  │                      │                    卸売業者
  │                      │                      │
  │                      ▼                      ▼
  │                    小売業者                小売業者
  │                      │                      │
  ▼                      ▼                      ▼
消費者                  消費者                  消費者
```

Kotler and Keller（2006）邦訳書 p.588 図15-3(a)「消費財のマーケティング・チャネル」を一部変更して作成

は、多数の店舗での在庫管理を適切に行う必要がある。しかし、バリエーションを含めると季節ごとのアイテム数が数千とも数万ともいわれるアパレル業界で、日本全国の小売店すべてで「売れ残りも、売り切れもない」ように店頭在庫を管理するのは至難の業である。

　数段階の中間卸売業者を経由して、小売店までの流通経路を階層状に整備すると、こうした負担は一挙に軽減される。たとえば、製造業者が20社の卸売業者と取引し、各卸売業者が20社の小売業者と取引し、各小売業者が20人の顧客と取引していくと、最終的に8,000人の消費者に製品を届けることができる。製造業者が8,000人の顧客と直接取引する場合と比較すると、各業者の取引相手は20社（人）に限定されるため、管理業務は大幅に軽減される（図4.4）。

　アパレルだけでなく、生鮮品や書籍など、商品アイテム数が非常に多

図4.4　中間流通業者の階層構造

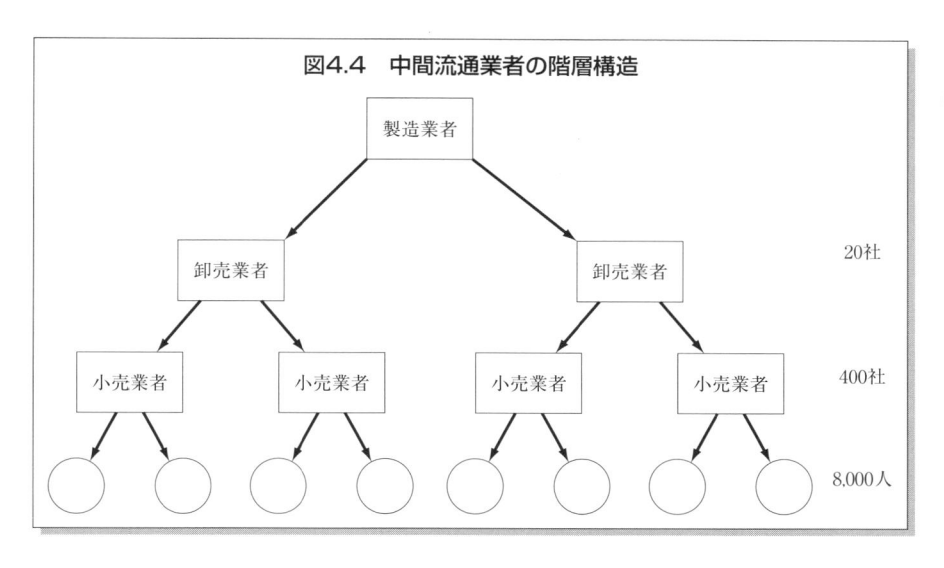

```
            製造業者
           /      \
       卸売業者   卸売業者              20社
        / \       / \
    小売業者 小売業者 小売業者 小売業者   400社
     /\    /\    /\    /\
    ○ ○  ○ ○  ○ ○  ○ ○            8,000人
```

く、「売れ残り」による廃棄コストが発生しやすい業種では、階層数が多く複雑な流通チャネルが形成されてきた。しかし、情報通信技術の飛躍的進歩を背景とした、電子商取引システムや物流システムによって管理業務が効率化され、「メーカー直販」方式を採用する事例が増えてきた。また、小売業者の大規模化・全国化によって、卸売業者の重要性が低下しつつあると指摘されている。

(2)小売業者のタイプと数

　流通チャネルに関する重要な決定事項は、「小売業者」の数とタイプである。小売とは消費者と商取引を行うことをいい、小売業者は消費者との直接の接点となる。流通チャネルの最も消費者寄りの部分である小売業には、一般に「小売店」と呼ばれる有店舗の販売業者だけでなく、通信販売・訪問販売・移動販売など無店舗の販売業者も含まれている。

　多様な小売業者のタイプの中から適切なものを選択し、それぞれの数を決定することは、流通チャネル設計の重要な要素である。小売業者のタイプと数を決定する際には、製品の特徴とターゲット顧客の行動特性がフィットするよう心がける必要がある。

　たとえば、東京ばな奈は、東京・上野・新宿などのターミナル駅、羽田・成田の空港などで販売されている。「東京の土産物」を購入しようとしている旅行客・出張者を主なターゲットとするのであれば、飛行機や新幹線に乗る直前に購入できる場所に出店することは不可欠な条件に

第4章 差別化

表4.3 小売業者の例

有店舗小売業	無店舗小売業
1 スーパーマーケット	1 自動販売機
①総合スーパー	2 通信販売
イオン、イトーヨーカ堂など	①カタログ通販
②食品スーパー	セシール、フェリシモなど
紀ノ国屋、成城石井、マルエツなど	②ネット通販
③衣料スーパー	Amazon.co.jpなど
シマムラなど	③テレビショッピング
2 コンビニエンスストア（CVS）	3 訪問販売
セブンイレブン、ローソンなど	
3 ホームセンター	
ケーヨーなど	
4 ドラッグストア	
マツモトキヨシなど	
5、ディスカウントストア	
①総合ディスカウント	
ダイクマなど	
②専門ディスカウント	
ヤマダ電機、トイザらスなど	
6 百貨店	
髙島屋、伊勢丹など	
7 専門店	
8 一般小売店	
酒店、書店、青果店など	
9 コープ	
生協、農協	
10 100円ショップ	
ダイソーなど	
11 その他	
アウトレットストアなど	

出所：沼上（2008）p.23 表1-1「小売業の種類」を一部変更して作成

なる。東京駅の中でも、中央通路や新幹線改札口の近くに、遠くからでも目を引くような黄色を基調とした販売ブースを設け、「東京土産に東京ばな奈、いかがですか」と積極的に声をかけている。また、「東京で

しか買えない」ことが、土産物にとっては決定的に重要なので、流通範囲は東京のみに限定している。店頭で購入した東京ばな奈を宅配便で送ってもらうことはできるが、通信販売で購入することはできない。

　近年では、様々な業種で新しい流通経路へのシフトが進んでいる。流通業では、ダイエーやイトーヨーカ堂に代表される、食料品・衣料品・家電などを幅広く扱う「総合スーパー」が低迷し、コンビニエンスストアのプレゼンスが大きくなってきたことは、すでに旧聞に属している。楽天やAmazon.co.jpに代表される、インターネットを利用した通信販売も取扱高を伸ばし、携帯電話からの注文も増加しているという。

　また、清涼飲料業界では、炭酸飲料に代わって緑茶飲料に人気が集中し、容器も缶から500ml などの大容量ペットボトルへと変化してきた。清涼飲料は、「喉が渇いたときに自動販売機で購入して、その場で飲み切る」ものから、「常に携帯して、少しずつ口に含む」ものに変化した。それに伴って、消費者は自動販売機だけでなく、コンビニエンスストアや量販店などでも、清涼飲料を購入するようになった。新製品が次々と市場に導入され、消費者の嗜好や購買行動も急速に変化していくため、小売業者のタイプと数の決定は従来以上に重要性が増してきている。

(3) 物流システム

　小売業者のタイプと数に並ぶ、流通チャネルに関する重要な決定事項に、実際に物財が流れていく「物流システム」がある。どこで生産し、在庫品をどこにストックし、どこで仕分けして、どのような手段で輸送するかといった、「立地」「在庫」「輸送」が、「ロジスティクス」とも呼ばれる、物流システムの構成要素となる。

　こうした決定は、物流・輸送技術の制約を受けると同時に、技術革新によって状況が大きく変化する。たとえば、アメリカでは1869年に大陸横断鉄道が開通し、東海岸と西海岸が結ばれた。鉄道網の発達と冷凍保存・輸送技術の進歩によって、アメリカ全土の広い範囲に新鮮な農産物や食肉が運べるようになった。特に、それまで消費地の近くで小規模に営まれていた畜産・食肉加工業は、一気に大規模化し「工業化」されていった。都市部から離れた場所に大規模な農場や加工場を設け、一度に大量に加工された食肉が冷凍車両で各地に運ばれていった。

　また、近年ではFedExに代表される、航空機を利用した「国際クーリエ」サービスが発達し、世界中の製造拠点から数日以内に顧客のもとに

差別化

直接製品を届けられるようになってきた。パーソナルコンピュータ（PC）業界では、「PCは生もの」ともいわれるほど、陳腐化・価格低下のペースが速い。技術進歩が速く、短期間のうちに半導体やエレクトロニクス部品の性能が向上し、同時に価格も急速に低下しているためである。製造から顧客の手元に届けるまでの時間を少しでも短縮したいPCメーカーにとって、世界中で最も低コストを実現できる製造拠点から、短時間で顧客の手元に製品を届けてくれる国際クーリエ・サービスは不可欠な存在になっている。

　また、近年の情報通信技術の飛躍的進歩を背景に、原材料調達から製造、在庫管理・包装・輸送・回収までを含む、物流に関連する一連の活動を個別に管理するのではなく、全体を大きな「流れ」と捉えようとする「サプライチェーン・マネジメント（Supply Chain Management; SCM）」という考え方が提唱されている。

(4)チャネル政策：閉鎖型と開放型

　流通チャネルに対しては、「閉鎖型」と「開放型」のチャネル政策がある。閉鎖型チャネル政策では、中間流通業者を限定して、製品の取り扱いを狭い範囲の卸売・小売業者にのみ限定する。対する開放型チャネル政策では、中間流通業者を特定せず、広い範囲の卸売・小売業者に製品を流す。

　閉鎖型チャネル政策は、流通チャネルに対するコントロールが利きやすいため、販売価格の維持やブランド・イメージの維持・向上、特徴の理解が難しく購入前に十分な説明が必要とされる製品の取り扱いに適している。宝飾品やバッグなどを扱う高級ブランドが銀座や心斎橋に「直営店」を出店するのは、その場所の高級なイメージを活かすだけでなく、店舗レイアウトやインテリア、販売員の接客クオリティをコントロールすることでブランド・イメージの維持・向上を図るためでもある。たとえば、セイコーウオッチが2005年6月に高級腕時計「ガランテ」（税抜き価格47万円から125万円）を発売した際には、取扱店を全国の高級時計店16店舗のみに限定した。[*8] 取り扱い店舗を限定することで、「そこでしか買えない」という稀少性を作り出すことができ、販売価格の安定にも寄与する。また、閉鎖型チャネル政策では、販売価格を維持する

---
*8――「セイコー腕時計『GALANTE』高級市場スイス勢に挑む 取扱店を限定 おしゃれな男性に狙い」日経産業新聞2005年10月6日付

ために、在庫処分のためのセールは決して直営店では行わず、アウトレットなどを活用するといったチャネル別の対応も取りやすくなる。

特定の流通業者のみに限定している閉鎖型チャネルのデメリットは、新しい流通チャネルが台頭することによって、従来のチャネルが陳腐化してしまうリスクへの対応が難しいことである。かつてビールは、近所の酒販店からケースで配達されるのが常識だった。注文時に銘柄を指定することはまれで、キリンビールがトップシェアであったこともあり、ほとんどの場合はキリンのビールが配達された。また、飲食店での注文時も、単なる「ビール」であり、どの銘柄が提供されるかは飲食店の裁量に任されていた。しかし、ディスカウントストアや酒類量販店、コンビニエンスストアなどの新しい流通チャネルが台頭し、消費者自身が店頭で銘柄を選択するようになると競争状況が一変した。アサヒビールは、「スーパードライ」を投入したタイミングと合致したこともあり、新しいチャネルを積極的に支援した。対するキリンは、従来からの飲食店・酒販店ルートとの兼ね合いがあり、新しいチャネルへの取り組みは後手に回ってしまった。ビール業界では48年ぶりという、2002年の年間シェア首位交代には、キリン・アサヒそれぞれの流通チャネルに対する対応の違いも大きな要因になったとされている。

開放型チャネル政策は、中間流通業者を特定しないため、広範囲での大量販売に適しているが、その一方で販売価格維持やブランド・イメージ向上には不向きである。開放型チャネル政策では、製品が大量に流通し、しかも販売現場に対するコントロールの手段を持てないことが多いため、在庫処分のためのセールが行われたり、顧客を店頭に引き寄せるための「目玉商品」として低価格で販売されてしまうことがある。

3.プロモーション（Promotion）

顧客（潜在顧客を含む）に、特定の製品・サービスや自社に関する情報を伝達する活動が「プロモーション」である。自社製品やサービスを購入してもらうためには、そもそも特定の製品の存在を認知し、関心を持ってもらう必要がある[*9]。また、企業の社会的責任・社会貢献や法令遵守精神が重視される風潮の高まりに合わせて、製品・サービスを提供している企業に関する情報を提供することの重要性も増してきている。

情報を伝達する手段として代表的なものは、(1)狭義の販売促進、(2)広

アップルストア

　アップルの直営販売ルートである「アップルストア」には、銀座や心斎橋などの「実店舗」とオンライン上の「仮想店舗」がある。実店舗を秋葉原や日本橋（大阪）ではなく、銀座や心斎橋に出店したことは、同社のパーソナルコンピュータ「マッキントッシュ」や携帯音楽プレーヤー「iPod」を一部の限られたマニア向け製品と位置付けているわけではないというメッセージを象徴している。店舗のレイアウトや、シンプルなインテリアは世界中のアップルストアで共通している。

　1990年代半ばの経営危機を経て、97年に共同創業者スティーブ・ジョブズ氏がCEOに復帰すると、アップルは大胆な再建策を打ち出した。その中の一つが、販売店の大幅な絞り込みであった。初代iMacのヒットを背景に、１次・２次に編成されていた従来からの販売店網を解体し、製品はシンガポールの工場から空輸され、直接販売店に配送されるようになった。販売店を限定することで、店頭での商品展示方式や販売価格などがコントロールしやすくなった。

　さらに、オンライン上のアップルストアを1997年にオープンした。実店舗のアップルストアは、2001年５月に米国でオープンし、2003年11月には米国以外では最初の直営店を銀座に構えた。オンライン・オフラインで直営店を開業したことで販売店に対する交渉力を強めることができ、製品の販売価格は「アップルストア価格」に統一されることになった。直営店を持つことで、「安すぎる価格」を設定する販売業者には、「取引打ち切り」という交渉カードを手に入れることができた。

　交渉カードの効力を維持するためには、直営店での販売実績を確保しておく必要がある。そのため、購入金額の一部が「世界エイズ・結核・マラリア対策基金」に寄付される「(PRODUCT) RED Special Edition」と呼ばれるアップルストア限定のiPodを発売したり、オンラインストアではiPodの裏面に名前やメッセージをレーザーで刻印するサービスを行うなど、「アップルストアでなければ手に入らない」希少価値を提供して、アップルストアの魅力を向上させようとしている。

　アップルストアの影響力を保つことで、販売店での販売価格を維持し、店舗ディスプレイや接客サービスの水準を維持してブランド・イメージを維持・向上させつつ、直営店舗・オンラインストアだけで操業する場合よりも広い範囲の顧客との接点を設けることに成功している。

告、⑶販売員活動、⑷広報活動などが挙げられる。

　狭義の販売促進とは、景品や記念品・試供品の提供、アンケートやクイズによるプレゼント、各種イベントなどを通じて、消費者に製品・サービスを認知してもらい、興味・関心を持ってもらう契機にしようとする活動である。たとえば、化粧品やシャンプーなどのトイレタリー製品は、数多くの製品がすでに存在しているため、新しい製品を出しても消費者に認知してもらいにくい。そのため、テレビや新聞・雑誌などを利用した宣伝を集中的に行うと同時に、各地でイベントを開催し、大規模に無料サンプルを提供することで製品を認知してもらい、試用の機会を提供することを目指すことがある。2006年3月に資生堂がヘアケア・ブランド「TSUBAKI」を発売した際には、多数の有名女優・モデルを起用したコマーシャルを大量にテレビで放映したり新聞・雑誌に掲載し、表参道ヒルズでイベントを開催して街頭で試供品を配布した。

(1)広告

　テレビ・ラジオ・新聞・雑誌などのいわゆる「マス・メディア」や、駅や道路などの施設、あるいはウェブページの「バナー」など、空間や時間の「枠」を広告主が購入し、用意したメッセージを伝えるのが広告である。

　広告にあたっては、製品コンセプトを明確に伝えられるよう、また利用されるメディア（印刷・放送・インターネットなど）の特性に応じて、文字情報・視覚情報・聴覚情報など多様なコンテンツが適切に用いられる必要がある。また、利用するメディアはターゲットとする顧客層の特徴に合わせて選択する必要がある。たとえば、若い女性向けの化粧品と輸入高級乗用車は、それぞれテレビ・コマーシャルの内容や、放映される時間帯、広告を掲載する新聞・雑誌はまったく異なるだろう。

　広告は大規模に展開することで、「リーチ」と呼ばれる到達範囲を広げることができる。たとえば、テレビの視聴率は1%で数十万人に相当すると推定されている。広い範囲にメッセージを届けられる反面、広告枠は時間的・空間的に限られているため、伝えられる内容は表面的なも

＊9——消費者が購買に至るプロセスは、特定の製品・サービスに対して「注意（Attention）」を引きつけられ、「関心（Interest）」を寄せ、「欲求（Desire）」を持ち、実際の購買という「行動（Action）」に至ると指摘されている（Strong 1925）。また、「AIDA」プロセスの「欲求」と「行動」の間に「記憶（Memory）」を加えた「AIDMA」プロセス、「確信（Conviction）」を加えた「AIDCA」プロセスなども提唱されている。

のになりやすい。マス・メディアを利用した広告は、製品の特徴や、特定の顧客だけが知りたい事項を細かく伝えるのには適さず、さらにメディアの特性から一方通行になりやすい。

そこで、近年ではマス・メディアを利用した広告とインターネットの組み合わせが注目されている。テレビ・ラジオのコマーシャル、電車内の中吊り広告などで注意を引き、「続きはWEBで」と、検索エンジンや自社のウェブページに誘導し、インターネット上で詳細な情報を双方向的に提供する。テレビ視聴中にも、携帯電話やPCを手元に置き、「ながら検索」を行う視聴者も増加しているといわれ、マス・メディア利用のコマーシャルとインターネットの組み合わせは有力視されている。

ただし、同じようなタイプのマス・メディア広告が急増し、広告の受け手の注意を喚起しにくくなっているため、今後はマス・メディア広告からインターネットへの誘導に一層の工夫が必要とされるだろう。

(2) 販売員活動

「営業マン」や「セールスレディー」などと呼ばれる、「営業・販売部隊（セールス・フォース）」による情報提供が「販売員活動」である。販売員活動は、時間的・空間的に限定された範囲にしかリーチできないものの、双方向的に深い情報を提供できる。

ただし、近年では職場でのセキュリティやプライバシーの確保、個人情報保護の要請などから、ダイレクトメールや、電話・直接訪問による販売員活動などが回避される傾向が見られ、潜在的顧客に対する働きかけが難しくなっている。通信販売業者は、こうした点を考慮して、都心のオフィスビルで置き菓子サービスを手がけている。

新しいビルでは、セキュリティの観点から入退出に社員証などが必要とされるケースが増えてきた。千趣会などカタログを利用した通信販売業者にとっては、職場を直接訪問してカタログを配布することが難しくなる。そこで、置き菓子の補充サービスを手がけることによって、定期的にオフィスを訪問する機会を確保できるようになった。

販売員活動にはこうした工夫や、電子メールやウェブサイトなどを通じて、情報提供を望む顧客の意思を最初に確認してから販売員活動を行うなど、配慮が必要とされるようになってきた。

(3) 広報活動

「パブリック・リレーションズ（Public Relations）」とも呼ばれ、PRと

略されることもある「広報活動」は、各種団体・機関が自らに関する情報を広く公に提供することである。広告と広報は類似しているため、時にはPRが宣伝と混同されることがあるが、両者はまったく異なっている。広告では、メッセージの送り手が広告枠を購入して、自らが用意したコンテンツをメディアにのせるのに対して、広報では企業は自社に関する情報の提供のみに徹する。何に関して、どのようなメッセージが実際に伝達されるかについては、新聞社・雑誌社・テレビ局など情報の送り手が決定し、情報提供者である企業側はコントロールすることはできない。

　たとえば、企業が画期的な新製品を発売した場合、広告であれば、多くの広告枠を購入し、多額の予算を投入したコマーシャルを製作し、自らが望む方法で消費者にメッセージを伝えることができる。しかし、広報活動の場合には、企業にできるのはあくまでも情報提供にすぎない。テレビ・新聞・ラジオなどのマス・メディア、あるいは消費者個人のブログやミクシィのようなSNS（Social Networking Service）などで、どのように取り上げられるかをコントロールすることはできない。

　メッセージの内容をコントロールできないことは、広報活動のデメリットでもあり、大きなメリットでもある。広告と異なり、中立的な立場にある第三者が取り上げることで、メッセージ内容の信憑性が増す。そのため、ポジティブなメッセージを受け入れてもらいやすくなる一方で、ネガティブなメッセージや誤解、時には事実無根のデマが独り歩きしてしまうリスクもある。

　近年、実際に使用・体験してみないと、その善し悪しを判断することが難しい「経験財」や高額な商品などについて、インターネット上で「クチコミ（word of mouth）」情報を提供するサイトが増加している。たとえば、化粧品のクチコミ・サイト「＠コスメ（http://www.cosme.net/）」には、100万人を超える登録ユーザーが各自の経験をクチコミとして寄せている。情報提供者は各自の「肌質」を申告しているため、ある製品の購入を検討している潜在ユーザーは、その化粧品を使った場合、肌のトラブルを経験しそうかどうか、自分の肌質に合っているかどうか、購入前にチェックできる。こうしたクチコミ・サイトは、旅行（ホテル・航空会社）、医療機関、家電製品、さらには大学までも対象にするようになってきた。掲示板・ブログ・SNSなど、インターネット上

での、自社製品・サービスに関する書き込み内容を企業がコントロールすることは不可能である。企業は、中立の第三者になるべく自らにとってポジティブなメッセージを発信してもらい、また誤解を避けるために、これまで以上に広報活動に注意を払う必要がある。

(4)プロモーション政策：プッシュ型とプル型

プロモーションの展開方式には、「プッシュ型」と「プル型」の2種類がある（図4.5）。

プッシュ型では、生産者→卸売業者→小売業者→消費者と、流通チャネルの「川上」から「川下」に向かって、自社製品を「押し出す」ようにプロモーションを展開する。生産者は、卸売業者や小売業者に対して積極的な販売員活動を行ったり、小売店の店頭での販売支援のために、販売奨励金を提供したり人員を派遣するといった販売店支援を行う。

対するプル型では、生産者が広告などの手段を通じて消費者に直接働きかけ、自社製品・サービスに対する興味を喚起し、消費者から小売業者に対する「指名買い」を促す。指名買いを受けた小売業者は、卸売業

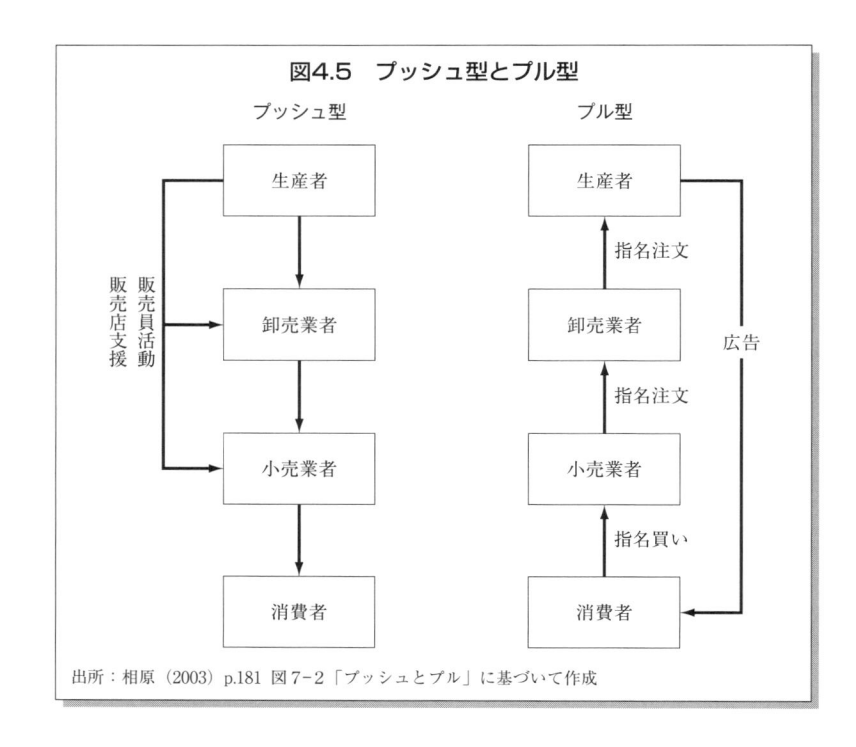

図4.5　プッシュ型とプル型

出所：相原（2003）p.181 図7-2「プッシュとプル」に基づいて作成

者に「指名注文」し、卸売業者は生産者に指名注文する。自社製品を消費者に「引き寄せてもらう」ことを目指して、プロモーションを展開するため「プル型」と呼ばれる。

4.価格（Price）

　消費者が実際に支払う「価格」は、「標準価格」「値引き額・割引率」「支払条件」「信用取引条件」によって決まる。標準価格からどれだけ値引き・割引し、それをどのような条件で支払うかを決めることで、消費者が実際に支払う金額が決まる。

　価格設定の第一歩は、「定価」「希望小売価格」などとも呼ばれる標準価格を設定することから始まる。しかし、近年ではエレクトロニクス製品など、製品機能向上・コスト低下がごく短期間で起こる業界では、標準価格を設定せず「オープン価格」とする場合もある。

　消費者が定価で製品を購入することはまれで、多くの場合、値引きや割引を受けている。NTTドコモ・ａｕ・ソフトバンクモバイルなど「キャリア」と呼ばれる携帯電話会社は、将来の通話料収入を期待して販売奨励金を端末販売店に交付している。同じ携帯電話端末を購入しても、同一キャリア内での「機種変更」よりも、「新規」や他キャリアからの「乗り換え」のほうが安いのは、この販売奨励金が原因となっている。標準価格から、どれだけ値引きや割引を行うかを決めることで、実際の販売金額が決まる。

　ただし、この販売金額と実際の支払金額が等しいとは限らない。たとえば、家電量販店などが「ポイント」を発行し、値引きではなく「ポイント還元」を行うケースが増えてきた。また、クレジットカード会社も独自ポイントを提供しているため、販売金額は同じであっても現金支払いとカード払いでは実質的な支払金額が異なる場合もありうる。また、自動車などの高額商品の場合、分割払いの支払期間や融資条件などによって、支払総額が変わってくる。

　価格を決定する際に考慮すべき条件は、当該製品のコスト水準、競合製品の価格・支払い条件、需要の価格弾力性などである。消費者が価格変化に敏感で、需要の価格弾力性が大きい場合には、小さな価格低下がもたらす需要量の増加は大きなものになる。また、自社製品の価格が競合製品の価格に比べてあまりに高額すぎる場合には、比較対象の候補に

さえ加えてもらえない。そこで、一般には、コスト水準を考えて、赤字にならない範囲でなるべく低価格を設定しようとする。

しかし、自ら率先して価格を引き下げることは得策ではない。価格引き下げによって、一時的に売上を伸ばすことができても、ライバルが同じ土俵に乗って、より低い価格を提示してきた場合、自社の売上を維持できるとは限らない。価格引き下げは、資金力に富むライバルにとっては容易に模倣できる手段であるため、持続的な競争優位の源泉とはなりにくい。値下げ競争の結果は、最善でも、各社が横1列に並んだ競争均衡にしかならない。利益の圧縮による値下げ競争が長期化すると、最悪の場合には、1社として利益を計上できない「消耗戦」になってしまう可能性もある。

2006年10月に「携帯電話番号ポータビリティ」制度が実施され、電子メールのアドレスが変わってしまうことを問題と感じなければ、ユーザーは現在使用中の電話番号を保持したまま、別の携帯電話キャリアに乗り換えることができるようになった。番号ポータビリティ制度の実施に合わせて、業界第3位のソフトバンクは、加入者同士の通話・電子メールが無料という思い切った低価格を提示し、大きな話題をさらった。しかし、その後NTTドコモやａｕも類似の割引サービスを導入し、キャリア間での料金体系に大きな違いは見られないようになった。

また、価格は「低ければ低いだけよい」というわけでもない。化粧品や装飾品など、高額であることによってブランド・イメージが高まる場合もある。こうした製品の場合、標準価格を高めに設定する一方で、値引き幅を大きくし、支払い条件を優遇して実質的な支払金額を押さえ、競合製品と大きく変わらない水準に設定することがある。

たとえば、高級なイメージを維持したい輸入車の場合、同グレードの国産車に比べて標準価格は高めに設定されていても、値引き幅が大きかったり、ローン金利が優遇されていたりすることで、実質的な支払金額は競合している国産車とそれほど大きく変わらないように設定して、顧客獲得を目指すことがある。

自ら率先して価格を引き下げてもいいのは、(1)値下げによって大幅な市場規模拡大が予想される、(2)コスト水準の違いや、ブランド・イメージの低下を危惧するなどの理由から、自社の値下げにライバル企業が追随できないと予想されるという二つの条件が同時に満たされる場合のみ

である。

　たとえば、PHSによる通信事業を手がけるウィルコムは、2005年3月に国内移動体通信業者としては最初の通話定額制をスタートさせた。ウィルコム契約者同士の通話料金が定額になるため、家族や親しい友人・恋人など特定の相手とだけ通話するための「2台目」需要を喚起し、ウィルコムの回線契約数は増加していった。

　PHSは携帯電話との規格間競争で苦戦を強いられていたため、通信回線キャパシティに余裕があった。そのため、ウィルコムは定額制の導入に踏み切ることができた。逆に、携帯電話キャリア各社は、加入者数が多く、回線キャパシティに余裕がないために定額制の実施は難しいと考えられていた。しかし、2006年10月の携帯電話番号ポータビリティ制度導入に伴って、携帯電話キャリアが料金引き下げ競争を展開し、ソフトバンクが通話定額を打ち出すと、定額制の訴求力は低下してしまい、ウィルコムの契約者数も頭打ちになってしまった。

　こうした、ライバル企業とのコスト水準差の戦略上の含意については、第5章で詳しく検討する。

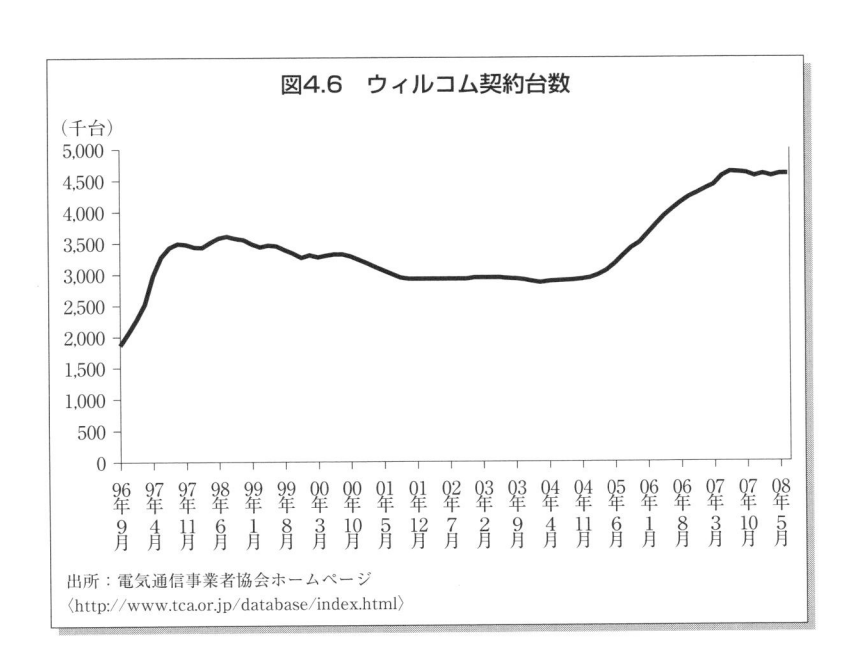

図4.6　ウィルコム契約台数

出所：電気通信事業者協会ホームページ
〈http://www.tca.or.jp/database/index.html〉

第4章 差別化

補完財の価格設定

　CDプレーヤーと音楽CD、インクジェット・プリンタとインクなどのように、ある財が単独では効用をもたらさず、他の財と組み合わせられて互いに補い合うことで初めて効用がもたらされる場合、それらの財を「補完財」と呼ぶ。プリンタ用インクのように、定期的な購入・補充が必要な消耗品が補完財となる場合、本体では赤字を出してでも低価格で販売し、消耗品の利幅を厚くすることで、全体としてより大きな利益を確保できるように価格を設定することがある。

　アップルが、2003年4月に、インターネットを通じた音楽販売サービスiTunes Music Store（サービス開始時には、音楽専門であったためこう呼ばれた。その後、プロモーション・ビデオ、映画、テレビ番組、ゲームなども取扱品目に加えられたため、iTunes Storeへと名称が変更されている）を開始した際には、1曲99セントという低価格が大きな話題になった。諸経費、楽曲の著作権者・演奏しているアーティスト・レコード会社・音楽レーベルなどへの支払分を差し引くと、アップルのマージンは1曲当たり数セントにすぎないといわれている。もしも、レコード会社や音楽レーベルなどが、自らオンライン音楽配信に乗り出したとしたら、音楽CDとの共食いを危惧して、CDと同等の価格になっていたはずであり、99セントという価格設定はありえなかったといわれている。

　アップルが、1曲99セントと思い切った低価格を設定できたのは、同社が携帯音楽プレーヤーiPodを発売しているためである。iTunes Music Storeとの組み合わせにより、iPodの利便性は飛躍的に向上した。2001年11月に発売された初代iPodは399ドルで、後継機種も300ドルから500ドル程度の価格を維持している。量産効果もあって、iPodはかなり大きな利幅を確保していると考えられている。アップルは、音楽データの利幅を抑えることで、音楽配信ビジネスの規模を拡大し、もう一方でiPodからの利益を確保することができた。

　補完財が存在する場合、誰が何を手がけ、どこでマージンを確保しているかを見極めたうえで、価格を設定する必要がある。

4——マーケティング・ミックスの一貫性

　差別化を追求するためには、(1)顧客セグメントの識別とターゲットの選定、(2)ターゲット層に合わせたマーケティング・ミックス構築が必要である。ここで注意すべきなのは、(1)自社製品・サービスが提供している本質的サービスがターゲット顧客のニーズと合致しているか、(2)補助的サービスや流通・プロモーション・価格が、本質的サービスと顧客ニーズのフィットをより魅力的になるよう、相互に矛盾なく組み立てられているかの2点である。

　マーケティング・ミックス構築の出発点は、ターゲット顧客のニーズである。自社製品の提供する本質的サービスが顧客ニーズと合致していなければ、ターゲット顧客からの支持は得られない。また、顧客ニーズと本質的サービスがフィットしていたとしても、補助的サービス・プロモーション・流通などがちぐはぐだとしたら、製品の魅力は減退してしまう。

　石井・栗木・嶋口・余田（2004）は、マーケティング・ミックスの「内的一貫性」と「外的一貫性」という視点で、これら2点について議論している。マーケティング・ミックスの構成要素が相互に矛盾なく組み立てられている場合、「内的一貫性が高い」と呼ぶ。また、マーケティング・ミックス全体が、顧客ニーズや競合企業の動向などの外部要因に対して適切に対処できるようになっている場合、「外的一貫性が高い」といわれる。マーケティング・ミックス構築に際しては、内的一貫性・外的一貫性を共に高めるよう努力すべきである。

　東京ばな奈が短期間で東京土産の定番となりえたのは、マーケティング・ミックスの内的一貫性・外的一貫性がともに高いためであると考えられる。出張者や観光客などのターゲット顧客の「手軽に買えて、気軽に受け取ってもらえ、喜んでもらえる土産物」というニーズを満たすべく、製品のブランド名・サイズ・パッケージング・品質・デザインを工夫する。和菓子は味や食感で、好き嫌いが分かれやすい。バナナカスタードクリームをスポンジケーキで包んだ洋菓子なら、年齢・性別を問わず受け入れられやすい。また、手頃な価格で個別包装されていて日保ちすることや、「六本木ばな奈」や「表参道ばな奈」でなく、「東京ばな

第4章　差別化

奈」としたネーミングなどで、気楽に受け取ってもらいやすく、喜んでもらいやすくなる。

　顧客ニーズと自社製品が提供する本質的サービスとのフィットが確保できたら、そのフィットをより魅力的にするよう補助的サービスや流通・プロモーション・価格の諸要因を組み立てていく。ターゲット顧客との接触点である販売拠点を、顧客の利便性を考えてターミナル駅・空港・高速道路のサービスエリアなどに設定し、「東京でしか買えない」という土産物としての価値を減じないよう、通信販売はしない。価格も、大きな荷物を持っている旅行者が支払いやすいように、消費税込みの総額表示が実施される前から、8個入り1箱が税込みで1,000円、12個入りが同1,500円、16個入りが2,000円と切りのよい金額に設定されている。

　これらの要因は、それぞれ「なるほど」と思わせるものの、誰にでもできそうな「小さな工夫」に思える。だが、ひとつひとつは小さな工夫にすぎなくても、それらが互いに矛盾なく、有機的に連携した「かたまり（ミックス）」として提示されると、相乗効果が生まれ、魅力はより大きくなる。

　内的一貫性の高いマーケティング・ミックスの構築は、一見すると「当たり前」の要素の組み合わせのように感じやすいが、実際に実現するのは容易ではない。そのため、外的一貫性・内的一貫性がいずれも高いマーケティング・ミックス構築は容易ではないが、その構築に成功すると、自社商品を「違うもの」と識別してもらえ、価格プレミアムを受け入れてもらいやすくなる。

〈参考文献〉

相原修（2003）『ベーシック マーケティング入門（第3版）』日経文庫

Anderson, Chris（2009）*Free: The Future of a Radical Price*, New York; Hyperion（小林弘人監修、高橋則明訳『フリー——〈無料〉からお金を生みだす新戦略』日本放送出版協会）

石井淳蔵・栗木契・嶋口充輝・余田拓郎（2004）『ゼミナール マーケティング入門』日本経済新聞出版社

Kotler, Philip and Kevin Lane Keller（2006）*Marketing Management*（12th ed）, Upper Saddle River, N. J.; Pearson Prentice Hall.（恩藏直人監修、月谷真紀訳（2008）『コトラー＆ケラーのマーケティング・マネジメント（第12版）』ピアソン・エデュケーション）

Lauterborn, Robert (1990) "New Marketing Litany: 4 Ps Passe; C words take over," *Advertising Age* (October) p.26.

McCarthy, E. Jerome (1960) *Basic Marketing: A Managerial Approach*, Homewood IL; Irwin.

沼上幹 (2008)『わかりやすいマーケティング戦略（新版）』有斐閣アルマ

Perreaul, William D., Joseph P. Cannon and E. Jerome McCarthy (2006) *Basic Marketing: A Marketing Strategy Planning Approach* (16th ed), McGraw-Hill/Irwin.

榊原清則・青島矢一 (1988)「製品戦略の全体性」伊丹敬之・加護野忠男・小林孝雄・榊原清則・伊藤元重『競争と革新―自動車産業の企業成長』東洋経済新報社 pp.107-143

Strong Jr., E. K. (1925) "Theories of Selling," *Journal of Applied Psychology* 9 (1) pp.75-86.

第5章
コスト・リーダーシップ

1──コスト・リーダー：価格による競争の前提条件

　差別化と並ぶ、競争戦略の基本定石の一つが低コスト・低価格の追求である。顧客に自社製品の違いを認識してもらい、製品・サービスに違いを見いだしてもらうことができない場合、顧客の購買原理は「同じならば、安いものを」になる。薄型テレビに特別のこだわりがなく、家電量販店の店頭に並んだ各社製品の違いが認識できなければ、価格という単一尺度だけで比較され、安いものが選択される。
　「安さ」は、消費者に対して非常に強力な訴求力を持っている。しかし、値下げは作り手・売り手企業の収益を低下させる。しかも、マーケティング・ミックスの価格に関する議論で触れたとおり、価格引き下げは、資金力に富むライバルにとっては容易に模倣できる手段であるため、持続的な競争優位の源泉とはなりにくい。
　そのため、低価格を消費者にアピールし、競争していくには、自社のコスト水準がどのライバルよりも低いことが前提条件となる。図5.1の概念図では、各社製品が差別化されていないことを前提に、市場価格は均一に定まるものと考えている。販売価格が同一なため、市場で利益を確保できているのは、B社・D社の2社のみである。業界で最もコスト水準が低い「コスト・リーダー」であるB社の利幅が最も大きいのに対して、A・C・Eの各社は、コスト水準が市場での販売価格を上回った分だけ損失が発生している。
　コスト・リーダーの立場にない企業が自ら価格を引き下げ、低価格をアピールするのは無謀な行為である。値下げは値下げを呼びやすく、各社一斉に値下げに動いた場合、高コスト体質の企業から赤字になり、赤

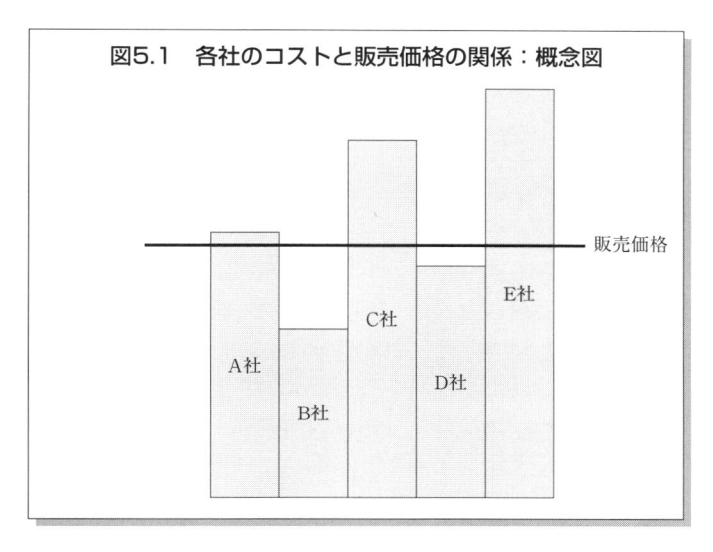

図5.1　各社のコストと販売価格の関係：概念図

（図：A社、B社、C社、D社、E社のコストと販売価格を示す棒グラフ。水平線は販売価格を表す）

字が長期化すると事業の継続さえ困難になる。

本章では、企業間でのコスト水準の差異が発生する原因について、「経験効果」を中心に検討し、コスト・リーダーの地位を生かした競争行動について議論する。

薄型テレビの価格下落

　液晶方式やプラズマ方式の薄型ディスプレイを利用した薄型テレビは、2006年には出荷台数が8,000万台を超え、出荷金額で10兆円を上回った。デジタルカメラ・DVDレコーダとともに「新・三種の神器」とも呼ばれ、エレクトロニクス産業を牽引するスター商品と目されてきた。市場成長率の高さに加えて、デジタル家電や情報通信機を接続する家庭内ネットワークの「ハブ」としても期待され、電機各社は薄型テレビ事業に注力してきた。また、携帯電話にも各社の薄型テレビのブランド名を冠することに象徴されるように、薄型テレビは企業全体のブランド力の源泉にもなっている。

　しかし、事業の収益性という点では、必ずしも順風満帆というわけではない。「米国では、40インチの液晶テレビが業界の予想を上回り1年（引用者注：2005年）で35%も値下がりした」（ソニー、大根田伸行CFO）[注1]といわれるほど、急激に製品価格が低下している。

　情報技術・家電製品を対象とする調査会社BCNが、量販店POSデータを集計したところ、32インチ液晶テレビの2008年1月の平均販売価格は106,136円で、前月比7%の低下だった[注2]。前年同月比だと19%の価格低下になっている。より大型の37インチでは、前月比6%・前年同月比21%、42インチで前月比3%・前年同月比23%、

46型では前月比9％・前年同月比5％の下落であった(注3)。

薄型テレビ市場では、シャープ・パナソニック・ソニーなどの上位企業が熾烈なシェア争いを展開し、販売価格の下落ペースも業界の予想を上回るペースで進行している。2008年上半期の時点で、薄型テレビ事業で黒字を確保しているのは、シャープとパナソニックのみに限られていたとさえいわれている。

生産規模によるコスト競争力の差が拡大し、中下位メーカーにとっては、事業の存続が難しくなってきた(注4)。2008年4月には、日本ビクターが液晶テレビの国内生産を終了し、国内でのテレビ販売は業務用に特化することを発表した。また、パイオニアも、2008年3月にプラズマディスプレイパネルの自社生産を打ち切ることを発表した。須藤民彦社長は、「技術力、資金力、販売力が世の中のスピードに追いつけなかった。一、二位を維持しないと生き残りは難しい」と語っている(注5)。

〈注〉1 「デジタル景気、宴の終焉 薄型テレビに続く、牽引役なき低成長へ」『日経ビジネス』2007年2月12日号 pp.54-58
2 「薄型テレビ下落続く 店頭価格 32型、一年前比で19％」日経産業新聞2008年2月13日付
3 同上
4 「ビクター国内撤退 TV再編新たな局面に 中下位、生き残り難しく」日本経済新聞2008年4月16日付
5 同上

2──コスト優位の要因

コストの点でライバル企業に対して優位な立場にある「コスト優位」を実現する要因の代表的なものとして、(1)「規模の経済（economies of scale）」、(2)「範囲の経済（economies of scope）」、(3)「経験効果（experience effect）」が挙げられる。

1.規模の経済

規模の経済とは、ある製品の生産・販売の規模を拡大することによって、生産・販売にかかわる費用、特に「単位当たり費用」が減少することをいう。重量・個数といった計量単位の「1単位当たり」費用の減少

は、(1)「固定費用の拡散効果」、(2)総費用の増加率が規模拡大の割合よりも小さくなることによってもたらされる。

生産・販売などの活動に伴って発生する費用は、活動規模の変化に伴って費用水準が変化するか否かによって、「可変費用（variable cost）」もしくは「変動費」と、「固定費用（fixed cost）」もしくは「固定費」に分類される（図5.2）。

可変費用は、生産・販売など活動規模の変動に対応して変化する費用で、原材料費や購買部品費用などが典型例である。一方、固定費用は、生産・販売活動の規模とは無関係に固定的である。たとえば、ゲームソフトの開発費用は数億円、場合によっては、数十億円かかるといわれている。たとえゲームソフトの生産・販売数が1本だけであろうと、同一タイトルで100万本売れようと、開発費用は一定である。あるいは工場建設用地の取得代金は、たとえそこに建造された工場がフル稼働していても、まったく稼働していなくても、一定である。

生産規模が拡大すると、それに応じて変動費は増加する。ここでは議論を単純にするために、変動費は生産規模に正比例すると仮定しよう。この仮定から、「単位当たり変動費用」は一定となる。それに対して、

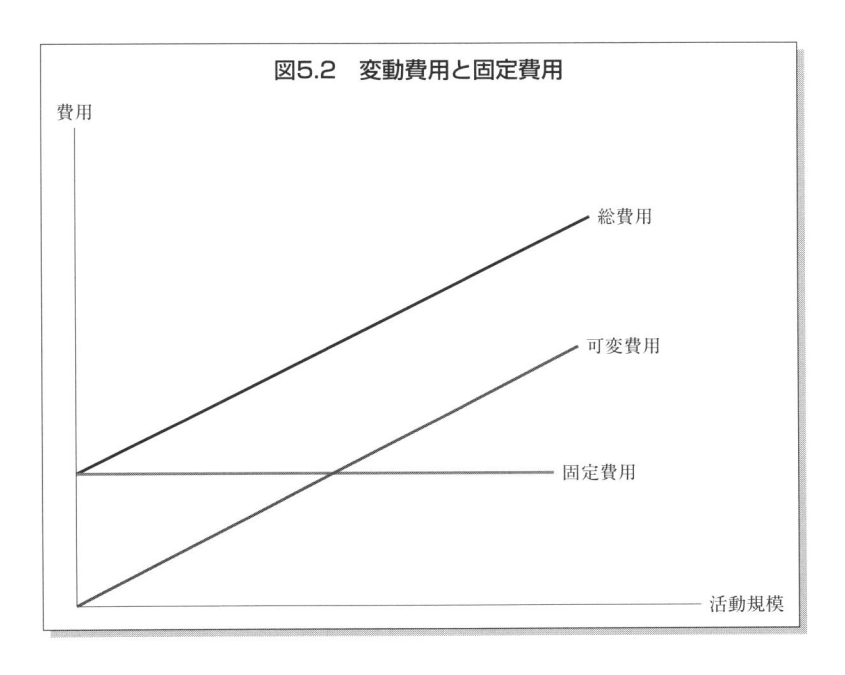

図5.2　変動費用と固定費用

固定費は生産規模に関係なく一定であるため、「単位当たり固定費」は生産規模が拡大すればするほど小さくなる。下の(1)式で、右辺の第1項「変動費用÷生産・販売数量」は規模が増加してもほぼ一定であり、第2項「固定費用÷生産・販売数量」が規模の増加に応じて小さくなるため、単位当たり費用は規模の増加に応じて減少する。こうした固定費用の拡散効果は、大量生産によって低コストを実現し、低価格で大量販売することを可能にしている主要な原因の一つである。

$$単位当たり費用 = \frac{総費用}{生産・販売数量}$$

$$= \frac{変動費用}{生産・販売数量} + \frac{固定費用}{生産・販売数量} \qquad (1)$$

規模の経済の発生原因は、固定費用の拡散効果だけではない。丸山（2005）は、規模の経済の発生原因として、(1)固定費用の拡散効果、(2)専門化と分業の利益、(3)大量生産・大量販売に適した技術の利用を挙げている。

生産・販売の規模が拡大することによって、分業が進み、分業に携わる活動単位（個人・企業）の担当範囲が狭くなり、専門特化による熟練形成が促進され、生産・販売にかかわるコスト低下が期待できる。また、生産規模が拡大することによって、自動化された生産設備や大型の物流設備などに対する大規模投資が可能になる。小規模向け設備とは異なる技術を活用することで効率化されれば、単位当たりコストを一段と低下させられる。これら以外にも、大規模購買によって、原材料・部品や生産設備の購入時に価格交渉力が向上し、生産・販売規模の拡大ペースに比べて、総費用の増加ペースが小さくなる効果も期待できる。

規模の経済は下の(2)式として表すことができる。この式は、ある製品の生産・販売規模がq単位の場合の費用を$C(q)$とすると、生産規模をn倍した際のコスト$C(nq)$が、生産規模がq単位であったときの費用のn倍よりも小さくなるという関係を表している。

$$nC(q) > C(nq) \qquad (2)$$

$C(q)$は生産・販売にかかわる総費用なので、(2)式の両辺をnで割ることによって、単位当たり費用を求められる。次ページの(3)式から、生産規模の拡大によって単位当たり費用が減少することが確認できる。

$$\frac{nC(q)}{n} > \frac{C(nq)}{n}$$

$$C(q) > \frac{C(nq)}{n} \tag{3}$$

2.範囲の経済

　範囲の経済とは、取り扱う製品範囲の増加が経済性をもたらす、すなわち複数の製品・サービスを生産・販売する場合の費用が、それぞれの製品・サービスを個別に生産・販売する費用の合計に比べて小さくなることをいう。

$$C(q_1, 0) + C(0, q_2) > C(q_1, q_2) \tag{4}$$

　二つの製品それぞれの生産量をq_1, q_2とすると、(4)式は、どちらか片方のみの生産を行った場合の費用の合計（左辺）よりも、両製品を同時に生産した場合の費用（右辺）が小さくなることを示している。

　範囲の経済の発生原因は、共通利用可能な未利用資源の有効活用である。具体的には(1)生産過程で副産物や結合生産物が発生する場合、(2)製造過程が連続工程である場合、(3)共通費用が発生する場合などである。

　一つの生産過程で産出される、複数の異なった生産物が「結合生産物」と呼ばれる。結合生産物は、「主産物」と「副産物」に区分できる。副産物が発生する場合、主産物だけでなく副産物も同時に取り扱うほうが経済的である。たとえば、乳酸飲料カルピスは、原料の牛乳から乳脂肪分を分離させた「脱脂乳」を主原料としている。カルピスでは、副産物である乳脂肪分からバターを製造し、レストランや菓子店などに納入していた。品質の高さと生産量の少なさとから「幻のバター」とも呼ばれていたが、近年では百貨店などでも販売されている。[1]

　また、キユーピーはマヨネーズの主原料である卵を年間で約40億個使用している。卵殻は、かつては廃棄物として埋め立てられていたが、利用法を工夫することで、現在ではカルシウム補給源として育児食や栄養機能食品に用いられたり、チョークの原料となっている。[2] キユーピーに

---

[1]──「カルピス㈱ 特撰バター おいしさの秘密」
〈http://www.calpis.co.jp/butter/secret/index.html〉
[2]──「キユーピーグループ 社会・環境報告書2007 卵の有効活用」
〈http://www.kewpie.co.jp/csr/2007/environment/egg.html〉

とって、幼児向けビスケットやカルシウム補給タブレットの原料であるカルシウムを外部から購入する必要はない。原材料の安定供給は、育児食や栄養機能食品の分野での優位性をもたらすため、取り扱い製品範囲を拡大するインセンティブとなる。

　生産工程が連続的な場合も、取り扱い範囲を広げたほうがコスト上有利になる。たとえば、ガソリン・灯油・重油・軽油などの石油製品は原油を精製して製造される。精製プロセスでは、温度や圧力などの条件を変えることで、化学的性質、特に沸点の異なる物質が分離されている。いったん加熱した原油から最も沸点の低い物質を分離した後、常温に戻してから再加熱して別の物質を抽出するよりは、一度加熱し始めたら最も沸点の高い物質まで連続して精製してしまうほうが効率的である。ガソリン精製だけに特化する石油会社よりも、石油製品全般を広く精製する企業のほうがコスト上優位に立てる。

　複数の製品を扱うための共通費用も、製品範囲を拡大するインセンティブとなる。たとえば、インターネット上の書籍通信販売大手のAmazon.comは、膨大な数の書籍を短時間で発送するための物流設備・情報システムに多額の投資を行ってきた。物流設備では、書籍だけでなく音楽CDや映画DVDなども取り扱えるため、Amazon.comは取扱品目を徐々に拡大し、エレクトロニクス製品・玩具・アパレル・スポーツ用品・宝飾品・工具などを取り扱うようになってきた。

　また、複数製品が共通部品を利用している場合にも、範囲の経済が観察される。たとえば、プリンタとファクスは製品としては異なっているが、内部構造や機構の類似性は高く、印字や紙送りなどの部品・コンポーネントは共用できる。プリンタとファクスの双方を生産している企業は、プリンタのみ（あるいはファクスのみ）を生産している企業に比べると、共用部品の使用量が多くなるため、外部から購入するにしても、内製するにしても規模の経済が働きやすい。共用部品が、コスト構成比に占める割合が大きく、規模の経済性が強く作用する場合には、部品レベルでの規模の経済性は最終製品レベルでの低コストに直結する。また、コピー機もプリンタ・ファクスと類似性が高く、近年ではスキャナ・プリンタ・ファクスの機能を備えた「複合機」が注目されている。このような場合には、コピー機から、ファクス・プリンタ複合機へと製品分野を拡大していくインセンティブが働きやすい。

範囲の経済が作用している場合、多種類の製品・サービスを同時に取り扱う企業のほうが、1種類だけの製品・サービスを扱っている企業に比べて、コスト優位に立てるため、多角化の誘因ともなる。[*3]

3—経験効果

規模の経済・範囲の経済は重要なコスト優位の源泉である。しかし、規模の経済・範囲の経済に基づいたコスト優位を持続させるのは容易ではない。特に範囲の経済については、一時的にコスト優位を実現できたとしても、ライバル企業が追随し、取り扱い製品の範囲を同様に拡張した場合、優位性を維持するのは難しくなる。発生原因が公知となると、範囲の経済は、競争優位の源泉から競争均衡の源泉に変わってしまう。

また、規模の経済に基づくコスト優位も、ライバルが生産・販売規模を同程度まで拡張してきた場合には、持続させるのは難しい。ライバル企業の投資余力が大きく、生産設備や販売拡張のための大規模投資が可能であれば、コスト水準の差異を維持することは困難である。

優位性の持続という観点から重要視されるコスト優位の源泉は経験効果である。一般に、経験が深まるにつれて物事に習熟していく。経験の浅い人よりも、経験を積んだ人のほうが同じことをより効果的・効率的に実行できる。こうした一般的な法則が、企業活動にも当てはまるというのが、経験効果の基本的な考え方である。

1.経験曲線

経験効果とは、「累積生産量（経験量）が倍増するたびに一定の比率で単位当たりコストが減少する現象」と定義される。経験効果は、グラフ形状から「経験曲線効果（experience curve effect）」とも呼ばれる。

生産量の増加がコスト低減をもたらすという点で、経験効果は規模の経済と類似している。しかし、規模の経済は、特定時点での生産規模のみを問題にしているのに対して、経験効果は過去からの歴史的な経緯がコスト低減の原因であると考えている。そのため、特定時点ではまったく同一の生産規模を有する企業間でも、経験量（累積生産量）の違いから、コスト水準に差異が発生することがありうる（図5.3）。

[*3] 範囲の経済を誘因とする多角化については、第10章を参照のこと。

図5.3 規模の経済と経験効果

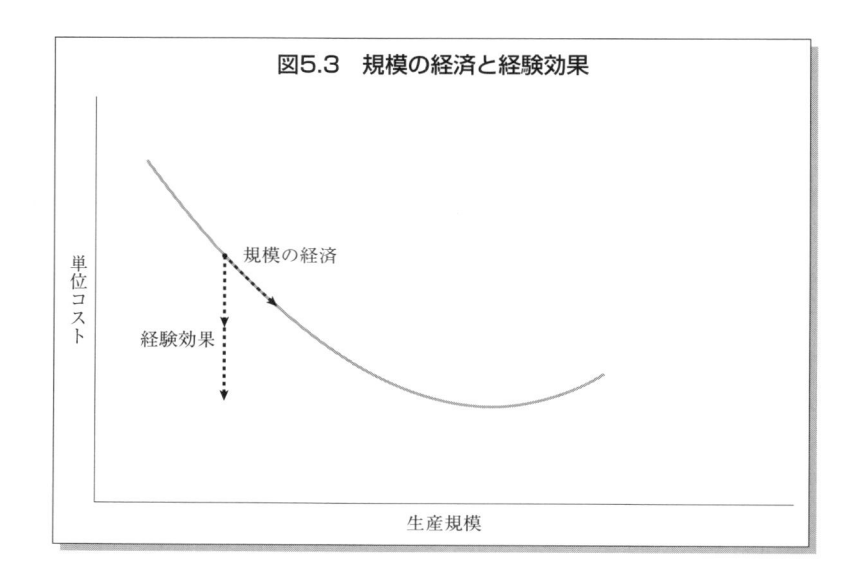

縦軸：単位コスト
横軸：生産規模
（規模の経済、経験効果）

　特定時点での生産規模は、過去からの累積生産量とは直接の結びつきはないため、図5.3に示すように、概念上は経験効果と規模の経済を区別することが可能である。しかし、大規模な生産を継続すると累積生産量も必然的に大きくなるため、現実に観察される経験効果には、規模の経済に起因するコスト低下も含まれていて、両者の効果を識別することは難しい。特に第8章で議論する「製品ライフサイクル」の成長期のように、市場規模が急速に拡大する時期には、生産規模の拡大と経験量の増加が同時進行する。高成長市場における時系列的な単位コストの低下には、規模の経済と経験効果の両方が織り込まれている点には注意が必要である。

　経験効果がもたらすコスト差異は、歴史的経緯が原因となっているため、競争劣位にある企業が競争均衡の状態まで追いついたり、逆転して競争優位の状態を実現することを困難にしている。

　経験効果は、経験量が増大するとコストが低下することを指摘するだけなく、コスト低下のペースが一定で、それゆえ予測可能であることを示唆している。コスト水準が予測可能であることは、後述するように、競争戦略上非常に重要な意味を持っている。

　累積生産量と単位当たりコストの関係が、一定のペースで変化していることが最初に発見されたのは、1920年代後半のアメリカ軍向けの航空

機製造であったとされる（Abell and Hammond 1979; 高橋 2001）。当初、経験効果は、製造原価の中でも労務費のみについて成り立つものと考えられていた。しかし、その後、1960年代にボストン・コンサルティング・グループ（BCG）を中心にした調査が行われ、経験効果は労務費のみに限らず直接製造原価全般、さらには販売管理費やマーケティング・流通などの間接費用まで含んだ、広い範囲の企業活動において成立することが確認された。

累積生産量と単位当たりコストの関係を論じる場合、製造原価のみに限定したコスト低減を「学習曲線（learning curve）」効果と呼び、間接費用まで含めたコスト全体の低減を「経験（曲線）効果」と呼んで、両者を区分する場合がある（Abernathy and Wayne 1974）。

経験効果が「経験曲線効果」とも呼ばれるのは、縦軸に単位当たりコストを、横軸に累積生産量を取ってグラフ上に表現すると、右下がりで原点に対して凸型の曲線になるためである（図5.4）。

図5.4には、操業開始以来の累積生産量が100個になった時点での単位当たりコストが100円であった場合、その後に累積生産量が倍増するたびに単位当たりコストが80％・70％・60％の各水準に低下する仮設例が示されている。累積生産量の倍増に伴う一定のコスト低下水準は「習熟率」と呼ばれる。

たとえば、習熟率80％の場合、表5.1が示すように、累積生産量が倍増して200個になった時点では単位コストは80円（100×0.8）に、400個になれば64円（80×0.8）、800個になれば51.2円（64×0.8）というように一定の比率でコストが低下していく。このことは、ある一時点で、まったく同じ製品を同一の生産規模で生産していても、それまでの経験量の蓄積の違いが単位当たりコストの違いをもたらすことを意味している。

累積生産量と単位当たりコストとのこうした関係は、数式を用いてより一般的に表現することができる。興味のある読者は、章末の付属資料1を参照されたい。

経験曲線は、「両対数目盛」と呼ばれる、縦軸・横軸ともに対数目盛のグラフ上に表現すると、右下がりの直線となる（図5.5）。

また、生産量と単位当たりコストが把握できれば、現実のデータを用いて経験効果を確認することができる。その際、インフレーション・デフレーションなどの貨幣価値変動の影響を除去するため、「デフレータ」

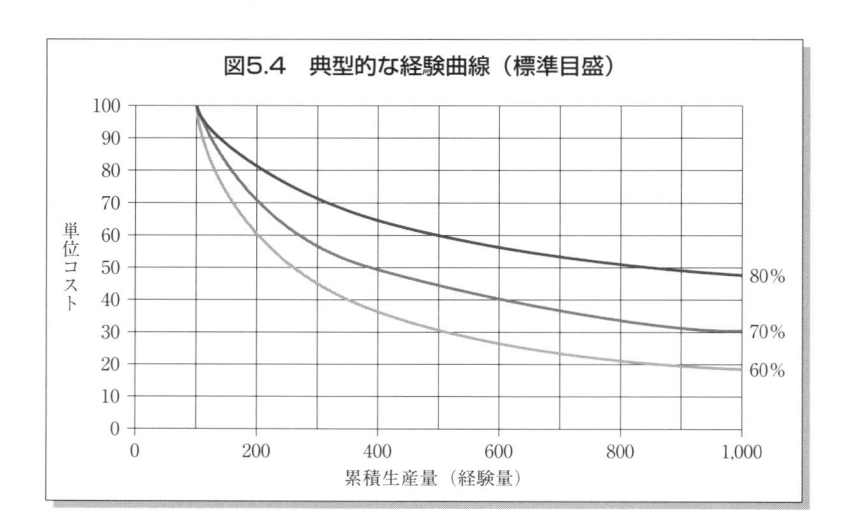

図5.4　典型的な経験曲線（標準目盛）

表5.1　経験曲線の数値例

累積生産量		100	200	400	800	1,000	5,000	10,000
単位コスト	習熟率80%	100	80.0	64.0	51.2	47.7	28.4	22.7
	習熟率70%	100	70.0	49.0	34.3	30.6	13.4	9.4
	習熟率60%	100	60.0	36.0	21.6	18.3	5.6	3.4

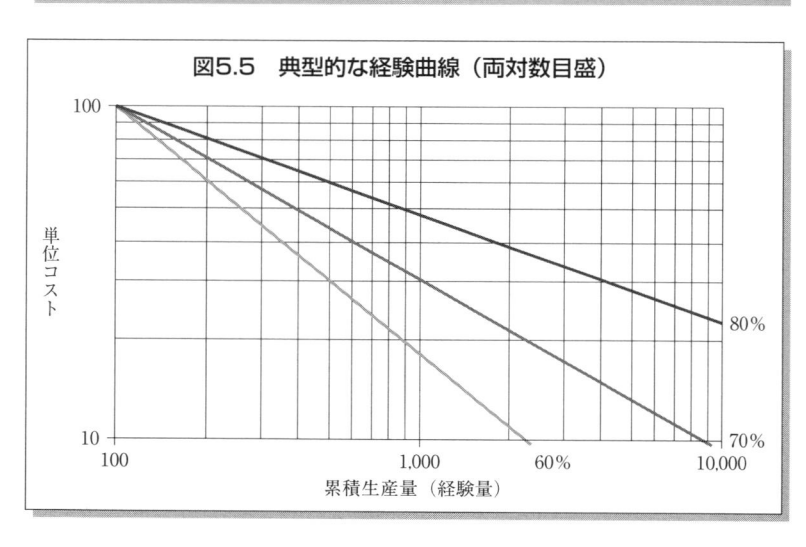

図5.5　典型的な経験曲線（両対数目盛）

による調整が必要になる。また、外部者にとっては実際のコスト数値は入手できないため、鉱工業については「経済産業省生産動態統計」などの数値データを用いることになる。

図5.6には、1965年から98年までの電卓の経験効果が示されている。現実のデータは離散的なため、図5.4や図5.5のように曲線や直線が描けるわけではなく、縦軸に単位当たりコスト、横軸に累積生産量をとった散布図の座標上に点が打たれる。これらのデータ点は、多くの場合右下がりの傾向を示しており、両対数グラフの場合には、ある程度の変動を伴うものの、ほぼ直線の回帰式を求めることができる。回帰係数が分かると、そこから習熟率を計算できる。実際のデータから散布図を作成し、回帰式を求め、習熟率を計算するまでの一連のプロセスは、表計算ソフトウェアを利用して簡単に実行できる。詳細については、章末の付属資料2および3を参照されたい。

また、次ページの図5.7は、製造業に限らず、サービス業を含んだ様々な産業で経験効果を確認できることを示している。

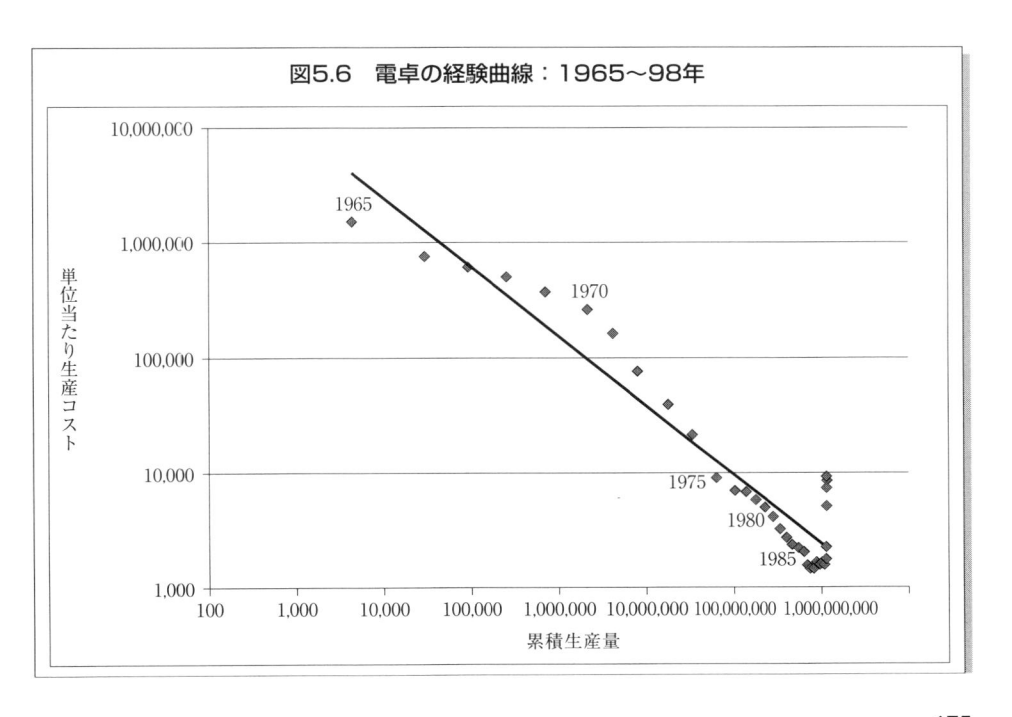

図5.6　電卓の経験曲線：1965〜98年

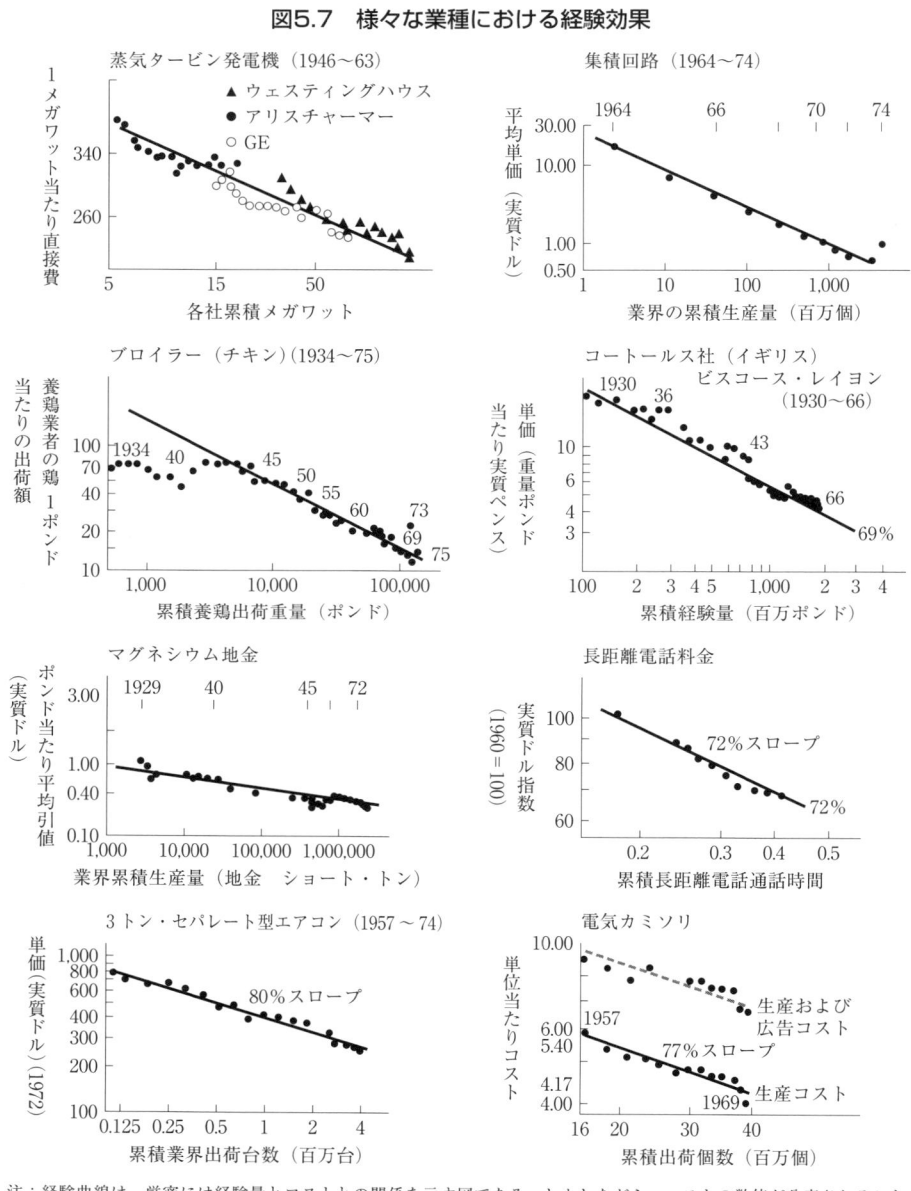

図5.7 様々な業種における経験効果

注：経験曲線は、厳密には経験量とコストとの関係を示す図である。しかしながら、コストの数値が公表されることはまれであるために、上の八つの図のほとんどにおいては、業界の出荷価格（実質ドル表示）と経験の関係が示されている。

資料：The Boston Consulting Group
出所：Abell and Hammond（1979）邦訳書 pp.146-147 図3-3「経験曲線の例」に基づいて作成

2.経験効果の発生要因

経験効果が発生する原因については、様々な要因が指摘されている。Abell and Hammond（1979）は、経験効果の発生原因として以下のような7要因を指摘している。

(1) 労働者の能率向上

作業者が特定の作業を繰り返すことで習熟する。こうした習熟は、製造現場の作業者による直接業務のみに限定されるわけではなく、販売・マーケティングなどの間接業務においても観察される。

(2) 作業の専門化と方法の改善

経験の蓄積に伴って、分業のあり方が見直され、特定作業の専門化が進むことがある。専門特化によるメリットは、その作業の生産効率を高めるだけでなく、工程や動作の改善などによって、能率向上のための改善方法を身につけやすくする点にも見いだせる。

(3) 新しい生産工程

半導体製造に代表されるような、資本集約的な大規模設備型産業では、製法の改善や新規開発が大きなコスト低減をもたらすことがありうる。

(4) 生産設備の能率向上

生産設備が稼働し始めた直後には、生産効率が比較的低い水準にとどまっていることが多い。設備の利用経験が増すにつれ、生産効率の向上を目指した工夫が行われ、ノウハウが蓄積されていく場合が多い。

(5) 活用資源ミックスの変更

経験が蓄積されるにつれて、生産者は、異なった資源、あるいはより安価な資源を活用できるようになる。たとえば、生産自動化によって、従来は熟練作業者が行っていた作業を機械化することで、大幅なコスト削減が実現されることがある。

(6) 製品の標準化

製品が標準化されると、習熟に必要な作業の反復が可能になる。フォードのT型は「単一モデル大量生産」を追求した結果、1909年から23年までの期間に、85％の経験曲線に沿った価格の引き下げが何度も実現している（Abernathy and Wayne, 1974）。

(7) 製品設計

特定製品について、生産者の製造経験、顧客の購入・使用経験が蓄積

されるにつれて、生産者・顧客ともに、当該製品に求められる性能を明確に捉えられるようになる。製品に求められる性能水準について理解が深まれば、製品性能を維持・改善しつつも、生産コストを引き下げるような製品設計が可能になる場合が多い。

　以上のような要因は、経験効果が自動的に発生するのではなく、むしろ原価低減を目指した努力の結果であることを示している。また、これらの要因では「時間の経過」に伴って、コストが低減していく理由を示しているものの、なぜ「一定の予測可能なペース」でコストが低下していくのかは説明できていない。

　経験の蓄積がコスト低下の原因となることは、常識的に理解できるものの、なぜ累積生産量とコスト低減ペースが「一定の関係」になるのかは未だに解明されていない。特に、コスト低下は自動的なものでなく、様々な努力や試行の結果であることを考えると、コスト低下ペースが一定で、予測可能である原因を解明するのは容易ではないと予想される。

4―経験効果の競争上の意義

　経験効果は、累積生産量と単位当たりコストの観察から帰納的に導かれた「経験測」にすぎず、その原理は未だに解明されていない。しかし、原理が判明していなくても、経験則を活用することはできる。

1. 経験効果に基づく価格設定

　習熟率が一定であることは、戦略上重要な意味を持っている。習熟率は、図5.6や図5.7で見たとおり、産業ごとに異なっている。図5.6の期間中、電卓の習熟率は約60％で、非常に急激なコスト低下が観察されている。電卓1台当たりの生産コストは、1990年時点の貨幣価値に換算すると、66年には約75万円、67年には約60万円であった。その後、「電卓戦争」とも呼ばれる熾烈な競争プロセスを通じて、電卓の価格は急激に低下し、1台当たりの生産コストも90年には約1,500円になっていた。貨幣価値変動を調整済みの実質値では、単位当たり生産コストは、66年から90年までの四半世紀で480分の1になっている。電卓の60％という習熟率はきわめて例外的で、多くの産業の習熟率は90％から80％前後である

といわれている。

　コスト低下のペースは産業によって異なるものの、同一産業内では大きな違いはないと考えられている。ただし実際には、たとえ同一産業であっても、キヤノンとエプソンではインクジェット・プリンタの方式が異なっていたりするように、企業ごとに製品設計や製造工程が異なっていることが通例である。そのため、厳密にいうと、企業間で習熟率が完全に等しくはならないと考えられる。だが、企業間での習熟率の差はさほど大きくはなく、「ほぼ等しい」と仮定することに支障はないと考えることができる。

　同一産業内では、どの企業にとっても習熟率がほぼ等しく、しかも一定であることは競争行動、特に価格決定に対して重要な意味を持つ。自社のコスト・データから習熟率を算出すると、産業全体の習熟率が推定できる。習熟率が判明すると、累積生産量から、ライバル企業のコスト水準を推定できる。

　コスト水準は価格決定のための重要な要因で、どの企業でもトップ・シークレット情報として扱われている。それに対して、出荷・販売数量（台数・重量）は、外部者にとって比較的アクセスしやすい情報である。販売数量は市場シェア算定の基準として用いられることも多く、公開情報のみで、ライバル企業の販売数量をかなり高い精度で把握することもさほど困難ではない。販売数量が把握できたら、在庫状況を勘案することで、当該期間の生産規模を推定でき、累積生産量を算出できる。

　習熟率が一定だとすると、業界全体としてコスト水準が将来どのように推移していくか予想できる。こうした予想は価格設定に際して、重要なインプット情報となる。図5.8は、各企業が単位当たり生産コストに一定率の利益マージンを上乗せした、いわゆる「マークアップ方式」で価格を設定した場合、業界全体の価格がどのように推移していくかを概念的に示している。

　同一産業内では企業間で習熟率に大きな差がないと仮定すると、ライバル企業の累積生産量から、その時点でのコスト水準をほぼ正確に推定できる。ライバル企業のコスト水準が推定できると、コスト差を価格設定に反映させることで、競争を自社に有利に展開することができる。

　図5.9の横軸には、同一製品を生産しているABC 3社の累積生産量が示されている。同一製品であるため、各社の習熟率はほぼ等しく、各社

図5.8　累積生産量と価格の関係

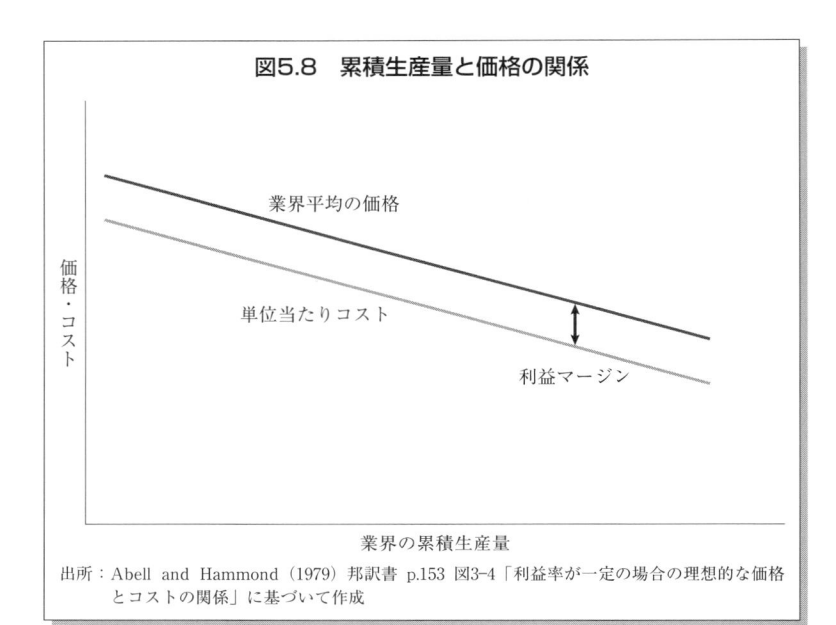

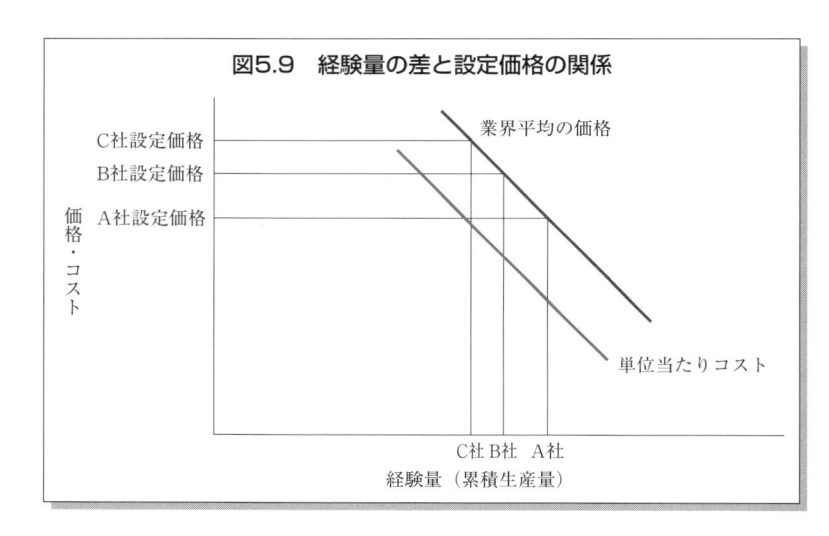

出所：Abell and Hammond（1979）邦訳書 p.153 図3-4「利益率が一定の場合の理想的な価格とコストの関係」に基づいて作成

図5.9　経験量の差と設定価格の関係

の単位当たりコストは同一の経験曲線上にあると考えることができる。図5.9では、業界で最も経験量の大きいA社が、最もコスト水準の低い、「コスト・リーダー」の地位にあることが分かる。

　また、各社製品は差別化されていないと仮定すると、各企業が提示する価格のうち最も低いものが業界共通の価格水準となる。図5.9では、

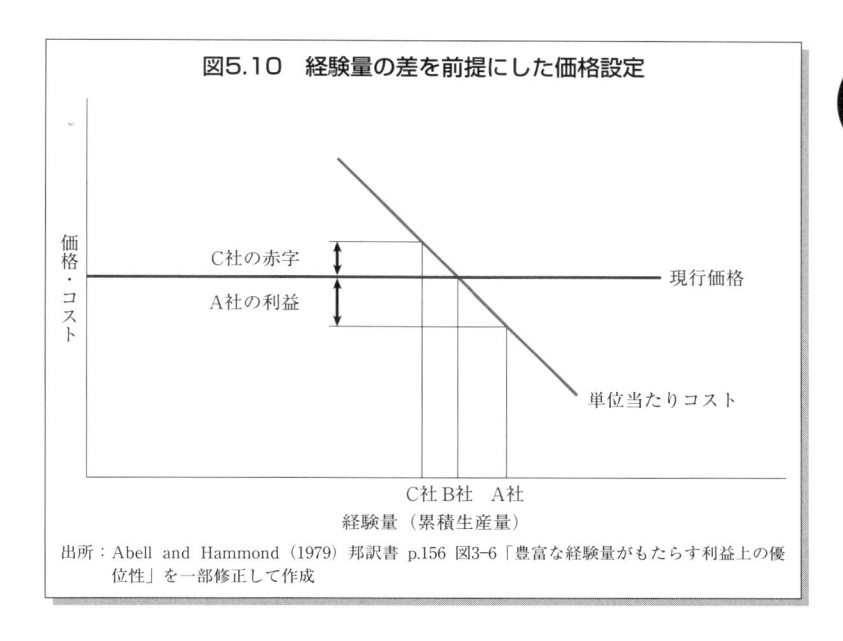

図5.10　経験量の差を前提にした価格設定

縦軸：価格・コスト
横軸：経験量（累積生産量）

C社の赤字
A社の利益
現行価格
単位当たりコスト

C社　B社　A社

出所：Abell and Hammond（1979）邦訳書 p.156 図3-6「豊富な経験量がもたらす利益上の優位性」を一部修正して作成

　ABCの各社がそれぞれのコスト水準に一定の利益マージンをのせた価格を提示していることが示されている。消費者には各社製品に違いを見いだすことはできないため、最も低価格を提示したA社製品から売れていく。A社の生産能力が十分に大きい場合には、B社・C社は対抗上、A社と同水準まで価格を引き下げる必要がある。

　同一価格という条件下では、各社の利益マージンはコスト水準で定まる。コスト・リーダーであるA社は業界で最大の利益マージンを確保できる。図5.10は、業界全体の価格水準が、B社のコスト水準と等しい状況を示している。このとき、A社は一定の利益を確保しているのに対して、B社は利益ゼロの損益分岐点にあり、C社は赤字を出している。コスト・リーダーは、赤字を出さずに、業界で最も低い価格水準を設定することができるため、業界での価格決定権を手に入れることができる。

　下位企業は、コスト・リーダーに対して価格競争を挑んでも、コスト・リーダーが自社のコスト水準以下の価格を設定してきた場合には、より一層の低価格を提示し続けることはできない。そのため、業界でどのような競争が展開されるかは、コスト・リーダーの動向が左右する。コスト・リーダーは、利益マージンを極限まで薄くして、極端な低価格を設定し、「血で血を洗う」覚悟で熾烈な競争を展開し、自社以外の企

業を業界から葬り去ることもできる。あるいは、消費者から不満が出ないよう慎重に市場動向を見極めつつ、なるべく高価格を維持して、「穏やか」に競争することもできる。ライバル企業にも一定の利益を確保させつつ、自らは大幅な利益を享受するという選択肢も、コスト・リーダーにはある。価格決定権を手にしたコスト・リーダーは、自社の利益水準だけでなく、ライバル企業の利益水準さえも、ある程度コントロールすることができる。

2.浸透価格政策

　コスト・リーダーの地位は一度確保すると、その後も確保し続けやすい。ライバル企業とのコスト水準の差を勘案しながら価格設定を行うことで、2番手以下の下位企業とのコスト差を維持し続けることができる。特に経験効果が強く作用する業界では、コスト水準の違いは、競争行動に大きな影響を及ぼす。表5.1の数値例で、習熟率60％の場合、生産量100個目の単位当たりコストが100円であるのに対して、1,000個目は18.3円となり、コスト水準に5倍以上の開きが発生している。同一製品でこれだけのコスト差が開いてしまうと、下位企業が追いつき、逆転することは非常に困難になる。

　コスト・リーダーとそれ以外の2番手以下企業との累積生産量の差は、コスト・リーダーによる価格設定を媒介にして、「差が存在すること」自体が原因となってより一層大きな差を生み出す。

　経験量の差が、さらに大きな経験量の差を生み出すという、「自己強化サイクル」（図5.11）が観察されるため、業界が立ち上がり始めたばかりの揺籃期、すなわち「製品ライフサイクル」の初期段階でコスト・リーダーの地位を確保できると、その後の競争を有利に展開できる。

　製品ライフサイクルの初期段階で、コスト・リーダーとなるためには「浸透価格政策（penetrating pricing policy）」が有効である。それまでにないまったく新しい製品が導入された直後には、製品自体の存在が認識されていなかったり、高価格による買い控えが起こりやすく、市場がなかなか拡大しないことが多い。こうしたタイミングで需要を喚起するために、コストを下回るような思い切った低価格を設定する、浸透価格政策が採用されることがある。

　競争相手が価格引き下げを躊躇している間に、思い切った低価格を設

図5.11　経験量拡大の自己強化サイクル

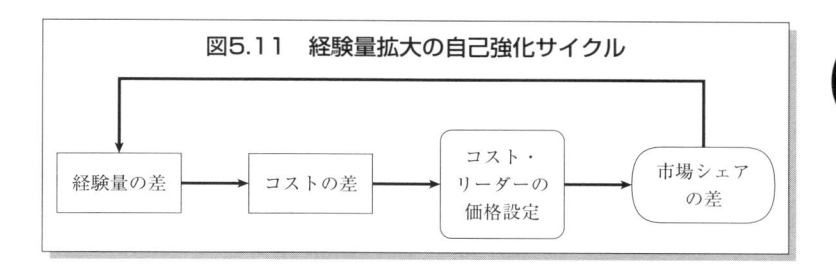

経験量の差 → コストの差 → コスト・リーダーの価格設定 → 市場シェアの差 →（経験量の差へ戻る）

図5.12　コストと価格の典型的な関係

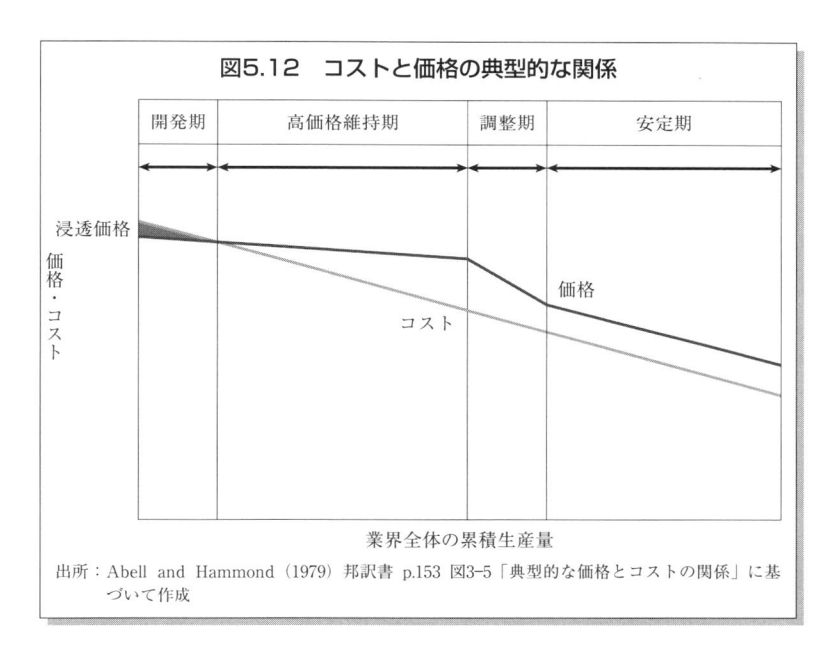

区間：開発期／高価格維持期／調整期／安定期

縦軸：価格・コスト（浸透価格）
横軸：業界全体の累積生産量

曲線：価格、コスト

出所：Abell and Hammond（1979）邦訳書 p.153 図3-5「典型的な価格とコストの関係」に基づいて作成

定することで自社製品を市場に浸透させることができる。販売数量が増えることは、生産数量が増えることを意味し、自社の生産数量の伸びがライバル企業の伸びを上回れば、コスト水準の差は広がることになる。

　習熟率が高く、コスト低下のペースが速いと予想される製品では、経験量で他社をリードして、コスト・リーダーの地位に就くことの重要性が一層高まる。業界全体の価格水準の低下ペースが、経験効果によるコスト低下のペースよりもゆるやかであれば、浸透価格政策による製品導入当初の赤字は、将来の収益で相殺できる。

　市場全体が成長期に入ると、新規参入企業が増加したり、市場シェア拡大を目論んで価格競争を仕掛ける競争相手が現れることが多い。しか

し、コスト差に裏付けられた価格設定によって、ライバルの競争力を低下させたり、時には競争からふるい落とすことができる。業界の発展に伴うコストと価格の典型的な関係を示した図5.12において、「調整期」に急速に価格水準が低下しているタイミングがこの時期に相当する。

コスト・リーダーによる価格水準の調整によって、有力な競争相手がいなくなり、市場が成熟して業界秩序も安定する。この時期になると、コスト・リーダーは、大規模な市場で安定した利益を享受することができる。

以上が、浸透価格政策に基づいた、コスト・リーダーにとって理想的な競争パターンである。ただし、浸透価格政策を実行する場合には、ライバルを出し抜いて、少しでも早く着手する必要がある点には注意すべきである。複数企業がほぼ同時に浸透価格政策を実施すると、価格引き下げがシェア拡大・累積生産量拡大に結びつきにくく、各社のコスト水準に差がつきにくい。こうした状況が続くと、市場価格の下落ペースにコスト低下ペースが追いつくことができず、業界を見渡しても誰一人として利益をあげられない悲惨な状況になりかねない。

5─経験効果追求型戦略の注意点と限界

1.経験効果追求型戦略を採用する際の留意点

経験効果を追求して、コスト・リーダーの地位を確保した企業は、ライバル企業とのコスト差に基づいて価格設定を調整することで、その後の競争を有利に展開できる。しかし、経験効果を追求することが常に有利であるとは限らない。たとえば、前述の通り、コスト上の主導権を確保するのは、経験量の倍増が容易に実現しやすい製品ライフサイクルの早い段階に行うのが最も得策である。また、市場成長率が高い場合には、短期間に、しかもライバルの売上を奪うことがないため、激しい抵抗にあわずに相対的に低コストで経験量獲得が可能になる。しかし、これは逆にいえば、製品ライフサイクルの遅い段階や成長率の低い市場での経験量獲得が困難であることを意味している。

ライバル企業よりも速いペースで経験量を確保するためには、ライバル企業よりも速く市場シェアを拡大する必要がある。そのためには、生

産キャパシティの拡大、新たな販売経路の開拓、広告やマーケティング活動への投資が不可欠である。また、シェア拡大を目指して短期的に利益マージンを圧縮するため、経験効果追求型の戦略は、その初期においては低収益・高コストになりやすく、リスクの高い選択肢である。

たとえば、業界トップの主力ライバルが24％の市場シェアを持ち、自社シェアが6％だったとする。市場全体は8％で成長し、主力ライバルも市場の成長率と同率で売上を伸ばしてシェアを維持しているときに、ライバルと対等の市場地位を確保するためには、向こう9年間にわたって年間26％（業界平均の3倍）で売上を伸ばさなければならない。しかも、この間に生産キャパシティを640％成長させなければならない。[*4]

経験効果追求型の戦略は、以下の場合には必ずしも有利とはいえない。(1)市場での主導権確保に必要な資源を持たない、(2)攻撃的なライバルの反撃に遭遇する可能性が高い、(3)市場成長率が低い。経験効果追求型戦略を採用すべきなのは、以下の質問に対する答えがすべて「イエス」の場合だけである。

1) その市場には、経験効果が重要なコスト上の優位をもたらすセグメントが十分に存在するか？
2) その市場において、リーダーになることは魅力的か？
3) 自社はシェア拡大のために必要な経営資源を備えているか、あるいは将来、備えられるか？

2.経験効果追求型戦略の限界

上記の質問に対する答えがすべて「イエス」であったとしても、経験効果追求型のコスト・リーダーシップ戦略が永遠に効果を保ち続けるわけではない。経験効果追求型戦略の限界として、(1)市場ニーズの構造的変化、(2)製品・製造手法などにおける技術革新によって、過去の経験の蓄積がコスト上の優位をもたらさなくなることが指摘されている。

たとえば、フォードは1908年に発売された「T型」で、経験効果に基づくコスト・リーダーシップを追求し、大きな成功を収めた（Abernathy and Wayne 1974）。製品を単一モデルに限定し、大規模な組立工場を建設し、作業を高度に細分化し、特定の作業に特化した専用

[*4] Abell and Hammond（1979）邦訳書 p.157.

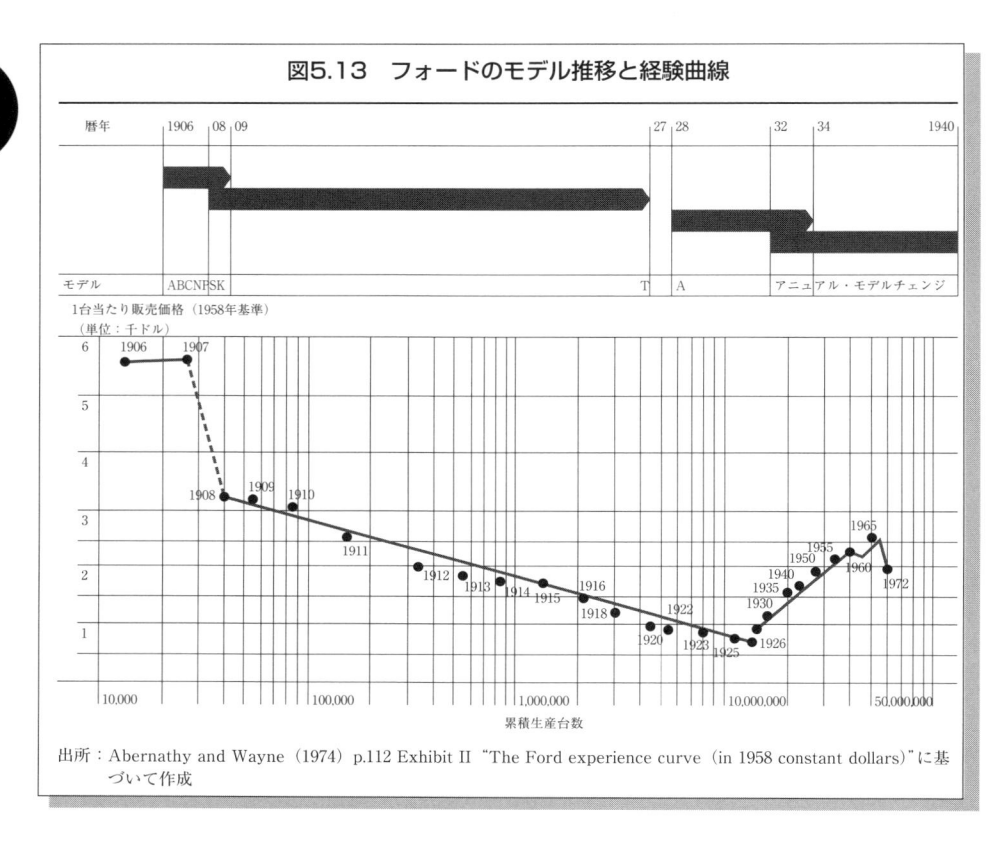

図5.13　フォードのモデル推移と経験曲線

出所：Abernathy and Wayne (1974) p.112 Exhibit II "The Ford experience curve (in 1958 constant dollars)"に基づいて作成

　の生産設備を導入し、大量購入により外部調達のコストを下げると同時に垂直統合を行い、徹底して製品コストを低下させた。フォードはコスト低下を価格に反映させ、1921年には55.4％のシェアを占める市場リーダーの地位にあった。[*5]

　しかし、この間に消費者は単に安価で実用的なだけの自動車では満足できなくなり、自動車には乗り心地のよさや見た目のよさなども求められるようになった。こうした市場ニーズの構造的な変化に適切に対応したのは、ゼネラルモーターズ（GM）であった。GMは「あらゆる財布」に見合った数多くのモデルをフルラインで提供すると同時に、それらを毎年モデルチェンジしていった（加護野 1988; Lacy 1986; 三輪 1978）。

　一方、20年近くT型しか生産してこなかったフォードは、新たな市場

[*5]——Abernathy and Wayne (1974) "Exhibit III: Ford Vital Statistics, 1910–1931" p.114.

の要求に対応すべく新製品のA型を導入した。しかし、新モデル導入によって、T型で蓄積した経験がコスト上の優位をもたらさなくなった。さらに、A型の頻繁な設計変更が、工場での混乱をもたらすと同時に新たな経験蓄積を妨げ、1927年からほぼ1年間の工場閉鎖に追い込まれてしまった。[*6] フォードは、新しい市場の要求と新しい技術の双方に適応することができず、結果として業界首位の座をGMに明け渡し、その後今日に至るまで、米国市場で首位の座を奪還できていない。

　短期間にライバルよりも速く経験を蓄積するには、他の用途に転用できない専門化した労働者や設備・組織を必要とする場合が多い。それによって、特定の製品については生産性を向上させることができるが、その一方で柔軟性が失われ、新しい市場ニーズや新しい技術への対応が困難になる。こうした現象は「生産性のジレンマ（productivity dilemma）」（Abernathy 1978）と呼ばれる。

〈参考文献〉

Abell, Derek F. and John S. Hammond（1979）*Strategic Market Planning: Problems and Analytical Approaches*, Englewood Cliffs, N. J.; Prentice-Hall.（片岡一郎訳（1982）『戦略市場計画』ダイヤモンド社）

Abernathy, William J.（1978）*The Productivity Dilemma: Roadblock to Innovation in the Automobile Industry*, Baltimore; Johns Hopkins University Press.

Abernathy, William J. and Kenneth Wayne（1974）"Limits of the Learning Curve," *Harvard Business Review*（September-October）pp.109–119.

加護野忠男（1988）『組織認識論――企業における創造と革新の研究』千倉書房

Lacy, Robert（1986）Ford: *The Men and the Machine*, Boston; Little Brown.（小菅正夫訳（1989）『フォード――自動車王国を築いた一族（上・下）』新潮文庫）

丸山雅祥（2005）『経営の経済学』有斐閣

三輪晴治（1978）『創造的破壊――アメリカの自動車産業にみる』中公新書

高橋伸夫（2001）「学習曲線の基礎」『經濟學論集』66（4）pp.2–23

＊6――Abernathy and Wayne（1974）p.113.

〈付属資料１〉経験効果の数学的表現

経験効果は、累積生産量の増加率と単位コストの低下率との間に一定の関係があることを示している。ある時点（t）における累積生産量をx_t、単位コストをy_tとおけば、時点１から時点２までの間の累積生産量の増加率は$\frac{x_2}{x_1}$、単位コストの低下率は$\frac{y_2}{y_1}$と表され、この間に次のような関係式が成立する。

$$\frac{y_2}{y_1}=\left(\frac{x_2}{x_1}\right)^b$$

ここで、bは習熟率に対応した定数であり、通常負の値をとる。$\frac{x_2}{x_1}=2$のとき、$\frac{y_2}{y_1}=2^b$となり、2^bが習熟率となる。仮に$b=-1$ならば、$2^{-1}=0.5$、すなわち習熟率は50％になる。bと習熟率の関係は次のようになっている。

習熟率（％）	100	90	80	70	60	50
b	0.000	-0.152	-0.322	-0.515	-0.738	-1.000

〈付属資料２〉回帰係数と習熟率の関係

実際のデータから描いた経験曲線が、以下の(a)式で近似できるとき、習熟率は2^bとなる。

$$\log Y = a + b\log X \tag{a}$$

累積生産量x_1のときの単位当たり費用をy_1、累積生産量x_2のときの単位当たり費用をy_2とすると、習熟率は$x_2=2x_1$の場合の$\frac{y_2}{y_1}$である。

$\frac{y_2}{y_1}$の対数（常用対数）を取ると、

$$\log \frac{y_2}{y_1} = \log y_2 - \log y_1$$

(a)式より、

$$= (a + b\log x_2) - (a + b\log x_1)$$

$$= b(\log x_2 - \log x_1) = b\log \frac{x_2}{x_1}$$

$x_2 = 2x_1$ より、

$$b\log \frac{x_2}{x_1} = b\log \frac{2x_1}{x_1}$$

$$= b\log 2 = \log 2^b$$

よって、

$$\log \frac{y_2}{y_1} = \log 2^b$$

$$\frac{y_2}{y_1} = 2^b$$

〈付属資料３〉統計データを利用した経験効果の推定

　ここでは実際のデータに基づいて、経験効果の推定を行う。対象として取り上げるのは電卓（電子式卓上計算機）である。電卓の第１号機は1964年に発売され、経済産業省（当時は通商産業省）の『機械統計年報』には翌65年から統計データが掲載されている。

　『機械統計年報』には、電卓の生産・出荷データが掲載されているが、ここでは実際の生産コストに最も近いと考えられる「生産」のデータを用いる。1965年から98年までの期間について、『機械統計年報』に掲載されている電卓の生産数量・生産金額は表１の通りである。

　経験曲線は、累積生産量を横軸に、単位当たりコストを縦軸にプロットした「散布図」として描かれる。累積生産量は、統計データが存在する1965年からの生産量を累計することで求められる。また、単位当たりコストは、生産金額を生産数量で除すことで求められる。ただし、『機械統計年報』に掲載されている生産金額は、貨幣価値の変動を考慮していない「名目値」であるため、貨幣価値変動の影響を排除する必要があ

表1　電卓の生産量・生産金額の推移

	生産数量（台）	生産金額（百万円）		生産数量（台）	生産金額（百万円）
1965年	4,355	1,823	1982年	58,438,378	141,554
66	25,479	5,556	83	66,546,583	142,772
67	63,137	11,478	84	83,713,228	172,656
68	163,387	25,671	85	86,031,961	167,418
69	453,964	54,694	86	64,210,542	96,864
70	1,423,487	130,809	87	53,776,321	74,267
71	2,040,287	124,627	88	68,118,565	96,409
72	3,866,221	118,479	89	71,686,624	118,106
73	9,960,403	173,019	90	67,479,130	106,602
74	15,452,709	179,788	91	69,370,857	116,658
75	30,040,140	161,983	92	55,799,975	92,235
76	40,426,133	184,747	93	41,575,668	78,160
77	31,835,113	152,554	94	20,170,754	48,060
78	42,318,920	181,822	95	5,565,179	30,009
79	45,995,777	173,946	96	3,249,217	29,086
80	60,365,160	202,279	97	3,238,459	32,772
81	52,434,525	147,099	98	2,705,407	21,507

出所：『機械統計年報』各年版

る。貨幣価値変動の影響を排除するためには「デフレータ」のデータが必要になる。

　ここでは、総務省統計局のホームページに掲載されている「国民経済計算」のデータ[*]のうち、「国内総支出（名目、実質、デフレータ）－68SNA（昭和30年～平成10年）」から「民間最終消費支出」のデフレータを用いている（表2）。

　デフレータは、基準年の一定額の貨幣価値を各年の「名目値」で表したものである。表2から、基準年である1990年時点での100円の貨幣価値は、1955年の17.9円、1956年の18.1円と同等であることが分かる。

　単位当たり生産コストの実質値は以下の(1)式で求めることができる。

$$実質値 = \frac{名目値}{デフレータ} \times 100 \qquad (1)$$

　以上から、累積生産量と単位当たり生産コスト（実質値）は表3のよ

---
[*] ── http://www.stat.go.jp/data/chouki/03.htm

表2　民間最終消費支出デフレータ（1990年基準）

1955年	17.9	1977年	70.1
56	18.1	78	73.4
57	18.8	79	76.0
58	18.9	80	81.7
59	19.6	81	85.5
60	20.3	82	87.8
61	21.6	83	89.7
62	23.1	84	92.0
63	24.7	85	94.1
64	25.7	86	94.7
65	27.5	87	95.2
66	28.8	88	95.6
67	29.9	89	97.6
68	31.4	90	100.1
69	32.7	91	102.5
70	35.1	92	104.4
71	37.5	93	105.7
72	39.7	94	106.5
73	44.1	95	105.9
74	53.4	96	106.0
75	59.4	97	107.8
76	65.3	98	108.0

出所：総務省統計局「国内総支出（名目、実質、デフレータ）-68SNA（昭和30年～平成10年）」

うになる。

　表3からは、1965年の電卓1台当たりの生産コストは、90年の貨幣価値に換算すると150万円を超えていたことが分かる。それが翌66年には約75万円、67年に約60万円と急速に単位当たり生産コストが減少している。

　横軸に累積生産量、縦軸に単位当たり生産コストを取って、表3のデータから、両対数目盛の散布図を作成すると図1のようになる。

　図1における近似線は、次の(2)式で表される（$R^2 = 0.91418$）。

表3　累積生産量と単位当たりコスト

	累積生産量（台）	単位当たり生産コスト （円／台：実質値）		累積生産量（台）	単位当たり生産コスト （円／台：実質値）
1965年	4,355	1,521,998	1982年	395,307,575	2,759
66	29,834	757,210	83	461,854,158	2,392
67	92,971	607,999	84	545,567,386	2,242
68	256,358	500,367	85	631,599,347	2,068
69	710,322	368,443	86	695,809,889	1,593
70	2,133,809	261,804	87	749,586,210	1,451
71	4,174,096	162,888	88	817,704,775	1,480
72	8,040,317	77,191	89	889,391,399	1,688
73	18,000,720	39,389	90	956,870,529	1,578
74	33,453,429	21,788	91	1,026,241,386	1,641
75	63,493,569	9,078	92	1,082,041,361	1,583
76	103,919,702	6,998	93	1,123,617,029	1,779
77	135,754,815	6,836	94	1,143,787,783	2,237
78	178,073,735	5,854	95	1,149,352,962	5,092
79	224,069,512	4,976	96	1,152,602,179	8,445
80	284,434,672	4,101	97	1,155,840,638	9,387
81	336,869,197	3,281	98	1,158,546,045	7,361

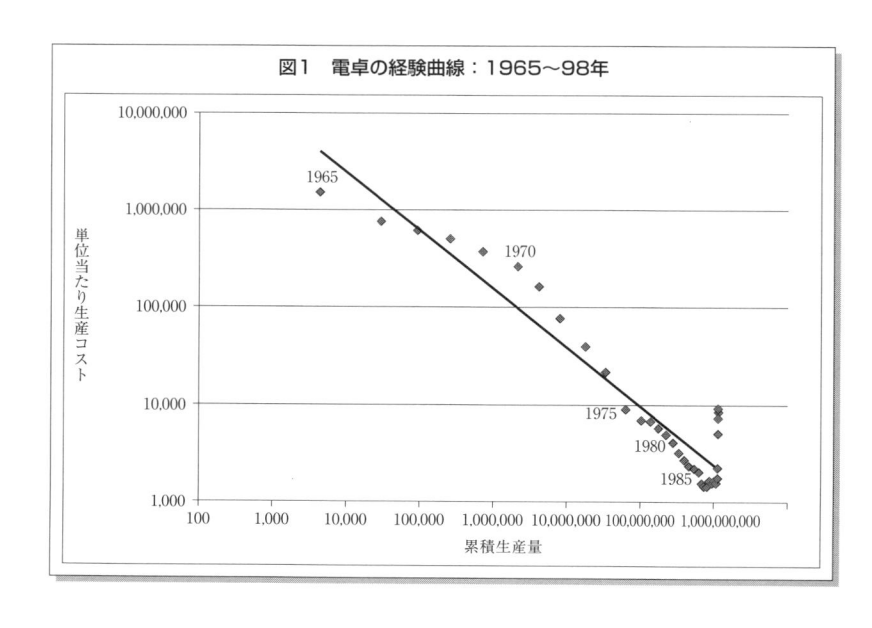

図1　電卓の経験曲線：1965～98年

$$\log Y = 8.7964 - 0.6014 \log X \qquad (2)$$

　ここから、1965年から98年の期間中、電卓の習熟率は約66％であると推定される（付属資料2参照）。

$$2^{-0.6014} = 0.659$$

第6章 顧客価値

1──価値マップ

1.品質と価格

　第4章および第5章において、競争戦略上の基本定石とされる差別化およびコスト・リーダーシップについて検討してきた。各章では、差別化とコスト優位（価格）の問題を個別に切り離して論じてきたが、本章では両者を組み合わせて、顧客にとっての「価値」について検討する。

　差別化を追求する際に考えるのは、自社製品と他社製品の違いを顧客に認識してもらい、価格プレミアムを受け入れてもらうにはどうすればよいかである。また、コスト優位を追求する際には、顧客にとって違いが認められない製品では、業界で最も低価格を提示すれば優位に立てるという考え方を前提に、いかに業界でのコスト・リーダーの地位を確保・維持するかが問題であった。

　それぞれの議論においては、差別化では製品の違いのみを、コスト優位では価格の違いのみを取り上げていた。しかし、現実には、「差別化に成功すれば、価格のことはまったく考慮しなくていい」というわけでもなく、「常に低価格を提示し続けていれば、どれだけ製品品質や機能が劣っていても構わない」というわけでもない。いかにユニークで差別化された製品であったとしても、顧客が受け入れてくれる価格プレミアムには上限があるだろうし、どれほど廉価であっても品質や機能の許容範囲を外れた製品は購入してもらえないだろう。

　製品の属性について、性能・品質と価格とを組み合わせて検討しようとするのが「価値マップ」である（図6.1）。

図6.1　価値マップ

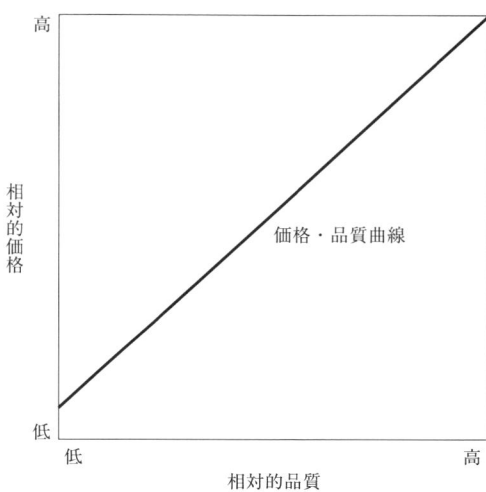

（縦軸：相対的価格　低→高、横軸：相対的品質　低→高、対角線：価格・品質曲線）

出所：Buzzell and Gale（1987）
邦訳書 p.140 図表6-6「価格マップ：5つの一般的な製品／サービス位置」に基づいて作成

紙おむつ市場──差別化競争と低価格競争

　現在、先進国で広く普及している紙おむつは、米国のプロクター・アンド・ギャンブル（P&G）が1961年に「パンパース」ブランドで最初に製品化した。当初は製造コストも高かったため、旅行時に携帯するといった特別な状況での利用を想定したニッチ商品として位置付けられていた。だが、実際に販売してみると、母親たちから「日常的に利用したい」という声が返ってきた。そこで、大量生産しコストを下げる一方で、思い切って価格を引き下げた。P&Gは、パンパースというブランドを大切にする一方で、低価格を訴求し、アメリカ市場で大きな成功を収めた。

　P&Gは1977年から日本国内でも発売を開始した。試供品の大量配布、病院・産院への積極的な売り込みなどの努力もあって短期間で市場が立ち上がり、発売当初の市場シェアは90％を超えていた。しかし、その後ユニ・チャーム（ブランド名「ムーニー」）や花王（同「メリーズ」）といった国内企業が対抗商品を導入し、価格競争を展開する一方で、高機能化競争を仕掛けてきた。ユニ・チャームや花王は、新素材の

第6章 顧客価値

高分子吸収体を用いることで、紙とパルプを使ったパンパースよりも吸水力を高めた差別化商品を次々に導入し、「高吸水性だから、赤ちゃんの肌にやさしい」と母親に訴求した。

しかし、「標準品で低コスト」という戦略を追求するP&Gは、日本企業の競争方針に追随しなかった。そもそも、開発部門のあるアメリカ本社では、その必要性が理解されなかった。ブランド力の強さや、市場シェアの大きさなどから他社製品に比べて高めの価格設定をしていたこともあり、P&Gの日本でのシェアは低落の一途をたどり、1984年には9%にまで落ち込んだ。

1980年代半ばには、アメリカ本社でのトップ交代を契機に、事業の抜本的な見直しが行われた。日本からの撤退さえも選択肢に含めて検討した結果、日本市場における不振を挽回すべく、大胆な措置が採用されることになった。日本法人の経営層を刷新し、従来の方針を覆す「一大飛躍」計画が策定された。「世界一品質に厳しい」と言われる日本市場向けの改良商品を投入するとともに、コスト削減・価格引き下げの努力を行い、日本市場でのシェア奪還に努めた。さらに、P&Gは日本市場での経験を全世界で活用すべく、日本を紙おむつ研究開発の拠点と定め、神戸にテクノロジーセンターを設立し、ローカルな開発活動から得られた知識をグローバルに活用する体制を整えていった。

〈注〉「P&Gが花王を超える日 トイレタリーの世界王者が日本で仕掛ける『トップ攻略法』」『週刊東洋経済』2004年7月10日号 pp.26-43
出典：Dyer, Davis, Frederick Dalzell and Rowena Olegario（2003）*Rising Tide: Lessons from 165 Years of Brand Building at Procter & Gamble*, Boston; Harvard Business School Press.

2.知覚品質と収益性：PIMS研究

価値マップは、1970年代にハーバード大学ビジネススクールが中心となった研究プロジェクトで提唱された分析ツールである。「PIMS (Profit Impact on Market Strategy)」と呼ばれるこの研究プロジェクトでは、市場戦略が収益性に与える影響を膨大なデータに基づいて実証分析を行っている。

PIMS研究では、多くの企業の協力を得て、通常の財務諸表では公開されていない事業部門ごとの戦略変数（コスト・品質・垂直統合など）

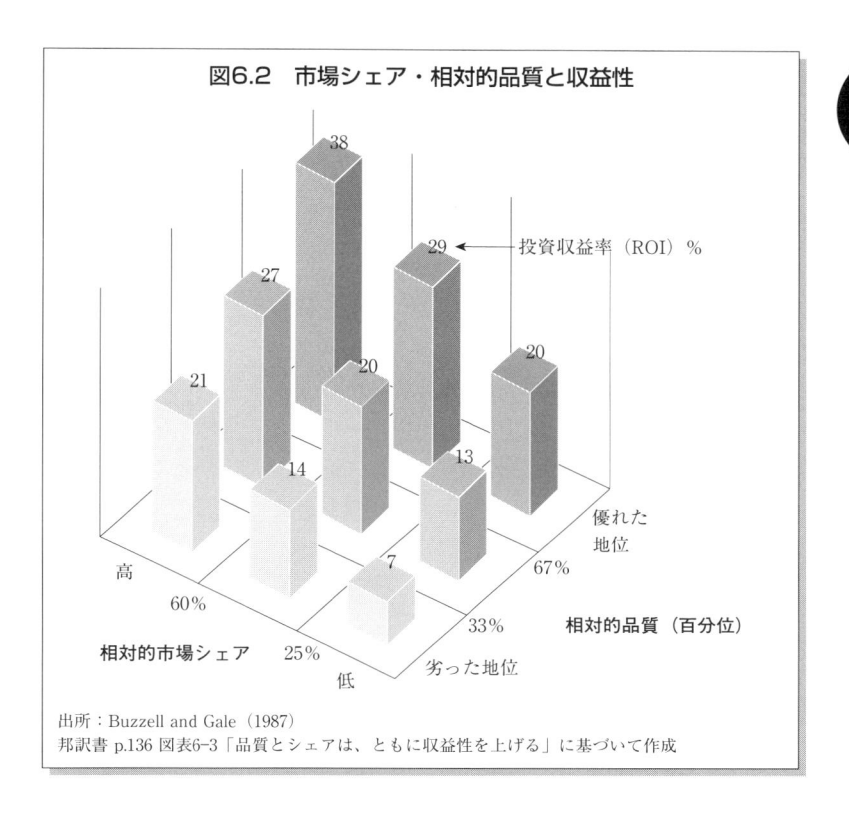

図6.2 市場シェア・相対的品質と収益性

(棒グラフ：相対的市場シェア[高・中・低]×相対的品質[優れた地位67%・33%・劣った地位]とROI%)
- 高シェア×優れた地位：38
- 高シェア×中：27
- 高シェア×劣った地位：21
- 中シェア×優れた地位：29
- 中シェア×中：20
- 中シェア×劣った地位：14
- 低シェア×優れた地位：20
- 低シェア×中：13
- 低シェア×劣った地位：7

相対的市場シェア：高60%・25%・低
相対的品質（百分位）：優れた地位67%・33%・劣った地位
投資収益率（ROI）%

出所：Buzzell and Gale（1987）
邦訳書 p.136 図表6-3「品質とシェアは、ともに収益性を上げる」に基づいて作成

と、収益などのパフォーマンス・データを3,000以上の事業について収集し、そのデータベースに基づいて戦略と収益性の関係を分析した。その結果、高シェアと高品質の二つが、収益性の向上に貢献する主要因であることが明らかになった。

図6.2には、PIMSデータベースから導き出された、シェア・品質と収益性の関係が示されている。ここでは、収益性の指標として、「投資収益率（Return on Investment; ROI）」が用いられている。

図6.2は、(1)相対的市場シェアが高いほど、あるいは(2)相対的品質が高いほど、ROIが高くなることを示している。市場シェア・品質との関係で、最も収益率が高いのは、「相対的シェアが高く、かつ相対的品質も高い」グループであり、その平均ROIは38％にも達している。

ただし、相対的市場シェアや相対的品質は、それぞれ独立して利益に貢献しているわけではない。PIMS研究では、相対的市場シェアの高さは相対的品質の高さによって規定されると指摘している。相対的品質の

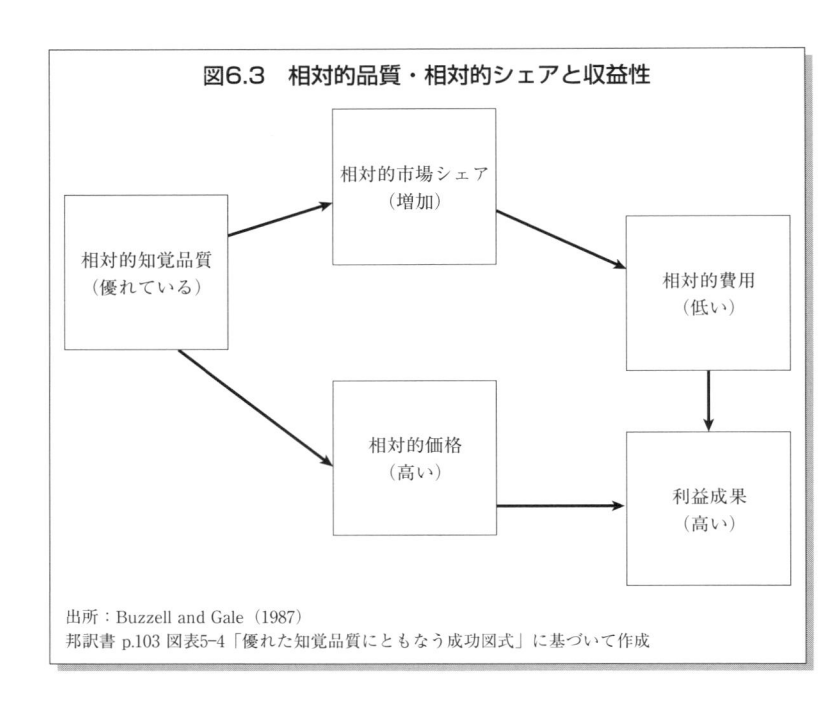

図6.3 相対的品質・相対的シェアと収益性

相対的知覚品質（優れている）→ 相対的市場シェア（増加）
相対的知覚品質（優れている）→ 相対的価格（高い）
相対的市場シェア（増加）→ 相対的費用（低い）
相対的費用（低い）→ 利益成果（高い）
相対的価格（高い）→ 利益成果（高い）

出所：Buzzell and Gale（1987）
邦訳書 p.103 図表5-4「優れた知覚品質にともなう成功図式」に基づいて作成

高さは、相対的な高価格・低コストの原因となり、収益性を向上させる（図6.3）。

　相対的な品質の高さは、市場シェアを向上させる。第5章でも議論したとおり、高い市場シェアを獲得した企業は、規模の経済や経験効果に基づいて、ライバルに比べてコスト上有利なポジションを確保することができる。そのため、シェアが高くなるほど収益性が向上する。

　また、他社よりも優れた品質を持つ製品は、短期的には5～6％程度の価格プレミアムを生み出しており、収益性向上に貢献している。優れた品質を持つ製品、あるいは品質が向上しつつある製品を販売する企業は、長期的には市場を成長させ、また自社のシェアを拡大することができ、より高い収益を実現できる。

　PIMS研究においては、相対的品質は消費者が認識する「知覚品質」として捉えるべきであると強く主張されている。どれだけ品質が優れていると作り手側が考えていても、消費者がその点に価値を認めないと、価格プレミアムを受け入れてくれないだろうし、市場シェアも高まらないだろう。顧客の認知による知覚品質が高いことが、収益性向上には重

要になる。顧客にとっての価値を分析するフレームワークが価値マップである。

以下では、まず次節で価値マップの基本的な考え方と、そこから導き出されるインプリケーションを検討する。その後、実際のデータを用いて価値マップを作成するために、消費者の知覚に基づいた相対的品質の尺度化の方法を検討する。さらに、これらの検討を踏まえて、デジタルカメラのデータを利用して価値マップを作成し、デジタルカメラ業界における顧客価値について考察する。

3.価値マップの考え方

価値マップでは、縦軸に相対的価格を、横軸に相対的品質をとって、特定の製品を位置付けようとする（図6.4）。価値マップの基本的な考え方は、顧客にとって「特定製品の価値は価格と品質の組み合わせで決まる」というものである。品質が高ければ高いほど、消費者にとっては満足度（効用）が向上する。一方、価格は低ければ低いほど満足度が高まる。そのため、価値マップで右下方向に向かうほど、つまり「高品質でなおかつ低価格」であるほど、消費者の効用は高まる。

図6.4の右下象限「低価格・高品質」製品と左上象限「高価格・低品質」製品を比べた場合、得られる満足（効用）は明らかに前者のほうが大きい。「廉価で品質の良い」紙おむつと「高価で品質の悪い」紙おむつのどちらが望ましいかは論を待たない。

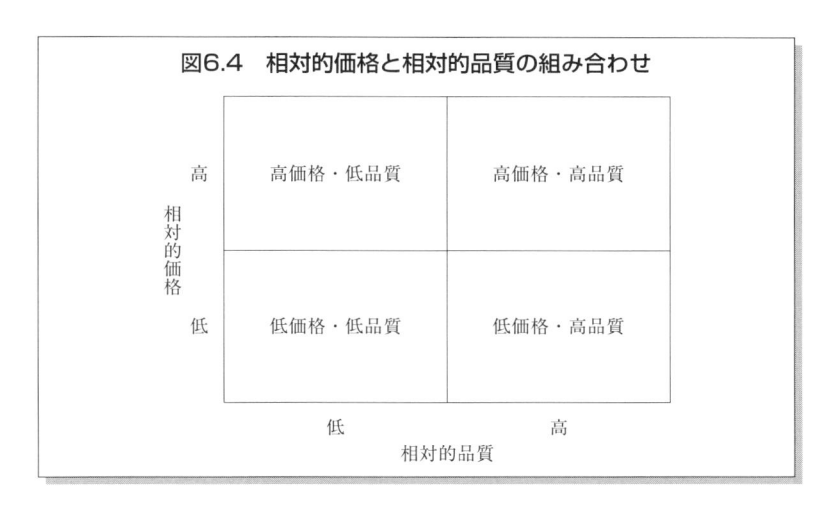

図6.4 相対的価格と相対的品質の組み合わせ

相対的価格	低相対的品質	高相対的品質
高	高価格・低品質	高価格・高品質
低	低価格・低品質	低価格・高品質

では、図6.4の左下象限「低価格・低品質」製品と右上象限「高価格・高品質」製品とを比べたらどうだろうか。高品質と低価格を両立させるのは困難であるため、一般に高品質の製品は高価格になりやすく、低価格の製品は低品質であることが多い。得られる満足は品質と価格の比率で決まるため、「高価格・高品質」と「低価格・低品質」という組み合わせの場合、どちらの効用が高いかは一概には断定できない。「品質は良いが高い」紙おむつと「安価だが性能の悪い」紙おむつのどちらが望ましいかについては、消費者によって答えが分かれるだろう。

このことは、代替的な選択肢が多数存在する場合、相対品質と相対価格の組み合わせから得られる満足が同程度になるペアが複数存在しうることを意味している。これらの組み合わせを結んだものは「品質・価格無差別曲線」もしくは「品質・価格曲線」と呼ばれる。

品質・価格無差別曲線は、ミクロ経済学で消費者選好を示すために用いられる「無差別曲線」に類似した概念である。効用が等しい複数財の組み合わせを結んだ無差別曲線が「等効用線」とも呼ばれるのと同様に、効用が等しい相対品質・相対価格の組み合わせを結んだ品質・価格曲線は「等価値曲線」とも呼ばれる。

品質・価格曲線は、価値マップ上では右上がりの曲線（もしくは直線）として示される（図6.1）。同一の製品カテゴリーに多数の製品が存在する場合には、多数の品質・価値曲線を描くことができるが、特定時点で消費者に受け入れられる品質・価値水準には一定の限界が存在する。こうした限界を越えてしまうと、どれほど価格が低くても消費者には受け入れてもらえなくなる。

たとえば、P&Gがパンパースを発売した当初は、他に選択肢がないため、多少は割高だと感じていたとしても、利便性に注目した消費者に歓迎された。しかし、ユニ・チャームや花王などのライバルが、より安価で吸水力の高い競合製品を相次いで導入すると、パンパースは相対的に高価に感じられ、しかも相対的品質が低いと認識されたため、市場で許容される範囲から外れて急速にシェアを低下させたと考えられる。

品質・価格線が価値マップ上で右下にシフトしていくことが、消費者にとっては望ましい。しかし、メーカーの立場からすると、特定時点の技術水準や投入材料コストなどを考慮すると、品質・価格線自体を右下に向かってどこまでもシフトさせ続けることは不可能で、実現可能な範

図6.5　価値マップ上のカテゴリー

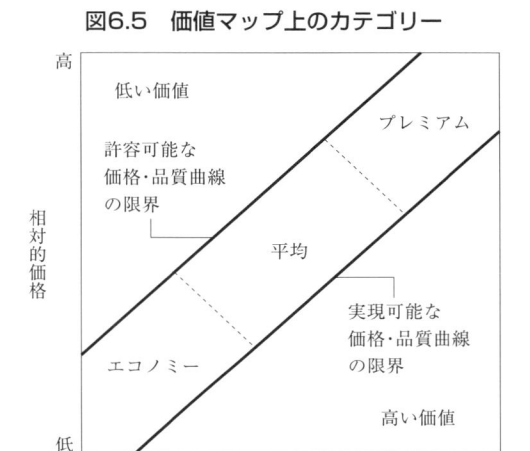

（図：縦軸「相対的価格」高↔低、横軸「相対的品質」劣った地位↔優れた地位。左上から右下へ二本の平行な直線が引かれ、上の線は「許容可能な価格・品質曲線の限界」、下の線は「実現可能な価格・品質曲線の限界」。二本の線の間の帯が対角線方向に広がり、左下から「エコノミー」「平均」「プレミアム」の三区分。帯の左上外側は「低い価値」、右下外側は「高い価値」。）

出所：Buzzell and Gale（1987）
邦訳書 p.140 図表6-6「価格マップ：5つの一般的な製品／サービス位置」に基づいて作成

囲には限界がある。そこで、図6.5に示すように、価値マップの対角線付近には、消費者によって許容される限界と、技術などによって規定される実現可能な限界とに囲まれた領域を識別することができる。実際に市場に投入され、消費者にとって購入対象となる製品・サービスはこの領域に属している。

　価値マップでは、この領域を価格帯によって、さらに三つのカテゴリーに細分している。最も高価格・高品質なカテゴリーは「プレミアム（premium）」と呼ばれ、中程度の価格・品質のカテゴリーは「平均（average）」、低価格・低品質なカテゴリーは「エコノミー（economy）[*1]」と呼ばれる。

　価値マップの左上で、消費者の許容範囲限界に達していない領域は「低い価値」と呼ばれ、「一定の品質に対して価格が高すぎる」あるいは「一定の価格に対して品質が低すぎる」ため、購入対象外となる領域である。また、価値マップの右下は「高い価値」と呼ばれ、「一定の品質に対して価格が低い」もしくは「一定の価格に対して品質が高い」という、消費者にとっては非常に望ましいものの、様々な制約から現時点で

---

*1――邦訳では「経済的」となっている（邦訳書 p.140）。

は実現できない領域である。

　価値マップは、どれほど差別化された製品であっても、あるいはどれほど低価格な製品であっても、プレミアム・平均・エコノミーの範囲内にないと、購入対象として考慮してもらえないことを示している。さらに、価値マップは、価格や品質の絶対水準が異なる製品であっても競合関係になりうることも示唆している。同一の価格・品質曲線上にある「エコノミー」製品と「プレミアム」製品は、品質と価格比では同一である。そのため、装飾品や嗜好品などのように高価であること自体に意味がある場合のように、品質・価格比という価値以外の何らかの「価値」を消費者に見いだしてもらえないと、プレミアム製品を提供し続けることは難しくなる。

4.相対的品質：知覚品質による評価

　本節では、実際のデータから価値マップを作成するために、価値マップにおける主要軸の一つである相対的品質に関して検討する。価値マップのもう一つの軸である相対的価格は、競合製品の価格が判明すれば容易に把握できる。製品価格は貨幣価値という単一尺度上に位置付けることができるため、一元的に相対化しやすい。

　しかし、品質を単一尺度で把握することは容易ではない。なぜならば、(1)製品やサービスの属性はそもそも多様であり、(2)顧客は多様な製品属性すべてに着目しているわけではないからである。

　たとえば、多くの工業製品は、性能・耐久性・メンテナンスのしやすさなど複数の尺度で評価されている。しかも、製品性能を評価する基準は製品ごとに異なっている。自動車は乗り心地・燃費・加速性能などで評価されるだろう。また、デジタルカメラであれば、撮影画質だけでなく、電源投入から撮影可能になるまでの時間の短さや、撮影した画像の見やすさ（ディスプレイのサイズや明るさなどに左右される）なども評価対象となる。

　製品やサービスは、性能や耐久性、メンテナンスのしやすさなど、それぞれの製品特性に応じて多様な尺度で評価することができるが、価値マップで考察しているのは顧客に「知覚された品質」のみである点に注意が必要である。消費者が認識せず、また価値を認めていない性能・機能の尺度でいかに優れていても、それらは知覚品質には影響を及ぼさない。

日本企業の製品には「過剰品質」のものが多いといわれる原因は、製品の機能や性能を評価する基準が、作り手側と消費者側とで食い違っていることにある。過剰品質といわれるケースは、(1)顧客が要望する品質水準を「過剰」に上回っている、あるいは(2)顧客が高水準を望んでいるわけではない属性、あるいは認識していない属性で、「過剰」に品質が高い、のいずれかに分類できる。後者の場合、作り手がどれほど高品質を実現したとしても、顧客にとっての価値は高まらない。

　顧客による知覚品質に対応する概念として、製造者の側での「適合品質」がある。適合品質は、「製造品質」とも呼ばれ、設計時に目標として定めた機能・性能などの「設計品質」が、実際に製造された製品においてどれだけ達成されているか、すなわち設計品質への「適合度」で評価される。設計品質・製造品質は、消費者には直接見えない「深層の競争力」（藤本 2003）を構成する主要要因であるのに対して、知覚品質は直接消費者の目に触れる要因であり、「表層の競争力」に寄与する（第2章図2.3参照）。

(1) 価値マップの作成：相対的品質の評価方法

　知覚品質の評価は、まず「品質プロフィール」と呼ばれる、顧客が価値を認めている製品属性の網羅的リストを作成することから始まる。その後、各属性の評点を加重平均して、知覚品質を総合的に評価することで相対的品質が評価される。

　具体的には、次のようなステップを経て、相対的品質が評価される。

①購買決定に影響する価格以外の製品属性をすべてリストアップする。
②購買決定に与える影響の程度に従って各属性にウェイトを付ける。
③自社製品と競争相手の製品ライン全体に対して、各属性の点数を評価する。
④各属性の評点を重み付けし、それらの総和として相対的品質スコアを算出する。

　相対的品質評価プロセスの詳細については、章末の付属資料「相対的品質の評価：2003年発売デジタルカメラ」を参照されたい。図6.6には、上記のプロセスで算出された相対品質を横軸に、発売時の店頭価格[*2]を縦軸にプロットした価値マップが示されている。

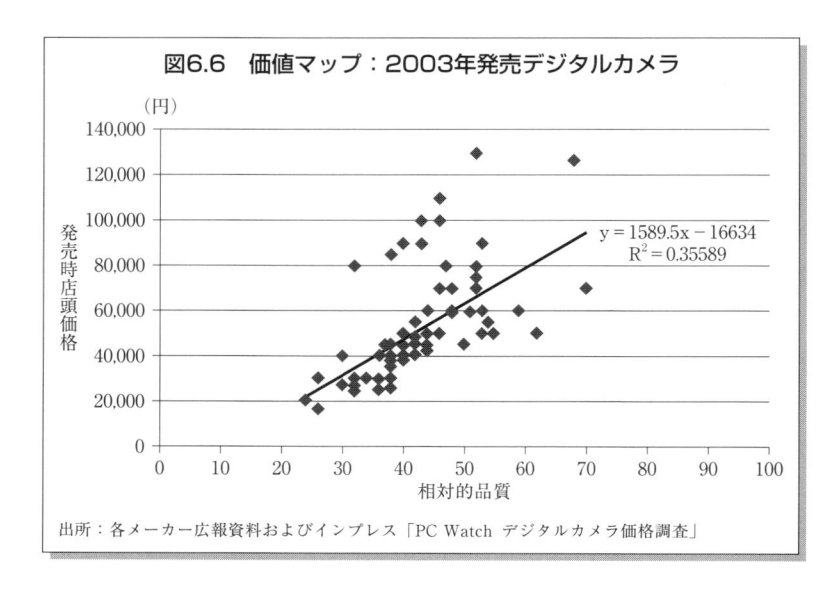

図6.6　価値マップ：2003年発売デジタルカメラ

縦軸：発売時店頭価格（円）　横軸：相対的品質

$y = 1589.5x - 16634$
$R^2 = 0.35589$

出所：各メーカー広報資料およびインプレス「PC Watch デジタルカメラ価格調査」

（2）価値マップ作成・利用時の注意事項

　図6.6の価値マップには、各製品の相対的品質と価格に関する全体的な傾向を示す回帰式が示されている。ここから、相対品質と店頭販売価格は正の相関関係にあり、知覚品質が高い製品ほど販売価格が高い（もしくは、販売価格が高い製品ほど相対的品質スコアが高い）という傾向を読み取れる。

　ただし、この回帰式の「寄与率」、すなわち製品価格の変動のうち品質スコアによって説明される比率は決して高くない（$R^2 = 0.36$）。このことは、同程度の品質スコアであっても、製品価格にばらつきが観察されることを意味している。その重要な原因の一つとして、品質スコアの評価方式が必ずしも消費者の評価を正確に反映していない可能性を考えることができる。

＊2——図6.6から図6.8で用いた価格データは、インプレスのウェブニュースサイト「PC Watch」に掲載された「デジタルカメラ価格調査」の結果を利用している。この調査は、PC Watch編集部員が新宿や秋葉原などの家電量販店に出向き、店頭に展示されているデジタルカメラの表示価格を記録している。調査結果は、1996年12月24日付調査〈http://pc.watch.impress.co.jp/docs/article/961224/p_dscs.htm〉から、基本的に1カ月おきに、2006年3月7日付調査〈http://pc.watch.impress.co.jp/docs/2006/0308/ps_dcam.htm〉までウェブページで公表されてきた。ここでは、各年に新発売されたモデルがこの調査に初めて登場したときの価格（複数店舗間で表示価格が異なる場合は、低いほう）を「発売時店頭価格」としている。なお、本データの整理には大木清弘氏（作成時、東京大学大学院経済学研究科博士課程）の助力を得た。ここに記して感謝したい。

現実のデータに基づいて価値マップを作成しようとする際に大きな問題になるのは、「品質とは何か」という点である。価値マップで考察しているのは、顧客にとっての「価値」であり、それをもたらす顧客による「知覚品質」である。顧客の主観点判断という要素が入るため、顧客価値は製品性能や機能などの客観的な属性だけで把握することは難しく、分析者が顧客の判断を適切に把握できるとは限らない。

　たとえば、図6.6の相対的品質の評価基準には、デジタルカメラの大きさが含まれており、小型であるほど評価スコアが高くなるように尺度が設定されている。コンパクト・タイプでは、小型・軽量で携帯しやすく、取り扱いやすいことが顧客に対する強い訴求点となりやすい。しかし、一眼レフは機構上の制約から小型化が困難であり、画質を犠牲にしてまで本体サイズが小さいことを求めるユーザーは多くはない。画質を向上させるためには、逆にボディが大きくなることさえ許容される場合がありうる。そのため、一眼レフでは小型化は必ずしもプラス方向に評価されるわけではなく、場合によってはマイナス方向に作用することさえありうる。実際、図6.6において、ほぼ同程度の品質スコアで相対的に高価格に位置付けられている製品の大部分は一眼レフ・タイプである。

　品質プロフィールの評価基準に何を含めるか、その尺度をどう定めるかは分析者の主観的判断に依存する。コンパクトも一眼レフも含んだ「デジタルカメラ全体」として品質評価を行うのが望ましいのか、またコンパクトと一眼レフは別の基準で評価すべきかの判断については、分析の目的に依存して決定されるべきである。

　また、品質の知覚には、原理的には、顧客が価値を認めているすべての要因が影響しているが、「すべて」の要因を分析対象にするのは現実的には難しい。品質プロフィールにどの製品属性を含めるのが妥当か、各属性への加重ウェイトはどうあるべきか、各属性の評価基準はどう定めるか、相対的品質評価のほとんどのステップでの評価は分析者によって見解が異なる可能性が高い。そのため、分析結果が消費者の購買意思決定状態を適切に反映しているかを検証できるような手立てを講じる必要がある。

　また、相対的品質の評価プロセスでは、分析者が主観的な判断を下す必要があるため、分析者によって評価結果が異なる可能性が高いことに注意しておくべきである。

5.価値マップを利用した戦略分析

(1)ライバル製品との相対的ポジション

　前述の通り、現実のデータを用いて作成した価値マップは、その作成手順の特徴から、分析者の主観的な判断を反映するため、作成されるマップが分析者によって異なってくる可能性がある。また、同じ理由で、特定の製品に関する価値マップは、現実の消費者による評価を必ずしも正確に反映していない可能性もある。しかしながら、価値マップは、限られたデータから、業界における競争状況を読み解くための手段として用いることができる。

　現実のデータに基づいた価値マップにおいて、価格・品質曲線を厳密に描いたり、カテゴリー間の境界を厳密に定めることは難しい。しかし、ある程度の許容範囲を設定すれば、近似線を価格・品質曲線を代理するものと便宜的に扱うことは許容されるだろう。図6.6の価値マップで、価格・品質曲線の傾きは近似線とほぼ同じであると仮定することに、大きな問題点はないだろう。同様に、消費者にとって許容可能な価格・品質曲線の限界、生産者にとって実現可能な価格・品質曲線の限界、プレミアム・平均・エコノミーといったカテゴリー間の境界についても、ある程度の幅を持って推測することができる。

　こうした推測に基づいて、デジタルカメラ・メーカーは自社製品の相対的な位置付けを把握することができる。たとえば、自社の特定モデルと品質スコアが近いライバル製品は直接的な競合となりうるため、ライバル社の価格動向には注意を払っておく必要が出てくる。

　また、同程度の品質スコアであるにもかかわらず、他社製品と価格に大きな開きがある場合には、品質スコアで考慮されていない「その他要因」が、消費者にとってどれだけ魅力的かを検討する必要がある。

　たとえば、図6.6において、品質スコア30ポイント台の製品の価格は、大部分が2万円から4万円程度の間に位置している。その中で、品質スコア32ポイントのコニカ（現、コニカミノルタ）「DIGITAL現場監督DG-3Z」は、店頭価格79,800円と群を抜いて高価格である。このモデルは、製品名が示すとおり、土木・建築の現場での利用を想定したもので、高水準の防水・防塵性能を備え、またスイッチやボタン類は軍手のまま操作できるように工夫されている。

また、図6.6でこのモデルの右隣に位置付けられている、品質スコア38ポイントのリコー「Caplio Pro G3」（84,800円）も、無線LANやBluetooth®、PHSデータ通信などで画像データを転送したり、GPS（Global Positioning System 全地球測位システム）情報を画像データに記録できるなどの先進的な機能を搭載している。これらのモデルのように、同水準の品質スコアであるにもかかわらずライバル製品よりも高価格で販売されている製品については、価格差を納得してもらえるだけの「理由付け」がないと、消費者の支持を得ることは難しい。メーカーは、販売価格の差が、図6.6での相対的品質評価で用いられている尺度以外で提供している価値と見合ったものかどうか、常に検討する必要がある。

(2)競争上の焦点の変遷

　価値マップを全体の大きな傾向を読み取るツールであると捉えると、さらに以下のように、時間の経過とともに業界における競争上の焦点がどのように変化してきたかを分析することも可能になる。

　図6.7は、2003年に発売されたデジタルカメラの発売時店頭価格と搭載している「電荷結合素子（Charge Coupled Devices; CCD）」画素数の関係を表している。CCDは光信号をデジタル信号に変換する「画像センサ」として用いられる撮像用の半導体素子であり、デジタルカメラの画質を大きく左右するキーデバイスである。CCD画素数が大きくなるほど画質が向上するため、ここでは画質をデジタルカメラの相対的品質の唯一の尺度とし、CCD画素数を品質の代理変数としている。

　もちろん、前述の通り、デジタルカメラのユーザーに価値をもたらしているのは、撮影時の画質のみではない。たとえば、カメラ本体の大きさや重さ（携帯しやすさ）、液晶ディスプレイの大きさ、起動速度の速さ、ズームや手ぶれ補正機能など多様なものがありうる。しかし、こうした属性の相対的重要度は、各分析時点によって異なっている。同じデジタルカメラといっても、コンシューマ市場が本格的に立ち上がった直後の1996年と、急速な成長を経て市場がある程度成熟した2000年代後半とでは、製品に対する消費者の評価基準・尺度が異なってくる。そこで、ここでは議論を単純化するために、比較的長い期間にわたって重要な評価尺度であり続けたCCD画素数のみを取り上げることにする。

　図6.7からは、(1)2003年当時、300万画素から400万画素台のCCDを搭載したモデルが主力であったこと、(2)全体的な傾向として、画素数が大き

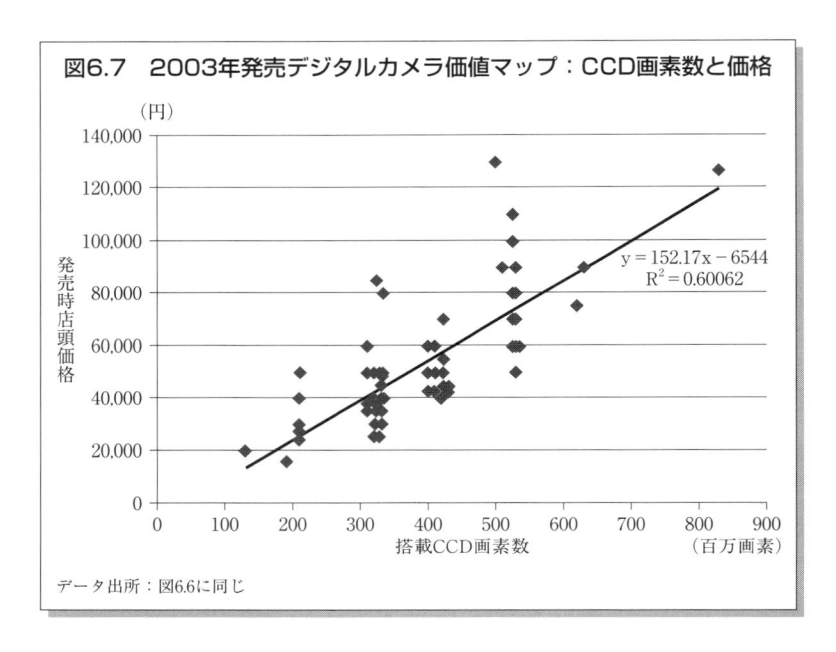

図6.7 2003年発売デジタルカメラ価値マップ：CCD画素数と価格

$y = 152.17x - 6544$
$R^2 = 0.60062$

縦軸：発売時店頭価格（円）
横軸：搭載CCD画素数（百万画素）

データ出所：図6.6に同じ

くなるほど発売時店頭価格が高くなることを読み取れる。この傾向は、CCD画素数と店頭価格の関係を近似的に表現した一次式が右上がりであることからも確認できる。[*3]

図6.8には、1996年から2005年までの期間について、図6.7と同じ手順で導出されたCCD画素数と店頭価格の関係の近似線が示されている。

各年に発売されたモデルごとのCCD画素数と価格との関係を示す近似線の推移からは、[*4] (1)搭載される画素数が一貫して大きくなり続けていること、また(2)同一年における最低価格モデルと最高価格モデルの価格差が年を追うごとに縮小していることが読み取れる。

さらに、近年の傾向として注目すべきなのは、搭載CCD画素数の幅が拡大していることである。新発売のモデルに搭載されているCCD画素数の最大値が年々上昇していくペースと比較すると、最小CCD画素数が上がっていくペースは遅い。特に2000年から2003年にかけては、最小画素数にはほとんど変化が見られない。このため、近似線は徐々に長くなってきている。

---

*3──ただし、この近似式のR二乗値は約0.60であり、店頭価格の決定因はCCD画素数だけではないことを示している。
*4──年次によっては、近似式のR二乗値が0.2から0.3程度と低いことがあるため、図6.8の解釈には注意が必要である。

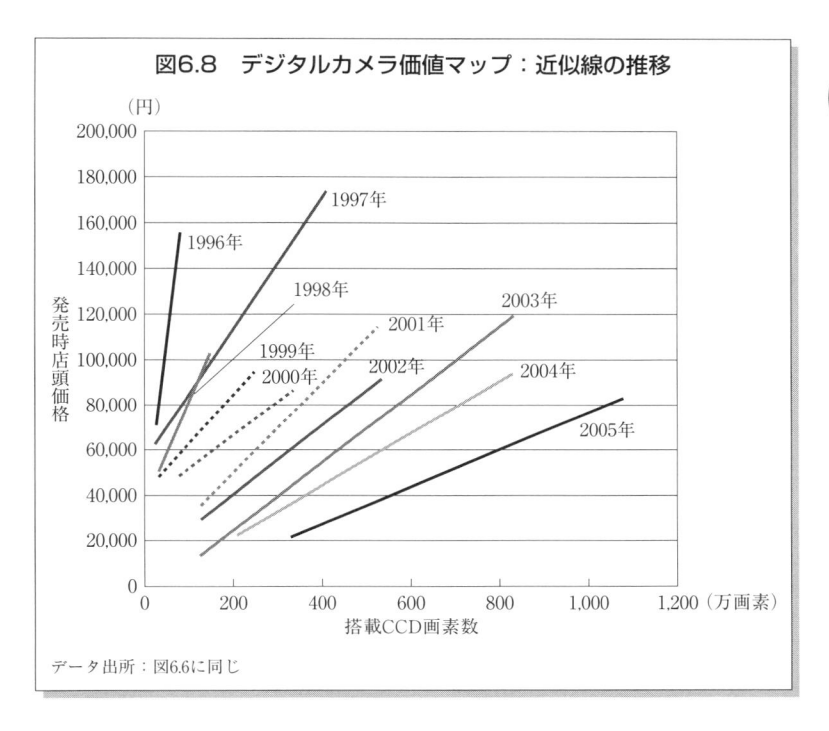

図6.8 デジタルカメラ価値マップ：近似線の推移

(縦軸：発売時店頭価格（円）、横軸：搭載CCD画素数（万画素）。1996年、1997年、1998年、1999年、2000年、2001年、2002年、2003年、2004年、2005年の近似線が描かれている。)

データ出所：図6.6に同じ

　デジタルカメラ・メーカーは、CCD画素数を高めることで高画質化を図り、製品機能の向上を顧客にアピールしてきた。しかし、近似線の傾きが小さくなり、最高価格から最低価格までの差が縮小していることは、画素数を高めるだけでは、消費者からの支持を得ることが難しくなっていることを示している。実際、L判用紙（89×127mm）にプリントした場合、CCD画素数が200万〜300万画素を超えると、一般ユーザーには画質の違いを識別するのは困難であるといわれている。

　画素数が大きくなればなるほど、高画素化が画質の差をもたらしにくくなり、消費者が知覚する品質の評価尺度として、画素数は相対的な重要度が減少してきている。そのため、エコノミー領域では、画素数を一定に保ったままで、価格を引き下げることが選択されてきた。

　一方、プレミアム・平均の領域に位置する製品群については、画素数を増加させる一方で、手ぶれ補正・ズーム・顔認識・連写など、画素数以外の新たな機能を追加してきた。ただし、こうした付加価値提案のすべてが受け入れられているとは限らず、依然として画素数は店頭発売価格を左右する大きな要因であり続けている。たとえ相対的な重要度が減

少しているにしても、CCD画素数はデジタルカメラ・メーカーにとっては無視できない重要な要因である。

2──顧客価値と競争優位

　ここまでは、顧客に自社製品・サービスを評価してもらうためには、差別化のみ、あるいは低価格のみを追求するのでは十分でなく、価格と品質の組み合わせで決定される「顧客価値」の水準が重要であるという前提に立って、価値マップについて検討してきた。価値マップで取り上げられている品質は、顧客による「知覚品質」であるとされているものの、品質の知覚には個人差があり、評価基準や尺度について必ずしも一致を見るとは限らない。

　以下では、顧客に知覚される品質が異なりうることが、競争上どのような意味を持つのか、2種類の差別化という観点から検討する。

1. 知覚品質と2種類の差別化

　顧客による品質（製品属性）の認知には、顧客が「望ましい」と判断する評価方向が一致しやすい製品属性とそうでない属性とがある。多くの場合、製品の機能や性能は高いほうが望ましい。たとえば、よほどの変わり者でなければ、デジタルカメラの撮影画質は高いほど望ましく、操作は分かりやすいほどよいと考えるだろう。あるいは、自動車であれば、乗り心地も燃費もよいほど望ましい。

　それに対して、消費者によって判断が分かれる製品属性もある。たとえば、同じデザインの洋服であっても、色や繊維の素材などの「好み」は多様で、すべての消費者の評価が一致するとは限らない。

　消費者の評価方向が一致している製品属性に沿った差別化は「垂直的差別化」と呼ばれ、評価が分かれる製品属性に沿った差別化は「水平的差別化」と呼ばれる。[*5]

---

*5──産業組織論では、評価方向が一致している評価属性を「品質」と呼び、そうでない属性を「バラエティ」と呼んでいるため、垂直的差別化は「品質による差別化」、水平的差別化は「バラエティによる差別化」と呼ばれる（丸山 2005 p.128）。この「品質」という単語は、本章での用法と異なっていることには注意が必要である。

(1) 垂直的差別化

　垂直的差別化では、製品尺度の評価方向が一致しているため、どうすれば顧客に価値をもたらせるかが分かりやすい。デジタルカメラの例では、画質がより高く、操作がより簡単な製品が望まれている。図6.8のデジタルカメラの価値マップでは、1996年以降、近似線が全体的に右下に移行していき、右上がりの近似線の傾きが小さくなってきている。このことは、画素数を向上させることで「垂直的差別化」を図りつつ、コスト削減の努力も行い、価格を低下させてきていることを示している。

　垂直的差別化は、実現には様々な困難は伴うだろうが、目指すべき方向は明らかである。ただし、望ましい方向性が一致していても、複数の属性間にはトレードオフ関係が存在し、同時に品質水準を高めるのが困難なことには注意しなければならない。

　たとえば、自動車にとって、安全性の高さと燃費のよさはいずれも高水準であるほど望ましい。しかし、安全性と燃費の両立には困難が伴う。安全性を高めるためには、エアバッグやアンチロック・ブレーキ・システム（Antilock Break System; ABS）などの安全装備を搭載したり、ボディ鋼板の厚みを増したりといった対策が採用される。こうした方策は、車重を増加させるため燃費という観点ではマイナス要因となる。安全性を向上させつつ、燃費も向上させることが、自動車メーカーの課題になる。垂直的差別化は、トレードオフ関係にある製品属性の組み合わせにおいて、各属性のレベルを他社よりも向上させることによって達成される。

(2) 水平的差別化

　同じように差別化を追求しているといっても、製品属性の評価方向が一致しない「水平的差別化」の場合には、垂直的差別化に比べると目指すべき方向が明らかになっていないため、一筋縄ではいきにくい。

　たとえば、経済学では、Hotelling（1929）の「立地モデル」が水平的差別化の典型例として挙げられることが多い[6]。立地モデルでは、顧客にとって価値をもたらす要因として、製品そのものの属性だけでなく、店舗までの移動距離も考慮している。消費者の購入意思決定には、店舗まで出かけていく「移動コスト」が組み込まれているため、まったく同じ

＊6——丸山（2005）pp.129-131

商品を同じ価格で購入したとしても、小売店舗の近くに住んでいる消費者ほど効用が高くなる。逆に、店舗付近の居住者にとっては、移動コストが小さい分、価格が多少高くなることも許容できる。少し離れたスーパーマーケットまで行けば、同じものがより安価に買えることを知りながらも、近所のコンビニエンスストアで買い物をする消費者は、移動コスト節約による価格プレミアムを受け入れている。

　この例は、住居の場所によって、移動コストという要因に対して付与している比重が異なることを示している。コンビニエンスストアの商圏は非常に狭く、徒歩5分（約350メートル）程度といわれている。コンビニエンスストアの近くに住んでいる消費者ほど、スーパーマーケットまで「わざわざ」出かけていくことを負担だと考える。コンビニエンスストアに行くのも、スーパーマーケットに行くのも「移動の手間」は変わらないと考えている消費者にとっては、商品価格の違いが強く意識される。

　水平的差別化を志向する企業は、消費者が価値を認める製品属性の組み合わせを変化させたり、同じ組み合わせであっても各属性に付与される比重を変えようと試みる。たとえば、デジタルカメラの例では、前述の通り、1990年代後半以降一貫して、CCD高画素化と低価格化が追求されてきた。ただし、市場での競争はCCD画素数と価格だけを争点にしてきたわけではなく、2000年前後からは画質に加えて小型・軽量という属性にも注目が集まり、その後も2003年頃から光学ズームや手ぶれ補正などの属性も重視されるようになってきた。高画素・低価格という基本的な属性については、望ましい方向が一致しているが、その他の属性についてはメーカーごとに重視している程度の違いが見られる（網倉・多功 2009）。

　たとえば、本体形状・重量に関する製品属性について、「カードサイズ」を謳うカシオは小型・軽量であることに加えて、「薄型」であるため持ち運びやすいことを強く訴えている。小型化・軽量化という方向については、全般的には望ましいものと考えられているものの、「小さすぎると扱いにくい、軽すぎると手ぶれが起きやすい」ため、「薄型カードサイズ」というカシオの訴求に対して魅力を感じないユーザー層も存在し、近年ではデジタル一眼レフに人気が集まっている。あるいは、様々なメーカーが、連写・動画撮影、さらには音楽再生など多様な独自

機能をアピールしてきたが、これらの努力のすべてが受け入れられてきたわけではない。

　水平的差別化を目指した活動の多くは、必ずしも結実するとは限らない。さらに、消費者に受け入れられ、水平的差別化に成功したとしても、ライバル企業に模倣されてしまうと競争優位は持続できない。たとえば、パナソニックはビデオカメラで培った手ぶれ補正技術をデジタルカメラに応用し、2002年頃から他社に先駆けてそれを強くアピールしてシェアを伸ばしてきた。手ぶれ補正機能は、比較的短期間で消費者に受け入れられ、水平的差別化の要因の一つになったと解釈される。

　しかし、2004年から2005年頃には、パナソニックと同様にビデオカメラを手がけてきた家電メーカーや、自動焦点機能付き銀塩カメラを手がけてきたカメラメーカーは技術蓄積を応用し、また技術蓄積を持たないメーカーは他社からの技術ライセンス供与に基づいて、手ぶれ補正機能を搭載し、対外的にも強くアピールするようになった。ライバル企業の模倣によって、競争優位の源泉であった手ぶれ補正は「搭載されることが当然」の競争均衡の源泉となってしまった。

2. 水平的差別化による新しい価値の提供

　水平的差別化に成功したとしても、ライバルによる模倣を許してしまえば、競争優位を持続できない。また、水平的差別化は顧客によって評価の方向性が分かれる製品属性に沿ったものであるため、それを受け入れてくれる顧客は限られてしまう可能性が高い。そのため、水平的差別化に成功したとしても、他社とは「毛色の違う」製品・サービスを、限られた「ニッチ市場[*7]」に対して提供するだけの結果になりやすい。

　以下では、水平的差別化による競争優位の持続、水平的差別化による競争構造の転換について検討する。

(1) 戦略キャンバスと価値曲線

　水平的差別化による競争優位の持続を目指す議論の一つが、Kim and Mauborgne（2005）の「ブルー・オーシャン戦略」である。Kim and Mauborgne（2005）は、企業は、競合のない「ブルー・オーシャン」を開拓することで、同じ競争次元で血まみれの競争を展開している「レッド・オーシャン」から脱出し、収益性を高めるべきであると主張する。

---

*7――詳細は第7章「競争ポジション」参照のこと。

ブルー・オーシャンを開拓するためには、買い手に提供する価値を見直して、競合を回避する必要がある。

競合回避のための戦略策定ツールとされているのが「戦略キャンバス（strategy canvas）」と「価値曲線（value curve）」である。戦略キャンバスは、業界の各社が力を注いでいる競争要因を横軸に、各要因の水準を縦軸にとっている。図6.9は、「10分1,000円のヘアカット専門店」を自称するQBハウスの戦略キャンバスを示している。

価値曲線は、戦略キャンバスの横軸上の各要因の水準を結ぶことで描かれる。QBハウスは、一般の理髪店と異なり、洗髪・ひげ剃りは行わない。髪型を大きく変えるのではなく、「伸びすぎた髪を散髪する」ことのみに特化して、顧客1人当たりの所要時間を10分程度に短縮している。散髪後の毛髪は、「エアーウォッシャー」と呼ばれる、ノズルの先端にブラシが付いた吸引機で吸い取る。

また、担当者には、散髪以外の作業を極力させないよう工夫することで、低コストを実現している。たとえば、料金は顧客自身に自動販売機で支払ってもらい、1万円や5,000円の高額紙幣を両替する必要がある場合でも、担当者は応対しないことになっている。

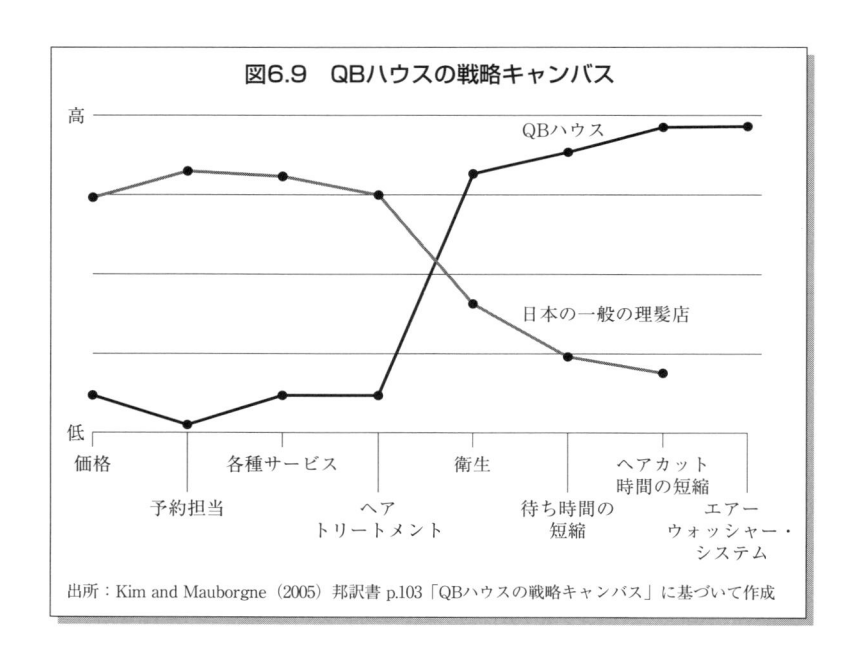

図6.9　QBハウスの戦略キャンバス

出所：Kim and Mauborgne（2005）邦訳書 p.103「QBハウスの戦略キャンバス」に基づいて作成

顧客1人当たりの所要時間が短いため、予約なしで来店しても待ち時間は数十分程度ですむ。さらに、店外には生産現場で自動機械の稼働状況を知らせるのに用いる「緑・黄色・赤」の回転ランプを取り付け、待ち時間の長さが遠くからでも一目で分かるようになっている。

　競合を回避するためには、戦略キャンバス上の要因について、(1)取り除く、(2)思い切って減らす、(3)大胆に増やす、(4)付け加える、のアクションが推奨されている。QBハウスでは、(1)洗髪・ひげ剃りは取り除き、(2)価格を思い切って引き下げ、(3)顧客ごとに新しいクシを利用する（使用後のクシは、希望すれば持ち帰れる）など衛生面に配慮し、(4)エアーウォッシャー・システムを導入することで、一般的な理髪店との競争を回避している。

　戦略キャンバスは、品質プロフィールの拡張版と捉えることができる。コスト競争に代表される単一尺度上での競争や、垂直的差別化のように、複数の競争次元があったとしても、基本的にプレーヤー全員が同じ方向を向いている競争では、短期的にリードすることができても、いつかは同質化されてしまい、競争優位を持続させることが難しい。そこで、顧客が認識する価値に影響する要因を、戦略キャンバス上で新たに付け加えたり取り除いたりすることで、競合企業とは大きく異なる価値曲線を顧客に提案し、水平的差別化の実現を図ろうとするのが、ブルー・オーシャン戦略の基本的な考え方である。

　価値曲線が従来からの競合企業と大きく異なることは、「ビジネス・モデル」が異なること、それゆえビジネス・モデル実現のために必要とされる組織能力や資源の組み合わせが異なってくることを意味している。独自のビジネス・モデルや組織能力は、ライバル企業による模倣を困難にする。

　QBハウスは、駅構内やショッピングセンターなど、人通りの多い場所に店舗を展開している。洗髪しないため、水回りの設備が不要になり、新規出店のための工事期間が短くてすむ。また、不振店舗を閉鎖する場合でも、退出時の「原状復帰」コストが低くてすむため、店舗展開の自由度が高まる。さらに、散髪台を「システムユニット」として標準化することで、コスト削減と出店期間短縮の効果が期待できる。

　一般の理髪店が、住宅地に店舗を構え、顧客の来店を待つのに対して、QBハウスは「伸びすぎた髪を短時間で整えたい」顧客がいる場所

を探して、次々に出店していく。競合している一般の理髪店が、QBハウスが提供している価値曲線を理解したとしても、ビジネス・システムが違いすぎるため、伝統的な業態を保ったままでQBハウス的な価値曲線を実現することは難しい。

(2)イノベータのジレンマ：分断的イノベーションによる価値ネットワーク転換

　水平的差別化に成功しても、限られた顧客の支持しか得られず「ニッチャー」のポジションに甘んじている事例は多い。水平的差別化を橋頭堡にして、市場全体に影響力を及ぼしていくプロセスを議論しているのが、Christensen（1997）の「イノベータのジレンマ（innovator's dilemma）」である。「イノベータのジレンマ」は、イノベーションによって競争優位を確保した既存企業が、ライバル企業の水平的差別化に対応できずに衰退していくプロセスを説明していると捉えられている。しかし、市場から駆逐される既存企業から、既存企業を駆逐する新興企業に立場を変えてみると、水平的差別化を契機にして、自社の影響力のおよぶ範囲を拡大するプロセスとして捉えることもできる。

　Christensen（1997）は、ハードディスク・ドライブを主要な例に、「価値ネットワーク（value network）」「分断的イノベーション（disruptive innovation）[*9]」「持続的イノベーション（sustaining innovation）」という鍵概念によって、既存企業が次世代のイノベーションに対応できなくなるメカニズムを説明している。

　価値ネットワークは、価値連鎖（第1章図1.4参照）に類似した概念で、上位の全体システムと下位の構成要素が「入れ子」状の階層構造を形成している取引システムのことを指している。顧客が最終的に購入する製品や利用するサービスは、複数の構成要素のネットワークによって形成されている。たとえば、ハードディスクは記憶装置としてコンピュータに組み込まれている。ハードディスクはコンピュータの構成要素であると同時に、ディスク、ヘッド、モーター、制御ソフトウェアを構成要素とする全体システムでもある。ハードディスクから見ると上位シス

[*8]──楠木（2006）は、水平的差別化を行ったうえで、差別化次元が「見えない」と、競合による模倣・同質化が困難になり、競争優位の持続性が高まると指摘している。
[*9]──邦訳書では、"disruptive innovation"は「破壊的イノベーション」と訳されている。また、原書のタイトルは*The Innovator's Dilemma*だが、邦訳書のタイトルは『イノベーションのジレンマ』となっている。本書では、原著のニュアンスを伝えるため、邦訳書とは異なる用語法を用いている。

テムにあたるコンピュータも、構内ネットワーク（Local Area Network; LAN）やインターネットなどのコンピュータ・ネットワークを構成する要素でもある。

　全体システムを構成する要素をすべて内部で調達できる場合もあるが、多くの場合は下位システムごとに製品市場が存在している。たとえば、ハードディスクメーカーは、モーターやディスクなど、外部の製造業者から購入した部品やコンポーネントを使ってハードディスクを完成させ、市場を通じてコンピュータメーカーと取引する。製品やシステムの基本構造（製品アーキテクチャ）が入れ子状になっていることに対応して、入れ子状になっている取引関係が価値ネットワークと呼ばれる。

　同じハードディスクメーカーであっても、異なる価値ネットワークに組み込まれていると、顧客も異なり、製品に対する要望も異なってくる。たとえば、1970年代後半に主力とされた14インチのハードディスク・ドライブは、主にメインフレームと呼ばれる大型汎用コンピュータに用いられていた。70年代末には、新規参入企業がより小型の8インチのハードディスク・ドライブを市場に導入し、メインフレームよりも小型のミニコンピュータに用いられるようになった。8インチ・ドライブは小型であるため、記憶容量も限られていた。メインフレームに用いられていた14インチのハードディスクは、すでに74年で約130MBであったのに対して、70年末に導入された8インチ・ドライブの記憶容量は10MBから40MBにすぎなかった（図6.10）。

　メインフレームのコンピュータメーカーがハードディスクに求めていたのは、大容量化や、記憶容量当たりコストの削減であり、小型化には関心がなかった。コンピュータ本体を小型化する必要がないため、導入当初の8インチ・ドライブには価値を見いだせなかった。それどころか、メインフレームに利用するには記憶容量が小さすぎると考えていた。

　それまでにない新しい製品属性で新たな価値を提供しているものの、従来からの属性評価基準では価値を減じてしまうような技術革新が「分断的イノベーション」である。分断的イノベーションでは、従来にない新しい製品属性において顧客に価値を提供するという意味で、水平的に差別化される。それと同時に、従来からの価値尺度では品質水準が低下しているという点で、垂直的な差別化の程度が低下する。こうしたイノベーションは、記憶容量を犠牲にしても小型化を望む顧客と、大容量化

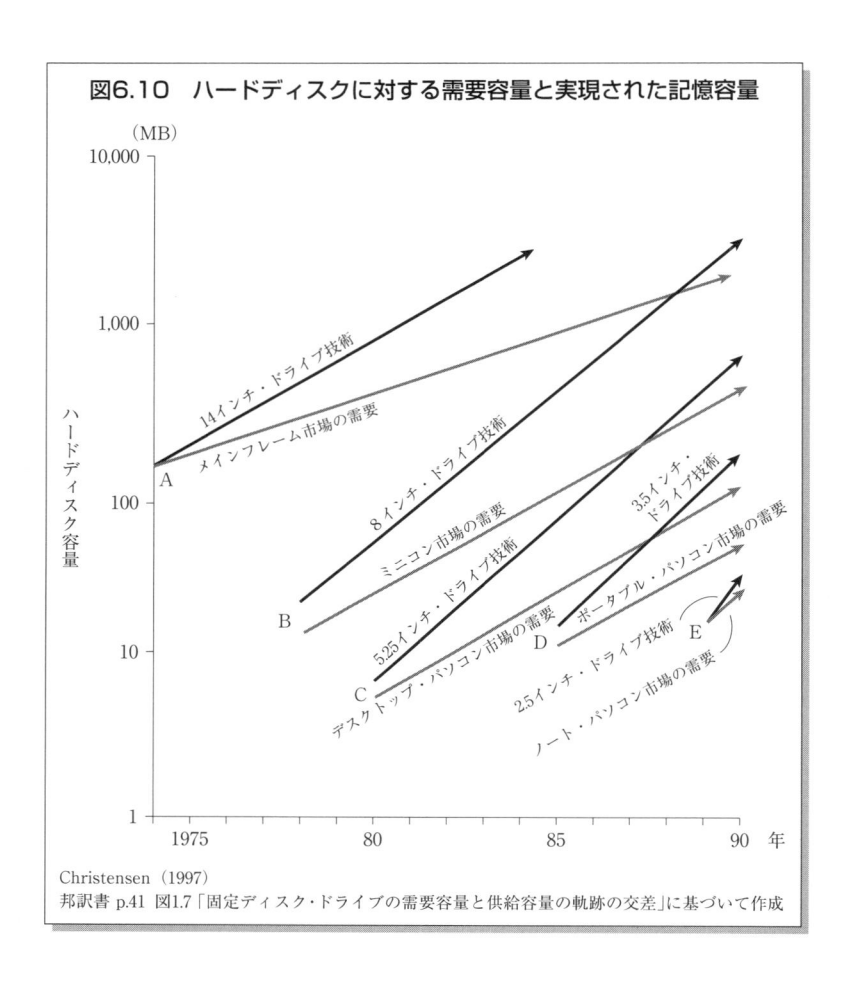

図6.10　ハードディスクに対する需要容量と実現された記憶容量

(MB)

縦軸：ハードディスク容量（1〜10,000 MB）
横軸：年（1975〜90）

- 14インチ・ドライブ技術
- メインフレーム市場の需要
- 8インチ・ドライブ技術
- ミニコン市場の需要
- 5.25インチ・ドライブ技術
- デスクトップ・パソコン市場の需要
- 3.5インチ・ドライブ技術
- ポータブル・パソコン市場の需要
- 2.5インチ・ドライブ技術
- ノート・パソコン市場の需要

点：A, B, C, D, E

Christensen（1997）
邦訳書 p.41 図1.7「固定ディスク・ドライブの需要容量と供給容量の軌跡の交差」に基づいて作成

や単位当たりコストの低減を望む従来からの顧客とを「分断」する。

　分断された少数顧客の支持を得た8インチ・ドライブを供給するハードディスクメーカーは、その後、「持続的イノベーション」と呼ばれる漸進的な改良効果の積み重ねによって、記憶容量を向上させ、単位当たりコストを低下させてきた。持続的イノベーションの効果によって、一般ユーザーが要求する水準がクリアされるようになると、8インチ・ドライブは徐々に一般市場で受け入れられるようになっていった。

　一方、14インチ・ドライブを提供してきたハードディスクメーカーは既存ユーザー（メインフレームのコンピュータメーカー）の要望に忠実に記憶容量の拡大に邁進した。しかし、この努力は、ユーザーが要望す

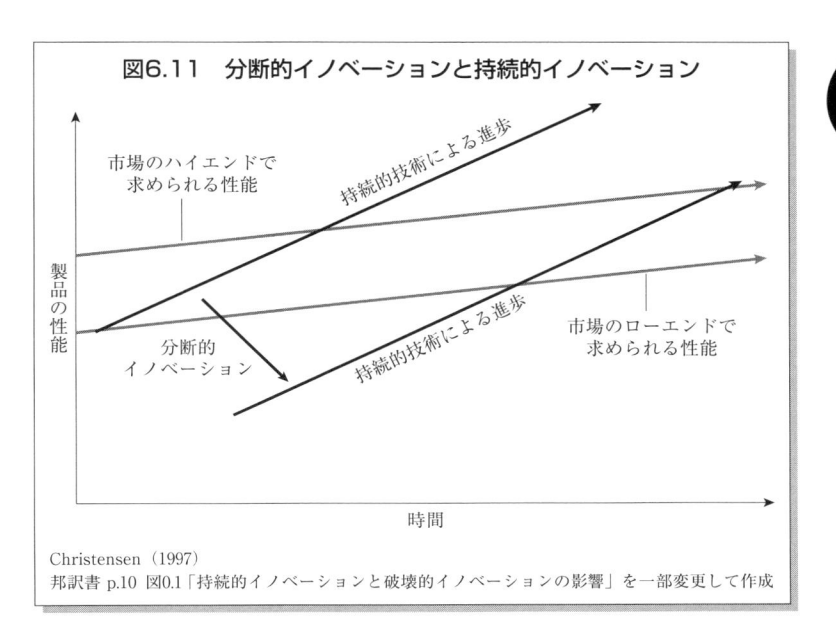

図6.11 分断的イノベーションと持続的イノベーション

（縦軸：製品の性能、横軸：時間）
- 市場のハイエンドで求められる性能
- 持続的技術による進歩
- 分断的イノベーション
- 持続的技術による進歩
- 市場のローエンドで求められる性能

Christensen（1997）
邦訳書 p.10 図0.1「持続的イノベーションと破壊的イノベーションの影響」を一部変更して作成

る水準の上限を越えてしまい、記憶容量の拡大だけではユーザーに評価されなくなっていた。

　記憶容量が限られているという欠点を克服した8インチ・ドライブは、14インチにはない小型化という新しい価値をユーザーに提供し、徐々に14インチ・ドライブが押さえていた市場を侵食していった。14インチ・ドライブのメーカーは、こうした趨勢を押し止めることができず、最終的には市場から撤退していった。

　ハードディスク市場では、ディスク・サイズが縮小していくたびに、同様なプロセスが繰り返されてきた。5.25インチはデスクトップPCに、3.5インチ以下のドライブはポータブルPCやノートPCに用いられてきた。新世代の製品は、分断的イノベーションとして、さらなる小型化、耐振動・衝撃性などの新しい価値を提供する一方で、小型化によって一時的に低下した記憶容量を持続的イノベーションによって向上させ、旧世代のドライブを市場から駆逐してきた。

　企業は特定の価値ネットワークにおいて経験を積むと、その価値ネットワークを代表する需要に合わせて、資源や組織能力を蓄積していく。14インチ・ディスクにおけるメインフレーム・コンピュータのメーカーに代表される、主要顧客の意見に忠実に従えば従うほど、分断的イノベ

ーションがもたらす技術の世代交代には適応しにくくなる。持続的イノベーションによる垂直的差別化に力を注げば注ぐほど、他の価値ネットワークへと転換することが難しくなり、ライバルによる水平的差別化への対応力が低下してしまう。こうした現象が「イノベータのジレンマ」と呼ばれる。イノベータのジレンマは、高品質を追求する垂直的差別化には重大な「落とし穴」が隠されていることを指摘している。

しかし、立場を変えてみると、イノベータのジレンマは、水平的な差別化によって獲得した顧客が限られていても、持続的イノベーションを積み重ねていくことで、市場の大部分を支配することもありうることを示唆している。

3―顧客価値と企業収益

企業収益の源泉は、提供している付加価値である。価値を付加して、特定の価値ネットワークの最終顧客が評価する価値を増大させることができた企業が収益を手にする。付加価値は、「産出額（販売額）と中間投入物価格の差」として定義される。付加価値を大きくするためには、(1)品質を高めて差別化し、自社が提供する製品・サービスの価格を高く評価してもらう、(2)コストを削減する、の二つの方策がありうる。

Porter（1985）は、差別化と低コストの両立は難しく、「中途半端（stuck-in-the-middle）」になりやすいとして、差別化か低コストのいずれかを追求するべきであると主張している。しかし、顧客価値を増大させることで、顧客の「支払意欲」を向上させると同時にコスト削減を図ることは、困難であるにせよ、不可能ではない。PIMS研究は、顧客による知覚品質を高めることで、差別化と低コストは両立可能であると主張している。

差別化と低コストを両立させるためには、自社はどのような価値ネットワークに組み込まれているか、その最終顧客は何に対して価値を感じ、知覚する価値にどれだけの対価を支払ってくれるのかを十分に検討する必要がある。

〈参考文献〉

網倉久永・多功英貴（2009）「内容分析法によるデジタルカメラ・メーカーの意図分析―競争焦点の変遷把握に向けて」上智大学経済学会ディスカッション・ペーパー ERSS No.48

Buzzell, Robert D. and Bradley T. Gale（1987）*The PIMS Principles: Linking Strategy to Performance*, New York; Free Press.（和田充夫・八七戦略研究会訳（1988）『新PIMSの戦略原則―業績に結びつく戦略要素の解明』ダイヤモンド社）

Christensen, Clayton M.（1997）*The Innovator's Dilemma: When New Technologies Cause Great Firms to Fail*, Boston; Harvard Business School Press.（玉田俊平太監訳・伊豆原弓訳（2001）『イノベーションのジレンマ―技術革新が巨大企業を滅ぼすとき（増補改訂版）』翔泳社）

藤本隆宏（2003）『能力構築競争―日本の自動車産業はなぜ強いのか』中公新書

Hotelling, Harold（1929）"Stability in Competition," *The Economic Journal* 39（153）pp.41–57.

Kim, W. Chan and Renée Mauborgne（2005）*Blue Ocean Strategy: How to Create Uncontested Market Space and Make the Competition Irrelevant*, Boston; Harvard Business School Press.（有賀裕子訳（2005）『ブルー・オーシャン戦略―競争のない世界を創造する』ランダムハウス講談社）

楠木建（2006）「次元の見えない差別化―脱コモディティ化の戦略を考える」『一橋ビジネスレビュー』53（4）pp.6–24

丸山雅祥（2005）『経営の経済学』有斐閣

Porter, Michael E.（1985）*Competitive Advantage: Creating and Sustaining Superior Performance*, New York; Free Press.（土岐坤・中辻萬治・小野寺武夫訳（1985）『競争優位の戦略―いかに高業績を持続させるか』ダイヤモンド社）

〈付属資料〉相対的品質の評価：2003年発売デジタルカメラ

ここでは、2003年に発売されたデジタルカメラを例に、相対的品質を評価することにする。本文で述べたように、相対的品質を評価する手順は以下の通りである。

①購買決定に影響する価格以外の製品属性をすべてリストアップする。
②購買決定に与える影響の程度に従って各属性にウェイトを付ける。
③自社製品と競争相手の製品ライン全体に対して、各属性の点数を評価する。
④各属性の評点を重み付けし、それらの総和として相対的品質スコアを算出する。

1.品質プロフィール作成

最初のステップは、「品質プロフィール」と呼ばれる、多様な製品属性のうち顧客の購買決定に影響している要因の網羅的なリストを作成することである。

ここでは、(1)CCD画素数の大きさによる「高画質」、(2)ズーム機能による「望遠」撮影、(3)本体のコンパクトさ（容積）による「持ち運びやすさ」、(4)手ぶれ補正機能による「失敗のない撮影」が、消費者の購買決定に影響しているものと考えている。表1は、2003年に国内で発売されたデジタルカメラ84機種について、メーカー各社の広報資料に基づいて製品属性を整理したものである。また、この表には、本文中でも利用した「PC Watch　デジタルカメラ価格調査」の調査による新発売時の店頭表示価格のデータも加えてある。

デジタルカメラの製品属性には、ここで取り上げたもの以外にも多数ありうる。たとえば、電源投入から撮影可能になるまでの「起動時間」の短さや、本体の大きさ・重さなどで決まる「ホールドの安定性」、ボタンやスイッチの「操作しやすさ」、フラッシュの制御をするなどの各種操作メニューの「わかりやすさ」、消費電力の大きさによって決まる「バッテリー利用時間の長さ」、液晶ディスプレイの大きさ・明るさなど

表1　2003年発売デジタルカメラ製品属性および価格

連番	画素数(万)	ズーム倍率	容積(cm³)	手ぶれ補正	価格(円)	連番	画素数(万)	ズーム倍率	容積(cm³)	手ぶれ補正	価格(円)
1	130	0	65	なし	19,800	43	334	3	215	なし	44,800
2	192	0	150	なし	15,800	44	334	3	215	なし	29,800
3	210	0	102	なし	26,800	45	334	3	94	なし	44,800
4	210	0	304	なし	29,800	46	334	3	588	なし	79,800
5	210	0	101	なし	39,800	47	335	0	60	なし	39,800
6	210	0	84	なし	24,000	48	337	3	175	なし	39,800
7	210	3	204	なし	29,800	49	400	3	186	なし	49,800
8	210	3	135	なし	29,800	50	400	10	482	なし	59,800
9	211	0	50	なし	26,800	51	400	10	482	なし	59,800
10	211	3	216	なし	29,800	52	400	3	186	なし	42,500
11	211	12	668	あり	49,800	53	410	3	138	なし	59,800
12	310	3	162	なし	49,800	54	410	3	231	なし	42,600
13	310	3	205	なし	34,800	55	410	3	186	なし	49,800
14	310	10	725	なし	59,800	56	413	3	155	なし	49,800
15	310	3	140	なし	37,800	57	420	0	79	なし	39,500
16	320	3	186	なし	39,800	58	423	3	115	なし	44,800
17	320	3	248	なし	29,800	59	423	3	86	なし	49,800
18	320	10	486	なし	49,800	60	423	12	1,277	あり	69,800
19	320	3	186	なし	37,800	61	423	3	150	あり	54,600
20	320	3	248	なし	25,400	62	423	3	215	なし	54,800
21	320	10	486	なし	49,800	63	423	3	215	なし	39,800
22	320	3	336	なし	24,800	64	432	3	214	なし	44,800
23	324	3	253	なし	37,800	65	432	3	119	なし	42,100
24	324	3	299	なし	84,800	66	500	7	1,129	なし	129,800
25	324	3	236	なし	29,800	67	510	4	661	なし	89,800
26	324	3	236	なし	34,800	68	525	5	233	なし	79,800
27	330	3	254	なし	39,800	69	525	5	233	なし	69,800
28	330	3	195	なし	44,800	70	525	3	222	なし	99,800
29	330	0	206	なし	29,800	71	525	3	222	なし	109,800
30	330	3	204	なし	39,800	72	525	3	175	なし	59,800
31	330	0	234	なし	24,800	73	526	4	544	なし	99,800
32	330	2	114	なし	44,800	74	530	3	195	なし	59,800
33	330	10	679	なし	49,800	75	530	3	254	なし	49,800
34	334	3	114	なし	49,800	76	530	4	368	なし	79,800
35	334	3	216	なし	39,800	77	530	4	115	なし	59,200
36	334	3	171	なし	49,800	78	530	3	273	なし	69,800
37	334	3	148	なし	39,800	79	530	3	625	なし	89,800
38	334	3	86	なし	48,800	80	530	3	189	なし	69,800
39	334	3	275	なし	39,800	81	536	3	155	なし	59,800
40	334	3	290	なし	29,800	82	620	3	163	なし	74,800
41	334	3	214	なし	34,800	83	630	6	957	なし	89,800
42	334	3.6	116	あり	44,800	84	830	7	1,925	なし	126,500

表2 各属性の比重決定

項目	比重
画素数	4
ズーム	3
容積	2
手ぶれ補正	1
合計	10

表3 2003年発売デジタルカメラ：搭載CCD画素数の分布

画素数	機種数
200万画素未満	2
300万画素未満	9
400万画素未満	41
500万画素未満	14
600万画素未満	15
700万画素未満	2
800万画素未満	0
900万画素未満	1

表4 画素数評点

CCD画素数		評点
800万画素以上		10
750万画素以上	800万画素未満	9
700万画素以上	750万画素未満	8
600万画素以上	700万画素未満	7
500万画素以上	600万画素未満	6
400万画素以上	500万画素未満	5
300万画素以上	400万画素未満	4
200万画素以上	300万画素未満	3
150万画素以上	200万画素未満	2
100万画素以上	150万画素未満	1

によって決まる「確認用画面の見やすさ」など枚挙にいとまがない。

こうした多様な製品属性のうち、顧客の購買決定に影響している要因とそうでない要因とを識別するのが、この段階での作業である。品質プロフィールは、市場調査の結果や、社内外での聴き取り調査の結果などをベースにして作成されるのが一般であるが、「消費者の購買影響する要因のみを、もれなく」リストアップするのは容易ではないことを、常に念頭においておく必要がある。

2.各属性間の重み付け

次のステップは、品質プロフィールで取り上げられた製品属性のそれぞれが、消費者の購買意思決定にどの程度影響しているかを評価することである。

表2では、比重の合計が10となるように、消費者の購入意思決定への影響度を各属性ごとに重み付けしている。

ここでは、CCD画素数が最も重要な決定因であり、購買意思決定の40%は画素数が決定していると評価している。こうした評価ウェイトも、顧客セグメントによって比重が異なると予想されるため、市場の状態を適切に反映できるよう注意が必要になる。

3.属性別評価

次のステップは、品質プロフィールにリストされた製品属性ごとに「評価基準」を決定し、製品ごとに得点を評価することである。

評価基準は、自社製品のみに基づいて決定するのではなく、市場で競

表5　ズーム機能評点

ズーム	評点
11倍以上	10
10倍台	9
9倍台	8
8倍台	7
7倍台	6
6倍台	5
5倍台	4
4倍台	3
3倍台	2
2倍台	1
なし	0

表6　容積評点

容積	評点
100cm^{3}未満	10
100cm^{3}以上200cm^{3}未満	9
200cm^{3}以上300cm^{3}未満	8
300cm^{3}以上400cm^{3}未満	7
400cm^{3}以上500cm^{3}未満	6
500cm^{3}以上600cm^{3}未満	5
600cm^{3}以上700cm^{3}未満	4
700cm^{3}以上800cm^{3}未満	3
800cm^{3}以上900cm^{3}未満	2
1000cm^{3}以上	1

表7　手ぶれ補正評点

手ぶれ補正	評点
あり	10
なし	0

表8　相対的品質（一部）

連番	画素数	ズーム	容積	手ぶれ補正	相対的品質
1	6	2	9	0	48
2	4	2	8	0	38
3	4	2	9	0	40
4	4	0	8	0	32
5	6	2	8	0	46

合しているライバル製品全体を見渡して、相対的に評価する必要がある。たとえば、2003年に発売されたデジタルカメラのCCD画素数は最高が830万画素、最低が130万画素、平均値が約380万画素で、ほとんどが300万画素から600万画素台である（表3）。

こうした製品全体の状況を勘案して、ここでは表4のような評価基準を設定した。

以下、他の製品属性についても、市場全体に目を配りながら、評価基準を設定し、個別製品について評価を行う（表5・6・7）。

4.各属性得点の加重総和

前ステップで行われた各属性ごとの評価を、ステップ2で決定したウェイトで重み付け、製品ごとに総和することで相対品質が算定される。

顧客価値

ここでは、画素数の評点を4倍、ズームの評点を3倍、容積の評点を2倍、手ぶれ補正の評点を1倍したものの総和が「相対的品質」になる。表8には、表1に掲載されている製品のうち、最初の5機種のみの結果を示しておく。

第7章
競争ポジション

1――競争ポジションの類型

1.市場シェアの意味

　第5章で、市場シェアは、規模の経済や経験効果という低コストの主要な源泉と密接に関連していることを議論した。市場シェアの拡大は販売の拡大を意味しており、そのためには生産量拡大が前提となる。規模の経済が強く作用する業界では、生産規模が拡大すると生産コストは大きく減少する。また、市場シェアは経験効果ともリンクしている。業界で最も市場シェアの大きい「リーダー」のポジションを確保し続けると、同一製品についての累積生産量は最も大きくなり、経験効果によって業界でも最もコスト水準の低いコスト・リーダーの座を確保することができる。

　こうしたコスト上の優位性以外にも、市場シェアの大きさがもたらすメリットがある。

　第1に、市場シェアが大きい製品ほど人々の目に触れる機会が増え、高い「顕示効果」が得られる。たとえば、アップルのiPodのヘッドフォンの色がヒット要因の一つであったと指摘されている。普及初期の段階でiPodに興味を持ち始めた契機が、街中や電車の中などで、人目を引く「白いヘッドフォン」に気づいたことだったというユーザーは少なくなかった。黒が主体だった従来のヘッドフォンとは色が違うだけのことだが、これまで見かけなかった白いヘッドフォンをしている人をよく見かける。そのことが、職場の同僚や友人などとの間で話題になり、ヘッドフォンだけでなく本体もこれまでとは違うタイプの音楽プレーヤーであ

ることを知る。一度気づくと、白いヘッドフォンが気になり始め、予想外に多くの人がiPodで音楽を聴いていることを実感し、自分も興味を抱く。携帯音楽プレーヤーや携帯電話、自動車、あるいはアパレルなど、他者の視線を集めやすい商品の場合、シェアが大きいことは潜在顧客の注意を引きつけやすい。

第2に、シェアが大きいほど顧客数も増えるため、自社製品に関するフィードバック情報が得やすくなる。こうして得た情報は、製品改良や次世代の製品開発に活用できる。たとえば、ほとんどのPCがインターネットに接続されるようになり、ソフトウェアに不具合があった場合、インターネット経由で開発メーカーに自動的に報告されるようになってきた。シェアが大きいソフトウェアほど、不具合情報が集まりやすく、素早い対策が可能になる。

このように、市場シェアの大きさは、顕示効果による潜在顧客への製品情報の提供の側面と、現有顧客からの情報獲得の側面の双方で有利に働くことが多い。市場シェアが大きいことは、コスト面・情報面で様々な競争上のメリットをもたらすため、シェアの大きい企業とそれ以外の企業とでは、競争上望ましい対応が異なってくる。本章では、市場シェアなどの要因によって、「競争ポジション」を類別し、それぞれの類型ごとに望ましい競争行動の定石について検討する。

なお、本章末には、「コンタクトレンズ市場におけるシェア逆転」についてのケースが付属資料として添付されている。本章での議論を踏まえて、(1)初期のリーダーであったメニコンがシェア逆転を許してしまった原因はどこにあったのか、(2)当初チャレンジャーであったジョンソン・エンド・ジョンソン（J&J）は、リーダーとなって戦略方針を変更する必要があるか、(3)一時はシェア3位にまで低落したメニコンにとって望ましい対応はどのようなものか、を読者に検討してもらいたい。

2.競争ポジションの類型

企業の競争上のポジションは、一般に、「リーダー」「チャレンジャー」「フォロワー」「ニッチャー」に分類される（Kotler and Keller 2006）。

業界内で最大シェアの企業が「リーダー」である。リーダー以外の企業は、(1)リーダーに対する競争姿勢、(2)提供する製品・サービスやター

ゲットとする顧客層のユニークさという二つの尺度で三つの類型に分けられる（図7.1）。

市場シェアで2番手もしくはそれ以下の企業のうち、リーダーの座を手中にしようと、シェアトップのリーダー企業に挑戦する姿勢を示している企業が、「チャレンジャー」と呼ばれる。リーダーに対する挑戦姿勢は示さないが、提供している製品・サービスや、ターゲットとしている顧客セグメントがユニークな企業が「ニッチャー」である。挑戦姿勢もユニークさもない企業が「フォロワー」と判別される。

市場リーダーに対して対決姿勢を見せない企業のうち、特徴あるユニークな製品・サービスで、限られた顧客層から強い支持を得ている企業がニッチャーである。ニッチャーは、数量的には限られているものの、一般的な市場セグメンテーションでは把握しにくいような「毛色の違った」顧客を主なターゲットとし、他者に真似できないような独自の製品・サービスを提供している。

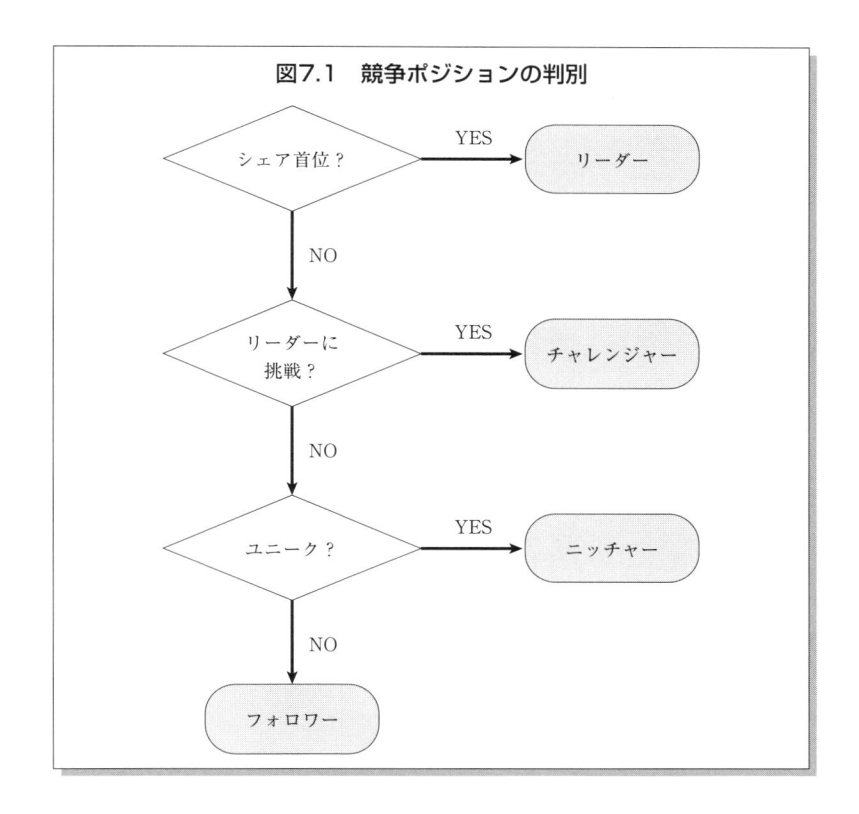

図7.1　競争ポジションの判別

```
シェア首位？ ──YES──▶ リーダー
     │
     NO
     ▼
リーダーに挑戦？ ──YES──▶ チャレンジャー
     │
     NO
     ▼
ユニーク？ ──YES──▶ ニッチャー
     │
     NO
     ▼
  フォロワー
```

第7章 競争ポジション

　戦略上の分析のために、競争ポジションの類型化を行う際には、企業自身による言明に依存しすぎないよう注意する必要がある。市場シェアがトップであるか否かは調査結果を見れば一目瞭然なので、リーダーの判別は比較的容易である。しかし、チャレンジャーやニッチャーなどについては、企業自身による競争ポジションの表明が現実的でないことがままある。

　たとえば、シェアが2番手あるいは3番手であるというだけで、シェア逆転に挑む姿勢が見られないのに自らをチャレンジャーと称していたり、たとえリーダーに挑む姿勢を見せたとしても、シェア差が開きすぎていたり、経営資源の裏付けを欠いているため、無謀としかいえない場合がある。あるいは、当初は市場のボリューム・ゾーンを狙ったにもかかわらず、結果的に小さなシェアしか確保できなかったにすぎない企業が、自らをニッチャーと称するケースも見受けられる。こうした「自称チャレンジャー」や「自称ニッチャー」が存在することは、企業による自己認識や意気込みだけで、競争ポジションの判別をなすべきではないことを示している。

　チャレンジャーに位置付けるには、リーダーへの対抗姿勢だけではなく、挑戦が現実的だと考えられる程度にシェア差が小さいことや経営資源の十分な蓄積があることなどが条件となる。また、ニッチャーにとっては、顧客ニーズや製品特徴などのユニークさが不可欠である。

　また、チャレンジャー、ニッチャー、フォロワーという類型はあくまでも概念上のものであり、現実の企業に完全に当てはまるわけではない点にも注意が必要である。たとえば、2009年度のハンバーガー市場のシェアは、図7.2のようになっている。

　シェア2位のモスフードサービス（モスバーガー）は、顧客層や商品ラインナップから判断すると、リーダーのマクドナルドに正面から対抗しようと意図しているようには見受けられない。新鮮な野菜を多用するモスバーガーでは、ハンバーガー類の作り置きを一切しないため、創業時から他のハンバーガー・チェーンとはメニュー構成や店舗オペレーションが大きく異なっている。こうした点からは、モスバーガーをニッチャーと位置付けるのが自然である。しかし、13.5％のシェアで業界2位のモスバーガーは、ニッチャーと呼ぶには業界での存在感が大きすぎる。モスバーガーよりも小規模なフレッシュネス（フレッシュネス・バ

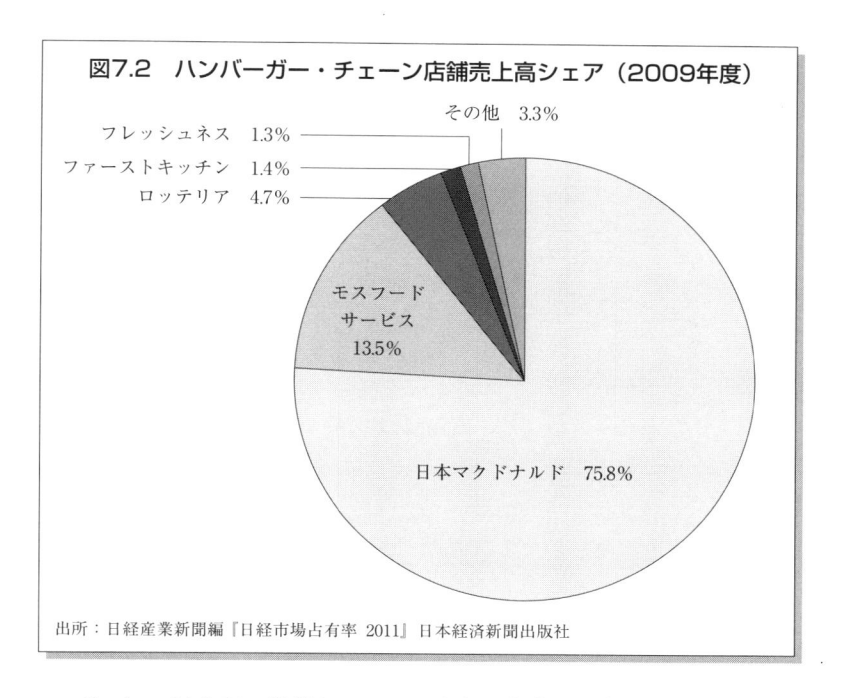

図7.2　ハンバーガー・チェーン店舗売上高シェア（2009年度）

- フレッシュネス　1.3%
- ファーストキッチン　1.4%
- ロッテリア　4.7%
- モスフードサービス　13.5%
- その他　3.3%
- 日本マクドナルド　75.8%

出所：日経産業新聞編『日経市場占有率 2011』日本経済新聞出版社

ーガー）のほうが、規模やユニークさという点で、純粋なニッチャーにより近いだろう。

　現実の企業は、チャレンジャー的な側面とニッチャー的な側面を併せ持っていたり、タイミングによってはリーダーに対して攻撃的な姿勢を見せたかと思うと、フォロワー的な色彩が強い行動をする場合もある。そのため、すべての企業がここでの4類型に完全に当てはまるわけではなく、とりわけリーダー以外の3類型との対応関係は固定的ではない。しかし、概念上の4類型には、それぞれにふさわしい定石的な競争行動を考えることができる。以下では、リーダーの戦略定石から議論しよう。

2──リーダーの戦略定石

1.リーダーの戦略目標

　市場シェアが業界トップであることには、前述したメリット以外にも、(1)市場での威信や存在感が増し、ブランド・イメージが向上することや、(2)企業で働く人々にとっての誇りや喜びの源泉となり、モチベー

ションやモラールが向上するなど様々なメリットがある。そのため、リーダー企業の戦略上の目標は、業界首位のポジションを維持し、業界で最大の利益を獲得することにおかれる場合が多い。リーダーの地位を確固たるものにするための具体的アクションとしては、(1)さらなるシェア拡大、(2)シェア維持・防衛、(3)市場全体の拡大がありうる。

(1)シェア拡大

　第5章で議論したように、リーダー企業は業界での価格決定権を手にする。経験効果が強く作用する業界では、経験量の差は大きなコスト差をもたらす。コスト差を価格設定に反映させることによって、リーダーは一定の利益を確保しつつも自社売上を伸ばし、現状以上にシェアを拡大することができる。さらなるシェア拡大によって、リーダーの地位はより安泰になる。

　ただし、この場合、シェア拡大のコストやデメリットに注意しなければならない。ここでいう「コスト」には、金銭的な支出を伴う「費用」という意味と、金銭支出を伴わない「代償」という意味がある。費用という観点からすると、シェアを拡大するためには、思い切って価格を切り下げたり、積極的な販売促進キャンペーンを展開したりする必要があることが多い。そのような追加的費用は、自社シェアが大きくなればなるほど拡大する傾向が見られる。同じ業界におけるリーダー企業でも、シェア60%で首位の場合と、80%で首位の場合を比べると、現状からさらにシェアを5ポイント拡大するための対価は後者のほうが大きいだろう。自社シェアが高まるほど、市場シェアをさらに拡大するためには、他社製品に強いロイヤリティを持つ顧客を引きつけなければならない。こうした顧客を誘引するためには、これまで以上に積極的な働きかけが必要になる。あるレベル以上のシェア拡大は、大きな追加的費用のために、かえって利益が圧縮される事態が想定される点には注意が必要である。

　また、シェア拡大にはデメリットもあるため、代償を伴う場合もある。たとえば、規模に対する「収穫逓減の法則」が作用する場合には、「規模の不経済」が発生する。土地のように、供給量が制限されていて、有利な資源が限られている経営資源を利用している場合には、規模が大きくなるほど、より条件の劣る資源を利用しなければならなくなる。たとえば、コンビニエンスストアが店舗数を増やしていくと、「日販」と呼ばれる1日当たりの売上金額が低いと予想される立地でも出店せざ

を得なくなる。一定規模以上の店舗数増加には、店舗当たり売上減少という代償を伴っている。

さらに、シェア拡大には、第5章で議論した「生産性のジレンマ」に類似した、変化対応の柔軟性が低下するというデメリットもある。規模が大きくなるほど、他の用途に転用できない投資額が増え、それらが回収困難な「埋没費用」となって変化への対応力が低下する。

たとえば、T型専用の生産設備に大規模な投資を行ったフォードにとって、GMに追随して、多数のモデルを市場に提供し、しかもそれらを毎年モデルチェンジすることは、過去に行った大規模投資が無に帰することを意味していた。専用生産設備は他の用途に転用できないため、T型の生産を停止すると過去の大規模投資が回収不可能になってしまう。シェアが大きくなればなるほど、埋没費用が大きくなる可能性が高く、大きな技術変化や顧客需要の構造的変化に対応しにくくなる。シェアの大きい企業は、市場での変化に抵抗しようとして、変化への対応に遅れてしまう場合がある。

リーダーが、現状よりもさらに市場シェアを拡大しようとする際には、シェア拡大によって期待されるメリットと、シェア拡大の費用・デメリット（代償）を比較・勘案する必要がある。

(2) シェア維持・防衛

現状のシェアを維持するためには、ライバル企業に対する積極的な攻撃姿勢を見せないまでも、攻撃を受けてそのまま放置しておくのは得策ではない。シェア防衛の第1の手段は、「直接対決」である。ライバル企業が価格引き下げや大規模な宣伝広告キャンペーンによってシェア拡大を目指していたら、リーダーはそれを放置せず、ライバルと同じ土俵で正面から競争するべきである。リーダー企業は、ほとんどの場合、業界で最大の利益を確保しているため、値引き競争や新商品投入、宣伝広告といった投資に対する資金力の点でライバル企業よりも有利な立場にある。同じ土俵での直接対決ではリーダーに分がある。

たとえば、2006年10月にスタートした携帯電話番号ポータビリティ制度に合わせて、ソフトバンクモバイルが大胆な低価格を設定してきた。しかし、業界リーダーのNTTドコモやシェア2位のａｕ（KDDI）も、ソフトバンクと類似の割引サービスを導入し、キャリア間での料金体系に大きな違いは見られなくなった。また、ａｕが携帯電話機端末のデザ

インに着目し、著名デザイナーの手による電話機を導入して好評を博すと、ドコモもデザインに配慮した電話機をラインナップに加えている。

　ライバルに攻撃された場合、経営資源の点で有利な立場にあるリーダーは、正面切って戦えばほぼ確実に勝てるだろう。しかし、正面からの直接対決は、たとえ勝ったとしても収益を大幅に圧縮する。1980年代初頭に、国内オートバイ業界2位のヤマハがホンダを首位の座から引き下ろすべく挑んだ「HY戦争」は、敗れたヤマハだけでなく勝ったホンダにも大きな爪痕を残したといわれている。そのため、ライバルが攻撃を仕掛けにくくすることで、「戦わずして勝つ」ことが上策とされる。

　ライバルから攻撃されないためには、①妨害、②隙を作らない（同質化）、③イノベーションなどの方策がありうる。

　妨害の例は、たとえば(a)リーダー企業が取引量の大きさを背景に、部品や素材メーカーに対し、ライバル企業に対して重要な部品や素材を供給しないよう要請したり、(b)PC用の基本ソフトウェアである「オペレーティング・システム（OS）」市場のリーダーという地位を生かして、マイクロソフトがPCメーカーに対してライバル企業のネットスケープではなく同社のインターネット・エクスプローラーを標準ブラウザとして採用するよう働きかけたことなどである。

　こうした働きかけによって、ライバル企業からの攻撃可能性は低くなるものの、安易な妨害行動は独占的な地位の濫用として法的な訴訟に発展したり、社会通念上許容されないこともある。もちろん、非合法な手段での妨害を行うべきでないのは当然である。

　2番目の方策である「隙を作らない」とは、ライバルが攻撃のポイントを見つけにくくすることである。たとえば、(a)ライバル企業が思い切った低価格を設定できないように、あまり利益マージンの幅を大きくしすぎないとか、(b)ターゲット市場を広く定め、製品ラインナップ上に手薄な領域を作らないよう、くまなく製品を取りそろえておくことなどが代表的な例であろう。隙を作らないためには、ライバル企業の動向を注視し、他社の競争行動に対して「同質化」を行うことが有効である。

　他社が新しいコンセプトの製品を投入したら、自社も類似したコンセプトの製品を投入し、ライバルが新しいプロモーション手法を開発したら、自社もそれに対抗する。他社が突出して、顧客の注目を集めないよう、ライバルの行動に目を光らせ、成功の兆しが見えたら、即座に対抗

して同質化することによって、ライバルによる大がかりな攻撃の芽を摘むことができる。

ただし、他社の動向を探り、それを模倣する同質化行動ばかりとっていると、市場での評判も芳しくなくなるし、社員のモチベーションも低下しやすくなる。そのため、リーダー自らが率先してイノベーションを起こし、業界のあり方を変えていくのが第3の方策である。近年では、単に製品が高性能で低価格であるだけでは消費者からの支持を得ることは難しくなり、環境問題などに対する企業としての姿勢も問題にされることが増えてきた。こうした風潮のもとでは、リーダーが自ら率先して、それまでの製品や業界慣行を変革していく姿勢が高く評価される。

たとえば、1979年にポータブル・オーディオ「Walkman」を世に送り出したソニーは、自ら率先して前モデルを陳腐化させるほどのペースで、小型・軽量化を進め、オートリバース・録音・ラジオ受信といった機能を率先して追加してきた。ライバル企業が消費者に対して新しい価値提案を行うのを待つのではなく、リーダー自らが積極的に新しい製品コンセプト、新しい技術アプローチを提案することで、ライバルによる攻撃を封じ込めることができる。

また、デジタル式携帯音楽プレーヤーの代名詞ともいわれるiPodを販売しているアップルは、2005年9月に、その時点で最も売れ行きのよいモデルであったiPod miniを販売打ち切りとし、後継機種のiPod nanoを導入した。近い将来には、記録媒体がハードディスクから半導体メモリ（フラッシュメモリ）に移行するだろうと予測されていたなかで、リーダーであるアップルが率先してフラッシュメモリに切り替えたことで、業界全体としての半導体メモリへの移行が加速されたといわれている。

(3) 市場全体の拡大

リーダー企業は、自らの競争上のポジションを拡大したり、維持・防衛することだけを考えるだけでなく、業界全体としての市場拡大策を考えるべき立場にもある。リーダー企業は経営資源が豊富な場合が多く、また市場全体が拡大した場合に最も大きな取り分を確保できる可能性が高い。

市場全体を拡大するためには、①新しいユーザーの獲得、②新しい用途の開発、③1回当たり使用量を増やすなどの方策がある。

新しいユーザーの獲得のためには、(a)既存のターゲット・セグメント

のうちで「とりこぼしている」潜在顧客に働きかける、(b)従来とは異なる市場セグメントに対してアプローチする、などの方法がありえる。

たとえば、携帯電話は個人用に利用されることが多く、業務用として利用するにはセキュリティ対策などが十分ではないと考えられていた。そこで、紛失時の情報漏洩対策として、遠隔操作により電話機をロックしたり、データを消去したりする機能を提供して、企業ユーザー向けの普及を促進させるよう努めてきた。あるいは、差し迫った必要性を感じているわけではない高齢者にも携帯電話を持ってもらうために、父の日や母の日、あるいは敬老の日の贈り物として携帯電話を選んでもらうべく、子や孫の世代にアプローチしている。

新しい用途を開発することで市場を拡大することもできる。たとえば、東レのスエード調人工皮革「エクセーヌ」は当初服飾に用いられていたが、ソファーや椅子などのインテリア向け、自動車の内装[*1]、スポーツシューズ、PCの断熱材など幅広い用途に用いられている[*2]。また、超極細繊維の不織布であるエクセーヌを生産するノウハウを用いて、眼鏡拭き「トレシー」や、トレシーを用いた洗顔クロスやボディタオルなども販売している[*3]。

1回当たり使用量を増やすことに成功した例としては、ボトル入り液体石鹸が挙げられる。片手で使える液体石鹸は固形石鹸に比べて利便性が高いため、手洗い時に気軽に使われるようになっただけでなく、ボトル形状を工夫することでメーカーは1回当たりの使用量を調整しやすくなった。

2.リーダーの定石的マーケティング・ミックス

リーダーの戦略上の目標は、シェア首位の座を確保し続けることである。そのためには、自ら率先してイノベーションを遂行したり、ライバル企業の動向に注意し、成功の兆しが見えたら素早く同質化することで、隙を作らないようにすべきである。そのための定石的なマーケティング・ミックスは表7.1の通りである。

ライバル企業につけいられないために、「フル・カバレッジ」で市場

---
*1──自動車内装用には、エクセーヌの欧州向けブランド名「アルカンターラ」の名称が用いられている。
*2──「エクセーヌ」ウェブページ〈http://www.ecsaine.com/〉
*3──「トレシー」ウェブページ〈http://www.toraysee.jp/〉

表7.1　リーダーの定石的マーケティング・ミックス

戦略の項目	
目標	シェアトップ維持、業界最大の利益確保
戦略の基本方針	シェア拡大もしくは維持、市場全体の拡大
ターゲット市場の選択	フル・カバレッジ
4P構築の基本方針	隙をつくらない：イノベーション、同質化

4Pの定石	
製品	製品ライン：フルライン 本質サービス：業界平均よりやや高水準もしくは平均並み
価格	やや高め
プロモーション	積極的
流通	開放型チャネル

出所：沼上（2008）p.135 表4-2「リーダー企業の戦略定石」に基づいて作成

全体をターゲットとする。市場全体の複数ターゲットにアプローチするため、製品ラインは「フルライン」で、品質や機能の点でライバルに大きく見劣りしないよう留意する必要がある。市場全体に製品を届けるために、開放型チャネル政策を採用し、積極的な販売促進を展開し、ブランド・イメージを生かしてやや高めの価格設定を行う。

3─チャレンジャーの戦略定石

1.チャレンジャーの戦略目標

　チャレンジャーの目標は、自社シェアを拡大し、リーダーの座を奪うことである。[4]シェア拡大の際には、(1)自社よりもシェアの大きい「上位企業」に挑むケースと、(2)自社と同程度の「中位企業」、あるいはよりシェアが小さい「下位企業」から奪う場合とがありうる。中位・下位企

---

*4──沼上（2008）では、チャレンジャーを「攻撃的」と「共生的」に類別している。チャレンジャーの条件を、実際に攻撃姿勢を示すか否かではなく、リーダーを狙える経営資源・市場シェアを有することとしているため、リーダーの地位を脅かす潜在力がありながらも、リーダーに対する攻撃姿勢が弱く、差別化・棲み分けによって利益確保を目指す「共生的チャレンジャー」という分類が可能になる。共生的チャレンジャーは、本章での議論に当てはめると、チャレンジャーと後述するフォロワーの中間的な存在である。

第7章 競争ポジション

業からシェアを奪うのは、一見容易そうに思える。だが、中位・下位企業の顧客は、上位企業の顧客に比べると数も少ないうえに、需要の価格弾力性が大きく、製品機能や品質の高さやよりも低価格に強く反応する顧客層である可能性が高い。熾烈な競争の結果、獲得した顧客数も少なく、薄い利益マージンしか期待できないのでは苦労した甲斐がない。そこで、チャレンジャー企業にとっては、上位企業からシェアを奪うのが得策であるといわれている。[*5]

　上位企業からシェアを奪うためには、正面切った直接対決は望ましくない。価格引き下げ、新製品導入、広告宣伝キャンペーンなどで、リーダーと同じ土俵に乗って正面から競争しても、チャレンジャーの勝算は大きくない。経営資源の蓄積という点で不利なチャレンジャーにとって、シェアを奪うための定石はリーダーとの差別化である。リーダーが提供している製品・サービスとの違いを顧客に認識してもらい、ある程度の価格プレミアムであれば支払ってもよいと顧客に考えてもらえるよう努力するのが、チャレンジャーの戦略目標になる。

　差別化の手法は第4章で検討したように様々なものがあり、一般的な差別化方針を導き出すのは容易ではない。ただし、チャレンジャーが差別化する際に、常に注意しておかなければならないポイントは、リーダーによる模倣・同質化の阻止である。

　チャレンジャーが差別化に成功したら、リーダーは反撃してくる。前述の通り、携帯電話各社の料金プランに際立った差はなく、データ通信や音楽ダウンロードなどのサービス、携帯電話端末のラインナップにも大きな違いは見られない。隙を作らないよう心がけているリーダーは、チャレンジャーによる差別化に対しても注意を払い、チャレンジャーの攻撃が有効であると判断すれば、迅速に同質化してくる。

　そこで、チャレンジャーの基本的な戦略方針は、リーダーに模倣されない差別化によって首位奪取を目指すことになる。リーダーによる同質化を阻止するためには、(1)リーダーが保有しない経営資源に基づいた差

---

*5——上位企業と直接シェアを奪うのではなく、同業他社との合併や吸収・買収などによって上位企業と同等の市場シェアを確保することもありえる。たとえば1990年代の自動車産業では、「世紀の合併」とも呼ばれたダイムラーとクライスラーの合併を典型例に、市場シェア・企業規模拡大を目指した合併が相次いだ。近年でも、研究開発や設備投資に多額の資金が必要とされる、化学・医薬・エレクトロニクスなどでも、こうした合併・買収が数多く報道されている。

別化を行う、(2)リーダーが同質化しにくい事情を抱え込んでしまうような差別化を行うといった方策がありうる（山田 2007）。

(1) リーダーが保有しない資源に基づく差別化

第2章で検討したように、資源や能力の模倣可能性を左右する要因には、(1)歴史的条件、(2)因果の曖昧さ、(3)社会的複雑性、(4)制度的条件などがある。こうした条件を備えた資源をチャレンジャーのみが保有している場合、競争優位は持続的になる可能性が高い。

たとえば、花王が1982年に化粧品事業に参入した際には、石鹸メーカーとして培ってきた技術・知識に基づいて差別化製品を提供した。「花王ソフィーナ」の初期主力商品は、メイク落としや洗顔料などの「基礎化粧品」であった。石鹸メーカーとしてスタートした花王は、人間の皮膚の上で油脂と水分がどのような反応を起こし、皮膚表面にどのような変化をもたらすかに関するノウハウを長年にわたって蓄積してきた。

口紅やファウンデーションなどの皮膚の上に付け加えていく「コスメティック化粧品」とは異なり、メイク落としや洗顔フォームには、花王が石鹸メーカーとして蓄積してきた技術・ノウハウが活用できる。また、こうしたノウハウをベースに発想を逆転させ、食事をしても落ちない口紅や、洗顔時には簡単に落とせるが汗では落ちないファウンデーションなど、皮膚から「落とさない」ことをアピールして、コスメティック化粧品にも進出した。それに対して、リーダーの資生堂はコスメティック化粧品を主力としてきたため、界面科学・油脂化学などのノウハウを欠き、即座に同質化することが難しかった。

(2) リーダーが同質化できない内部事情

資源や組織能力などの点からは、チャレンジャーに対する模倣・同質化が可能であっても、その実行を妨げる「内部事情」を抱えてしまう場合がある。同質化できなくなる内部事情には、(1)製品の「共食い（カニバリゼーション）」、(2)周辺事業への悪影響、(3)技術や生産設備の「埋没費用」、(4)顧客基盤の保護、(5)「過去との整合性」など多種多様である。

製品のカニバリゼーション　　リーダー企業が、チャレンジャーの差別化商品を模倣して、自社の製品ラインに新しい製品群を加えると、これまで提供してきた製品の需要が減少してしまう危険性がある。たとえば、酒税法の改正によって税金負担が増えたビールに代わって、「発泡酒」や「第三のビール」などと呼ばれるビール風味の発砲アルコール飲

料の需要が伸びてきた。発泡酒の第1号商品は1994年発売のサントリー「ホップス」であり、第三のビールは2004年のサッポロビール「ドラフトワン」が最初の商品である。ビールで大きなシェアを有するアサヒビールやキリンビールは、当初は発泡酒や第三のビールに対して積極的な姿勢を見せてこなかった。新しいカテゴリーのビール系飲料は、原材料や製法などに違いがあるものの、味や飲み口といった点ではビールとそれほど大きな違いがない。そのため、発泡酒や第三のビールが売れると、ビール需要が減少すると予想される。ビール大手のアサヒやキリンは、従来製品とカニバリゼーションを起こす可能性の高い、新しいジャンルを自社の製品ラインに加えることには慎重にならざるを得なかった。

周辺事業への影響　チャレンジャーへの同質化が、リーダーの周辺事業に悪影響を及ぼすことがある。J&Jの歯ブラシ「リーチ」は従来品と比べると、ヘッド部分が小さいため、口腔中の隅々まで届きやすいことをアピールしている。リーダーのライオンは歯磨き粉市場でもリーダーであるため、小型ヘッドの歯ブラシを自社製品ラインに加えるのは難しい。市場に強い影響力を持つリーダーが小型ヘッド歯ブラシを取り扱い始めると、小型ヘッドに注目が集まり、結果的にそれが業界の主流になってしまったら、歯磨きの使用量が減少してしまうことが危惧されるからである。

埋没費用　機械式腕時計がクオーツ式に代替されたように、技術が大きく変わるタイミングでさえも、既存の大手企業が新しい技術体系へ転換しにくいのが、第3のケースである。前述の通り、シェア拡大には、埋没費用を増大させ、変化対応の柔軟性が低下するというリスクがある。

たとえば、本章末に付属資料として掲げたコンタクトレンズ市場のケースでは、後発のJ&Jが使い捨てコンタクトでシェアを伸ばすのを、メニコンやシードなど先行企業は阻止することができなかった。比較的長期間コンタクトレンズを使用することを前提に、酸素透過性を高めたり、タンパク質汚れの付着を少なくするよう素材や形状を工夫してきた先行企業にとって、使い捨てを前提にしたコンタクトレンズは従来からのノウハウを生かせない分野である。新しい製品には転用できない技術・製造ノウハウなどが埋没費用となるため、新しい技術を体現した製品への進出にはブレーキがかかりやすい。

顧客基盤の保護　リーダー企業の強みの源泉である顧客基盤がチャレンジャーへの同質化を躊躇したり、遅らせたりする原因になる。

たとえば、コンタクトレンズ業界では、コンタクトレンズ専門チェーンという新しい流通チャネルが出現し、チャレンジャーが急速に取り扱いを増やしていても、リーダー企業は従来からの流通チャネルへの悪影響を考慮すると、新しいチャネルを積極的に支援することは難しかった。

PC業界で、デルが直販によるBTO体制を展開したときの先行企業の反応も同様である。先行企業も、顧客の注文をメーカーが直接受け付け、注文に合わせて生産（built to order）した製品を顧客に直接出荷する体制を整えようとした。しかし、従来の流通業者に強いパイプを持つ企業ほど、直販ビジネスへの全面的な移行には躊躇せざるを得なかった。

一眼レフカメラに自動焦点機能が採用された際に、シェア上位企業が消極的な姿勢を見せたことも同様の例である。焦点を合わせるためには物理的にレンズを動かす必要があるため、カメラ本体と交換レンズとの間のインターフェースを変更しなければ、自動焦点一眼レフカメラの実現は難しい。一眼レフカメラでは、メーカー間でレンズ互換性がないことが顧客ロイヤリティの源泉となっている。リーダー企業の顧客数は業界最大であるため、ユーザーの手許に多数の交換レンズが行き渡っている。自動焦点化のためにインターフェースを変更することは、自らの強みを無力化することを意味するため、上位企業はオートフォーカスに積極的な姿勢は示しにくかった。

過去との整合性　企業は自社製品・サービスのメリットを顧客にアピールするよう努めている。リーダー企業にとって、自らが過去に発してきたメッセージと矛盾してしまうような同質化行動は採用しにくい。ビール主力メーカーは、発泡酒や第三のビールを手がける前には、「ビールこそが本物」とのメッセージを繰り返し発してきた。

コンタクトレンズの例では、メニコンやシードは、従来型コンタクトレンズがいかに「瞳にやさしい」かをアピールしてきた。チャレンジャーは、使い捨てタイプの利便性をアピールしてシェアを伸ばすようになった。リーダーが同質化を図ろうとすると、使い捨てタイプのメリットを顧客に強くアピールする必要がある。従来型と使い捨てタイプそれぞれのメリットが矛盾していないとしても、これまでとは違う新しいメッセージを発することによって、過去のメッセージへの信憑性が薄れてし

表7.2　チャレンジャーの定石的マーケティング・ミックス

戦略の項目	
目標	トップシェア奪取
戦略の基本方針	差別化
ターゲット市場の選択	セミ・フルカバレッジ
4P構築の基本方針	模倣されない差別化

4Pの定石	
製品	製品ライン：セミ・フルライン 本質サービス：差別化を志向
価格 プロモーション 流通	いずれか、もしくはすべてで差別化

出所：沼上（2008）p.141 表4-3「攻撃的チャレンジャーの戦略定石」に基づいて作成

まう危険がある。メニコンが、1日タイプの使い捨てコンタクトレンズを発売したのは、J&Jに10年遅れた2005年になってからであった。

2. チャレンジャーの定石的マーケティング・ミックス

　リーダーに同質化されない差別化によってトップシェアを奪取するためには、ターゲットをリーダーよりも絞り込まなければならない。トップシェアを確保するために、市場の広い範囲をターゲットにすべきだが、リーダーに対する差別化という目的のためには、ある程度ターゲットを絞り込むほうが望ましい。フル・カバレッジよりも、やや絞り込まれている「セミ・フルカバレッジ」でターゲット市場にアプローチすることが、チャレンジャー企業にとって適切である。

　差別化の方針は様々ありうるため、マーケティング・ミックスも多様なものがありうる。差別化された製品を提供し、価格・プロモーション・流通のいずれか、もしくはそのすべてで差別化できるよう努力する必要がある（表7.2）。

4──ニッチャーの戦略定石

1.ニッチャーの戦略定石

「隙間市場」とも呼ばれる「ニッチ（niche）市場」で、差別化された製品・サービスを提供している企業がニッチャーである。「ニッチ」の語源は、ランプや胸像などを置くための壁の「くぼみ」である。そこから、ある生物が生態系の中で占める「生態的地位」に転用されるようになった。たとえば、恐竜が栄えていた時期の哺乳類は、ネズミのように、体が小さく、雑食性で夜間に活動するといった、食物や生存空間の点で恐竜と競合しない特徴を備えていた。「生存領域」の隙間が生態学的なニッチであり、この考え方を市場競争に援用したのがニッチャーという概念である。ニッチャーは、隆盛を極める恐竜のように大きなシェアを誇る企業とは別の生存領域を確保する。たとえば、後述のコラムに登場する「自転車便」は、配送車両としてトラックを主に利用する「宅配便」や、オートバイによる「バイク便」などのサービスと、配達距離・所要時間・料金などの点で棲み分けている。

　ニッチャーの生存領域は、「隙間市場」の名前通り小規模な市場であり、独特なニーズを持った顧客をターゲットにしていることが多い。自転車便の場合、一定時間内に自転車で配達できるエリアは限られてくるため、全国展開している宅配便大手や、関東一円などの広い範囲をカバーするバイク便などに比べると市場規模は小さい。市場規模が小さくても、ユニークな製品・サービスによって、顧客ニーズを充足させられれば、高い収益率を確保できる。しかも、市場規模が限られているため、期待される利益の絶対額は小さく、大企業にとって市場参入のインセンティブは高くない。

　また、顧客ニーズが独特なため、ニッチャーがターゲットとしている顧客は一般的なマーケティング・ミックスに対する反応は芳しくない。また、一般企業が参入したとしても、ユニークな顧客ニーズに応えるために新たな組織能力を獲得しなければならないことが多い。既存のニッチャーを押しのけて、ニッチ市場を攻略するには時間と手間暇が必要であるため、たとえ既存ニッチャーと同程度の売上規模を確保できたとし

ても、先行するニッチャーと同程度の収益性は確保できない。

　たとえば、宅配便やバイク便を手がけている企業が自転車便に参入することはそれほど困難ではない。しかし、自転車便市場では、宅配便企業やバイク便企業が保有するノウハウを活用して、低コストで高水準のサービスを提供できるとは限らない。航空機の運航が管制官によってコントロールされているように、自転車便でも、集荷から配達までどのようなルートで、どのメッセンジャーにつないでもらうのが効率的か、メッセンジャー同士の荷物受け渡しはどこで行うのが安全か、瞬時に判断して的確な指示を出す必要がある。この役割を担っているのが、「ディスパッチャー」と呼ばれる管理者である。個々のメッセンジャーに指示を与えるディスパッチャーの能力が、コスト水準を大きく左右する。自転車便の運用管理ノウハウはバイク便・宅配便とは異なっているため、宅配便やバイク便の企業が優秀なディスパッチャーを確保するのは容易ではない。

　業界大手にとっては魅力的に映らない程度の市場の隙間に「はまり込み」、独自の組織能力に裏打ちされたユニークな製品・サービスで、独特の顧客ニーズを充足することがニッチャーの戦略目標になる。

2.ニッチャーの定石的マーケティング・ミックス

　ニッチ市場での高収益率という目標のために、ターゲットとする市場セグメントを絞り込み、狭く深い製品ラインでアプローチすることがニッチャーのマーケティング・ミックス構築の基本方針となる。表7.3には、ニッチャーの定石的なマーケティング・ミックスが示されている。

　製品ラインが「狭い」とは製品系列のバラエティが小さいことを意味し、「深い」とは製品系列に属する同種の製品アイテム数が多いことを意味する。たとえば、自動車であれば小型スポーツカーから、ピックアップ・トラックやミニバンなど多数の製品系列を手がけるのではなく、取り扱い範囲をスポーツカーのみに限定するのが狭い製品ラインの例である。また、スポーツカーの中でも、高馬力なスポーツカー、小型軽量スポーツカー、オープンタイプといった多くのアイテムを手がけていると、製品ラインが深いと呼ばれる。「スポーツカーしかないが、スポーツカーなら何でもある」状態が、「狭く深い」製品ラインの例である。

　ニッチ市場では、ユニークな製品・サービスが提供されているため価

表7.3　ニッチャーの定石的マーケティング・ミックス

戦略の項目	
目標	高利益率、安定した売上、一定の成長
戦略の基本方針	生存領域全体の差別化
ターゲット市場の選択	早すぎない成長セグメントの選択 狭いセグメントへの集中
4P構築の基本方針	狭いターゲットに向け最適化

4Pの定石	
製品	製品ライン：狭く深い 本質サービス：ユニーク
価格	高め
プロモーション	ターゲットを絞り込み、媒体を選択的に利用
流通	閉鎖的に近い、狭いチャネル

出所：沼上（2008）p.152 表4-5「ニッチャーの戦略定石」に基づいて作成

格は高めであり、市場規模が限られているため流通チャネルも狭い範囲に制限され、大規模なプロモーションも必要とされない。

　インターネットを利用した電子商取引の普及や宅配便サービスの充実などによって、ニッチ市場成立に必要とされる規模が急速に小さくなった。マニアックなまでの特殊なニーズを持つ顧客が、自らのニーズを満たしてくれるような独特な製品・サービスをインターネット経由で発見し、インターネット上で売買代金を決済し、宅配便で発送してもらう。こうした一対一の関係が成り立つため、ニッチ市場におけるプロモーションや流通のあり方も大きく変わりつつある。

自転車便のティーサーブ

　オフィス街を駆け抜けていく自転車は珍しいものではなくなってきた。「メッセンジャー・バッグ」と呼ばれる大きな鞄を背負った「メッセンジャー」が自転車を利用して書類の配送サービスを行う「自転車便」は、渋滞の影響を受けにくく、一方通行の制約も受けないことから、近距離であれば自動車やオートバイを使うよりも速く書類を配送す

第7章 競争ポジション

ることができる。オートバイによる「バイク便」と競合しているものの、2006年5月の道路交通法改正を受けて、オートバイの駐車違反取締りが厳格化されたこともあって、自転車便への注目が高まっている。

自転車の配送エリアは狭いが、料金は手頃に設定されている。業界大手のティーサーブの場合、東京都心の千代田区・中央区・港区（台場を除く）・渋谷区の4区内であれば、重さ2kgまでの書類を1,000円で2時間以内に運んでいる(注1)。

ティーサーブでは、2006年7月時点で、1日約3,500通の書類を約170人のメッセンジャーが配達している(注2)。同社では、大量の注文を低コストで配達するために、チーム単位で業務に当たっている。荷物を受け取った後の移動時間だけを考えると、集荷したメッセンジャーがそのまま配送先まで駆けつける「一人完結方式」が最も短時間で済む。しかし、次に入ってくる注文の集荷先も配達先も予想できないため、一人完結方式だと、1件の配送が終わってから次の集荷に向かうまでの走行距離が長くなってしまいやすい。

ティーサーブの「1時間便」の場合、注文から15分前後で荷物を受け取り、60分以内に配達する。「2時間便」でも、30分以内の受け取り、東京23区内150分（上記4区は120分）以内の配送を謳っている。集荷したら配送先まで直行するのではなく、途中で荷物をチームメンバーのメッセンジャーに託して、次の注文に備えておく「チーム方式」のほうが業務効率は高い(注3)。

ティーサーブの場合、一つのチームは20人弱のメッセンジャーから構成されている。荷物の受け渡しは、ほとんどの場合、路上で行われる。なるべく速く、なるべく安全に、なるべく多くの書類を配送するためには、各メッセンジャーの居場所を把握しておき、配送先などの状況に応じて、受け渡し場所を適宜設定する必要がある。こうした作業を担当するのが各チームの「ディスパッチャー」である。

ディスパッチャーは、「タクシー配車係」のような存在で、20人ほどのメッセンジャー全員の居場所を常時把握し、どのメッセンジャーを集荷・配送に向かわせるか、誰から誰にどこで荷物を受け渡すかを考え、指示を出す。ディスパッチャーには、各所の地理（道路・ビル名）などに精通していることだけでなく、各メッセンジャーの運動能力を把握したうえで、それぞれのメッセンジャーの位置と配送先、さらには時々の交通状況や天候なども勘案して、最も効率的な荷物の受け渡しルートを設定する技量が求められる。ディスパッチャーの判断次第で、チーム全体としての配送効率が大きく左右される。

常時200人弱のメッセンジャーが日々稼働し、配達中の書類がない場合でもメッセンジャーを「オーダーが発生しそうな場所に待機させるなど、中間守備を敷く」(注4)（池谷社長）ことで、効率的な集荷・配送を行う体制を構築している。1999年10月時点で、ティーサーブのメッセンジャー全員の1日当たり走行距離合計は約5,400kmであった。もしもチームによる「共同配送」方式を実施していなかったとしたら、1日の走行距離は8,000～9,000kmを超えていたであろうと推測されている。(注5)

〈注〉1　ティーサーブ　ウェブページ〈http://www.t-serv.co.jp/service/main.html〉
　　　2　「自転車便　頭の中を疾走　20人の位置把握、指示分刻み」朝日新聞2006年7月4日付
　　　3　ティーサーブでは、メッセンジャーの賃金は、当初は配達個数に応じた出来高給だったが、チームとして配送業務を行うことから時給制を採用している。
　　　4　「異能経営　俺たちが『メッセンジャー』連係プレーで都会を駆ける　自転車で書類をスピード配送　ティーサーブ」日経流通新聞1999年10月5日付
　　　5　日経流通新聞1999年10月5日付

5──フォロワーの戦略定石

　シェアトップでもなく、リーダーに挑戦するわけでもなく、ユニークな特徴を備えているわけでもないのが、フォロワーである。ライバル企業のリードに粛々と「従う」ことで自らの生存期間を長らえることが、フォロワーの目標になる。

　生存し続けることを目標とするフォロワーにとって、シェア上位の有力企業から競争を挑まれるような事態は絶対に回避しなければならない。フォロワーの多くは、現状の業界秩序が維持され、大きな波風が立たなければ、多額とは言い難いにせよ、ある程度の利益を確保できる。しかし、いったん業界に波風が立つと収益確保が難しくなる。そのため、フォロワーは上位企業にとって魅力的ではない市場セグメントをタ

ーゲットとして選択することが多い。「経済性セグメント」と呼ばれる、低価格であることに強く反応する顧客グループがその典型例である。

こうした顧客セグメントに対して、リーダー企業が提供している製品の低価格代替品を提供するのが、典型的なフォロワーのマーケティング・ミックスである。価格に対して敏感な顧客層を相手にビジネスを行うので、フォロワーが生き残っていくためには徹底したコスト削減が不可欠である（表7.4）。

リーダー企業は、隙を作らないために、フォロワーの動向にも注意を払っておく必要がある。フォロワーは短期的にはリーダーの脅威にはならないものの、競争力を高めてチャレンジャーになる可能性を秘めている。たとえば、1980年代の日本の電機メーカーにとって、韓国のサムスン電子やLG電子（当時は金星グループ）は大きな脅威とは考えられておらず、フォロワーと位置付けられていた。しかし、2000年前後から、韓国企業は急速に競争力を強化し、液晶テレビのように、近年ではグローバル市場での地位を逆転された製品分野も少なくない。

リーダーにとって、フォロワーに同質化する必要性は低いものの、フォロワーの動向にも一定の注意を払い、チャレンジする姿勢を示したときには即座に対応できるよう備えておく必要がある。

表7.4　フォロワーの定石的マーケティング・ミックス

戦略の項目	
目標	存続
戦略の基本方針	ある程度の利益・成長 リーダー製品の低価格代替品を提供
ターゲット市場の選択	経済性セグメント
4P構築の基本方針	コストダウンの徹底

4Pの定石	
製品	浅い製品ライン トップ・ブランドよりも1ランク落とす
価格	低く設定
プロモーション	限定
流通	低価格志向のチャネルに限定

出所：沼上（2008）p.157 表4-6「フォロワーの戦略定石」に基づいて作成

〈参考文献〉

Kotler, Philip and Kevin Lane Keller（2006）*Marketing Management*（12th ed），Upper Saddle River, N. J.; Pearson Prentice Hall.（恩藏直人監修・月谷真紀訳（2008）『コトラー＆ケラーのマーケティング・マネジメント（第12版)』ピアソン・エデュケーション）

沼上幹（2008）『わかりやすいマーケティング戦略（新版)』有斐閣アルマ

山田英夫（2007）『逆転の競争戦略（第3版)──リーダー企業の「強み」を「弱み」に変えるフレームワーク』生産性出版

〈ケース〉コンタクトレンズ市場におけるシェア逆転[*1]

　国内コンタクトレンズ市場は、眼鏡の市場規模が横ばいを続けているのと対照的に、順調に拡大している。矢野経済研究所の調査によると、2000年に987億円であった市場規模は、2006年には1,679億円と約1.7倍になっている。[*2]市場拡大の背後には、「ディスポーザブル（使い捨て）」タイプの普及がある。

　使い捨てコンタクトレンズの第1号製品は、1988年にジョンソン・エンド・ジョンソン（J&J）が米国で発売した「アキュビュー（Acuvue）」である。日本市場には、91年に1週間使い捨てタイプが導入されている。発売当初はなかなか普及が進まなかったものの、95年に1日タイプの「ワンデーアキュビュー」が導入されたことで、普及が本格化した。94年に約860万人だった国内コンタクトレンズ装着者は、2005年には約1,760万人に増加している。使い捨てタイプの装着者は、同期間に約25万人から830万人に増加しており、使い捨てタイプ装着者の増加分（約800万人）は、装着者全体の伸びにほぼ等しい。[*3]

　2000年代前半には、新規にコンタクトレンズを使用し始める顧客の70〜80％が使い捨てタイプを選んでいる。また、GfK Optics Japanの調査では、コンタクトレンズ全体に占める使い捨てタイプのシェアは、2004年の72％から2007年には81％にまで高まっている。[*4]使い捨てタイプの過半は1日タイプであるという。

　使い捨てコンタクトレンズ市場を牽引してきたJ&Jは、後発であるにもかかわらず短期間でシェアを伸ばし、1996年にはソフトコンタクト・カテゴリーで国内市場トップシェアとなった。98年には、日本市場参入からわずか7年で、コンタクトレンズ全体でシェアトップの座を確保した（図1）。J&J、ボシュロム、チバビジョンなど外資系メーカーが使い

[*1]——本事例の記述には、以下の記事を主に参照している。出所に関して特に言及されていない場合には、下記が出典である。
橋本敏彦（2004）「事例で学ぶ技術立脚のビジネスモデル　ケース1　コンタクトを消耗品にしたジョンソン・エンド・ジョンソン」『日経ビズテック』No.0001（7月）pp.104–109
[*2]——「なるほどビジネスTime『使い捨て』伸び視野良好」日本経済新聞2008年7月16日夕刊
[*3]——「ザ・対決　コンタクトレンズ」日経産業新聞2005年11月28日付
[*4]——日本経済新聞2008年7月16日夕刊

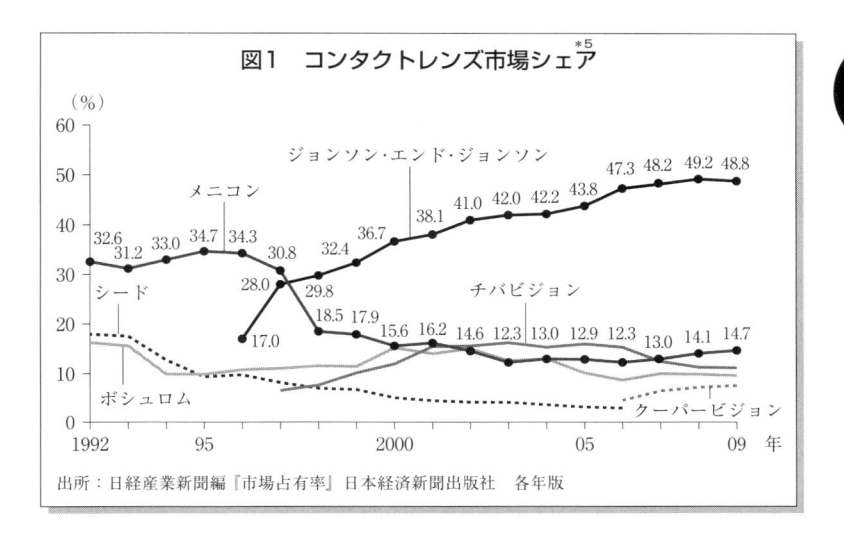

図1　コンタクトレンズ市場シェア[*5]

(%)
ジョンソン・エンド・ジョンソン
メニコン
シード
ボシュロム
チバビジョン
クーパービジョン

32.6 31.2 33.0 34.7 34.3 30.8 32.4 36.7 38.1 41.0 42.0 42.2 43.8 47.3 48.2 49.2 48.8
28.0 17.0 29.8 18.5 17.9 15.6 16.2 14.6 12.3 13.0 12.9 12.3 13.0 14.1 14.7

1992　　95　　　　　　2000　　　　　05　　　09　年

出所：日経産業新聞編『市場占有率』日本経済新聞出版社　各年版

捨てタイプを主力に据えるなか、従来タイプの主力メーカーであったメニコンやシードなどは新たな対応を迫られている。

1.使い捨てタイプのメリット

　2〜3年間の使用を想定した、従来からの長期使用タイプのコンタクトレンズが数万円するのに比べて、使い捨てタイプは圧倒的に低価格である。1991年に「アキュビュー」が日本に登場したとき、一般的なソフトコンタクトレンズが1枚1万5,000円程度であったのに対して、1週間連続装用の使い捨てタイプは1枚650円であった。1枚当たりの単価が圧倒的に低いことから、使い捨てタイプには以下のようなメリットがあるといわれている。(1)レンズに汚れが蓄積する前に交換するため、目の健康によい、(2)紛失してもスペアがあるため安心、(3)視力が変化した場合の交換も容易、(4)1日タイプならば、洗浄・保存の手間が省ける。

　初めてコンタクトレンズを使用する場合にも、2週間から3週間分のレンズ代金に加えて、数千円の初診料・検査料を支払うだけですむ。仮にコンタクトが目に合わず、結果的に使用を中止した場合でも金銭的な負担が小さいため、これまでコンタクトレンズを使ったことのないユ

[*5]——市場シェアの小さい企業は「その他」カテゴリーに集約されているため、企業名が本図に表れる（消える）ことと、市場参入（退出）のタイミングは一致していない点には注意が必要である。

ーザーでも気軽に試すことができる。ただし、導入時の一時的な費用負担は小さくても、コンタクトレンズを消耗品として使い続けるため、維持費用は大きくなる。1週間タイプが1セット1,300円だとすると、年間52週間で70,000円弱になる。使い捨てタイプには、維持費が高いという決定的なデメリットがあり、普及のためには、ユーザーが許容可能な範囲まで価格を低下させる必要があった。

2. J&Jのコンタクトレンズ事業：米国での歴史

　J&Jは医薬品・医療用品の大手企業で、一般消費者向け市場でも救急絆創膏「バンドエイド」やベビー向けスキンケア製品などで知名度が高い。ただし、コンタクトレンズ市場では後発で、ボシュロムやチバビジョンなど先行メーカーの後塵を拝していた。使い捨てコンタクトレンズというアイディア自体は、決して新しいものではない。汚れが感染症や疾病の原因となる手術時のマスクや手袋などをディスポーザブル化し、医療用の「消耗品ビジネス」を手がけていたJ&J社内で、レンズに付着した汚れやタンパクを原因とする炎症・疾病の防止策として、コンタクトレンズを使い捨てタイプにするというアイディアが出てくるのは不思議ではない。しかし、維持費の高さというボトルネックを克服して商品化するのは、容易ではなかった。

　1984年にデンマーク企業がソフトコンタクトの新しい製造方法を開発したことが、大きな転機となった。ベルギーのグループ会社から情報を得たJ&Jビジョンケアカンパニー代表は、翌日にはデンマークに行き、その場で技術取得の契約を交わした[*6]。その後、3年以上の開発期間を経て、J&J子会社のビスタコン（Vistakon）は、SSM（Stabilized Soft Molding）製法と呼ばれる新製法を確立し、大量生産が可能になった。

　1987年に、最長1週間の連続装用が可能なコンタクトレンズとして米食品医薬品局の認可を得た。テスト・マーケティングを経て、88年にアキュビューが正式に発売された。3,000万枚のレンズを無料サンプルとして眼科医に配布するなど、医師・販売店に対して積極的に働きかける「プッシュ型プロモーション」[*7]を展開する一方で、オリンピックとスー

---

*6——J&J社Webページ「『アキュビュー』の歴史」
〈http://acuvue.jnj.co.jp/corp/history_ac.htm〉
*7——「特集 第2部—スピード経営、他社制す—使い捨てコンタクト大量生産の裏側」『日経ビジネス』1997年4月21日号 pp.26〜27

パーボウルの期間中にテレビ・コマーシャルを放映するといった大規模な広告宣伝キャンペーンによる「プル型プロモーション」を同時に展開する、「プッシュ・アンド・プル作戦」によって、短期間での市場立ち上げに成功した。

3.日本市場への進出

日本市場には1991年に1週間使い捨てタイプで参入を図ったが、当初の2年間はまったく売上が伸びなかった。日本では予算制約から、米国ほど大規模な宣伝が行えなかったこともあるが、眼科医や販売店には積極的に使い捨てタイプを推奨するインセンティブがなかった。

コンタクトレンズは医療用具であるため、眼科医による検査・処方が必要で、ユーザーに直接販売することはできない。一部の眼科医は、「倹約を美徳とする日本では、使い捨て商品は普及しない」との意見を述べ、使い捨てタイプに対する抵抗感を示していた。さらに大きな問題として、眼科医や販売店は、単価の低い使い捨てタイプを従来タイプのソフトコンタクトの廉価版と受け止め、ユーザーが「使い捨てない」事態を危惧していた。

また、使い捨てタイプは販売店にとって魅力的な商材ではなかった。従来タイプのコンタクトレンズは単価が高く、利益率も高かった。1991年当時、従来タイプのソフトコンタクトが2枚1組で30,000円、粗利が6〜7割あったといわれているため、1組で18,000円から21,000円の利益が確保できた。対して、使い捨てタイプは、1箱6枚入り3,900円と安く、粗利も4割程度であったと推定されている。一度に12週間分（4箱）売れたとしても15,600円にしかならず、利益も6,240円にとどまる。コンタクトレンズを販売する眼鏡店は、眼鏡と同程度の粗利を得ようとしていたために、使い捨てタイプは利益率でも利益額でも見劣りしていた。

4.眼科医への啓蒙と新しい販売ルートの台頭

しかし、眼科医には、目のトラブルを防止するという使い捨てのメリットを認識してもらいやすかったので、J&Jは眼科医や眼科医の経営する販売店に対して地道な啓蒙活動を続けていった。徐々に、使い捨てタイプを処方したユーザーが定期的に再来店するという実績が出始めた。補充のために再度来店してもらえれば、継続的に検査料が入ってくるこ

とが期待できるため、眼科医は次第に使い捨てタイプのメリットを積極的に説明するようになってきた。

　一方、1990年代前半には、アイシティ、ダブリュ・アイ・システム、ハートアップ、中央コンタクトなどの、コンタクトレンズ専門チェーンという新しい販売チャネルが台頭してきた。コンタクトレンズ専門チェーンは、ビルの2階など、繁華街の中でも比較的賃料の安い場所に店舗を構え、駅前などで大量のチラシやビラを配布して顧客を誘引する営業手法を採用しており、顧客の注意を引きつける「目玉」となる安売り商材を求めていた。また、使い捨てタイプの利用者は、ストックを持っていても安価であれば「買いだめ」をする傾向があった。そのため、各チェーンとも使い捨てタイプのコンタクトレンズを開店セールの目玉とすることが一般的となった。コンタクトレンズ専門チェーンの目玉商材に選ばれたことで、結果的に使い捨てタイプの低価格化に拍車がかかり、利用者層がより一層拡大していった。

5.バリエーションの拡大と従来タイプとの競争

　アキュビューの最初の商品は、最長1週間の「連続装用」タイプであった。連続装用とは就寝中も装着できることを意味し、就寝時に外して翌朝再装着するものは「終日装用」タイプと呼ばれる。眼科医は、就寝中に眼に供給される酸素量が下がるなどの理由から、日中のみ装着する終日装用タイプを推薦する傾向が強かった。

　こうした市場動向に応じて、J&Jは2週間の終日装用使い捨てタイプを開発した。2週間終日装用タイプは、アキュビューではなく「シュアビュー」という新しい商品名で、1991年に米国で、94年に日本で発売された。

　また、1995年には、1日タイプの使い捨てコンタクトレンズを日本市場に導入した。洗浄・保管の必要がない1日タイプは、以前から業界では「究極のコンタクトレンズ」と目されていた。しかし、毎日取り替えてもらうためには、製造コストをさらに引き下げる必要があった。アキュビュー発売当初からJ&Jはコスト削減の努力を続け、検査工程まで完全無人の自動化生産ラインが開発された。94年に米国で発売された「ワンデーアキュビュー」は、翌95年には日本市場に導入され、使い捨てタイプの本格普及とJ&Jのシェア首位奪取の呼び水となった。

使い捨てタイプの本格普及が確実になると、早くから注力してきたJ&J、ボシュロム、チバビジョンなどに加え、従来タイプの主力企業であったメニコンやシードなども使い捨てタイプを取り扱うようになった。使い捨てタイプの製品バリエーションも、乱視用・遠近両用などに拡大してきた。近年では、カラーコンタクト、瞳が大きく見える、目薬の潤い成分で水分を保持するといった、様々な付加価値も追求されている。

　一方、長期使用を前提とした従来タイプを主力とするメーカーも巻き返しを図っている。メニコンは、手厚いアフターサービスを特徴とする会員制度「メルスプラン」を2001年から展開している。5,000円から10,000円程度の入会金と、2,000円弱の月会費を支払うと、破損時や視力が変化した場合には無料交換が可能になる。また、破損などがない場合も、1年後の更新時には検査を受け、視力や眼の状態に合わせて、新品と交換できる。対象となるレンズ・タイプは従来型のハード・ソフトだけでなく、1日使い捨てタイプ、2週間もしくは1カ月交換の終日装用タイプを選択することも可能である。[*8]

　従来型のコンタクトレンズは、使い捨てタイプよりも酸素透過性が高い点が魅力とされる。費用面でも、初期費用として入会員が必要になるものの、維持費は月会費のみであるため、使い捨てタイプを使い続けるよりも廉価な場合が多い。紛失・破損時の不安が解消されることもあって会員制度への支持は高く、更新時の継続率は95％を超え、2005年には会員が50万人を突破して同社ユーザーの10％を上回った。[*9]

［*8］──メニコン、メルスプランのウェブページ
〈http://www.menicon.co.jp/mels/index.html〉
［*9］──日経産業新聞2005年11月28日付

第8章 製品ライフサイクル

1──製品ライフサイクルの段階別特徴

1.製品ライフサイクルとは

　20世紀から21世紀へと世紀が転換するのとほぼ時を同じくして、日本の家庭では電機製品がアナログ方式からデジタル方式へと大きく転換していった。たとえば、2001年にはデジタルカメラの出荷台数がフィルムカメラを上回っている[*1]。同じく2001年には、DVDソフトの売上数量がビデオ・カセット・テープを抜き[*2]（図8.1）、2003年にはDVD機器の出荷台数がVTR（ビデオ・テープ・レコーダ）を上回った[*3]（図8.2）。また、1999年には携帯電話の契約台数が固定電話を逆転している[*4]。

　DVDのような新たな製品が登場して普及していく一方で、VTRのように、旧来からの製品の中には徐々に市場規模を縮小していくものもある。図8.3には、代表的な製品の世帯普及率が示されている[*5]。これらのうち、ミシン・石油ストーブ・ガス瞬間湯沸器は、1980年代初頭のピーク時には80％程度の世帯に普及していたものの、生活様式の変化に伴っ

　　＊1──有限責任中間法人カメラ映像機器工業会『平成17年版 日本のカメラ産業（CIPA REPORT 2005)』。なお、世界市場で見た場合は、2002年にデジタルカメラがフィルムカメラを逆転している。
　　＊2──社団法人日本映像ソフト協会〈http://www.jva-net.or.jp/〉調査による。
　　＊3──社団法人電子情報技術産業協会『民生用電子機器データ集2005』
　　＊4──社団法人電気通信事業者協会『テレコムデータブック2005（TCA編)』
　　＊5──内閣府経済社会総合研究所『消費動向調査第88回』（平成16年3月末調査）より作成。本調査は経企画庁調査部から内閣府経済社会総合研究所に引き継がれ、調査結果の電子データが〈http://www.esri.cao.go.jp/jp/stat/menu.html〉より入手可能である。なお、2004年4月以降は、調査体制の見直しに伴って、普及率調査の結果として公表されている項目が大きく入れ替わっている。

図8.1 映像ソフト売上数量

(本・枚)

出所：社団法人日本映像ソフト協会

図8.2 VTR・DVD国内出荷台数

(千台)

出所：社団法人電子情報技術産業協会『民生用電子機器データ集2005』に基づいて作成

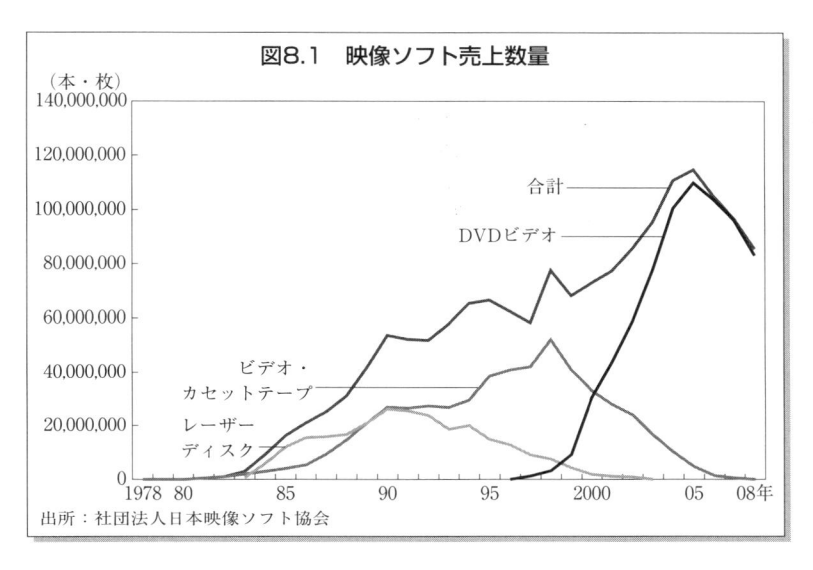

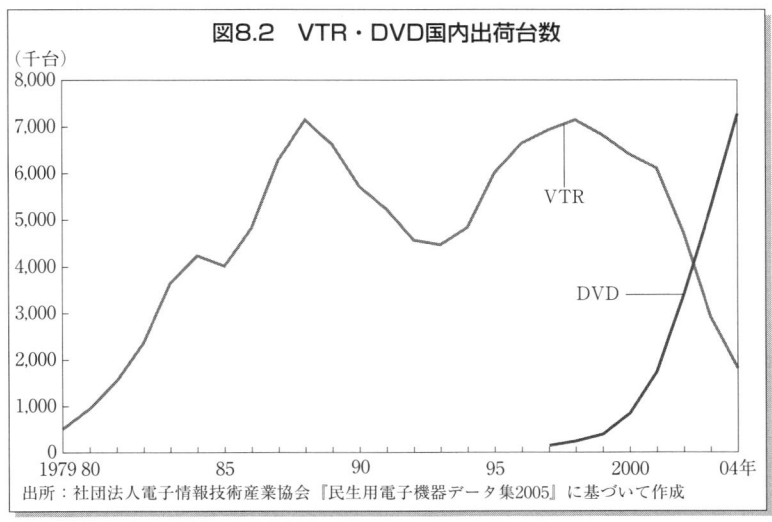

てそれ以降は普及率が低下し、非保有世帯数が保有世帯を上回っているものもある（図8.4）。その一方でパソコン・デジタルカメラ・DVD機器など、この10年ほどで急速に普及してきた製品もある（図8.5）。デジタルカメラが急速に普及していく一方で、代替関係にあると目されている従来型のカメラの普及率は低下傾向にある。また、DVDプレーヤーやハードディスク・レコーダの普及が今後本格化していくにつれて、VTRの

図8.3　主要製品の世帯普及率

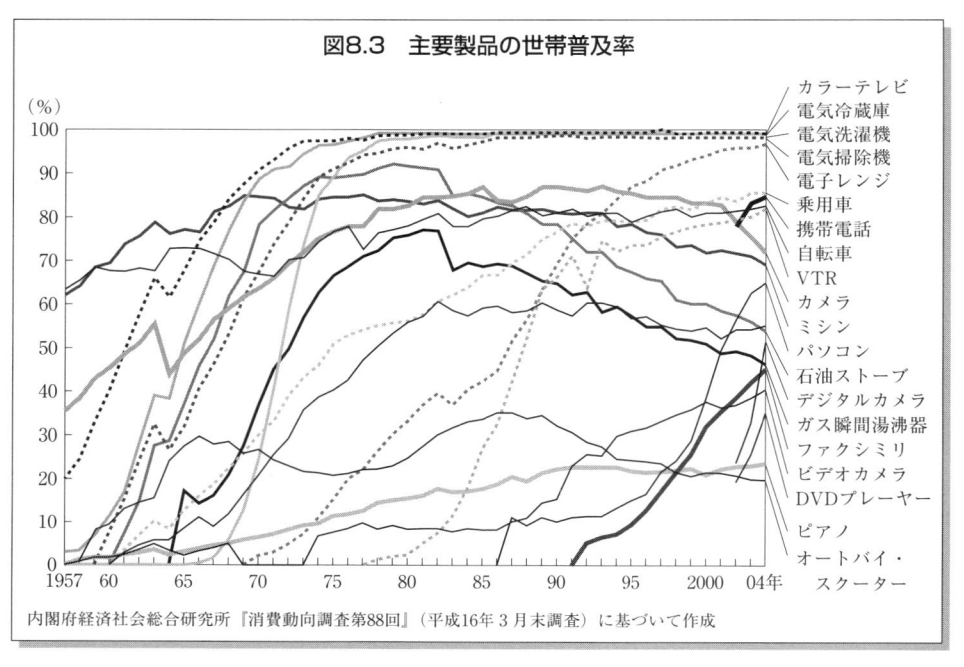

カラーテレビ
電気冷蔵庫
電気洗濯機
電気掃除機
電子レンジ
乗用車
携帯電話
自転車
VTR
カメラ
ミシン
パソコン
石油ストーブ
デジタルカメラ
ガス瞬間湯沸器
ファクシミリ
ビデオカメラ
DVDプレーヤー
ピアノ
オートバイ・スクーター

内閣府経済社会総合研究所『消費動向調査第88回』（平成16年3月末調査）に基づいて作成

図8.4　普及低下型製品の世帯普及率

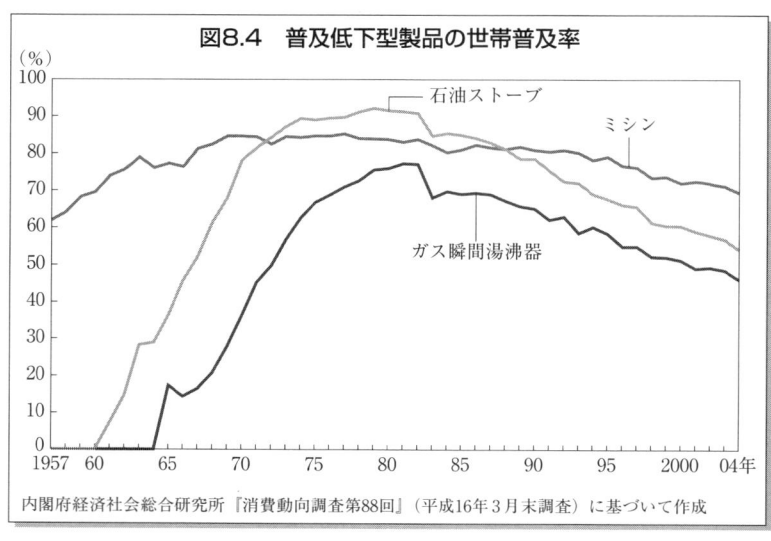

石油ストーブ
ミシン
ガス瞬間湯沸器

内閣府経済社会総合研究所『消費動向調査第88回』（平成16年3月末調査）に基づいて作成

普及率も低下していくものと予想される。

　生物に一定のライフサイクルが観察されるのと同様に、製品にもライフサイクルを見いだすことができる。人間であれば、誕生から幼児期・

図8.5　新興製品の世帯普及率

（内閣府経済社会総合研究所景気統計部『消費動向調査』（平成21年3月末調査）に基づいて作成）

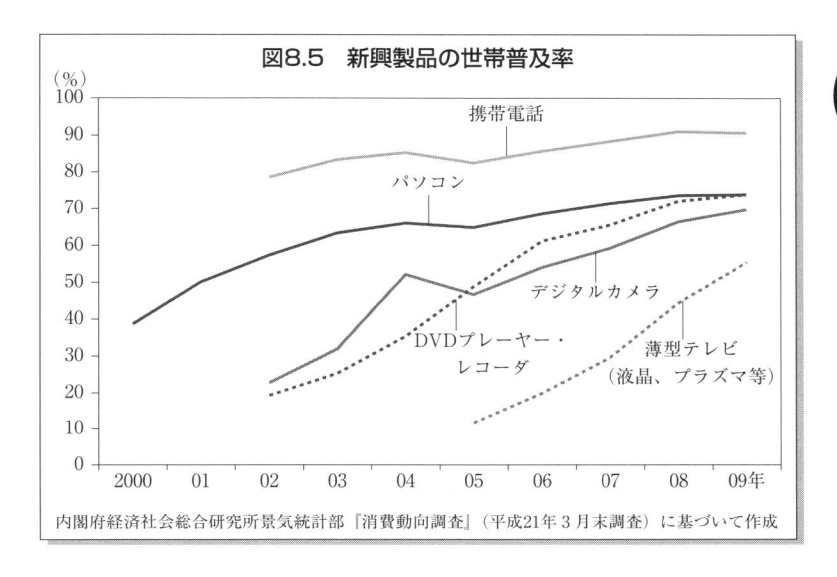

　少年期・青年期を経て成長し、成人していく。その後、中年期・壮年期・老人期を経て、生物的には成熟から衰退・消滅へと向かっていく。製品にも、生物と同様なライフサイクルが存在するというアイディアが「製品ライフサイクル」という考え方の基礎になっている。

　たとえば、図8.6に示すように、1970年代後半に登場したVTRは、80年代前半に急速に生産金額・生産台数が伸び、80年代半ばをピークに（金額ベースでは84年、台数ベースでは86年）、その後生産は縮小している。さらに、貨幣価値変動の影響を調整した実質国内市場規模の推定を示す図8.7からも、80年代後半をピークに市場規模が年々縮小していく傾向にあることが読み取れる。今後は、ハードディスク・レコーダやDVD機器の台頭により、市場はより一層縮小していくものと予想されている。ほぼ30年間で、VTRは誕生から衰退までのステージを経験している。

　VTRに限らず、他の多くの製品でもこうしたライフサイクルが観察されている。もちろん、製品ごとにライフサイクル全体の長さや成長・衰退のパターンは異なるだろう（図8.8・図8.9）。VTRの場合には、市場が急速に拡大し始めてから比較的短期間にピークを迎えているが、このサイクルが長い製品も存在する。また、VTRの市場規模や生産規模を示すグラフ（図8.6・図8.7）は、正規分布が示す「釣り鐘型」（「ベル・カーブ」とも呼ばれる）に比較的近い形状をしているが、そうならない製

図8.6　VTRの生産推移

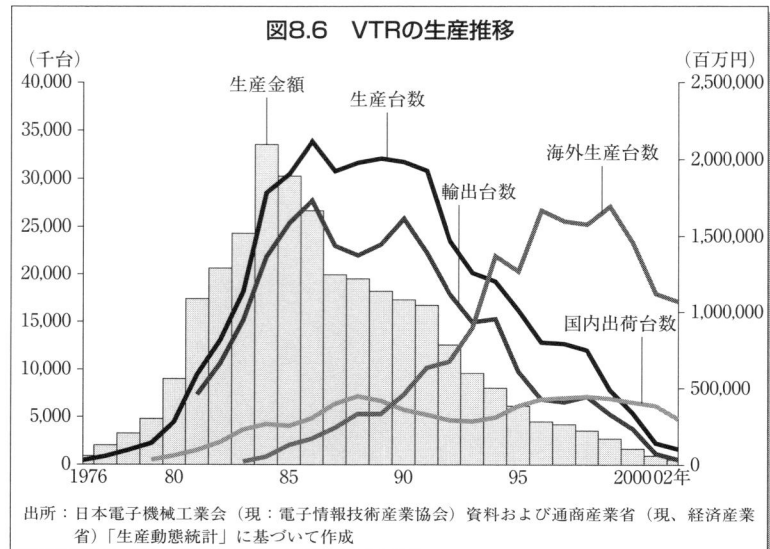

出所：日本電子機械工業会（現：電子情報技術産業協会）資料および通商産業省（現、経済産業省）「生産動態統計」に基づいて作成

図8.7　VTRの国内市場規模（推定）[*6]

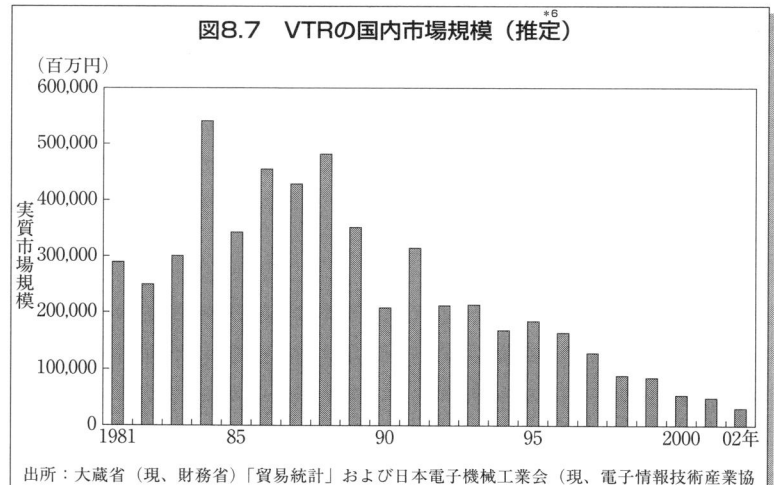

出所：大蔵省（現、財務省）「貿易統計」および日本電子機械工業会（現、電子情報技術産業協会）資料に基づいて作成

---

*6——市場規模（販売金額）の統計データは見あたらないため、国内生産金額から輸出額を差し引き、輸入額を加えることで国内市場規模を推定している。この推定には、流通段階でのマージンが把握できていない点には注意が必要である。また、貨幣価値変動の影響は1980年および1995年を基準年とするGDPデフレータを用いて調整している。

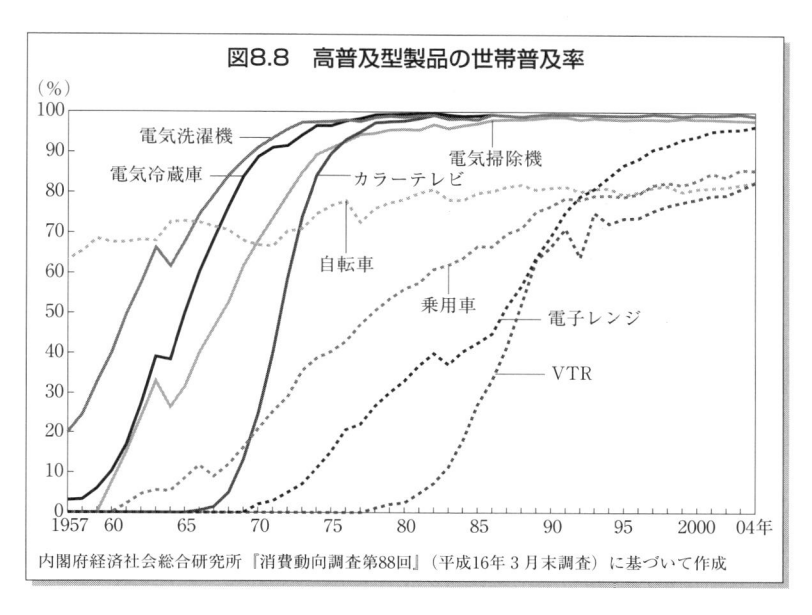

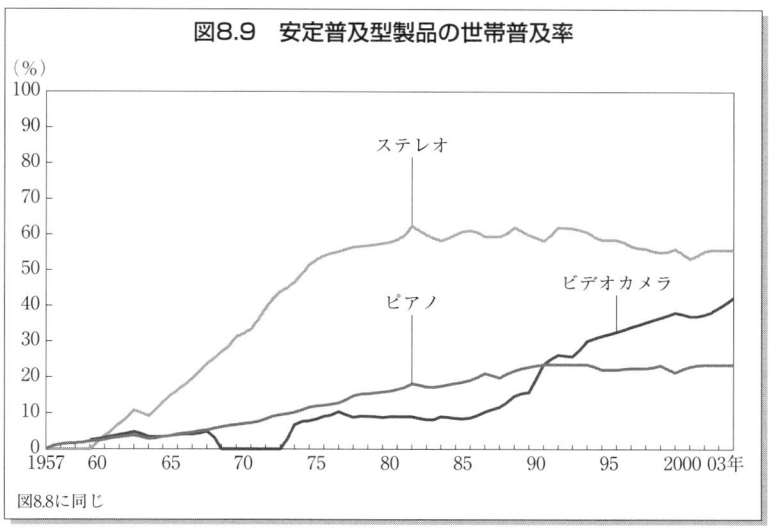

図8.8　高普及型製品の世帯普及率

内閣府経済社会総合研究所『消費動向調査第88回』（平成16年3月末調査）に基づいて作成

図8.9　安定普及型製品の世帯普及率

図8.8に同じ

品も多い。

　製品ライフサイクルに関して注意が必要なのは、特定時点で各製品がどのステージにあるかを厳密に判断することが困難な点である。VTRの売上・生産のピークを事後的に特定することは可能であるが、VTRが衰退ステージに入ったのは何年からなのかを特定するのは難しい。ただ

第8章 製品ライフサイクル

し、国内生産は金額ベースでは1984年が、台数ベースでは86年がピークであり、推定国内市場規模については89年以降縮小傾向にあると判断することには大きな問題はないだろう。これらを総合すると、VTRは80年代半ばから後半がピークであると判断できるが、衰退期はいつから始まったのかを特定することは難しい。これは、ある人物の一生を、事後的にトレースすることができても、「何歳から中年になったのか」を特定することが困難であるのと同じである。

この点からも、製品ライフサイクルは事前に予測可能なわけではないことも理解できる。しかし、「生者必滅の理」と同様に、どれほど急速に市場が成長している製品でも「いつかは衰退して、消滅していく」ことは確かである。「いつか」が実際にどのタイミングなのかは分からないとしても、多くの製品が共通した一定のパターンを経験するがゆえに、一定の幅を持った予想が可能になる。以下、本章では製品ライフサイクルの段階ごとの戦略上の定石について検討する。

2.製品ライフサイクルの段階と特徴

製品ライフサイクルの段階をいくつに区分するかについては様々な考え方があるが、「導入期」「成長期」「成熟期」「衰退期」の4段階とするのが一般的である。各ステージの特徴は、図8.10および表8.1に示されている。

新製品が導入された直後の導入期においては、研究開発や発売プロモーションに費用が必要であることや、規模の経済や経験効果によるコスト低下のメリットを享受できないことにより、製品単価は高くなりがちである。また、消費者にとっては、それまでに馴染みのない新奇な製品であるため、需要も大きくはない。売上が大きくなりにくい一方で、コストが高いため、導入期には利益がマイナスになるケースが多い。

成長期には、新製品に対して消費者が知識を獲得していくことで製品の普及が進み、売上高が拡大していく。その一方でコスト削減が進行し、利益額も大きくなっていく。

成熟期には、徐々に売上成長が鈍化していき、やがては成長が止まる。コストは低下していくものの、その減少ペースは、売上成長の減速に伴って鈍くなっていく。衰退期には、売上成長はマイナスとなる。コスト（単価）はほぼ一定で、売上高が減少するため、利益額も減少して

図8.10 製品ライフサイクル

（グラフ：縦軸「金額」、横軸「時間」。曲線は「単価」「売上高」「利益」を示し、時間軸は「導入期」「成長期」「成熟期」「衰退期」に区分される。導入期には「損失」の領域がある。）

出所：沼上（2008）p.76 図3-1「製品ライフサイクル」に基づいて作成

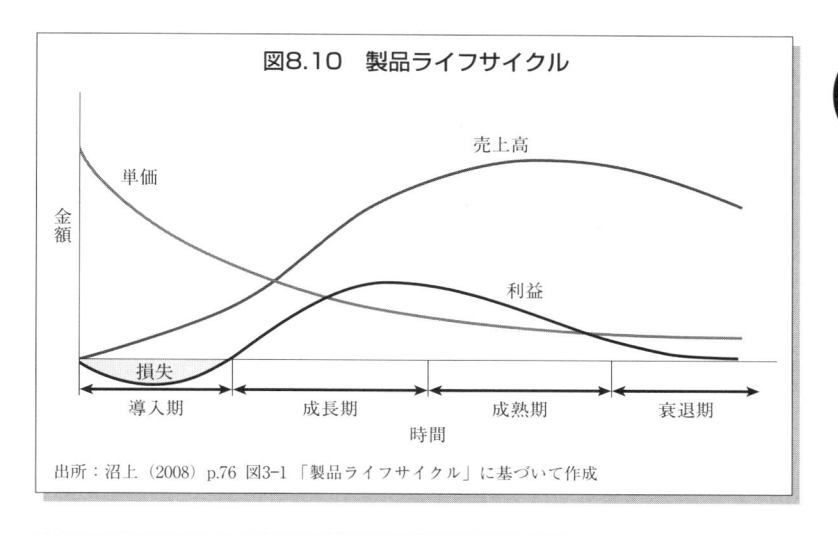

表8.1 製品ライフサイクルの段階と特徴

導入期	新製品が導入され、売上・利益が少ない
成長期	急速に売上・利益が増大
成熟期	売上成長が鈍化し、止まる
衰退期	売上・利益が減少

出所：Kotler and Keller（2006）pp.402-403に基づいて作成

いく。

　前述のVTRの例（図8.6・図8.7）では、ソニーがベータマックスを市場に導入した1975年から80年頃までを導入期、80年代を成長期、90年代を成熟期、録画機能付きDVD（DVDレコーダ）が市場に出始めた2000年以降を衰退期と、大まかに区分できるだろう。

　図8.11には、VTRの単価（生産単価）と普及率が示されている。市場導入直後の1975年には年間で約12万台生産され、当時の物価水準で生産単価は約20万円であった。[*7] 図8.6の生産金額については、75年から81年までの6年間の年平均成長率は名目で113％、貨幣価値変動を調整した実質金額で101％になっている。これは、前年比の2倍以上（2.01倍もしくは2.13倍）の生産高の伸びが6年間続いていたことを意味する。75年

＊7——生産金額および生産台数は、日本電子機械工業会『民生用電子機器データ集2005』に記載されている経済産業省「生産動態統計」に基づいている。貨幣価値変動は、1980年および95年を基準年とするGDPデフレータにより調整している。

第8章 製品ライフサイクル

図8.11　VTRの単価・普及率

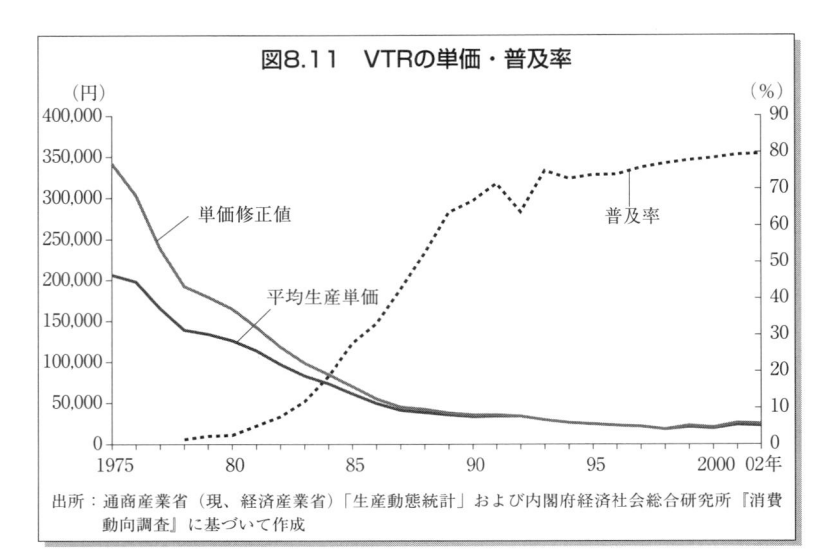

出所：通商産業省（現、経済産業省）「生産動態統計」および内閣府経済社会総合研究所『消費動向調査』に基づいて作成

に約250億円だった生産規模は、6年後の81年には約1兆870億円となっており、この期間の生産規模拡大がいかに急速だったかを物語っている。この急速な売上成長の結果、世帯普及率も81年には5％に達している。

また、この期間には、生産コストも急速に低下している。1981年の平均生産単価は約11.5万円であり、75年の半分弱になっている。修正済みの実質生産単価では、75年に比べると60％減となっている。

1980年代前半には売上成長が本格化する。80年から84年までの推定実質国内市場の平均成長率は約23％と高成長が続き、83年には普及率が10％を超えている。さらに、図8.12のVTRの経験曲線が示すように、75年から2002年までの期間には、約77％の習熟率でコストが低下している。しかし、80年から90年までに限定すると習熟率は約72％となり、75年から81年までの88％に比べて、より急速にコスト低下が進行していることが分かる。こうした売上成長、コスト低下に伴ってVTRの利益は急速に増加していったと推測できる。

その後、売上成長は徐々に頭打ちとなり、1980年代後半から末期にかけて、生産台数・生産金額・推定市場規模いずれの指標でもピークを迎える。推定市場規模の平均成長率は－1％とほぼ横ばいになっている。それ以降も、市場は縮小し続け、91年から2000年にかけて、推定市場規模の平均成長率は－18％となっている。

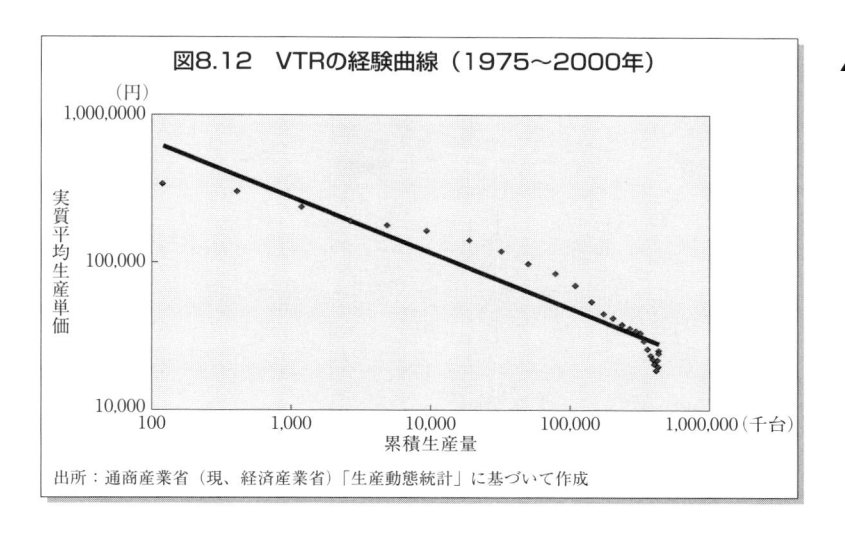

図8.12 VTRの経験曲線（1975〜2000年）

（円）縦軸：実質平均生産単価、横軸：累積生産量（千台）

出所：通商産業省（現、経済産業省）「生産動態統計」に基づいて作成

　2000年以降、DVDレコーダやハードディスク・レコーダという強力な代替製品の出現によって、VTR市場は縮小傾向にある。2003年にはVTRの普及率は80％を超えており、今後新たな需要が発生することも予想しにくいため、衰退傾向は今後も継続するものと予想される。ただし、ビデオテープに録画されたコンテンツが存在するため、VTRが短期間に消滅してしまうとは考えにくく、限られた規模ではあるものの、その後も比較的長期にわたって「取り替え需要」が発生するものと予想されていた。しかし、近年では急速にその市場規模は縮小し、毎年AV機器の世界需要予測を発表している社団法人電子情報技術産業協会（Japan Electronics and Information Technology Industries Association; JEITA）は、2007年に出荷台数の減少を理由にVTRの統計を中止するとアナウンスしている[*8]。単体製品としてではなく、DVDレコーダやハードディスク・レコーダにVTRが組み込まれるという形態で残っていく可能性もありうるが、その規模はごく限られるだろうと予想される。

3.各段階の課題と戦略上の定石

　以上のような、製品ライフサイクルの各段階の特徴から、それぞれの段階ごとの課題（表8.2）と戦略定石を導き出すことができる。以下では、各段階の課題と戦略上の定石を、導入期から順に検討していく。

＊8──http://techon.nikkeibp.co.jp/article/NEWS/20070208/127556/

表8.2 各段階での課題

導入期	市場の拡大
成長期	ブランド選好の確保
成熟期	自社顧客を確保して他社の顧客を奪う
衰退期	撤退 市場の再拡大 残存者利益

2──導入期

　導入期には、売上高も少なく、利益もマイナスもしくは僅少の場合が多い。競争相手も少なく、限られた少数の企業が新しい製品を手がける場合がほとんどである。この時期の課題は、普及の「ボトルネック（隘路）」を明らかにして、それを取り除くことで、市場を拡大することである。

　新製品の普及を妨げる要因として、まず顧客側では、(1)顧客が製品の存在自体を知らない、(2)存在を知っていても、用途や機能などに関する詳しい製品知識がないため購入候補とならない、(3)詳細な製品知識を持っているものの、将来の価格低下を期待して「買い控え」ることが指摘されている。また、生産者側の要因としては、(1)需要を十分に満たすための生産体制・販売体制が整っていない、(2)初期製品には不具合や不良が発生することが多いため、こうした面倒を避けたいと考える消費者は品質が安定するまで購入を先延ばしにする、などが挙げられる。

　VTRのケースでは、導入期においてさえ製品の認知度は高かった。ソニーのベータマックスやビクターのVHSの導入前から、「絵の出るテープレコーダ」として、広く消費者に認識されていた。また、ベータ方式とVHS方式による規格争いがメディアに大きく取り上げられたことで、製品に対する認知度も上がっていった。製品機能については、テレビ番組を録画して好きな時間に視聴することができる「タイムシフト・マシン」として理解されていた。だが、開発当初のベータは録画時間が1時間、VHSは2時間で、映画やスポーツ番組の録画には十分ではなかった。そこで、マーケットからの要望に応えて、3時間・4時間・6時

間と録画時間を延ばしていくことで、タイムシフト・マシンとしての使い勝手をより向上させていった。潜在的な需要は早くから存在したものの、導入当初は比較的高価（1975年に発売されたベータマックスの1号機は22万9,800円）であったことや、規格争いに決着がつくまでは購入を控えようという消費者心理も、需要顕在化の障害となっていた。

　ボトルネックとなりうる様々な要因の中から、何が実際に普及を妨げているのかを明らかにし、ボトルネックを取り除いていくことが、導入期の戦略上の課題になる。そのために、導入期の定石的なマーケティング・ミックスは以下のようなものとなる。

　まず、製品については、本質的サービスを理解しやすく、使いやすくする必要がある。新しい製品やサービスが、どのような機能を有し、どのような用途に用いることができるのかを、端的に分かりやすく消費者に伝えることで、製品知識の欠如という消費者側でのボトルネックを解消することが可能になる。販売促進は、製品知識を提供することを目的とした、説明重視のプッシュ型を採用する。流通経路については、プッシュ型の説明重視プロモーションの効果を十分に発揮させるために、流通業者数を限定した閉鎖型を採用する場合が多い。また、卸売業者や小売業者に、最終消費者に対するプッシュ型プロモーションを行ってもらうために、流通業者に対して比較的高めのマージン率を設定することが多い。価格は、製造コストが十分に低下していないことや、マーケティング費用を回収する必要があることから、一般的に高めに設定される。

　ただし、これらは一般的な定石であり、例外的な施策もありうる。たとえば、携帯電話やゲーム機など「ネットワーク外部性」（次ページコラム参照）が重要な製品では、急速な普及を目指して、当初は赤字になるような思い切った価格設定を行う「浸透価格政策」を採用し、販売促進も最終消費者を対象とした大規模な広告キャンペーンを展開するプル型を採用し、それに合わせて流通チャネルも開放型とすることもありうる。逆に、製品開発費用の早期回収を目指して、マニアと呼ばれるような、ごく少数の価格にセンシティブではないユーザーに対して高価格を設定する「上澄み価格政策」を採用する場合もある。

第8章 製品ライフサイクル

ネットワーク外部性

「外部性（externality）」とは、経済学の概念で、特定の経済主体が、自らとは関係のない他の経済主体の行動から影響を受けることを意味している。たとえば、環境汚染によって健康被害を被る「公害」は、「負の外部性」や「外部不経済」の典型例である。

外部性には、不利に働くものだけでなく、有利に作用する「正の外部性」や「外部経済」もありうる。古くは黎明期の電話会社、「VHS対ベータ」のビデオテープ規格争いなどの例に見られるように、互換性のない複数規格が並存している場合、特定の規格を採用している人数、すなわち「ネットワーク」規模が拡大することでメリットが発生する。これが「ネットワーク外部性」である。

ネットワーク外部性には、ネットワークの大きさが直接便益の増大をもたらす「直接効果」と、補完財が介在する「間接効果」とがある。

直接効果の典型例は、通信サービスに見られる。米国では電話普及の初期に、複数の電話会社が競い合っていた。異なる電話会社間の通話は不可能だったため、なるべく多くの相手と通話するためには、最も「ネットワーク」が大きい電話会社と契約するのが自然であった。契約者数が増えれば増えるほど、新規契約を考えている潜在顧客にとっての便益が増大する。これが「直接効果」の典型例である。

間接効果には、たとえばPCやスマートフォンのアプリケーション・ソフトウェアのような補完財が介在している。PCは基本ソフト（OS）ごとに、利用できるアプリケーションが違っている。スマートフォンの場合も、アップルのiPhone用iOS、グーグルのAndroid、マイクロソフトのWindows Phone 7などのOSごとに「アプリ」の品揃えが異なっている。アプリケーション・ソフトの開発者は、自社の売上を伸ばすため、多くの顧客を期待できる「ネットワークの大きい」プラットフォームを選択しようとする。その結果、シェアの大きいプラットフォーム向けには多様なアプリケーションが提供される一方で、シェアの小さいOSのユーザーにとっての選択肢は限られてくる。アプリケーションの豊富さに魅力を感じるユーザーは、多数の他ユーザーが採用しているプラットフォームを選択する。ユーザー数が増加すると、魅力的なアプリケーションがさらに数多く提供され、プラットフォームの魅力が一層増加する。こうした、OSプラットフォームとアプリケーション・ソフト

ウェアの間の好循環サイクルが、「間接効果」の例である。

　直接効果・間接効果いずれの場合も、ネットワークが大きいことがユーザー便益を増大させるため、規模の大きなネットワークは一層規模を拡大していき、「勝者総取り（winner takes all）」の状態になりやすい。

　ネットワーク外部性が強く作用する業界において、業界標準規格が、市場での競争の結果、「事実上の標準（*de facto* standard）」として定まる場合には、製品ライフサイクルの早い段階で、早期の普及を目指して製品・サービスを極端な低価格で提供する事例が観察されやすい。たとえば、携帯電話の普及初期には、携帯キャリアからの販売奨励金を原資として、「0円携帯」とも呼ばれる、事実上無料の携帯端末が販売されていた。

3──成長期

1.導入期から成長期への「離陸」

　市場に導入されたばかりの新奇な製品・サービスを採用するのは、通常リスクの高い行為であるため、「新しいもの好き」で生活様式を変えていくことに積極的な「イノベータ（innovator 革新的採用者）」がこの時期の主要顧客となる。

　Rogers（2003）は、イノベーション（新規製品・サービス）の採用者を、平均採用時点からの乖離の程度によって、五つのカテゴリーに分類している。新奇な製品・サービスを採用したタイミングごとに、採用者数の度数分布図を描くと図8.13のように「釣り鐘型」もしくは正規分布になると想定し、採用者全体の平均採用時点を中心に標準偏差ごとに区切ることで、五つの採用者カテゴリーに分類される。

　最も早いタイミングで採用する人々は「イノベータ」と呼ばれる。イノベータの数は多くはなく、全体の約2.5％程度にすぎない。正規分布の場合、平均から±2標準偏差以内に全データの95％が含まれるため、片側（図8.13では左側）だけを考えると、全体平均よりも2標準偏差以上早くイノベーションを採用するのは約2.5％となる。

　イノベータは、新しいアイディアを試すのに熱心で、複雑な技術上の

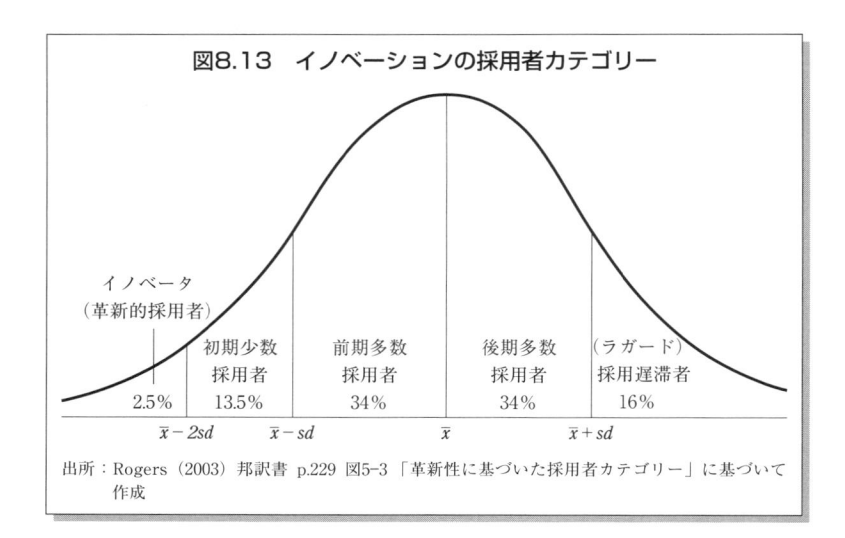

図8.13　イノベーションの採用者カテゴリー

イノベータ（革新的採用者）	初期少数採用者	前期多数採用者	後期多数採用者	（ラガード）採用遅滞者
2.5%	13.5%	34%	34%	16%
$\bar{x}-2sd$	$\bar{x}-sd$	$\bar{x}$	$\bar{x}+sd$	

出所：Rogers（2003）邦訳書 p.229 図5-3「革新性に基づいた採用者カテゴリー」に基づいて作成

知識を理解する能力を有し、「海のものとも山のものともつかない」新製品を採用することがもたらす問題や「不確実」な状態に対する耐性が高い。たとえば、2010年末にサービスが開始された「LTE（Long Term Evolution）」と呼ばれる携帯電話の通信規格に対応した携帯電話端末が発売されると、真っ先に購入するのが革新的採用者である。彼らは、「3.9G（第3.9世代）」とも呼ばれるLTE方式が、現在普及している「3G（第三世代）」や将来登場するはずの「4G（第四世代）」と技術的にどう異なるのか、LTE端末には何ができるのかを十分に理解でき、また導入当初は利用可能エリアが狭いという問題に耐えたり、この問題を解決するための方法を模索する労力を惜しまない。それどころか、逆にそのプロセスを楽しむことさえある。

　イノベータに次いで、新しい製品・サービスを採用する人々は「初期少数採用者（early adopters）」と呼ばれる。正規分布では平均から±1標準偏差の区間に全データの約68%が含まれるため、初期少数採用者は全体の13.5%｛(95−68)÷2｝程度となる。イノベータが、製品・サービスが「新しいもの」であることに意義を見いだす、いわば「マニア」な人物であるのに対して、初期少数採用者は周囲の人々に影響を及ぼす「信頼される」人物である。初期少数採用者は、新しい製品を購入し使用することが自らにとってどのような意味を持っているのか、新製品の採用によってどのようなベネフィットが期待できるのかを明らかにし、

それを周囲の人々に伝えていく。イノベータにとって、iPodのような携帯音楽プレーヤーを採用するには、従来のカセットテープやCD・MDではなくハードディスクや半導体メモリが搭載されているという事実だけで十分である。しかし、初期少数採用者は、数千曲分の記憶容量があることで、手持ちの楽曲をすべて持ち運ぶことができ、出かける前に「今日はどの曲を持って行くか」悩まずにすむとか、FM電波を使えばカーステレオにカセットテープやCDを入れ替えなくてもよくなるなどの具体的なメリットやベネフィットを思い浮かべる。さらに、初期少数採用者は、価格や技術的な不確実性などの「リスク要因」も考慮したうえで、実際の採用に踏み切る。自ら実際に採用した経験を踏まえた初期採用者の意見は、周囲の人々に強い影響力を有するため、彼らは「オピニオン・リーダー」とも呼ばれ、普及の鍵を握っているといわれている。

　少数採用者に次いで採用していくのが、「多数採用者」と呼ばれる人々である。採用者全体の平均よりも1標準偏差分だけ早く採用する人々は「前期多数採用者（early majority）」、逆に1標準偏差分だけ遅く採用する人々は「後期多数採用者（late majority）」と呼ばれ、前期・後期を合わせると採用者全体の68％を占めるメインストリームである。「慎重な人々」と特徴づけられる前期多数採用者にとっては、新製品が「安心できるもの」であることが重要で、そのためには周囲の多くの人々が採用しているという事実が大きな意味を持つ。「新しいものを試す最初の人間になるな、そして古いものを捨てる最後の人間になるな（Be not the first by whom the new is tried, nor the last to lay the old aside.)」[*9]というのが、前期多数採用者のメンタリティである。後期多数採用者は、イノベーションに対して懐疑的で、新しい製品の有用性を理解しても、周囲からの社会的な圧力がなければ採用しようとしない「保守的な人々」である。

　最後に採用する人々は「採用遅滞者（ラガード laggards）」と呼ばれ、全体の16％程度を占める。全体の85％程度がすでに採用し終わったタイミングで、周囲からかなり遅れて、ようやく採用に踏み切る採用遅滞者は、一般に「強度に保守的な人々」で、社会から孤立しがちである。

　図8.13の度数分布を累積度数分布に書き直す、すなわち「特定時点で

＊9──Rogers（2003）邦訳書「第5章 革新性と採用者カテゴリー」の冒頭エピグラフ（p.213）として、Alexander Pope, *An Essay on Criticism*, Part II, 1711から引用されている。

の採用者数」を累計して「特定時点までの採用者合計」を求めると、分布の形状は全体として「S字型」になる（図8.14）。累積分布において、採用者増加のペースが急増し、普及が「離陸する」ポイントになっているのは、革新的採用者（2.5%）と初期少数採用者（13.5%）を加えた16%前後である。

「新しいもの」に対して積極的な態度を示す革新的採用者および初期少数採用者と、より保守的な多数採用者の間には容易には越えられない「キャズム（chasm 溝）」があり、この溝を越えられない新製品は「離陸」できずに、一部のマニア向けの特殊な商品と位置付けられ、埋没していく運命にある（Moore 1999）。保守的な多数派の人々にとっては、「他の多くの人々が採用している」という事実が決定的に重要になる。

新製品がもたらす便益は十分に理解できても、新製品の導入により様々な面倒に直面したり、生活スタイルを変えていくことに抵抗を感じる多数派にとって、多くの人がすでに採用しているという事実は、「安心して」採用できることを意味する。そのため、「ヒットしていること」が原因となって「大ヒットになる」という自己強化的なサイクルが観察される一方で、「普及率が低いがゆえに普及しない」という問題も発生

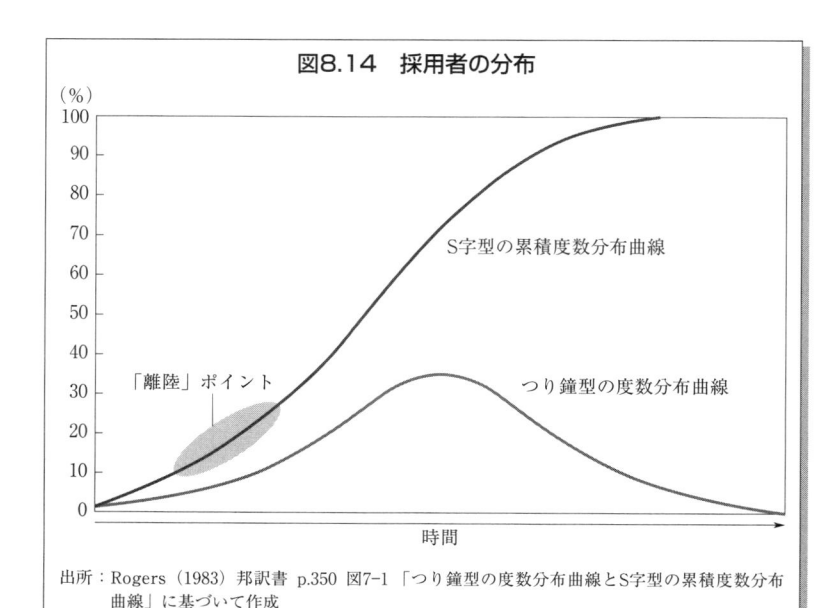

図8.14　採用者の分布

出所：Rogers（1983）邦訳書 p.350 図7-1「つり鐘型の度数分布曲線とS字型の累積度数分布曲線」に基づいて作成

する。製品が普及しないことには大規模な需要が発生せず、その一方で需要がなければ大規模に生産するわけにはいかないという「にわとりと卵」の状態に、新商品は直面しやすい。

　初期少数採用者は、「クチコミ」によって、保守的な多数派の人々に対して自分自身の体験に基づいた情報を提供し、新製品に対する態度を変化させていくという重要な役割を果たすことが多い。こうした役割を果たす人々は、「オピニオン・リーダー」と呼ばれる。オピニオン・リーダーの支持を得られるか否かが、イノベーションが「離陸」して、広く一般に普及していくために決定的に重要になる。

2.成長期の定石的マーケティング・ミックス

　市場が立ち上がり、多数採用者が主力顧客層となる成長期における戦略上のポイントは、自社製品に対するブランド選好を確立し、市場成長率を上回るペースで自社製品の売上成長を達成することである。自社製品に対するブランド選好を確立するための定石的なマーケティング・ミックスは以下のようになる。

　製品については、本質的サービスに加えて、補助的サービスを拡充し、製品の魅力を向上させることが課題となる。流通チャネルも、製品の普及に合わせて徐々に閉鎖型から開放型へと移行していき、流通チャネルに対するマージンも減少させていく必要がある。販売促進は、より広い顧客層にアプローチするためにマスコミを利用したプル型に変えていく。価格については、量産による規模の経済や経験効果によるコスト低下を受けて、より大衆的なものへと値下げしていく。

　図8.11に示されたように、VTRが国内市場で普及率16％を上回って「離陸」したのは、1983年から84年にかけてであった。この時期には、高音質のHi-Fi機能（83年）、カメラ一体型（「ベータ・ムービー（83年）」および「VHS–Cムービー（84年)」）、高画質のS-VHS（87年）など、次々と製品に改良が加えられていった。また、83年に、テレビ放送された映画の録画が著作権侵害にあたるとしてソニーが米国において提訴されていた裁判が決着し、ソニーが勝訴したことを受けて、映画などのコンテンツが一斉にVTR化されるようになり、80年代後半にはレンタルビ

＊10──伊丹ほか（1989）表7-6「主な機能の追加に関する年表」pp.210–218および佐藤（1999）「関係略年表」pp.628–638参照。

図8.15 レンタルビデオ店数

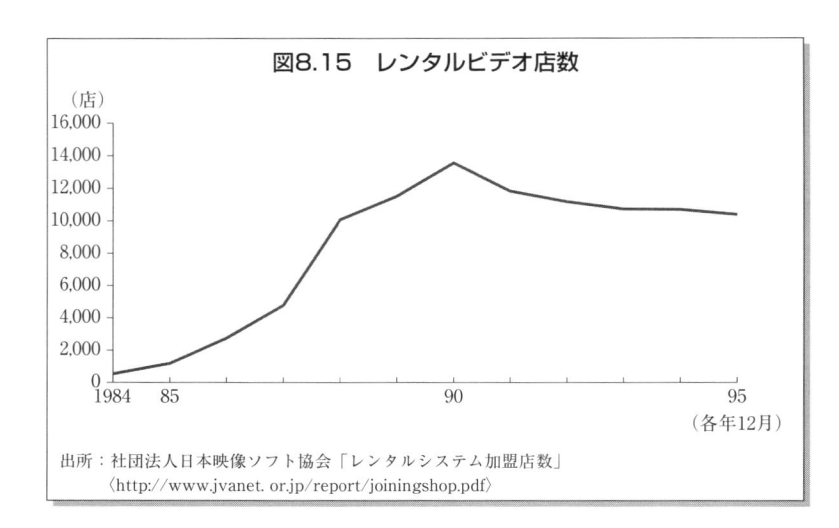

出所：社団法人日本映像ソフト協会「レンタルシステム加盟店数」
〈http://www.jvanet.or.jp/report/joiningshop.pdf〉

デオ店も急速に増加していった[*11]（図8.15）。コンテンツ拡充に伴って、VTRはテレビ番組を録画する「タイムシフト・マシン」としてだけでなく、「パッケージ化されたコンテンツを再生する装置」としても認識されるようになり、製品の魅力が一層向上していった。

　VTRがパッケージ化されたコンテンツの再生機として位置付けられたことで、VHSとベータの互換性問題がより強く認識されるようになった。レンタルビデオ店でも、当初は同一タイトルをベータとVHSの双方でそろえていたが、VHSユーザーが増加するにつれてベータの取り扱いを中止する例が増えてきた。ユーザー数が多いことが原因でソフトの入手可能性が高まり、VHS方式の魅力が向上し、VHSのシェアはさらに高まっていった。「ネットワーク外部性」による自己強化的な好循環から、1980年代半ばにはベータ対VHSという規格間競争に決着がついた。VHSが「事実上の業界標準（*de facto* standard）」になったことで、消費者の買い控えも解消され、市場規模はさらに拡大していった。

4──成熟期

　成熟期の戦略上の焦点は、自社シェアの確保である。市場成長率が頭

＊11──佐藤（1999）p.466

打ちになり、徐々にマイナスとなっていく成熟期においては、新規需要の発生は期待しにくく、自社の売上を伸ばすためにはライバル企業のシェアを奪う必要が出てくる。成熟期の戦略上の焦点は、自社シェアを奪われないよう自社製品に対するブランド・ロイヤリティを確立したうえで、他社からシェアを奪うことになる。

　成熟期における定石的なマーケティング・ミックスは、市場シェアの大きさによって異なってくる。ライバルからシェアを奪うために望ましい方策は、前章で議論したように、各社の競争ポジションごとに異なってくる。リーダー・チャレンジャー・ニッチャー・フォロワーそれぞれの定石的マーケティング・ミックスについては、改めて前章を参照されたい。

　VTRのケースでは、1990年代の成熟期を通じて、製品機能向上が志向されていた。たとえば、90年にはデジタル・オーディオ対応機が登場し、93年にはハイビジョン対応[*13]、95年にはデジタル放送対応[*14]の新機種が導入されている。ビクターや松下電器産業（当時）・日立・シャープ・三菱などの大手家電メーカーがVHSの高機能化に邁進していた一方で、製品機能を思い切ってそぎ落とし、ニッチ市場を開拓しようとする動きも出てきた。船井電機は、録画機能を搭載せず再生専用とし、積極的な海外生産によってコストを削減し、「低価格の再生専用機」というニッチ・セグメントの開拓に成功した。

5──衰退期

　衰退期には、市場規模縮小に伴って利益水準も低下していく。衰退期における戦略上のオプションは、基本的には(1)撤退する、(2)市場再拡大を図る、(3)残存者利益を狙うの3種のいずれかになる。

1.撤退

　最初の戦略オプションはタイミングを見計らって撤退することである。たとえば、GEがエジソン以来の伝統ある電球事業や白物家電から

---

*12──佐藤（1999）「関係略年表」pp.628-638
*13──国立科学博物館「産業技術の歴史」資料番号100210021304「W-VHSハイビジョンVTR『HR-W1』」〈http://sts.kahaku.go.jp/sts/set_top.html〉
*14──国立科学博物館「産業技術の歴史」資料番号100210021314「D-VHS」〈http://sts.kahaku.go.jp/sts/set_top.html〉

撤退した例や、シャープがブラウン管テレビから撤退して液晶テレビに集中した例などが、タイミングよい撤退の例とされている。

日本企業は、雇用維持の社会的圧力が強いこともあって、事業撤退は不得手であるとされてきた。しかし、1990年代以降、業績不振が長期化したことや、M&A仲介を手がけるコンサルティング会社や金融機関が増加してきたこともあり、事業統合・売却の事例が報告されることが増えてきた。たとえば、2001年には、日立がPCモニタ用ブラウン管事業から撤退した。「デスクトップパソコン市場の低迷による需給悪化のため、価格が急速に下落していることに加え、今後も液晶モニターへ需要がシフトしていくことが想定され、市場の拡大が見込めない状況[*15]」として撤退している。

2.市場再拡大

成熟した市場を再拡大するのは容易ではない。市場が成熟し、いったん減少した需要が再度大規模に拡大する「脱成熟（de-maturity）」は、製品属性に対する新しい需要を創造したり、画期的な技術革新の導入を契機にして起こる場合が多い。たとえば、機械式の腕時計がクオーツ化されることで、飛躍的に精度が向上する一方で低価格化が進行し、成熟したかに見えた腕時計マーケットは大きく拡大した（新宅 1994）。

また、日本のビール市場では、1987年にアサヒビールが「スーパードライ」を投入したことを契機に、消費パターンが大きく変化した。図8.16に示されるように、85年頃まではビールは春から夏にかけて消費される「季節商品」であった。しかし、87年3月に発売したスーパードライのヒットを受けて、年間を通じた積極的なプロモーションが展開されるようになった。88年2月には、キリンビールとサッポロビールが対抗商品「キリンドライ」「サッポロドライ」を投入し、各社積極的な販売促進キャンペーンを展開した。真冬の「ドライ戦争」は、ビール需要は夏だけに限定されるわけではないことを証明した。それ以降、メーカー側は通年プロモーションを継続し、それを受けてユーザー側でも「ビールは夏だけ」という意識が薄れていった。90年には年間を通じて出荷量に大きな差が出ない「通年商品」となり、ビールの年間消費量も拡大していった。

＊15──日立ニュースリリース〈http://www.hitachi.co.jp/New/cnews/2001/0726b〉

図8.16　ビール出荷季節構成

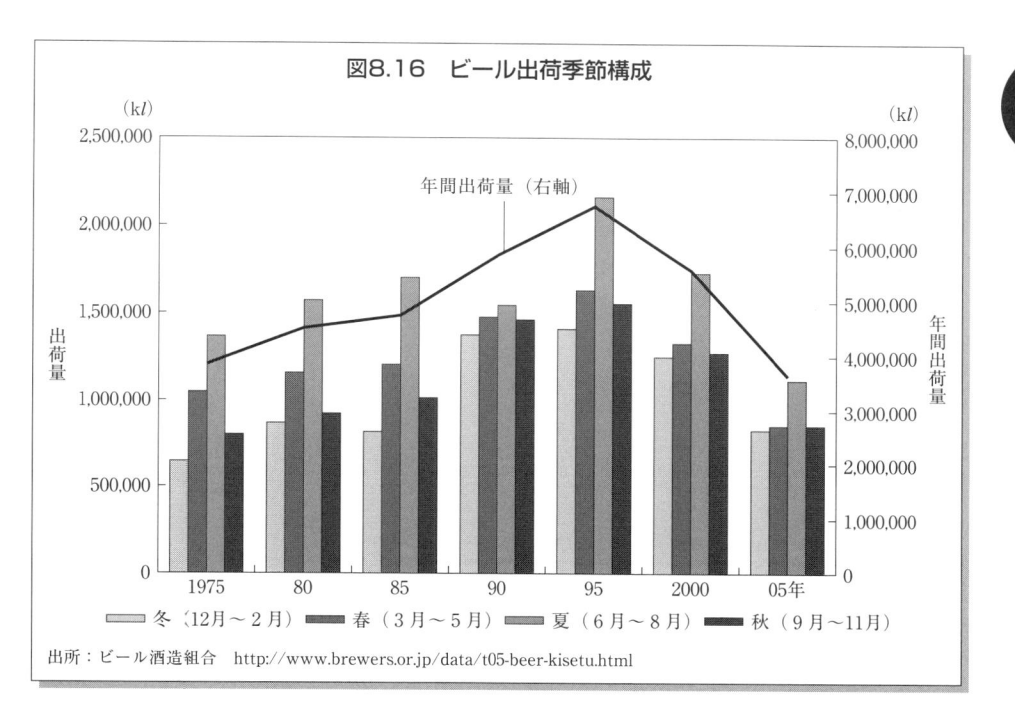

（kl）／（kl）
出荷量／年間出荷量

冬（12月～2月）　春（3月～5月）　夏（6月～8月）　秋（9月～11月）

年間出荷量（右軸）

出所：ビール酒造組合　http://www.brewers.or.jp/data/t05-beer-kisetu.html

　1990年以降のトレンドを見ると、他の季節に比べると依然として夏の消費量が群を抜いているものの、秋・冬・春の出荷量には大きな差が見られなくなっている。また、89年の酒類販売免許の規制緩和によりディスカウントストアがビールを取り扱い始めたことから低価格競争が激化し、ビールの需要は伸びていった。しかし、94年のサントリー「ホップス」、翌95年のサッポロビール「ドラフティー」の発売を機に、酒税法区分の違いによる低価格をアピールした発泡酒の需要が大きく伸び、2003年にはさらに酒税の安い「第三のビール」が導入されたことで、図に表した本来のビールに対する需要は縮小している。

　ここで注意しなければならないのは、ビールの通年商品化はビールメーカーだけでは実現しえなかった点である。冬のビール需要は、家屋の密閉度が高まり、冬でも室内が暖かいことが前提である。「暖かい部屋で冷えたビール」という新しい需要の創造には、従来からの常識にとらわれず潜在的な顧客ニーズを探り当てることに積極的なコンビニエンスストアが果たした役割を見逃すわけにはいかない。コンビニエンスストアは、真冬でもアイスクリームやビールへのニーズが存在することを発

見し、積極的なプロモーションを展開してきた。ビールの通年商品化には、「ドライ戦争」以降のビール業界による積極的プロモーションもさることながら、酒類量販店やコンビニエンスストアといった新しい流通チャネルの発展や日本の家屋構造の変化といった、社会的要因の大きな変化が影響を及ぼしている。脱成熟と呼ばれるほど大規模な市場再拡大は容易ではないことが、こうしたことからも理解できるだろう。

また、市場拡大のための選択肢としては、既存市場の再拡大ではなく、新しい市場や新しい用途を開発することもありうる。たとえば、前章の「リーダーの戦略定石」でも触れたように、東レは不織布技術を用いて、人工皮革・自動車シート・眼鏡拭き・マスカラなど多様な製品を手がけてきた。

あるいは、成熟・衰退してしまった国内市場から撤退し、海外に市場を求めるケースもありうる。液晶やプラズマなどの薄型テレビが優勢となった日本市場では、ブラウン管テレビの市場は、出荷金額ベースでは1996年から、出荷台数ベースで2001年から縮小し続け[*16]、特に2006年以降対前年比で半減以上という急激なペースで縮小している（図8.17）。

薄型テレビの価格低下によって、ブラウン管テレビとの価格差が急速に縮小し、日本市場では急激にブラウン管テレビの需要が縮小してきた。テレビは比較的早くから海外生産が進み、ブラウン管もマレーシアやシンガポール、中国などの海外拠点で生産が行われていたが、平面ブラウン管や大画面向けは国内で生産していた。ソニーは2003年度中に、松下電器産業（現、パナソニック）と東芝は2004年にブラウン管の国内生産から撤退することになった[*17]。2000年代前半には、国内市場では急速に需要が縮小しているものの、グローバルに見れば、今後経済発展が期待される地域では、安価なブラウン管テレビに対して一定量の需要を見込むことができると考えられてきた。しかし、2006年以降、「BRICs（ブラジル・ロシア・インド・中国）」と称される新興国市場でも、予想以上のペースで薄型テレビへの移行が進んでおり、ブラウン管テレビにはアフリカ諸国など限られた市場しか残されていないと見られている。

また、国内市場から撤退しないまでも、海外市場をビジネスの主力と

---

*16——「点検シェア攻防 ブラウン管テレビ 市場縮小で上位伸びる」日経産業新聞2005年8月18日付
*17——「ブラウン管国内生産に幕 松下・東芝も撤退」日本経済新聞2003年11月8日付

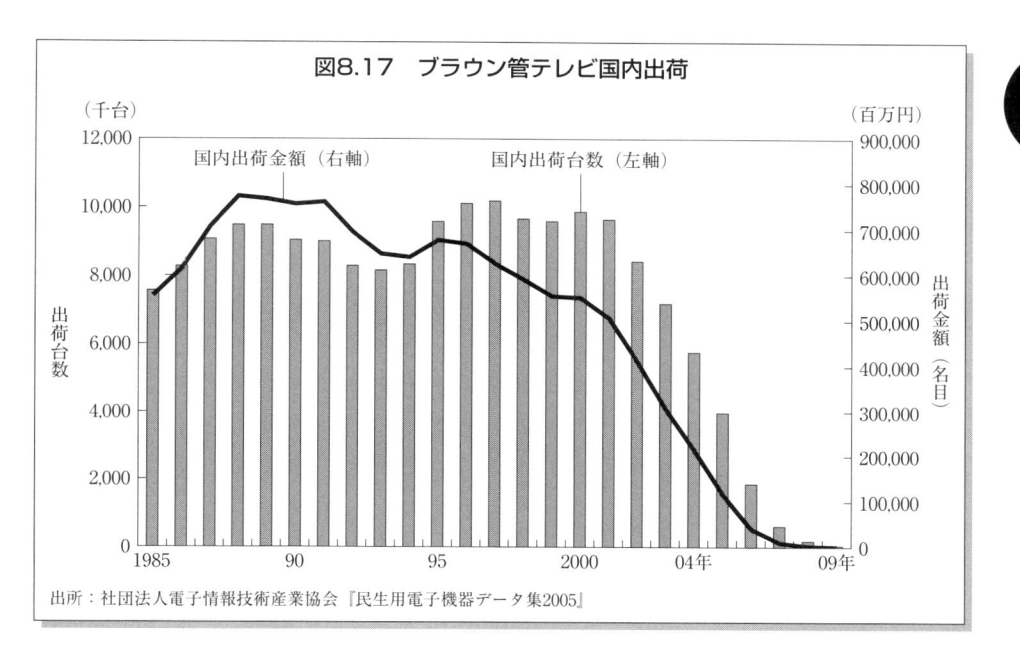

図8.17　ブラウン管テレビ国内出荷

（出所：社団法人電子情報技術産業協会『民生用電子機器データ集2005』）

することもありうる。ホンダの「スーパーカブ」の東南アジア諸国への展開がその典型例であろう。スーパーカブは1958年の発売以来、現在に至るまで半世紀以上にわたって、モデルチェンジを繰り返しながら販売されてきた。小型軽量で、高燃費・高耐久性という特徴から、国内においては新聞や郵便の配達や出前などの業務用としてのイメージが強いが、東南アジア各国では「日常生活の足」、不可欠な交通手段として強く支持されている。

3.残存者利益

　衰退期に入り、市場規模が縮小しているからといって、ビジネス上のチャンスが皆無というわけではない。たとえ市場規模が限られていたとしても、ライバルの大部分が撤退してしまえば、残った企業は利益を享受できる。こうした「残存者利益」を狙うのが、第3の選択肢である。

　すでに成長期・成熟期を経験しているため、衰退期には普及率上昇の努力は必要ない。ライバルも撤退しているため販売促進費などが不要で、生産設備への投資も新規で大規模に行う必要もない。場合によっては、設備の減価償却が終わっていることもある。需要が縮小しているた

第8章 製品ライフサイクル

め市場規模は限定的であるものの、コストを低水準に抑えられる条件が重なるため、利益率が高くなる場合が多い。

たとえば、家庭用VTR市場での規格争いでVHSに破れたソニーは、コンシューマ向けには1988年からVHSを発売し、2002年にはベータ方式から完全撤退している。しかし、放送局向けの業務用VTR市場では、ベータが「事実上の標準」となっていたため、毎年一定量の業務用テープに対する需要が発生していた。消耗品であるビデオテープの生産は子会社のソニーケミカル＆インフォメーションデバイスが手がけ、ソニーは消耗品で少なからぬ残存者利益を手にしたと予想できる。[*18]

VHSは高画質化を進めるためにテープ自体の研究開発が進んでいったが、比較的早い段階で規格争いに敗れたベータのテープには新たな研究開発投資は不要であり、また需要が限られているため生産能力拡張のための設備投資も不要である。その一方で、市場成長が見込めないので新規参入の可能性は低く、業務用テープの消費量はほぼ完全に自社の売上として期待できる。こうして、絶対的な利益額では限られているものの、安定的な収入を期待できた。

一方、近年コンシューマ向けVTRの国内市場は急速に縮小している。1996年にDVDが登場し、映画などのパッケージ・メディアの再生という機能を代替しはじめ、2000年にはハードディスク・レコーダが登場して、「家庭におけるタイムシフト・マシン」の座も奪われようとしている。こうした強力な代替品の出現によって、VTRの市場規模は縮小傾向にあるものの、ビデオカセットに録画された映像コンテンツを再生するニーズが存在し続けるため、すぐに市場が消滅することはないだろうと予想される。

映画などのコンテンツについていえば、他のメディア媒体、たとえばDVDやブルーレイ・ディスクへの移行は、ユーザー独自コンテンツの移行に比べると容易だと予想される。レコード時代の「懐かしのアルバム」を廉価で提供することで、CDへの買い換えを促進したのと同様に、パッケージ・コンテンツの価格を低廉に設定することでDVDなどへの買い換えを誘導することが可能になる。

---

*18——ソニーケミカル＆インフォメーションデバイス沿革〈http://www.sonycid.jp/profile/his1.html〉。ちなみに同社はソニーがVHS本体の発売を開始する6年前の1982年からVHSテープの生産も行っている。

しかし、ユーザー自身で録画したコンテンツをビデオテープから他の媒体に移行するための「スイッチング・コスト」は大きい。ここでのスイッチング・コストには、VTRとDVDやハードディスク・レコーダなどの機器をそれぞれそろえる金銭支出だけでなく、実際にダビングするための手間暇・時間や、その手間を「面倒だ」と感じる心理的な負担感まで含まれている。そのため、VHSテープに録画された映像コンテンツ再生というニーズは一定期間存在し続け、ビデオデッキへの需要も限られた量であっても存在し続けるだろう。こうした市場では、商品企画や価格設定次第で、相当額の残存者利益を確保することが可能になるだろう。

　ただし、衰退市場で残存者利益を得るためには、事業規模の見直しが必要である。全体市場が縮小しているので、残存者のみで独占したとしても以前のような大きな規模は確保できない。小さな事業規模でも利益を出せるように、生産・流通販売の体制や人員規模を見直す必要がある。

　これまで述べてきた、製品ライフサイクルの各段階別の特徴と定石的戦略を要約すると表8.3のようになる。

表8.3　製品ライフサイクルの段階別特徴と戦略定石

		導入期	成長期	成熟期	衰退期
特徴	売上高	低水準	急速上昇	緩慢な上昇 or 下降	下降
	利益	僅少 or マイナス	最高水準	下降	低水準 or ゼロ
	顧客	イノベータ	マスマーケット	マスマーケット	遅滞者
	競争	ほとんどなし	増加	競争企業多数	減少
戦略	戦略の焦点	市場の拡大	市場での浸透	シェアの防衛	撤退のタイミング
	マーケティング支出	高水準	高水準 (割合は低下)	低下	低水準
	戦略の強調点	製品の認知	ブランド選好	ブランド・ロイヤリティ	3方針から選択
	流通	閉鎖型	開放型		
	価格	高水準	低下		
	製品	本質サービス	補助サービス		
	プロモーション	プッシュ	マスコミ利用 プル		

出所：P. コトラー『コトラーのマーケティング・マネジメント基本編』ピアソン・エデュケーション 2002 p.213及び嶋口充輝・石井淳蔵『現代マーケティング（新版）』有斐閣 1995 p.180を一部修正して作成

第8章 製品ライフサイクル

6 ― 製品ライフサイクルに関する注意事項

1.変則的サイクルと分析単位の設定

　本章では、主にVTRの事例を用いて製品ライフサイクルについて検討してきた。VTRを事例として取り上げたのは、「教科書的」な釣り鐘型サイクルに比較的近いパターンを描いているためである。しかし、現実には、大部分の製品は正規分布のような「美しい」パターンにならない場合が多い。現実の製品ライフサイクルには様々なバリエーションが存在する。後述のコラムでは、代表的なバリエーションである「サイクル複合型」「サイクル循環型」について紹介している。

　こうした変則的な製品ライフサイクルが観察される原因の一つは、分析対象となる製品が複数カテゴリーから構成されていることにある。たとえば、図8.18には銀塩カメラの生産金額が示されている。フィルム幅が35mmであることから「35mmカメラ」とも呼ばれる銀塩カメラは、いわゆる「一眼レフ」（フォーカルプレーン・シャッター方式）と、「コンパクト」（レンズシャッター方式）に大別することができる。

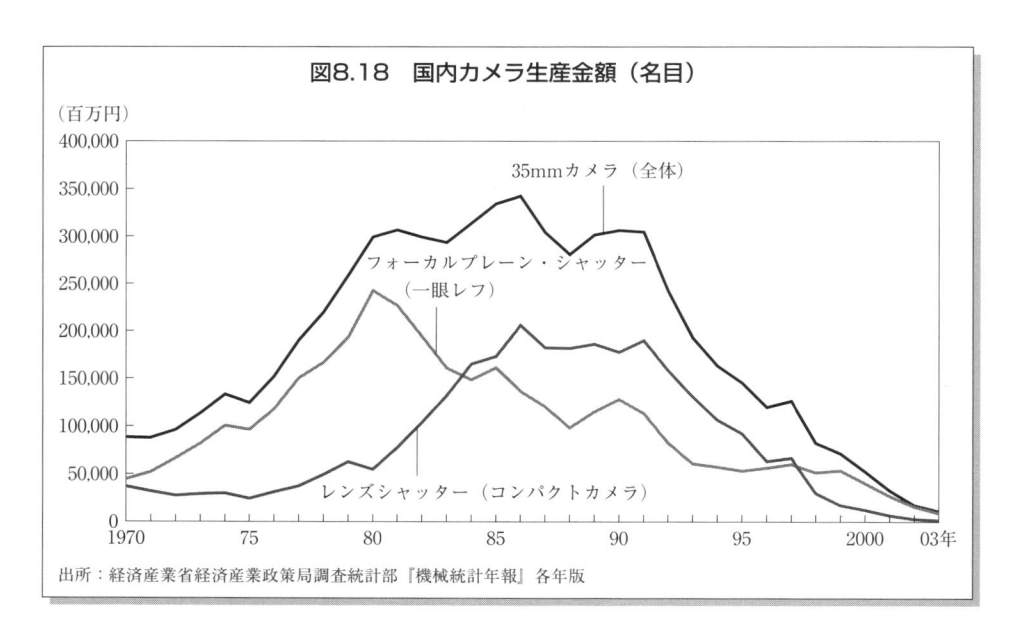

図8.18　国内カメラ生産金額（名目）

出所：経済産業省経済産業政策局調査統計部『機械統計年報』各年版

35mmカメラ全体の生産金額（名目）は、1980年頃から90年代初頭までの比較的長い期間にわたって横ばいであった。しかし、一眼レフ・コンパクトというカテゴリー別に分解してみると、80年頃までの市場成長は一眼レフが牽引し、その後はコンパクトカメラが主力製品となっていったことが分かる。一眼レフは80年頃が生産金額のピークで、自動焦点などの新機能搭載によって一時的に生産金額が盛り返すことがあっても、長期的には衰退傾向にある。80年代前半にカメラ生産の主力となったコンパクトカメラも、APSと呼ばれる新方式の導入を目論んだが結果的には思わしくなく、デジタルカメラの隆盛によって1990年代初頭を最後のピークとして衰退傾向にある。

製品ライフサイクルのバリエーション①複合型

　複数段階のライフサイクルが組み合わされて、全体として「階段状」に見えるタイプを「サイクル複合型」と呼ぶ（図1）。

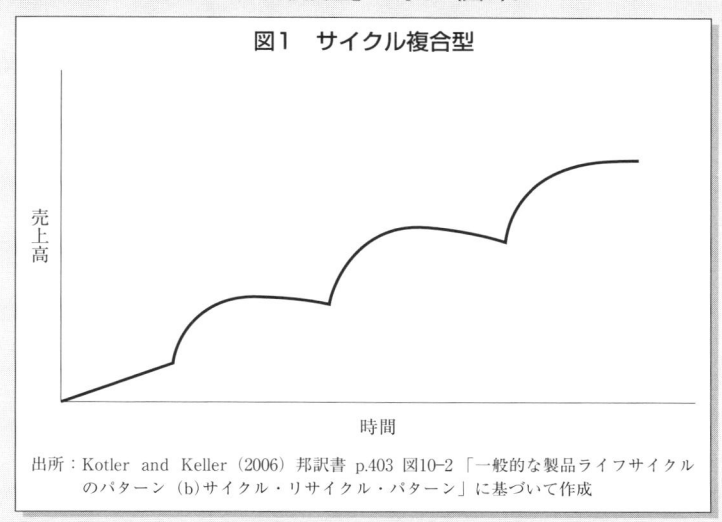

図1　サイクル複合型

（縦軸：売上高、横軸：時間）

出所：Kotler and Keller（2006）邦訳書 p.403 図10-2「一般的な製品ライフサイクルのパターン（b）サイクル・リサイクル・パターン」に基づいて作成

　この典型例として、世代交代を繰り返すDRAM（Dynamic Random Access Memory）が挙げられる。集積度が向上した新世代製品が登場すると、旧世代製品の価格は低下するものの、価格の「こなれた」旧世代メモリへの需要も存在し、市場では現行主力世代から2～3世代

前までのDRAMが併売される。そのため、DRAM全体のライフサイクルは、各世代のライフサイクルを複合したものになる。

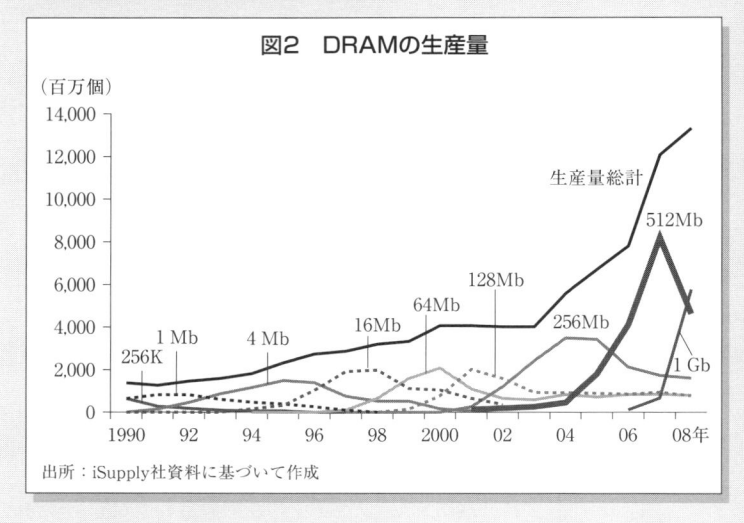

図2　DRAMの生産量

（百万個）

縦軸：0〜14,000

横軸：1990〜08年

生産量総計、256K、1Mb、4Mb、16Mb、64Mb、128Mb、256Mb、512Mb、1Gb

出所：iSupply社資料に基づいて作成

　特定の製品カテゴリーは、ほとんどの場合、複数のサブ・カテゴリーから成り立っているため、何を分析単位として設定するかによって、描かれる製品ライフサイクルのパターンは異なったものになる。一眼レフだけか、コンパクトだけか、あるいは両者を合計した35mmカメラ全体かによって、描かれるサイクルは異なってくる。

　分析単位を一定にしても、対象期間や指標の選択によっても、ライフサイクルのパターンは異なって見える。たとえば、図8.19には、前出のカメラ生産金額と同じ分析単位・分析期間について、生産台数が示されている。コンパクトカメラは、一眼レフと比べると単価が安い分、生産・販売数量が大きくなる。そのため、生産台数を指標とした場合には、生産金額を指標とした場合のグラフに比べて、全体としてよりピークの高い「尖った」分布に見える。

　あるいは、前出の図8.6に示されるように、VTRについて単年度の生産・出荷などを指標にする場合と、図8.11のように普及率を指標とする場合とでは、見かけ上はまったく異なったパターンになる。普及率を指標とすると、いわゆる「インストールド・ベース（顧客基盤）」を測定することになるため、もはや利用されていない「退蔵品」もカウントさ

図8.19　国内カメラ生産台数

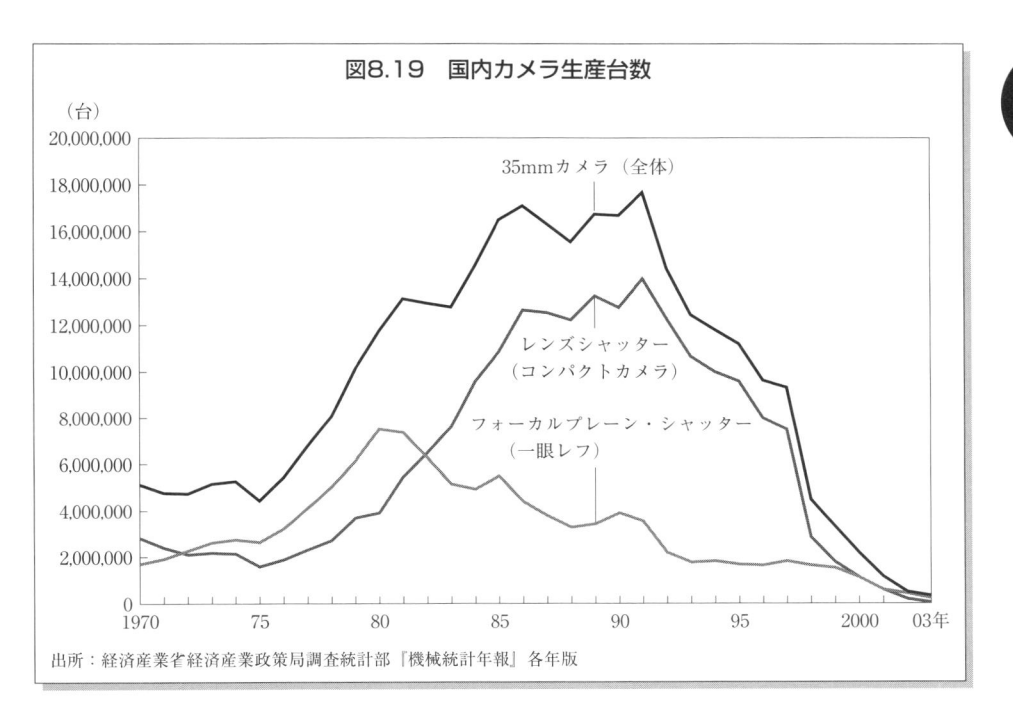

（台）
- 35mmカメラ（全体）
- レンズシャッター（コンパクトカメラ）
- フォーカルプレーン・シャッター（一眼レフ）

出所：経済産業省経済産業政策局調査統計部『機械統計年報』各年版

れ、衰退が指標に表れるまで長い期間が必要になる。

　分析対象をどの集計レベルに設定するのか、何を指標とするのか、どれだけの期間を対象とするのかによって描かれるライフサイクルのパターンは異なってくる。どのような選択をすべきかは、分析者がその目的に応じて決定すべきであり、どれかが「正解」で他の選択は誤っているというものではない。製品ライフサイクルの検討にあたっては、この点に注意が必要である。

製品ライフサイクルのバリエーション②循環型

　一度成熟・衰退した需要が再度拡大することで、全体としてライフサイクルが循環しているように見えるタイプを「サイクル循環型」と呼ぶ（図3）。

　サイクル循環型の典型例は電子レンジであろう。電子レンジの国内出荷台数を見ると、1960年代後半から70年代末までにかけての第1次サ

第8章 製品ライフサイクル

イクル、80年代前半から90年代前半の第2次サイクル、そして95年以降の第3次サイクルと、サイクルが循環しているように見える（図4）。

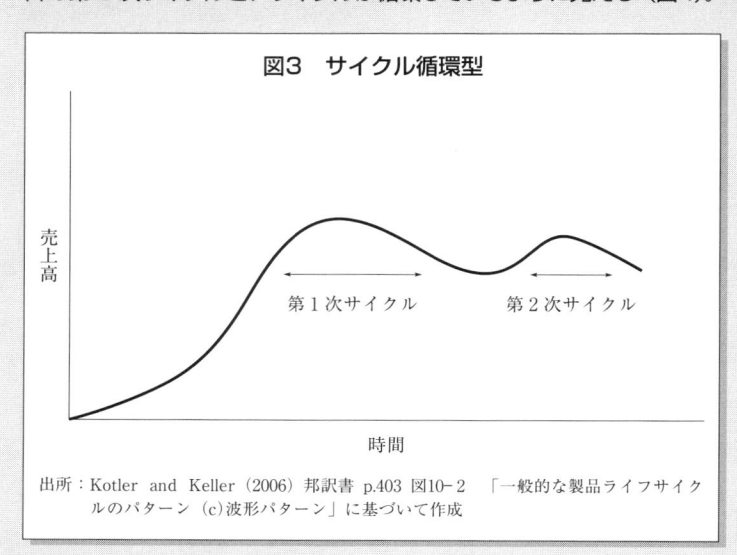

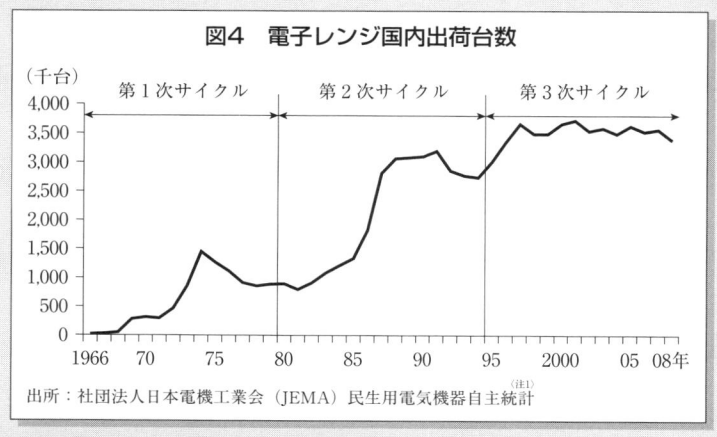

図3　サイクル循環型

（縦軸：売上高、横軸：時間。第1次サイクル、第2次サイクル）

出所：Kotler and Keller（2006）邦訳書 p.403 図10-2　「一般的な製品ライフサイクルのパターン（c）波形パターン」に基づいて作成

図4　電子レンジ国内出荷台数

（千台）
縦軸：0〜4,000、横軸：1966, 70, 75, 80, 85, 90, 95, 2000, 05, 08年
第1次サイクル、第2次サイクル、第3次サイクル

出所：社団法人日本電機工業会（JEMA）民生用電気機器自主統計

　家庭用電子レンジの第1号機は、1965年に松下電器産業（現、パナソニック）から発売されている。その後、シャープ・東芝なども参入し、70年代前半には急速な低価格・需要拡大が同時進行した（図5）。しかし、70年代半ばには出荷台数が減少してしまった（図6）。
　1970年代後半における需要衰退の原因は、電子レンジの多機能化にあると推測される。家庭用の電子レンジは、当初は「加熱」のみしかできない「単機能レンジ」であった。料理の「温め直し」だけの用途しか

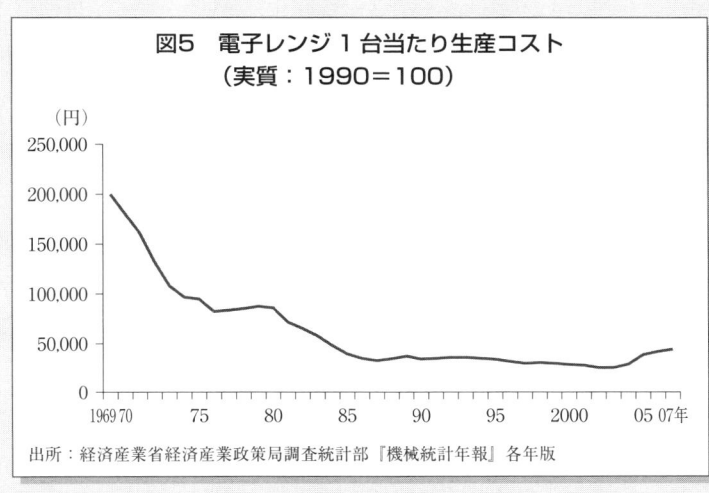

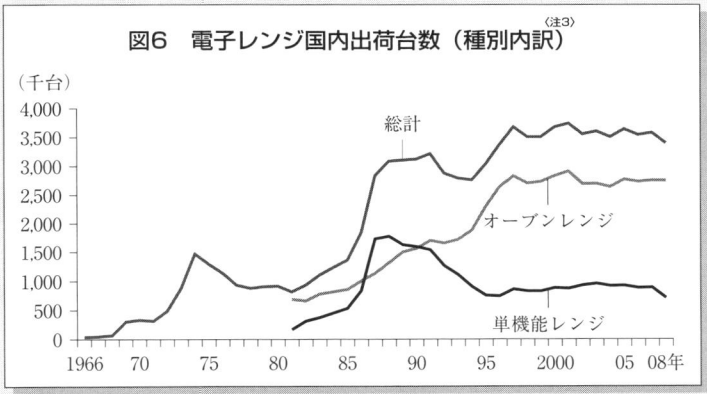

図5 電子レンジ1台当たり生産コスト
（実質：1990＝100）

出所：経済産業省経済産業政策局調査統計部『機械統計年報』各年版

図6 電子レンジ国内出荷台数（種別内訳）(注3)

なければ、家庭への普及は限界があると考えたメーカー各社は、電子レンジの多機能化を図った。多機能化の典型例がオーブンやスチーム機能である。オーブンによって「焼く」調理が、スチームによって「蒸す」調理が可能になった。メーカーは、電子レンジが単なる加熱器ではなく、多機能の万能調理器具であることを消費者にアピールしようとしたが、このアピールは必ずしも消費者には受け入れられなかった。

国内出荷台数は1970年代後半に減少したが、80年代前半から再び伸長し、第2次サイクルに入っている。70年代末には横ばいだった出荷台数は1980年代前半には再び上向き、1986年から88年にかけて出荷台数が急上昇している。

この第2次サイクル、特に1980年代後半の急成長は、電子レンジ

出荷台数の内訳を加熱のみの単機能タイプとオーブンレンジとに分けて示した図6からも明らかなように、単機能レンジが牽引していた。

1980年代前半には、低価格の単機能レンジが相次いで発売された。低価格の単機能レンジは、「加熱だけできればいい」と考える消費者の支持を受け、80年代後半に広く普及していった。この背後には、消費者の生活パターンの変化があると考えられる。単身者世帯や共働き世帯が増加し、「料理の温め直し」への需要が高まっていった。また、持ち帰り弁当や惣菜などの「非調理食品」、冷凍食品や電子レンジで加熱することを想定した「半調理食品（レンジ食品）」などの市場拡大も、単機能レンジには追い風となった。低価格の単機能レンジは、単身世帯の必需品となっただけでなく、職場の給湯室などでも目にするようになった。

その後の「第3次サイクル」は、単機能タイプの衰退と多機能タイプの成長との複合効果によって出現している。単機能タイプの需要は1980年代末に頭打ちになり、90年代前半には縮小している。その後、90年代半ばには需要縮小が止まり、出荷台数が横ばいになった。一方、この期間を通じてオーブンレンジは順調に市場を拡大してきた。オーブンレンジのカテゴリーでは、80年代後半に、トースター加熱機能を備えた「オーブントースターレンジ」が発売され、低価格で供給されるようになった。廉価なオーブントースターレンジは、オーブンレンジの普及を促進する一方で、単機能レンジの需要を減少させる役割も果たしていたと考えられる。単機能とオーブンという性質の異なる2種類の需要を複合させると、電子レンジ全体としては一度縮小した需要が新たに再拡大し、第3次サイクルが観察されるように見える。

〈注〉1　ここでは、社団法人日本電機工業会より提供を受けたデータを利用している。家電部調査統計課のご厚意に、記して感謝したい。

2　パナソニック「レンジの歴史」〈http://panasonic.jp/labo/history/product/cook/range/chr_table/〉

3　日本電機工業会の機種別出荷台数統計は、1981年から開始されている。

4　世界初のオーブントースターレンジは、1986年にシャープが発売している。国立科学博物館「産業技術の歴史」資料番号100610061008「トースターレンジ（電子レンジ）RE-102」〈http://sts.kahaku.go.jp/sts/set_top.html〉

2.代替品との関係：自己成就的予言

　前述の通り、特定製品が特定時点でどのステージにあるかを判断するのは難しい。もしも、特定製品がライフサイクル上のどのステージにあるかが特定できたとしても、市場が今後どのようになっていくのかを予測するのはさらに困難である。過去から現在までのトレンドが分かったとして、それだけでは将来は予測できない。翌年の市場規模がどうなるかについては、ある程度の見通しを立てることができるかもしれない。しかし、それを正確に予想することは困難である。

　来年も今年と同様なペースで市場は成長するのか、あるいは縮小していくのかを見通すのは非常に難しい。市場が10年後、あるいは20年後にどうなっているかを予想するのは、より一層難しいだろう。VTR業界で、1980年代初頭の時点で「5年後の1980年代半ばがピークになる」と正確に予想できていた企業はほとんどなかっただろう（図8.6・8.7参照）。

　将来は過去からのトレンドを見ただけでは予想できない。そのため、将来を予想する際には「自己成就的予言」の陥穽に注意する必要がある。自己成就的予言とは、ある予言を行ったことが原因となって、予言内容が実現（成就）するような予言である。逆にいえば、その予言がなければ何も起こらないはずなのに、予言したことで実現してしまうような事象である。

　たとえば、何ら合理的・客観的な理由もないのに、「特定企業の株価はこれから上がる」と多くの人が突如として信じるようになると、株価は本当に上がる。人々は将来の値上がりを期待して買い注文を出すが、将来の値上がりを期待するのは株式保有者も同じであるため、「売り」は少なくなる。供給が需要に追いつかないので株価は値上がりし、株価上昇という信念はより強化される。買い注文が一層増加する一方で、供給はさらに絞られるため、株価は一層値上がりする。不動産や株式などの「バブル」は、こうして膨らんでいく。

　製品ライフサイクルについても、特定製品が「衰退期に入った」と判断したことが原因で、本当に衰退してしまうことがありうる。衰退期に入ったと判断した供給企業が、新機種の投入やプロモーション活動を抑制し、追加投資を抑えて、残存者利益を狙ったり、撤退したりすることが消費者に対して「衰退は確実である」というシグナルとなり、本当に

衰退してしまうことがありうる。もしも、市場再拡大を目指して、画期的なイノベーションに基づいた新製品を投入したり、積極的なプロモーションを展開していたら、消費者の関心が改めて振り向けられ、本当に市場が拡大していたかもしれない。

　1979年にビデオカメラが発売される以前には、家庭用の動画記録装置は「8mmカメラ」が主流であった[*19]。8mmカメラで撮影した映像は、銀塩写真と同じように現像が必要であり、鑑賞するためには部屋を暗くして映写機で上映する必要があったため、取り扱いは容易ではなかった。そのため、75年にベータマックスが発売されると、ビデオカメラへの期待が高まり、8mmカメラの需要は頭打ちとなった。国内出荷台数は、図8.20に示されるように77年をピークにして縮小し、80年まで横ばい状態が続いた。当時8mmカメラのトップ・メーカーであった富士写真フイルム（現、富士フイルム）は、こうした消費者の反応を見て80年代初頭に新機種投入を停止し、事実上の撤退を選択した。リーダーによる事実上の撤退は、消費者に「8mmカメラ終焉」を強く印象づけ、市場縮小を加速したと考えられる[*20]。

　ビデオカメラが発売されたのは1979年であるが、市場が本格的に立ち上がったのは、図8.20に示されるように80年代半ば以降である。8mmカメラの国内出荷は、この時点ではすでに終息に近い状態となっていた。8mmカメラの衰退は、ビデオカメラと競合に敗れ代替されたというよりは、「敵の影におびえ、戦わずして自滅した」と形容するほうがふさわしいだろう。8mmカメラ市場は、消費者・生産者ともに「市場は衰退する」と予想し、リーダー企業が事実上撤退したがゆえに、本当に衰退した可能性が高い。

　あくまでも仮定でしかないが、もしも(1)1980年代初頭に富士写真フイルムが事実上の撤退を選択せず、積極的な新製品投入やプロモーションを行っていたら、さらに(2)エルモ、キヤノン、チノンなどのライバル企業がそれに対抗して積極策を取っていたならば、たとえ代替を阻止することができなかったにせよ、8mmカメラの市場縮小とビデオカメラ市場

＊19──富士フイルム「"フジカシングル-8"の開発」〈http://www.fujifilm.co.jp/history/dai3-06.html〉および「シングル-8の展開」〈http://www.fujifilm.co.jp/history/dai4-07.html〉参照。
＊20──経営アカデミー経営意思決定コース（1990）『平成元年グループ研究報告書』日本生産性本部

図8.20 撮影機器の生産台数

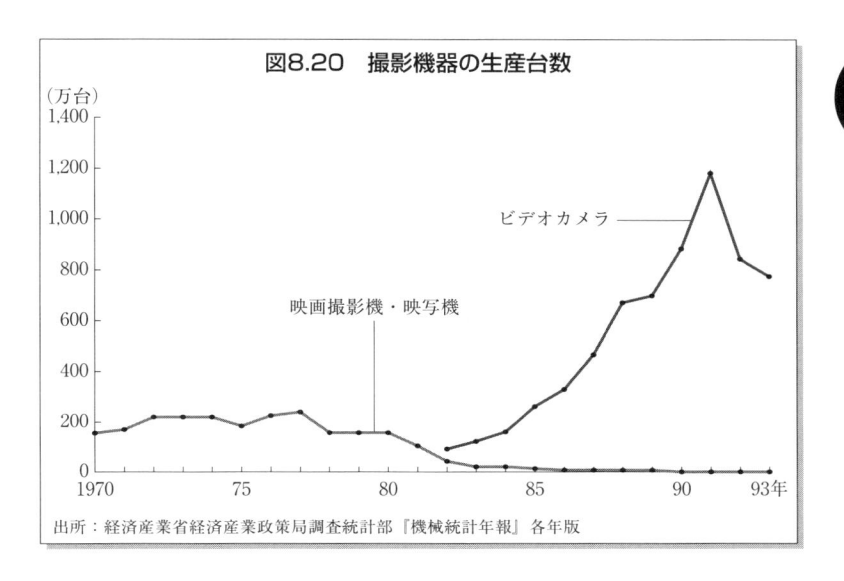

(万台) ビデオカメラ / 映画撮影機・映写機

出所：経済産業省経済産業政策局調査統計部『機械統計年報』各年版

立ち上がりのタイミングが遅くなっていた可能性は否定できない。

　製品ライフサイクルは、供給者・消費者の意図や行動の結果として現れてくるので、過去を振り返って「このようなパターンであった」と判断することはできるが、過去の推移だけから「これからどうなるか」を予想することは難しい点に注意が必要である。

〈参考文献〉

Kotler, Philip and Kevin Lane Keller（2006）*Marketing Management*（12th ed), Upper Saddle River, N.J.; Pearson Prentice Hall.（恩藏直人監修・月谷真紀訳（2008）『コトラー＆ケラーのマーケティング・マネジメント（第12版）』ピアソン・エデュケーション）

伊丹敬之・伊丹研究室（1989）『日本のVTR産業―なぜ世界を制覇できたのか』NTT出版

Moore, Geoffery A., *Crossing the Chasm: Marketing and Selling High-tech Products to Mainstream Customers*（Revised Edition), New York; HarperBusiness, 1999.（川又政治訳（2002）『キャズム―ハイテクをブレイクさせる「超」マーケティング理論』翔泳社）

沼上幹（2008）『わかりやすい マーケティング戦略（新版）』有斐閣アルマ

Rogers, Everett M.（1983）*Diffusion of Innovations*（3rd Edition), New York; Free Press.（青池愼一・宇野善康監訳（1990）『イノベーション普及学』

産能大学出版部）
Rogers, Everett M.（2003）*Diffusion of Innovations*（5th Edition）, New York; Free Press.（三藤利雄訳（2007）『イノベーションの普及』翔泳社）
佐藤正明（1999）『映像メディアの世紀―ビデオ・男たちの産業史』日経BP社
新宅純二郎（1994）『日本企業の競争戦略―成熟産業の技術転換と企業行動』有斐閣

: 第 3 部 :
全社戦略

第9章
事業の定義と企業ドメイン

1──競争戦略と全社戦略の結節点

　第2部では、個別事業においてライバルと「いかに競争していくか」に関する競争戦略について議論してきた。ここからの第3部では、企業が全体として「どこで競争するか」、どのような事業構成を持つかに関する「全社戦略（企業戦略 corporate strategy）」について検討する。第1部で述べたように、経営戦略は「全社戦略・競争戦略・機能別戦略」という階層ごとに議論することができる。これらは、短期的にはそれぞれの階層内部だけで独立して考えることができるが、長期的な戦略策定・実行のプロセスでは互いにリンクしている。以下では、コーヒーショップを例に、全社戦略・競争戦略のリンクについて見てみよう。
　「コーヒーショップ」には、従業員が注文した飲食物を座席まで運んできてくれる「フル・サービス方式」と、まず会計をすませた後で客自身が飲食物を座席まで運んでいく「セルフ・サービス方式」がある。1980年にドトールコーヒーが最初に導入して以来、「カフェ」とも呼ばれる、セルフ・サービス方式のコーヒーショップは増加し続けている。総務省「事業所・企業統計調査」によるとフル・サービス型の喫茶店は81年の約15万5,000店をピークに減少し続け、2006年で約8万1,000店と四半世紀でほぼ半分まで減少している[*1]。
　セルフ・サービス方式コーヒーショップの中でも、ドトールコーヒーとスターバックスコーヒーは高い人気を誇っている。日本戦略研究所の調査では、スターバックスとドトールが他社を大きく引き離して「好き

---

*1──平成18年度調査 〈http://www.stat.go.jp/data/jigyou/2006/index.htm〉

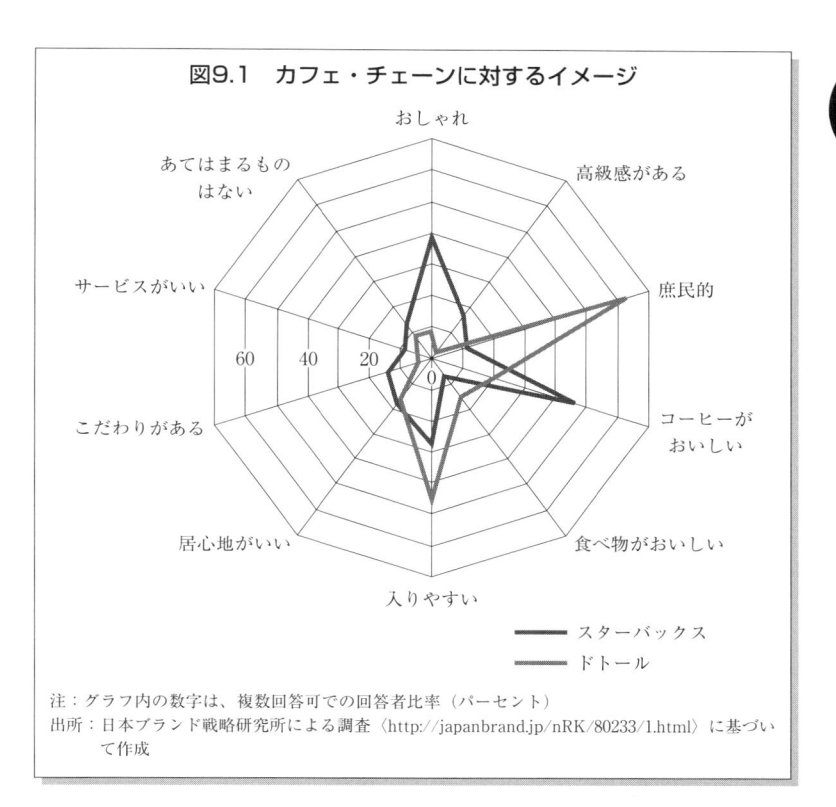

図9.1 カフェ・チェーンに対するイメージ

注：グラフ内の数字は、複数回答可での回答者比率（パーセント）
出所：日本ブランド戦略研究所による調査〈http://japanbrand.jp/nRK/80233/1.html〉に基づいて作成

なカフェ」に選ばれている。[*2] スターバックスとドトール、どちらも人気が高いものの、その理由はそれぞれのチェーンごとに異なっている。ドトールについては、「庶民的」「入りやすい」といった手頃な価格設定や利便性が高く評価され、スターバックスについては、コーヒー自体への評価（「コーヒーがおいしい」）だけでなく、「おしゃれ」「高級感がある」など、店舗の雰囲気に対する評価が高い（図9.1）。

こうした評価の違いは、両者の戦略の違いを反映している。各社の戦略をあえて一言で表現すれば、ドトールの戦略は「コーヒーを身近に提供する」ことであり、スターバックスの戦略は「コーヒーのあるライフスタイルを提供する」ことであろう。

イメージ調査の結果に表れているように、ドトールは廉価で質の高い

---

*2——2007年1月調査〈http://japanbrand.jp/nRK/80233/1.html〉。好きなカフェを複数回答可で尋ねた質問に対する回答（サンプル数100）は、スターバックス52%、ドトール46%、タリーズコーヒー14%、エクセルシオールカフェ10%、その他4%であった。

コーヒーを提供することを目指している。廉価なコーヒーを提供するために、セルフ・サービス方式を採用して店舗運営コストを抑える一方で、利幅を低く設定している。そのため、顧客の回転率を上げる必要があり、繁華街や駅前などの人通りの多い場所に店舗を展開して、「あまり時間がないがコーヒーを飲みたい」、あるいは「待ち合わせの時間調整の間に一服したい（喫茶・喫煙）」といった顧客ニーズに応えている。

いわゆる「スペシャルティ・コーヒー」やエスプレッソなどを提供するスターバックスの店舗は、ドトールの店舗とはまったく異なっている。ドトールに比べると、店舗は比較的広く、椅子やテーブルも大きめで、ゆったりと配置されている。インテリアや照明・音楽も工夫されており、何よりも店舗内は禁煙になっている。また、店内にはコーヒーを味わうための知識を記したパンフレットが配置されている。コーヒー飲料の価格は相対的に高価であり、顧客に対しては「高品質のコーヒーをゆっくりと楽しむ」雰囲気を提供している。同社は、店舗を「くつろげる空間」、自宅でも職場・学校でもない「第三の場所（the third place）」としてプロモートしている[3]。

ドトールもスターバックスも、コーヒーショップという業態は同じであり、顧客もかなりの部分は共通している。しかし、主たる顧客セグメントは異なっており、それぞれ異なったマーケティング・ミックスでアプローチしている。こうした競争戦略の違いは、全社戦略の違いにも反映している。

たとえば、ドトールは「喫茶店」に関連する周辺事業を手がけている。同社の会社概要によると、主要な事業内容は、「1.コーヒーの焙煎加工並びに販売、2.食品の仕入れ、販売及び輸出入、3.飲食店の経営、4.フランチャイズチェーンシステムによる飲食店の募集及び加盟店の指導[4]」となっている。これらの事業を運営していくために、コーヒーマシンなどの厨房機器の販売を行う子会社（株式会社マグナ）、ハワイでコーヒー農園の管理・運営を行う子会社（株式会社ドトールコーヒーハワイ）を擁している。また、ケーキ類の製造および販売、店舗装飾用の花や絵画を扱う「フラワー事業」、コーヒー豆の販売、コンビニエンスストアなどでのコーヒー飲料販売などもコーヒーに関連した事業として手

---

[3] http://www.starbucks.co.jp/company/third_place.html
[4] http://www.doutor.co.jp/corporate/jp/outline.html

図9.2 ドトールコーヒーの事業内容

出所：ドトールコーヒー・ホームページ「事業紹介」に基づいて作成
http://www.doutor.co.jp/corporate/jp/service.html

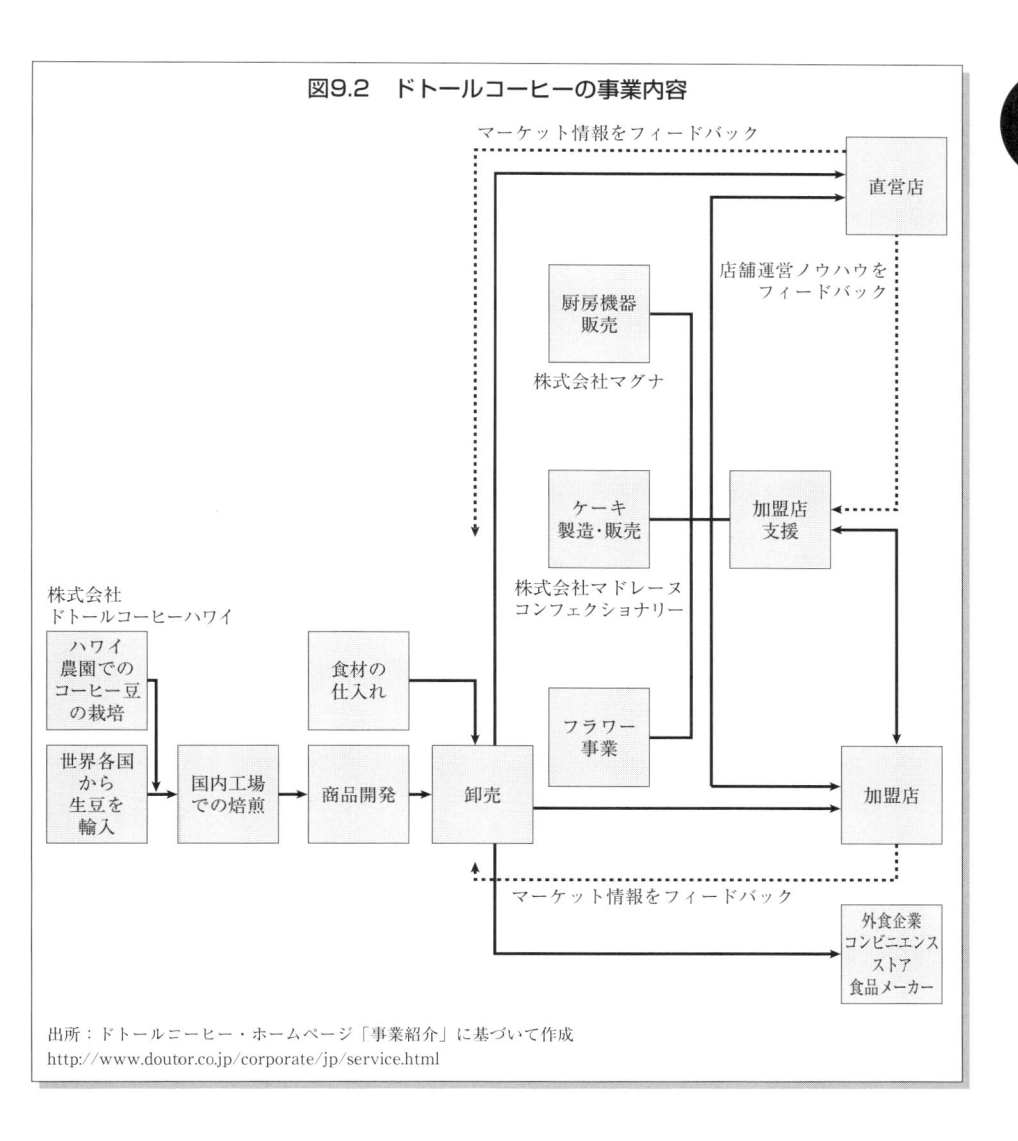

がけている（図9.2）。さらには、スパゲティ専門店（「オリーブの木」）などを手がけていたこともあり、2007年10月1日に日本レストランシステム株式会社と経営統合し、外食事業での展開を図っている。[*5]

一方、「コーヒーのあるライフスタイル」提供を目指しているスターバックスの店頭では、ロゴマーク入りマグカップやコーヒー器具だけで

*5——株式会社ドトール・日レスホールディングス〈http://www.dnh.co.jp/〉

第9章 事業の定義と企業ドメイン

なく、ぬいぐるみや携帯電話ストラップなどの雑貨も販売されている[*6]。また、同社は店舗で流れているBGMをベースに、オリジナルCDの企画・販売も手がけている。

　企業全体としての事業展開は、特定の市場でどのようにライバルと競争していくかの基本方針の影響を受ける。逆に、全社戦略が特定市場での競争戦略に影響することもある。コーヒーショップの店舗ロケーション・店内インテリア・メニュー構成・サービス内容は、「喫茶店」関連の事業を手がけるドトールと、「ライフスタイル」関連の事業を手がけるスターバックスとでは異なっている。また、全社的な事業展開の方向性も、自社の中核事業が「喫茶店」なのか「ライフスタイル提供」なのかによって大きく異なってくる。顧客回転率を高めたいドトールにとって、店頭での雑貨販売を事業構成に組み入れる必然性は高くない。

　自社が手がける事業をどのように定義するかという「事業の定義」や、企業全体としての活動領域や存続領域である「企業ドメイン」は、競争戦略と全社戦略とを結びつける役割を果たしている。後に詳しく述べるが、事業の定義と企業ドメインは類似した概念であり、意味内容のかなりの部分は共通している。多角化していない単一事業企業にとっては、事業の定義と企業ドメインは同義である。

　一方、多角化した企業においては、個別事業における事業の定義を足し合わせたものが企業ドメインになると思われがちである。しかし、企業ドメインは単に個々の事業定義を足し合わせただけのものではない。個別事業における事業の定義を組み合わせていくことから、新しい企業ドメインの方向性が浮かび上がってきたり、逆に企業ドメインに合わせて事業の定義を見直すこともありうる。こうした意味で、企業ドメインと事業の定義は密接に関連しており、現実の局面では両者を切り離して区別することが難しいことが多い。

　しかし、ここでは説明を簡単にするために、企業ドメインは企業全体としての事業領域や将来の方向性を意味する概念として、また事業の定義は個別事業に関連するものとして区別しておく。つまり、事業の定義は競争戦略上の概念であり、企業ドメインは全社戦略に関する概念であるものとして扱う。

＊6——http://www.starbucks.co.jp/goods/index.html

2——事業の定義

　事業の定義は、競争戦略策定の出発点である。自社の手がけている事業をどのように定義するかによって、競争の基本方針が変わってくる。コスト・リーダーシップを志向している場合、どれほど低コストで製品・サービスを提供できたとしても、提供する製品・サービスが顧客ニーズに合致していなければ、そもそも顧客は購入してくれない。事業定義を適切に行うためには、顧客ニーズに対する洞察は不可欠である。

　事業定義は差別化の基本方針をも提供する。市場をどのような軸でセグメンテーションすべきか、どの顧客セグメントを中心的なターゲットとして選択すべきか、どのようなマーケティング・ミックスを構築するべきかは、事業定義の影響を強く受ける。たとえば、同じ喫茶店であっても、「おいしいコーヒーを廉価に提供する」のか、「くつろげる時間と空間を提供する」のかによって、競争上の方針は異なってくる。

　事業の定義は、日常のオペレーションに直接関連しないことも多い。新規に事業を開始する際には、自社の事業はどのようなものか、誰をターゲットにどのような製品・サービスを提供するのか、どのように他社と差別化していくのかを強く意識する必要がある。しかし、事業がある程度軌道に乗ってくると、日常的なオペレーションがルーティン化し、「事業の基礎」を意識することが少なくなってくる。しかし、事業の定義を明確に意識していないと、いったん実現した競争優位を持続させることは難しくなる。

1. 3次元による事業定義

　事業定義の方法には様々なものがあるが、ここではAbell（1980）による「顧客層」「顧客機能」「代替技術」の3次元での定義を取り上げる。この3次元によって、どのような顧客グループに対して（顧客層）、どのようなサービスを（顧客機能）、どういった技術で提供していくか（代替技術）を定義できる（図9.3）。

　顧客層は、消費財セグメンテーションの地理的・人口統計的軸にほぼ相当し、「顧客は誰か」を限定する。顧客機能は、顧客が保有するニーズの種類であり、セグメンテーションの心理的軸と行動面の軸にほぼ相

図9.3 3次元による顧客定義

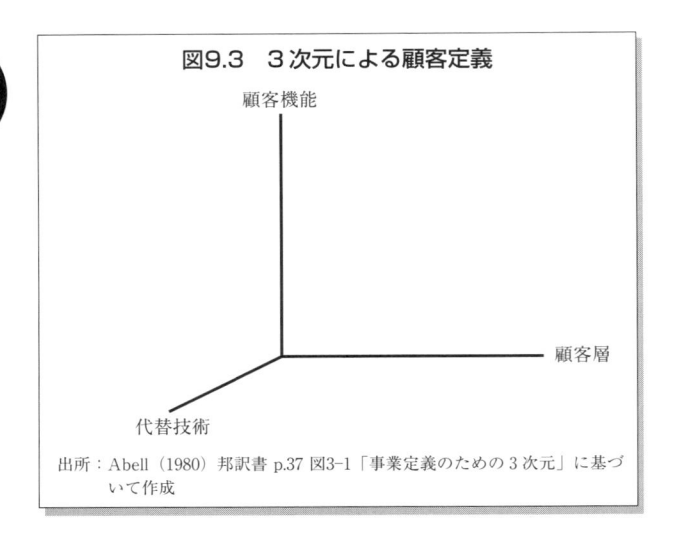

顧客機能
顧客層
代替技術

出所：Abell（1980）邦訳書 p.37 図3-1「事業定義のための3次元」に基づいて作成

当する。顧客機能は、顧客側から見れば充足すべきニーズであり、企業側からすれば顧客ニーズを充足すべく自社が提供しているサービスのことである。

代替技術は、自社が提供するサービスを実現するための技術である。ただし、技術は「科学」に関連していることだけを意味するわけではなく、たとえば多店舗展開にフランチャイズ方式を利用するといった例も「技術」に相当する。また、「代替」という言葉は、様々な代替的な選択肢があり、その中から選ばれることを意味するために用いられている。代替という用語には、たとえばコーヒーショップを運営する場合、セルフ・サービス方式かフル・サービス方式か、どちらか一方を選択すると他方は選べないような「相互排他的な二者択一」といったニュアンスがあるが、ここでは「様々な選択肢がある」という程度の意味で用いられている。そのため、チェーン展開に際して、「直営店が基本だが一部フランチャイズ方式を採用する」といった複数選択肢の折衷も、代替的な選択肢の一つとなる。

ここでは、3次元による事業定義の例として、セルフ・サービス方式のコーヒーチェーンの「ドトールコーヒー」とフル・サービス方式の「喫茶室ルノアール」、それぞれの事業定義を比較してみよう（表9.1）。

筆者の観察によると、ドトールの事業コンセプトは、「短いひと休み」である。主なターゲット顧客は、休憩や気分転換を求めている忙しい人、たとえば外回りに出ていたり、昼休み中のビジネスマンなどであろう。客先を回っている営業担当者が、次のアポイントまでの短い空き時間に、コーヒーとたばこで一服しつつ、休憩したり次の訪問の準備をしたい。ビジネスマンが、昼食と午後の始業時間までの間の短い時間に、食後のコーヒーを楽しみたい。こうした顧客ニーズに対して、土地勘の

表9.1　ドトールとルノアールの事業定義

	ドトール	ルノアール
顧客層	忙しい人／時間のない人 （ビジネスマン）	ゆっくりすごしたい人／時間に余裕のある人 （買い物客・ビジネスマン）
顧客機能	短時間に一服（コーヒー・たばこ）	寛ぐ／休息／集中する（時間と空間がメインで、飲食物は副次的）
技術	セルフ・サービスのノウハウ 　業務用コーヒーマシン 　作業マニュアル 　メニュー構成 店舗設計 　ロケーション／レイアウト 　フランチャイズ展開	店舗設計 　ロケーション／レイアウト 雰囲気作り 　インテリア 　　ソファやテーブルの選定・配置 　メニュー構成 　従業員によるサービス 　直営店による店舗展開
事業コンセプト	短いひと休み（手軽な一服）	落ち着いた時間・空間（ロビー風喫茶室）の提供

ない場所であっても見つけやすいような場所に店舗を構え、セルフ・サービス方式により低価格を実現し、気軽に入店できるようにする。

　また、短時間で飲み物をサーブできるように高性能の業務用コーヒーマシンを設置したり、すぐに席に着けるよう、注文しながらでも空席が確認できるような店舗レイアウトを採用したりするといった店舗展開・運営のノウハウを開発し活用している。

　さらには、多様なメニュー・バラエティを求める顧客ニーズに対して、いかに作業量と作業時間を抑えて対応していくかについてのノウハウを、メニュー構成や従業員向けの作業マニュアルに落とし込み、それを活用してフランチャイズ方式によって多店舗展開を図る。

　喫茶室ルノアールの事業コンセプトは、「落ち着いた時間・空間の提供」であるように思われる。主要なターゲット層は、オフィス街や商業地などの繁華街でゆっくり過ごしたい人――たとえば歩き回って疲れた買い物客やノートPCで書類を作成したいビジネスマンなどであろう。大きな荷物を抱えた買い物客が、ひと休みしながらその日に買った品物を改めてチェックしながら、帰りの電車で邪魔にならないよう買い物袋を整理する。外回りの営業担当者が、資料やノートPCを広げ、「腰を据えて」書類を作成する。セールス担当者が、顧客との込み入った打合せや商談をする。新聞や本をゆっくりと読む。こうしたニーズに対して、

ルノアールは「ロビー風喫茶室」と呼ばれる、落ち着いた空間を提供している。ゆっくりとした雰囲気にするために、店舗の立地も繁華街の駅近くであっても、大通りから一筋入った通りだったり、ビルの上階だったりと、あまり人通りの多すぎない場所が選ばれている。店舗内のレイアウトも、大きめの椅子やソファ、低めのテーブルや観葉植物などが、スペースに余裕を持たせてゆったりと配置されている。

　顧客が長時間滞在することを前提にしているので、コーヒー・紅茶・ココア・ジュース以外にも、店舗によってはビールや昆布茶などもメニューに加えられている。また、従業員による接客サービスも比較的控えめであるものの、無料で緑茶がサービスされることもある。店舗によっては、店内にコピー機が設置されていたり、無線LANやパソコン用の電源コンセントが利用できたりする。「ロビー風喫茶室」の雰囲気を実現するためには、店舗の設計やインテリアだけでなく、従業員によるサービス水準など様々なディテールをコントロールする必要があるため、直営店による店舗展開が基本になっている。

2.事業定義の比較

　このように各企業の事業定義を、顧客グループ・顧客ニーズ・技術の3次元に分解して整理してみると、それぞれの企業のビジネス・システムの概要を把握しやすくなる。特にライバル企業と自社の事業定義を比較することによって、顧客グループ・顧客ニーズ・技術の各次元において、競合しているのか、棲み分けているのかが判明し、戦略を策定していくための貴重なインプットとなる。

　たとえば、1982年に花王が基礎化粧品シリーズ「花王ソフィーナ」で化粧品業界に参入した事例を見てみよう（沼上 2008）。花王が化粧品業界に参入する以前には、化粧品は「女性の美しさ」を際立たせる手段であると考えられていた。化粧品に対する顧客ニーズ（顧客機能）は「美しさを際立たせる（個性表現）」、あるいは「日焼けや乾燥から肌を守る」ことであり、ターゲット顧客層は主に女性であった。女性の美しさを際立たせるための主な手段としては、文字通り「色香」、すなわち色彩と香りがポイントであると考えられていた。業界リーダーの資生堂の事業定義は、こうした業界の常識を反映したものであった（図9.4）。

　口紅やアイシャドーなどのいわゆる「メイクアップ化粧品」に対し

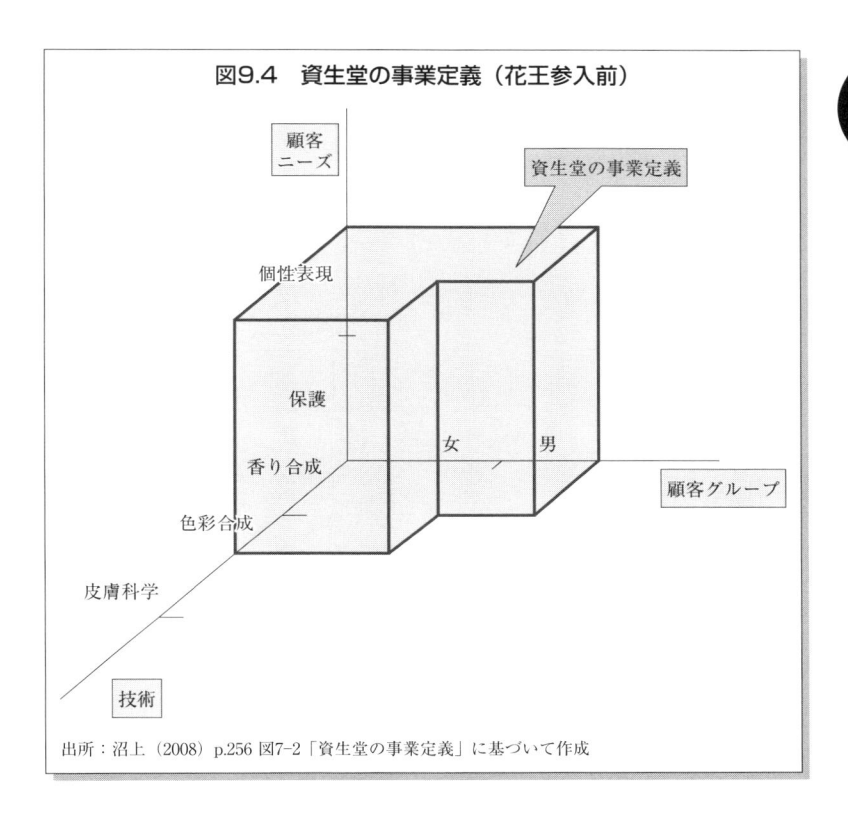

図9.4　資生堂の事業定義（花王参入前）

（顧客ニーズ：個性表現／保護／香り合成／色彩合成、顧客グループ：女／男、技術：皮膚科学。資生堂の事業定義は女性・保護・皮膚科学以外の領域）

出所：沼上（2008）p.256 図7-2「資生堂の事業定義」に基づいて作成

て、洗顔料・化粧水・乳液などは「基礎化粧品」と呼ばれる。花王は、石鹸メーカーとして、皮膚表面の油脂や水分がどのような反応を起こし、皮膚の状態にどのような影響を与えるかについての知識を蓄積してきた。たとえば、花王は、石鹸に代わる洗顔料「ビオレ洗顔フォーム」を1980年に発売している。[*7] アルカリ性の石鹸を使うと、本来は弱酸性の皮膚が「つっぱる」ように感じられる。ビオレ洗顔料は中性で「肌にやさしい」点が利用者に高く評価された。「皮膚科学」と呼ばれるこうした知識を背景に、基礎化粧品シリーズ「花王ソフィーナ」で化粧品業界に参入した。

化粧品参入時の花王の事業定義は、皮膚科学に基づいて（代替技術）、女性に向けて（顧客層）、基礎化粧品による「肌の保護」（顧客機能）を提供することであった。ソフィーナ・シリーズの中でも、最も特徴的なのは洗顔タイプの「メイク落とし」だろう。ファウンデーションや口紅

---
*7──「花王グループの歴史」〈http://www.kao.com/group/ja/group/history_01.html〉

図9.5 花王と資生堂の事業定義

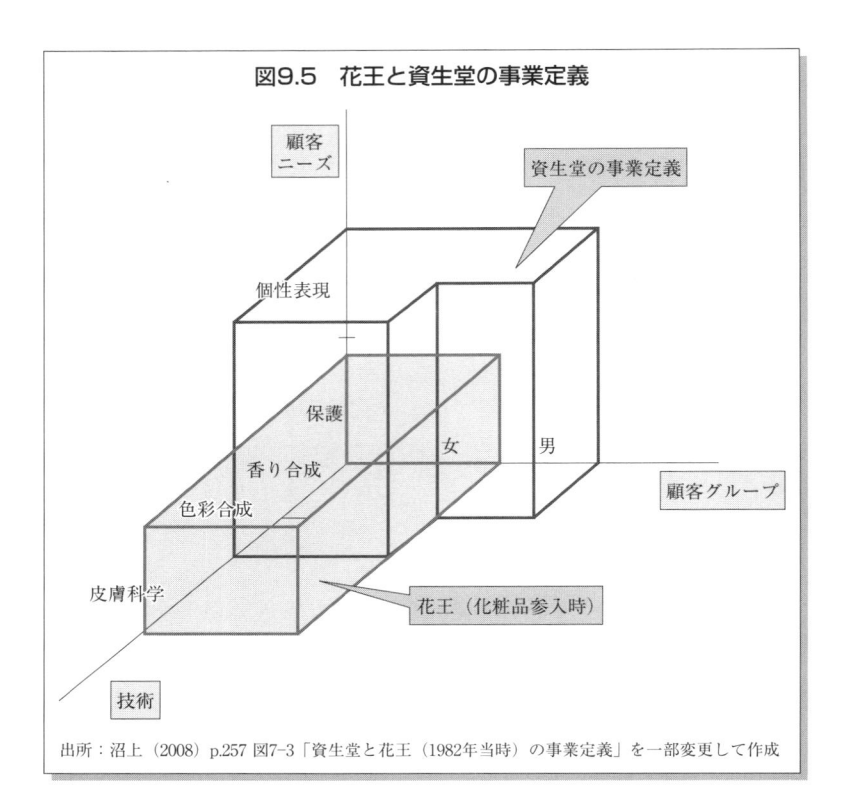

顧客ニーズ：個性表現／保護／香り合成／色彩合成
技術：皮膚科学
顧客グループ：女／男

資生堂の事業定義
花王（化粧品参入時）

出所：沼上（2008）p.257 図7-3「資生堂と花王（1982年当時）の事業定義」を一部変更して作成

などのメイクアップ化粧品は油脂をベースにしているため、水では落ちない。メイク落としには、オイルやクリームなどが利用されてきたが、石鹸メーカーとして蓄積してきたノウハウを活用して「洗い流せるメイク落とし」を発売した。

図9.5が示すように、花王が化粧品業界に参入した時点では、資生堂と花王の事業定義は大きく異なっていた。特に「皮膚科学に基づいた基礎化粧品」は、資生堂には手を出しにくい領域であった。化粧品業界リーダーの資生堂には、花王ソフィーナに対抗する必要があったが、皮膚科学ノウハウの蓄積に欠けていたため、有効な対策は打てなかった。

一方、基礎化粧品で顧客認知度を高め、流通チャネルを築いた花王は、1994年には「オーブ」シリーズでメイクアップ化粧品セグメントにも参入を果たした。初期の代表的製品は、「落ちない口紅」であった。口紅が食事中に落ちてしまったり、カップに口紅が残ってしまうことを気にする女性は少なくない。皮膚科学のノウハウを蓄積してきた花王に

とって、「食事をしても落ちないが、メイク落としで簡単に落とせる口紅」は自社の強みを生かせる製品であった。メイクアップ化粧品への参入によって、花王の事業定義は「個性表現」という顧客機能まで拡張された。

3―企業ドメイン

1.企業ドメインとは

　競争戦略策定の第一歩が「事業の定義」だとしたら、全社戦略策定の第一歩は「企業ドメイン」を定めることである。企業が存続するためには、外部の多様な利害関係者との間の様々な相互作用が不可欠である。たとえば、製造業であれば、原料市場から原材料を、労働市場から労働力を調達し、完成品を製品市場で販売している。また、こうした活動に必要な資金は資本市場から調達している。

　一般に、組織とは外部環境に対して開かれた「オープン・システム」であり、組織は外部環境に存在する様々な資源にその存続を依存している。外部環境の変動に対して適応していく必要がある。しかし、企業が直面している環境は潜在的には無限の広がりを持ち、現実的に対応できる範囲を越えている。そのため、組織は自らが相互作用する環境部分を「ある程度」選択している（Child 1972; 榊原 1986）。ここで、「ある程度」と限定するのは、完全に自由意思で選択できるわけでもなく、逆にまったく選択できないわけでもないためである。

　たとえば、スターバックスには「スターバックス的ライフスタイルを求めている人」ばかりが来店するわけではないし、ドトールにも「ゆっくりと時間を過ごしたい人」も来店する。しかし、忙しい時間の合間に「短いひと休み」を求めている人がルノアールに入ることはあまりないだろう。企業は自らがターゲットとする顧客グループを自由に選択できるわけではない。だが、店舗のロケーション・インテリア・従業員によるサービスの内容などをコントロールすることで、主なターゲット顧客層に対して強く働きかけることは可能である。

　組織が自ら選び出した、相互作用の対象となる環境部分を「ドメイン」と呼ぶ。元来「領土」や「領域」を意味するドメインは、今日では

第9章 事業の定義と企業ドメイン

インターネット上の階層領域を意味する言葉として用いられることが多い。たとえば、sophia.ac.jpは、日本（jp）の学術機関（ac）である上智大学（sophia）を意味する。各階層は「日本ドメイン」や「学術機関ドメイン」などと呼ばれ、その下位階層が「サブドメイン」と呼ばれる。あるいは、生物学的な「種」の生存領域もドメインと呼ばれる。たとえば、コーヒーは赤道を挟んだ北緯25度と南緯25度の間の、「コーヒーベルト」と呼ばれる地域で栽培されている。しかも、高品質のコーヒーを栽培するためには、年間平均気温が20℃前後となる標高1,000m程度の高地で、一日の気温差が大きい地域でなければならないといわれている。

このようなドメインという概念を、企業に適用したのが「企業ドメイン」（榊原 1992）である。企業ドメインは、企業が「相互作用の対象として選び出した環境部分」であり、企業の活動領域や存続領域である。企業ドメインは、事業定義と同様に、各企業が手がけている製品やサービス、対象市場や顧客層、保有する技術などによって記述されることが多い。たとえば、大学であれば、どのような学部構成か、学部学生を対象とするのか大学院生のみか、研究や教育の内容・方法などによって、大学ごとの特徴を把握できる。

多くの企業は、企業スローガンや経営ビジョン、企業ミッションなどのかたちで、自社はどういう会社なのか、そして将来どのような会社になろうとしているのかをアピールしている。たとえば、ヤマト運輸は今では普通名詞としても用いられるほどポピュラーになった「宅急便」（一般的な表現は「宅配便」）の会社である。また、"ideas for life"を掲げるパナソニックは、「全事業活動の基軸に『環境』を置き、世界中の次の世代の人たちのために、全世界で起こりつつある『グリーン革命』を、先頭に立って推進して」いくことを事業ビジョンに、「デジタルAVCネットワーク」（映像・音響・情報通信機器など）、「アプライアンス」（家庭電化機器、冷熱空調機器、照明機器など）、「電工・パナホーム」（電器事業・住設建材・住宅など）、「デバイス」（半導体・電子部品・電池・モーターなど）を主なドメインとしている。[*9]

[*8] パナソニック「ビジョン」〈http://panasonic.co.jp/company/philosophy/vision/〉
[*9] パナソニック「事業領域」〈http://panasonic.co.jp/company/domain/〉 なお、同社は三洋電機・パナソニック電工の完全子会社化に伴い、2012年1月を目処に事業領域を9部門程度に再編すると発表している（「グループ事業 パナソニック本体に集約 部門再編 電工・三洋含め半減」日本経済新聞2010年10月23日付）。

表9.2 パナソニックの事業領域

デジタルAVCネットワーク	デジタルAVC事業 システムネットワーク事業 移動通信事業 カーエレクトロニクス事業
アプライアンス	家庭電化事業 冷熱空調事業 照明事業 環境システム事業
電工・パナホーム	パナソニック電工 パナホーム
デバイス	半導体事業 電子部品事業 電池事業 モーター事業
三洋電機	
その他	FA事業

出所：パナソニック ホームページ「事業領域」〈http://panasonic.co.jp/company/domain/〉に基づいて作成

2.企業ドメインの機能：将来の方向性を示す

　活動領域や存続領域としての企業ドメインは、現在の活動領域や製品・事業分野を示すだけでなく、企業としての「あるべき姿」や「経営理念」なども包含している場合がある。

　たとえば、パナソニックは、経営ビジョンとして「2018年の創業100周年に向けて、エレクトロニクスNo.1の『環境革新企業』を目指します」[10]と謳い、事業領域に関するホームページには「世界中の人々に明日のライフスタイルを提案し、地球の未来と社会の発展に貢献しつづけます」[11]という記述が見られる。こうした方針は、創業者・松下幸之助の「社会生活の改善と向上を図り、世界文化の進展に寄与せんことを期す」という経営理念を反映している（図9.6）。

　パナソニックは、自社を単なる総合電機メーカーとして捉えているわけではなく、「環境」をキーワードに「人々のくらし」を向上させる会社であろうとしている。企業ドメインは、現在の事業領域・活動分野を

*10——パナソニック「ビジョン」〈http://panasonic.co.jp/company/philosophy/vision/〉
*11——パナソニック「事業領域」〈http://panasonic.co.jp/company/domain/〉

図9.6　パナソニックの綱領

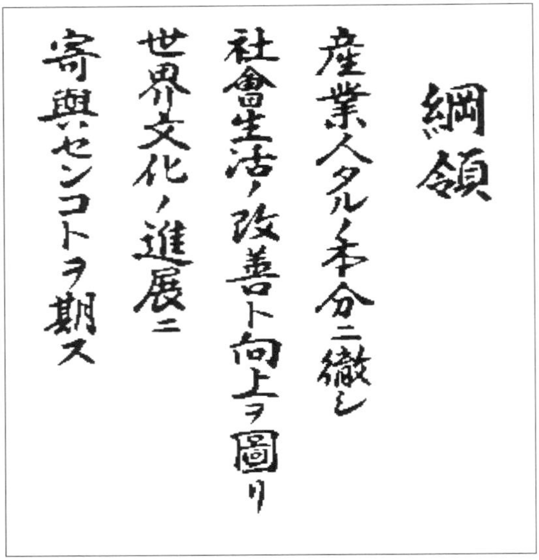

綱領

産業人タル本分ニ徹シ
社會生活ノ改善ト向上ヲ圖リ
世界文化ノ進展ニ
寄與センコトヲ期ス

出所：パナソニック「経営理念」〈http://panasonic.co.jp/company/philosophy/principle/〉

示すだけでなく、企業が「将来どのような姿でありたいか」「どのようにあるべきか」といった将来に向けての方向性、すなわち「ビジョン」や「構想」としての側面も備えている。

たとえば、「信頼される安心を、社会へ」をスローガンに掲げるセコムは、「社会システム産業」を自社の事業領域と規定している[*12]。1962年に警備保障会社として創業したセコム（日本警備保障株式会社：創業時社名）は、センサーと通信回線を活用した「オンライン・セキュリティ・システム」によって、労働集約的であった警備保障産業を一変させた。83年には、「セキュリティ・コミュニケーション」を略した、警備保障サービスのブランド名「セコム」に社名を変更した。社名変更の理由は、単にブランド知名度が上がったからだけでなく、企業ドメインを警備保障だけに限定したくなかったからであったと推測される。

セコムは企業ドメインを、社会システム産業、すなわち「社会にとって安心で、便利で快適なサービスシステムを次々に創造し、それらを統合化・融合化して、トータルな新しい社会システムとして提供する産業」と規定している[*13]。具体的な事業領域は、セキュリティ事業・防災事業・メディカル事業・保険事業・地理情報サービス・情報系事業・海外事業・不動産事業の八つのグループに分類されている。

セコムの事業コンセプトは「安心」がキーワードになっている。「安

*12——セコム「社会システム産業（事業ビジョンと領域）」
〈http://www.secom.co.jp/corporate/vision/system/〉
*13——同上

心な社会」を実現するためには、あらゆる不安を軽減・除去する必要がある。犯罪や災害の不安を軽減するセキュリティ事業・防災事業、健康の不安を軽減するメディカル事業は、「不安軽減」事業の典型例であろう。また、保険事業も「被害やトラブルを防げなかった場合に備える」ものであり、情報系事業においても、個人認証などのオンライン・セキュリティに注力し、オンライン上での「安心」を提供している。

　こうした事業展開は、もしも企業ドメインを警備保障と定義していたら、おそらく実現されなかっただろう。企業ドメインを「社会システム産業」と定義したことで、セキュリティ・防災・メディカル・保険などの事業が有機的に関連づけられ、企業全体として将来の進むべき方向を示唆することができた。

　企業ドメインは、ビジョンや理想といった側面も併せ持つ。単なる現状追認で、現在の事業領域を列挙した企業ドメインではなく、将来の方向性を明示的に示せた場合には、企業ドメインは以下のような機能を果たす（榊原 1992）。(1)「注意の焦点」を絞り込み、焦点のない資源分散を防止する、(2)鍵となる経営資源を明らかにして、経営資源の蓄積に関する指針を与える、(3)成員間に一体感が醸成され、組織としてのアイデンティティが明確になる。

　適切に定義された企業ドメインは、全社戦略を策定する際のガイドラインとして有効に機能する。企業ドメインの機能が発揮された好例は、日本電気（NEC）の「C&C（Computer & Communication）」であろう（小林 1980；榊原・大滝・沼上 1989）。1970年代後半、小林宏治会長（当時）は、NECはコンピュータとコミュニケーション、そして両者をつなぎ合わせる半導体の領域で事業を展開していくことを、「C&C」という企業ドメインを用いて宣言した（図9.7）。この宣言の背後には、(1)電話などの通信機器がデジタル化によってコンピュータと同質的になり、(2)一方でコンピュータも通信回線を介してネットワーク化・分散化されていく、(3)コンピュータ技術とコミュニケーション技術の融合が社会のインフラストラクチャを変えていく、という将来見通しがあった。1980年時点でのこの予測は、あたかも後年におけるインターネットの爆発的な普及を予見していたかのようでさえある。

　C&Cという企業ドメインによって、情報通信技術や社会インフラストラクチャが変化していく方向性を示し、企業全体としての将来の方向

図9.7 「C&C」の発展

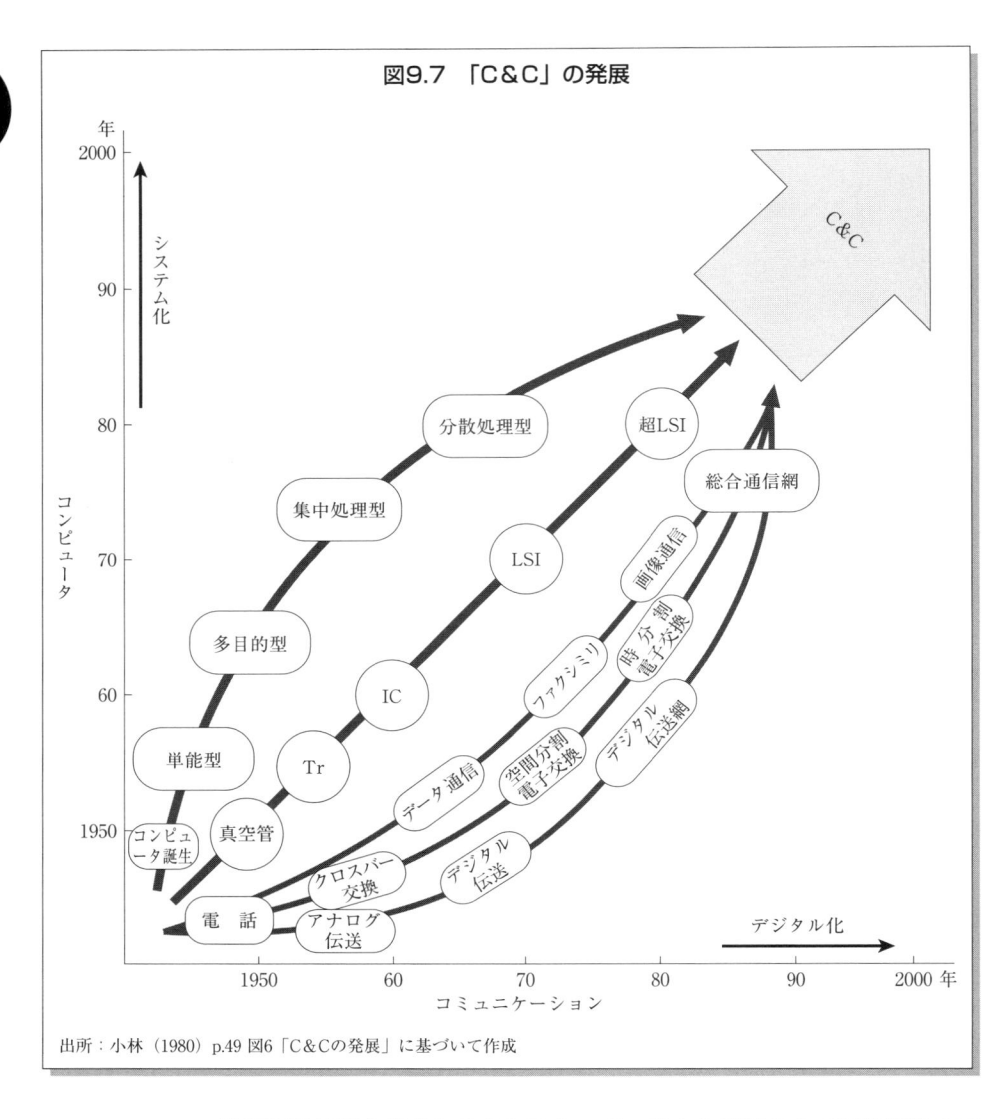

(縦軸: コンピュータ／システム化、横軸: コミュニケーション／デジタル化)

主要要素: コンピュータ誕生、単能型、多目的型、集中処理型、分散処理型、真空管、Tr、IC、LSI、超LSI、電話、クロスバー交換、アナログ伝送、デジタル伝送、データ通信、空間分割電子交換、時分割電子交換、ファクシミリ、画像通信、デジタル伝送網、総合通信網 → C&C

出所：小林（1980）p.49 図6「C&Cの発展」に基づいて作成

性が明確に打ち出されることによって、様々な施策の中で優先順位の高いものは何かが判断しやすくなった。この判断に基づいて、企業ドメインと合致しない事業の整理統合も行われてきた。NECでは、C&Cという企業ドメインが形成されていく過程で、原子力発電関連の事業から事実上の撤退を行っている。

さらに、十分に焦点の絞り込まれたドメインは、何が鍵となる経営資源なのかをも示唆してくれる。かつては「日電公社」とも揶揄されてい

た、官公需に依存した通信専業企業から脱却し、コンピュータ事業を確立させるというトップ・マネジメントの思いが、「コンピュータとコミュニケーション」という語順に込められている。最初の「C」は、コンピュータ技術、特にハードウェアの小型多機能化・分散処理といった技術が、将来のNECの「コア・コンピタンス」たるべきであり、それに向けて技術の蓄積を行う必要があることを示している。

3.企業ドメインの絞り込み

　企業ドメインは将来の方向性を示す役割を果たしているため、あまりに漠然としたドメインでは注意の焦点を絞り込みにくい（榊原・大滝・沼上 1989）。1970年代に、普通紙コピー市場の成熟と競争激化に直面し、業績を悪化させた米国のゼロックス（Xerox Corporation）は、複写機事業の競争力向上と同時に、複写機専業メーカーから総合的な情報システム・メーカーへの変革を構想した。新たな企業ドメインとして、単なる複写機の会社ではなく、オフィス全体の生産性向上に貢献するような企業となることが志向され、「未来のオフィス（the office of the future）」という企業スローガンを打ち出した。「未来のオフィス」というコンセプトは、いわゆる「オフィス・オートメーション（OA）」の考え方を先駆的に世に示したものと評価できる。

　未来のオフィス創造に向けて、70年代のゼロックスは、情報システム構築に必要な機器（プリンタ、ワードプロセッサ、フロッピーディスク・ドライブなど）を手がけるベンチャー・中堅企業を次々と買収したり、カリフォルニア州パロアルトにコンピュータ・サイエンスの最先端をゆく研究所を設立したりと積極的な方策を展開した。パロアルト研究所では、今日のパーソナルコンピュータの原型ともいえる、グラフィック・ユーザー・インターフェイス（GUI）によるコンピュータや、ローカル・エリア・ネットワーク（LAN）の基本規格、レーザープリンタなどが生み出され、後に「国家的財産」とまで呼ばれるほどの研究成果をあげた。しかしながら、めざましい研究成果は事業化には結びつかず、また矢継ぎ早に実施された企業買収も、多くは不首尾な結果しか残せなかった（Smith and Alexander 1999）。当時のゼロックスは、コピー機メーカーからの脱却を急ぎすぎたため、雑多なオフィス関連商品を扱う「焦点の定まらない」企業となってしまった。

ゼロックスは、こうした反省を踏まえ、1985年に"The Document Company XEROX"というコーポレート・スローガンを掲げ、自らを「ドキュメント・カンパニー」と位置付けし直している。ここでの「文書（ドキュメント）」とは、紙ベースだけでなく、電子的なものも含んでおり、複写機で培ってきた紙ベースの文書複製という強みを足がかりに、電子的な文書処理にかかわる領域まで企業ドメインに含めることを意図している。ゼロックスは自らを、文書の作成・複製・保管・伝送・検索という「文書処理（document processing）」関連のソリューションを提供する企業と定義し直し、その後は電子出版や情報セキュリティ（社内文書や個人情報の管理など）といった事業を手がけるようになった。

4.企業ドメインの定義

企業ドメインは、現在の事業活動領域と将来の方向性の両方を含んでいる。そのため、定義の仕方次第で、将来の発展方向をダイナミックに示すものになったり、単に現在の事業領域を総花的に追認した発展性のないものになったりする。あるいは、ゼロックスの例のように、あまりに漠然としすぎて「焦点の定まらない」ものになったりすることもある。企業ドメインが、将来の事業展開の方向性を指し示すという機能を適切に果たすことができるかどうかは、ドメインの意味内容、すなわちドメインをどのように定義するかに依存する。

ドメイン定義の方法には、「物理的定義」と「機能的定義」がある（榊原1992）。物理的定義とは、物理的存在である製品や、Abell（1980）による事業定義の3次元の一つである「技術」によって、ドメインを定義するものである。機能的定義とは、Abell（1980）の「顧客機能」に相当する顧客ニーズや、それに対して自社が提供しているサービス内容で定義する方法である。

たとえば、自らの事業を「輸送サービス」という社会的機能ではなく、「鉄道」と物理的に定義したがゆえに、米国の鉄道業は見るも無惨に衰退したとするLevitt（1960）の主張はよく知られている。米国の鉄道会社が凋落したのは、市場が衰退したからではない。むしろ輸送ニーズが増加しているなかで、鉄道は顧客を失っている。その原因は、鉄道という物的存在や技術によってドメインを限定的に定義してしまったため、新しい輸送サービスに対する需要に応えることができず、自動車・

トラック、あるいは航空機などの代替的な輸送手段に顧客が流れていくのを止めることができなかったことにある。

鉄道会社が、自らを「輸送業」と、社会的に果たしている機能によって定義していたのであれば、鉄道以外の代替輸送手段を活用することに問題はなかったはずだし、また輸送する対象も旅客や貨物だけでなく「情報」であっても構わないだろう。

また、コーヒーショップが自社の事業ドメインを「喫茶店」として物理的に定義するか、「ゆったりとした時間や空間の提供」や「コーヒーのあるライフスタイルの提案」といったサービスや社会的な機能で提案するかによって、全社的な事業展開の方向性も異なってくる可能性がある。ルノアールが始めた「マイ・スペース」と呼ばれる貸し会議室サービスは、ドメインを喫茶店と物理的に定義していたならば、そもそも出てきにくい発想である。また、たとえこうしたアイディアが社内にあったとしても、自らを喫茶店と規定している企業においては採用されにくいだろう。

ドメインを物理的に定義すると、企業の活動範囲は狭い領域に限定されやすく、それゆえに変化の方向性を構想したり、発展の展望を描きにくくなる。逆に、事業ドメインをあまり限定的に狭く定義しすぎると、外部環境が大きく変化した場合、適応が難しくなる。その点で、ドメインを社会的な機能という観点から定義すると、活動領域の広がりの意味で「空間的」に広く、時間的にも変化を含んだ動態的な事業構想を描きやすくなる（榊原 1992）。しかし、その一方で、ゼロックスの「未来のオフィス」のように、空間的にも時間的にも、あまりに広がりすぎたドメイン定義では、企業内外の人々に実感を伴って理解してもらうのが難しい。

企業内外の関係者の間に、「この会社は何をする会社なのか、将来どのような会社になっていくのか」について合意を形成してもらうためには、ドメインはある程度限定的であることが望ましい。ゼロックスは、「オフィス・オートメーションの総合企業」であるよりも、「ドキュメント関連企業」であると捉えたほうが、社員にとっても外部の利害関係者にとっても納得しやすかった。

企業ドメインに関する企業内外の関係者間での合意を「ドメイン・コンセンサス（domain consensus）」と呼ぶ。企業を取り巻く多様なステ

ークホルダーにドメイン・コンセンサスを形成してもらうためには、コーポレート・スローガンなどの短いフレーズを伝えるだけでは難しく、トップ・マネジメントが機会を捉えて継続的にメッセージを発信し続ける必要がある。

企業の独自性を伝え、納得してもらうことで、「なぜこの会社が特定の事業を手がける理由があるのか」「この企業がその事業を手がける必然性はどこにあるのか」を理解してもらいやすくなる。前述したNECの「C&C」は物理的定義（コンピュータ）と機能的定義（コミュニケーション）の両方を含んでいるだけでなく、「市場からの定義」（事業の定義での「顧客層」「顧客機能」に相当）と「独自能力（コア・コンピタンス）からの定義」（事業の定義における「代替技術」）の双方を含んでいる点でも高く評価できる。

ただし、適切なドメイン定義は容易ではない。「選択と集中」や事業構造の再構築が喫緊の課題となり、企業ドメインの重要性は高まっているにもかかわらず、「適切な言葉によって自社を表現できている企業はそう多くはない」（伊丹・一橋MBAワークショップ 2005 p.131）。伊丹・一橋MBAワークショップ（2005）では、多くの日本企業では、(1)会社のあるべき姿を示し、進むべき方向づけをしようとする「経営に対する積極性」が不足していたり、(2)自社の特筆すべき特徴や重視すべき強みが明確になっていないため、ドメインが明示されていない、もしくは表層的な「通り一遍」なドメイン定義となってしまっていると指摘している。日本企業を取り巻く経営環境が厳しくなっていくなかで、有効な企業戦略を策定していくためには、企業ドメインを正面から検討する必要性が高まっている。

〈参考文献〉

Abell, Derek F.（1980）*Defining the Business: The Starting Point of Strategic Planning*, Englewood Cliffs, N. J.; Prentice-Hall.（石井淳蔵訳（1984）『事業の定義―戦略計画策定の出発点』千倉書房）

Child, John（1972）"Organizational Structure, Environment and Performance: The Role of Strategic Choice," *Sociology* 6（1）pp.1–22.

伊丹敬之・一橋MBA戦略ワークショップ（2005）「日本企業のドメイン戦略」『企業戦略白書IV 日本企業の戦略分析2004』東洋経済新報社 pp.104–

小林宏治（1980）『C＆Cは日本の知恵——21世紀への道を拓く』サイマル出版会

Levitt, Theodore（1960: 2004）"Marketing Myopia," *Harvard Business Review*, 38（May-June）1960 pp.45-56: reprinted in *Harvard Business Review*, 82（July-August）2004 pp.138-149.（「マーケティング近視眼」『DIAMONDハーバード・ビジネス・レビュー』2001年11月号 pp.52-69）

沼上幹（2008）『わかりやすいマーケティング戦略（新版）』有斐閣アルマ

榊原清則（1986）「組織の環境認識の構造——ドメイン・ユニバースの理論」『組織科学』20（2）pp.52-62

榊原清則（1992）『企業ドメインの戦略論』中公新書

榊原清則・大滝精一・沼上幹（1989）『事業創造のダイナミクス』白桃書房

Smith, Douglas K. and Robert C. Alexander（1999）*Fumbling the Future: How Xerox Invented, then Ignored, the First Personal Computer*, New York; toExcel.（山崎賢治訳（2005）『取り逃がした未来——世界初のパソコン発明をふいにしたゼロックスの物語』日本評論社）

第10章
多角化

まずは、表10.1をご覧いただきたい。一見すると脈絡のなさそうなこのリストに、共通するものは何だろうか?

表10.1

ゴルフ場	引越サービス
不動産開発	旅行代理店
カルチャースクール	住宅建築
インターネット接続プロバイダ	タクシー
フィットネスクラブ	ホテル
ショッピングセンター	広告代理店
映画館	ケーブルテレビ
人材派遣	コンビニエンスストア
不動産仲介	自動車教習所
百貨店	野球場
バス	コンサートホール
スーパーマーケット	動物園

表10.1に掲げたのは、鉄道会社もしくはそのグループ企業が手がけている事業の一例である。グループごとに個性が見られるものの、ほとんどの鉄道グループは類似した事業構成を持っている。たとえば、いわゆる「大手私鉄」の会社名、首都圏であれば東武・西武・京成・京王・小田急・東急・京急・相鉄に、関西圏であれば近鉄・南海・京阪・阪急・阪神に、「不動産」と続ければ、ほぼそのままで鉄道会社系の不動産会社名になる。あるいは、どの鉄道会社名に「トラベル」と続けても違和感はないし、「百貨店」「バス」「タクシー」などと続けることもできる。

鉄道会社グループの事業領域は、本業の鉄道業以外でも多岐にわたっ

ている。主要なものだけでも、情報通信（ケーブルテレビ、インターネット接続プロバイダ）、輸送サービス（バス・タクシー）、不動産（開発・仲介）、建設、住宅（建築・引越し）、流通（ショッピングセンター・コンビニエンスストア・スーパーマーケット・百貨店）、娯楽（映画館・コンサートホール・動物園）、スポーツ（ゴルフ場・野球場・フィットネスクラブ）、旅行サービス（旅行代理店・ホテル）などに集約できる。鉄道会社は、これら多様な事業をなぜ自社もしくはグループ会社で手がけているのだろうか？　また、鉄道会社の事業構成が相互に類似しているのはどうしてだろうか？

1──多角化と垂直統合

　鉄道会社が本業の鉄道以外の事業を手がけるように、従来からの事業領域を超えて、事業領域（製品分野）を拡大していくことを「多角化（diversification）」と呼ぶ。前述の問題は、鉄道会社が多様な事業領域に多角化していくのはなぜなのか、また、鉄道会社が多角化して進出する事業領域が相互に類似しているのはなぜなのかと言い換えることができる。

「多角化」という用語は、「垂直統合（vertical integration）」を含む「広義の多角化」として用いられる場合もあれば、事業領域の拡大のみを意味する「狭義の多角化」として用いられる場合もある（図10.1）。

　狭義の多角化は、「企業が事業活動を行って外部に販売する製品分野の全体の多様性が増すこと」（吉原・佐久間・伊丹・加護野 1981 p.9）と定義される。ここでの製品分野とは、「その分野の重要な意思決定が他の分野の事業活動に大きな影響を及ぼすことなく行いうる程度に独立性を持った分野」（吉原ほか 1981 p.13）のことで、日本標準商品分類の[*1]「小分類（3桁分類）」に対応している。日本標準商品分類では、類似した商品を商品群として集約しており、分類の細かさの程度に応じて桁数が変わってくる。

　たとえば、火災報知器は以下のように分類される（表10.2）。[*2]

「3桁分類での多様性増加をもって多角化と判断する」という、吉原ほ

---

*1──http://www.stat.go.jp/index/seido/syouhin/index.htm
*2──http://www.stat.go.jp/index/seido/syouhin/gaiyou.htm

図10.1 多角化と垂直統合

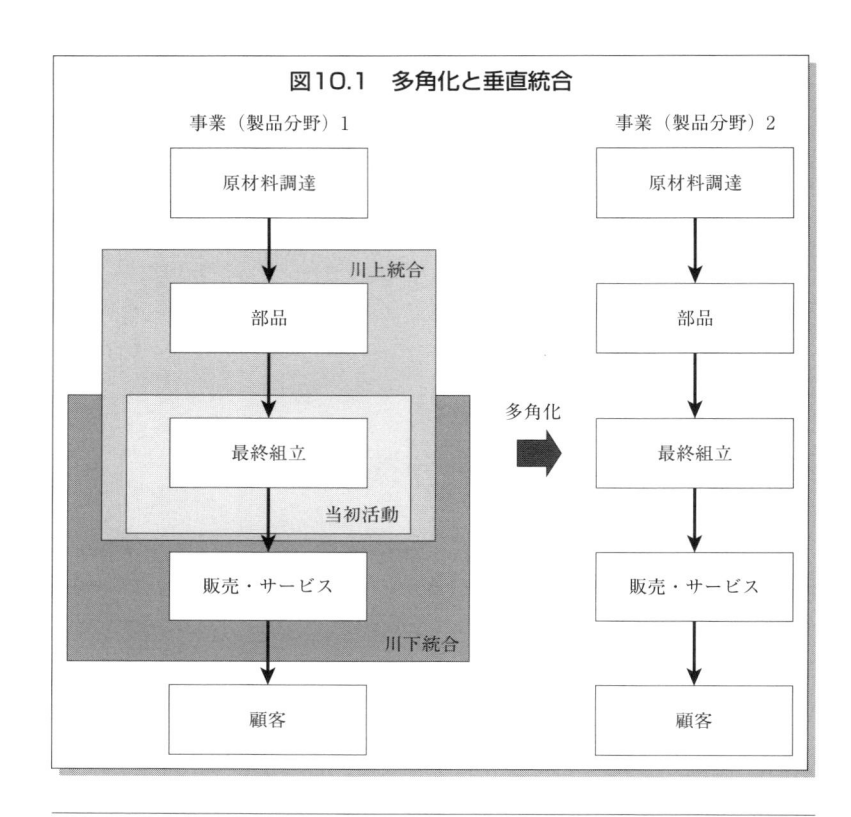

事業（製品分野）1：原材料調達 → 部品 → 最終組立 → 販売・サービス → 顧客

川上統合、当初活動、川下統合

→ 多角化 →

事業（製品分野）2：原材料調達 → 部品 → 最終組立 → 販売・サービス → 顧客

表10.2 標準分類番号：火災報知器の例

(3)	大分類	（1桁分類）	生産用設備機器及びエネルギー機器
41	中分類	（2桁分類）	保安・環境保全機器
415	小分類	（3桁分類）	警報設備及び信号装置
4151	細分類	（4桁分類）	火災警報設備
41511	細々分類	（5桁分類）	火災報知設備の受信機
415111	6桁分類		P型1級受信機

出所：総務省統計局「日本標準商品分類」に基づいて作成

か（1981）の定義に従うと、「火災警報設備（細分類4151）」を製造している企業が、「防犯警報装置（細分類4152）」を新たに手がけても、多角化とは判定されない。しかし、スプリンクラー設備などの「消火設備（細分類4131）」を手がけるようになると多角化したと判断される（表10.3および図10.2参照）。

狭義の多角化が「異なる製品分野への進出」を意味しているのに対し

表10.3　標準分類番号：スプリンクラーの例

(3)	大分類　（1桁分類）	生産用設備機器及びエネルギー機器
41	中分類　（2桁分類）	保安・環境保全機器
413	小分類　（3桁分類）	消火設備及び消火器具
4131	細分類　（4桁分類）	消火設備
41313	細々分類（5桁分類）	スプリンクラー設備
413131	6桁分類	スプリンクラーヘッド

出所：総務省統計局「日本標準商品分類」に基づいて作成

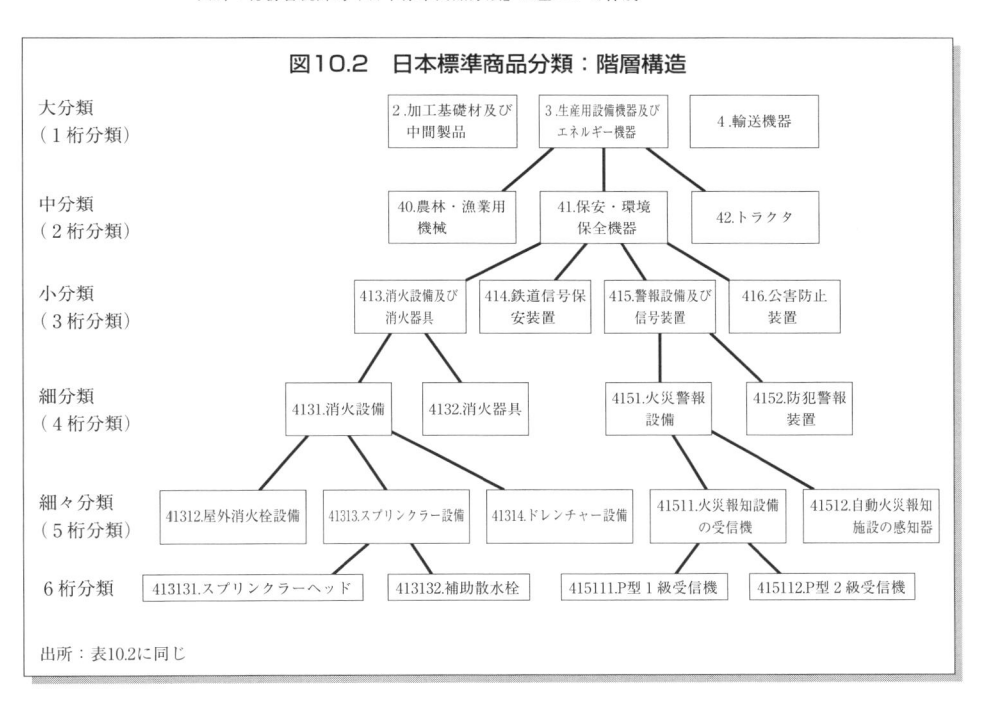

図10.2　日本標準商品分類：階層構造

大分類（1桁分類）：2.加工基礎材及び中間製品／3.生産用設備機器及びエネルギー機器／4.輸送機器

中分類（2桁分類）：40.農林・漁業用機械／41.保安・環境保全機器／42.トラクタ

小分類（3桁分類）：413.消火設備及び消火器具／414.鉄道信号保安装置／415.警報設備及び信号装置／416.公害防止装置

細分類（4桁分類）：4131.消火設備／4132.消火器具／4151.火災警報設備／4152.防犯警報装置

細々分類（5桁分類）：41312.屋外消火栓設備／41313.スプリンクラー設備／41314.ドレンチャー設備／41511.火災報知設備の受信機／41512.自動火災報知施設の感知器

6桁分類：413131.スプリンクラーヘッド／413132.補助散水栓／415111.P型1級受信機／415112.P型2級受信機

出所：表10.2に同じ

て、広義の多角化は異なる製品分野への進出だけでなく、垂直統合、すなわち「同一製品分野における取引関係にある分業単位への進出」をも含んだ企業全体としての活動領域の拡大を意味している。

　製造業であれば、原材料調達・部品製造・最終組立・販売といった段階的な活動を経て、最終製品が顧客のもとに届けられる。たとえば、衣料品業界では、「SPA（Speciality store retailer of Private label Apparel）」と呼ばれるファーストリテイリング（ユニクロ）やGAPなどの企業は、商品企画・デザインから販売までを一貫して手がけている。その一方

で、アパレルメーカーが商品企画・デザイン・製造などを担当し、卸売・小売業者が販売を担っている場合もある。衣料小売店が卸売・製造・商品企画などを手がけること、すなわち「それまで取引関係にあった活動単位への進出」が垂直統合である。

原材料調達から最終消費者への販売に至るまでの一連の垂直的活動を川の流れに見立て、各段階から見て、原材料調達の方向を「川上」、顧客への販売の方向を「川下」と呼ぶ。また、最終消費者のほうを向いていることを前提に、川下が「前方」、川上が「後方」と呼ばれる。たとえば、衣料小売店が、卸売・製造・原料調達・商品企画といった川上方向に向かって活動領域を拡大することは、「川上統合」もしくは「後方統合」と呼ばれる。逆に、従来は卸売・小売業者に商品を販売していたアパレルメーカーが自ら最終顧客に対して販売するようになることは、「川下統合」もしくは「前方統合」と呼ばれる（図10.1参照）。

本章では狭義の多角化について検討し、垂直統合については章を改めて、第12章で議論する。

2─多角化の動機

企業はなぜ多角化するのだろうか。企業が新たな製品分野に進出する主な動機は、(1)既存事業の長期的な停滞、(2)リスク分散、(3)未利用資源の有効活用、(4)範囲の経済、(5)多角化の合成効果などである。これらのうち、複数事業の組み合わせによる多角化の合成効果については、節を改めて後述することとし、ここでは、それ以外の(1)から(4)について検討する。

1.既存事業の停滞

取り扱っている製品・サービスが、製品ライフサイクルの成熟期・衰退期を迎え、既存事業での今後の成長が期待できないような場合、企業は新たな成長分野を求めて、新たな製品市場へと多角化を試みることが多い。たとえば、鉄鋼会社の多くは、1980年代後半に情報通信・半導体・ライフサイエンスなどに進出していった。また、もしもDVDレコーダやハードディスク・レコーダに代替されつつあるVTRのみを生産しているとしたら、企業は既存市場以外に新たな成長機会を模索する必

要があるだろう。

2.リスク分散

　単一事業分野のみを手がける「専業企業」は、売上や利益を特定事業のみに依存しているため経営上のリスクが大きい。事業業績は好調な時ばかりではなく、為替水準の変動、需要の周期的な変動など、企業がコントロールできない原因で低迷することがありうる。単一事業のみに依存していると、業績低迷時には企業の存続さえも危ぶまれる事態に陥りかねない。複数事業を手がけることで、特定事業の業績が低迷していても、他事業で売上・利益を確保できれば、経営リスクは分散され、企業活動が安定する。たとえば、工作機械市場は「景気が悪くなると最初に需要が縮小し、景気が持ち直しても需要が回復するのは最後」といわれ、工作機械メーカーの中には、業績不振時には高業績時の蓄積を取り崩して経営活動を維持している企業もある。このとき、需要の変動サイクルや製品ライフサイクルのステージが工作機械とは異なる製品分野を手がけていれば、工作機械以外からの売上や利益によって、リスクを分散することが可能になる。

3.範囲の経済

　範囲の経済も多角化の動機になる。範囲の経済とは、第5章で述べたように、複数種の財・サービスを手がける場合の費用が、個々の財・サービスを単独で手がける場合の費用の合計に比べて小さくなることをいう。範囲の経済が観察される場合、すなわち取り扱う製品範囲の増加が経済性をもたらす場合、多種類の財・サービスを同時に生産する企業のほうが、1種類だけの財・サービスを生産する企業よりもコスト上有利になるため、複数の製品・事業分野を手がけるインセンティブとなる。
　範囲の経済の発生原因としては、副産物・共通費用などが指摘されている。[3] 生産過程で副産物や結合生産物が発生する場合、取り扱い製品の範囲を拡大して、主生産物だけでなく、副産物や結合生産物も取り扱ったほうが有利になる。たとえば、乳酸菌飲料カルピスを製造する過程で、原料である牛乳から乳脂肪分が分離される。この乳脂肪分を利用してバターが作られ、1963年に業務用の「特撰バター」として発売され

---
[3] 範囲の経済の詳細については、第5章を参照のこと。

た。カルピス社にとって、バターの原料となる乳脂肪分（クリーム分）は乳酸菌飲料カルピスの副産物であることが、バター事業も手がけるインセンティブとなる。フランスのバターに最も近いとして、発売当初からフランス料理のシェフに強く支持された「特撰バター」も、初期には生産量が限られていたため、知る人ぞ知る「幻のバター」とされていた。その後、一般消費者にも徐々に存在が知られるようになるにつれて供給量も拡大し、近年では百貨店などで入手できるようになった。[*4]

　複数の製品を扱うために必要とされる費用に共通部分がある場合にも、扱い製品の範囲を拡大するインセンティブが働き、多角化が進展していく。たとえば、「総合電機メーカー」は白物家電からAV機器・PCなどを幅広く取り扱っている。総合電機メーカーは、特定の電気製品のみを扱っているメーカーには投資できないような大規模な生産設備や販売チャネルなどを擁している。大規模で固定的な生産設備や販売チャネルを複数の事業で共有し、多重活用できれば、総合メーカーは強みを発揮することができる。ただし、近年のように技術革新のペースや消費者の需要変化のペースが速くなると、大規模で固定的な生産設備や販売チャネルなどを自前で持つことは強みの源泉ではなく、逆に足枷となる場合もありうる点には注意が必要である。[*5]

　また、複数製品間に共通部品が存在する場合にも、範囲の経済が働きやすい。たとえば、前述したプリンタとファクス・コピー機、あるいはデジタル方式の薄型テレビとPCの例のように、内部構造や機構の類似性が高い場合、複数製品を手がけることで、共通部品に関して規模の経済が作用しやすい。このような場合には、製品分野を拡大していくインセンティブが働き、多角化が進展しやすい。

4. 未利用資源の有効活用

　第2章で検討したように、企業は資源・能力の集合体である。企業活動には、ヒト・モノ・カネ・情報という経営資源が必要である。この意味で、企業は資源、そして資源を利用する能力の集合体であると考えられている。企業の保有する資源には、常に余剰が存在する。原材料や労

[*4] 「特撰バター おいしさの秘密」〈http://www.calpis.co.jp/butter/secret/index.html〉
[*5] こうした「持たない強み」に関しては、第13章「企業活動領域の設定と再構成」を参照のこと。

働力などを外部市場から調達する場合、最低限の取引単位が決められており必要量のみを入手することは困難である。また、供給量や価格の急激な変動に備えて、ある程度の余剰を保有することが通例である。あるいは、カネや情報など、企業活動の結果として再生産される資源には余剰が発生しやすい。こうした、「遊休状態」にある資源を有効に活用すべく、多角化が試みられる。

　たとえば、往路は荷物を満載している輸送トラックも、復路は空荷で帰ることが多い。食品メーカーが自社保有の冷凍・冷蔵トラックで配送を行っている場合、自社製品を納品した後に空荷で帰るのではなく、他社のチルド食品運送を請け負うことができれば、冷凍・冷蔵トラックを有効に活用できる。自社製品輸送用のトラックの余剰能力を活用することで、輸送事業への多角化が可能になる。

　未利用のトラック輸送能力を有効活用する「求貨求車システム」を事業化している例が、キユーピーの倉庫部門を出自とするキユーソー流通システムである[*6]。空荷運行を避けたい「求荷」と、輸送能力を求めている「求車」のニーズをマッチングさせて、輸送効率を向上させることが求荷求車システムの目的である。トラック輸送能力の有効活用を目指して、1980年代から協力運送会社を組織し、電話やファクスによって手作業でマッチングが行われていたが、インターネットの普及に伴って、97年からインターネットを利用した「QTIS」をスタートさせている[*7]。

3——事業多角化による合成効果

1.相補効果

　多角化によって複数事業を組み合わせて展開する場合、単一事業のみに専念する専業企業には享受できない、複数事業の複合効果の恩恵に浴することが可能になる。多角化の合成効果には、「相補効果（complementary effect）」と「相乗効果（synergy effect）」がある（伊丹 2003）。

---

*6——「特集 解明！儲ける秘密 32 原油高や環境問題で大注目 キューカキューシャって何だ？」『週刊東洋経済』2005年10月29日号 p.63
*7——http://www.krs.co.jp/service/c_3.html

第10章 多角化

　相補効果とは、複数の製品市場分野での事業が、互いに足りない部分を補い合うことで、市場における需要変動や資源制約に対応できるために、企業全体としてより大きな効果が得られたり、効率が向上したりすることをいう。たとえば、スキーリゾート地のホテルは、需要の季節変動に対応するために、テニスコートやゴルフ場を建造したり、合宿を誘致したりして夏場の集客を図っている。夏場の集客に成功すれば、スキー閑散期の売上低迷を他のスポーツやレジャーを目的とする客からの売上で補うことができる。夏場の需要喚起には、売上の季節変動を平準化できるというメリットだけでなく、宿初施設や従業員などの資源利用パターンも平準化することができ、効率性が高まるというメリットもある。

　また、住宅街の酒販店は「メール便」の配送を請け負うことで、新たな収益源を確保することができる。かつて酒販店では、顧客宅に「御用聞き」に回り、注文品を配達するサービスが一般的であったが、近年では配達サービスへの需要が減少している。書類やカタログ・ダイレクトメールなどをポストに直接投函していくメール便は、配送時間の指定が厳しくないため、酒類配達の合間に配送することができる。あるいは逆に、メール便配送のついでに、配送エリアを御用聞きに回ることもできる。メール便配送を請け負うことで、酒販店には、維持が困難になってきた「御用聞き・配達サービス」を継続できるというメリットがある。

　相補効果が発揮される事業の間には、後述する相乗効果の場合とは異なり、直接的な相互作用はない。たとえば、スキーリゾートのホテルにとっては、夏場に集客できるのであればテニスやゴルフでなくても構わないし、酒販店にとっては配達のついでに取り扱えるのであればメール便にこだわる必要はない。相補効果が観察される複数事業については、需要変動のパターンが異なっていたり、資源制約を満たすことができるのであれば、組み合わせの相手は問わない。

　スズキにとってのハンガリー産ワインが、相手を問わない相補効果の典型例であろう。[*8] スズキは、1991年にハンガリー政府と合弁でマジャールスズキを設立し、乗用車の現地生産に乗り出した。ハンガリーでの生産に必要な部品は日本から送られるので、為替相場の変動によるリスクが発生する。もしも、日本からハンガリーへの輸出金額と、ハンガリーから日本への輸入金額が同じであれば、為替相場が変動しても差益と差

---

*8——http://www.hungary-wine.com/

損が相殺されるため、為替変動リスクは回避できる。

　為替リスクのヘッジという相補効果を得るために、自動車事業と組み合わせる相手がワインでなければならない理由はない。為替リスク回避という目的にとっては、ハンガリーから日本に輸入できるものであれば、どのような品物でも構わない。スズキは「ワインだから」取り扱っているわけではなく、「ハンガリー産だから」ワインを取り扱っているのである。実際、スズキはハンガリー産以外のワインは取り扱っていない。[*9] こうした意味で、スズキの自動車事業とワイン事業の間には直接的な相互作用はないといえる。

2.相乗効果

(1)シナジー効果

「シナジー効果」とも呼ばれる相乗効果は、同一企業が複数の事業活動を行うことによって、異なる企業が別個に行う場合よりも大きな成果が得られることをいう。「シナジー（synergy）」とは、「企業の資源から、その部分的なものの総和よりも大きな一種の結合利益を生み出すことのできる効果（Ansoff 1965 邦訳書 p.99）」である。[*10]

　たとえば、鉄道業と百貨店を別々の企業が独立して手がける場合と、鉄道会社が百貨店を手がける場合とを考えてみよう。新宿駅には京王と小田急がデパートを構えているように、「電鉄系百貨店」と呼ばれるデパートは、都心部のターミナル駅に直結していることが多い。乗降客の多いターミナル駅は集客に有利で、特にターミナル直結という立地条件は小売業にとって好適である。ターミナル駅の開発計画は鉄道会社が策定するため、ターミナル駅直結という立地の確保については、電鉄系百貨店が有利になる。近年では、JR京都駅ビルには伊勢丹が、同じくJR名古屋駅ビルには高島屋が立地しているが、これはJRが系列百貨店を持たないためである。百貨店と鉄道会社が独立した企業同士の場合よりも、同一企業（もしくは企業グループ）の場合のほうが、ターミナル駅直結という立地を確保しやすい。

　一方、鉄道業にとっては、設備稼働率の平準化というメリットが期待

---

*9──http://www.hungary-wine.com/faq.html#q3-2
*10──シナジーの語源はギリシャ語で、合成や統合を意味する接頭語「syn」と、働く「ergos」の組み合わせであり、字義通りの意味としては「共に働く」になる。シナジーは、筋肉や器官の共働作用を指す医学用語でもある。

できる。鉄道利用のピークは平日朝夕の通勤・通学時間帯である。平日の昼間や週末・休日に、電車に乗って買い物に出かける顧客が増えれば、曜日や時間帯による需要変動の振れ幅が小さくなり、効率的な設備利用が可能になる。

　鉄道会社の多くは、「オフピークチケット」と呼ばれる、平日の10時から16時の間だけ利用可能な「時差回数券」や、週末や休日のみ利用可能な「土・休日回数券」などを発行している。割引運賃を設定することで、オフピーク時の輸送需要を底上げすると同時に、買い物や沿線のレジャー施設への需要を掘り起こすことが可能になる。郊外ターミナルに、遊園地や動物園などのレジャー施設を設けるのも、同じ目的である。

　鉄道会社が沿線に小売店やレジャー設備を設けることで、交通の便のよさから集客が期待できるし、鉄道自体の需要を喚起することもできる。独立した企業が鉄道と百貨店を別々に運営するよりも、同一企業もしくはグループとして運営したほうが、より大きなメリットを期待できる。これが、複数事業の組み合わせによるシナジー効果である。

「沿線価値」という言葉が、鉄道会社にとってのシナジー効果を象徴している。百貨店やレジャー施設以外にも、不動産開発や沿線住民に対する様々なサービス（流通・娯楽・通信）を充実させることによって、鉄道会社の沿線に居住する魅力、すなわち沿線価値が高まる。沿線価値が向上することで、より多くの居住者を確保することができ、その結果、鉄道輸送量の増加が期待できる。

(2) シナジー効果に関する注意事項

　シナジー効果に関しては、次の2点に注意が必要である。

①シナジー効果と範囲の経済は概念的には区別される。
②相補効果の場合と異なり、複数事業間に直接的な相互作用があるため、特定事業同士の組み合わせでないとシナジーは発生しない。

　範囲の経済は、前述の通り、副産物や共通費用などが原因となって、複数種の財・サービスを取り扱うことで、個々の財・サービスを個別に手がける場合よりも費用が小さくなることである。範囲の経済もシナジー効果も、複数事業の組み合わせによってメリットが期待できるという結合効果である。しかし、シナジー効果は、複数事業（製品・サービ

ス）の組み合わせによって、「効果が大きくなる」ことを意味し、必ずしも「費用の低下」は含意しない。

　たとえば、鉄道業と百貨店の場合、結合生産物や共通費用はほとんどないため、鉄道企業が百貨店を運営する、あるいはその逆に百貨店が鉄道を運営することで、コストが低下するとは考えにくい。鉄道と百貨店を組み合わせると、両者にとって利用者増というメリットが発生するが、コスト低下は期待できない。これが、純粋なシナジー効果である。

　ただし、現実には、範囲の経済による費用低下とシナジー効果による成果拡大は、しばしば同時に発生し、両者の効果を分離することは難しい。たとえば、鉄道企業が線路に光ファイバーを敷設し、ケーブルテレビやインターネットプロバイダ・サービスを手がける場合には、範囲の経済とシナジー効果が同時に観察される。すでに線路網を保有し定期的に路線のメンテナンスをしている鉄道会社がインターネットプロバイダ・サービスを手がけることで、光ファイバーケーブルの敷設・維持に必要な費用を抑えることができる。このコスト削減効果は、範囲の経済のメリットである。その一方で、情報通信サービスが充実することが沿線価値向上に寄与し、居住者数が増加すると、ケーブルテレビも鉄道も利用者増が期待できるというシナジー効果も観察される。

　第2の注意点は、シナジー効果は特定事業同士の組み合わせでないと発生しないことである。たとえば、牛乳販売店が有機野菜の宅配事業を手がける場合と、メール便の配送を請け負う場合とを比較して考えてみよう。有機野菜を中心にした食品宅配を手がけるオイシックスでは、チラシ配布・商品配送・代金回収を牛乳販売店に委託している[*11]。牛乳販売店は、空き瓶と一緒に注文書を牛乳ボックスから回収し、注文を集計してオイシックスに発注する。オイシックスから届いた商品は顧客別に小分けして、牛乳と一緒に配達し、代金を牛乳代と一緒に回収する。

　牛乳の宅配も、酒類の配達と同様に、近年需要が減少している。相補効果の項で述べたように、宅配ネットワークの維持という目的だけを考えれば、「配達のついでに取り扱える」のであれば、取扱品目としてはメール便でも有機野菜でも違いはない。しかし、メール便と有機野菜とでは、牛乳販売店にとってのシナジー効果には大きな違いがある。

　有機野菜の保管・輸送には、冷蔵庫などの設備と鮮度管理のノウハウ

---

*11──http://www.oisix.com/shop.g5--aboutus--annai_ns_shik_html.htm

が必要となる。牛乳販売店は、牛乳用の冷蔵設備や鮮度管理ノウハウを保有しているため、それらを野菜などに転用して活用することができる。また、牛乳宅配を利用する顧客は、比較的年齢層が高く、高収入で、価格が多少高くても安心して口に運べる「いいもの」「おいしいもの」を求めているといわれている。[*12] オイシックスはインターネットで注文を受け付けているが、こうした顧客層はインターネット経由では到達しにくいセグメントである。

牛乳販売店は、有機野菜の「体によい」「健康」といったプラスのイメージを活用して、牛乳に対する「おいしい」「健康」といったプラスのイメージを一層強化させて、牛乳の販売拡張を図ることも可能になるだろう。たとえば、インターネット経由で有機野菜の宅配を利用している顧客に対して牛乳宅配を勧めたり、すでに牛乳も有機野菜も宅配を利用している顧客には、より高品質（高価格）の牛乳を勧めることも可能だろう。

牛乳宅配とメール便配送請負との組み合わせでは、こうした効果は期待できない。また、有機野菜と酒販店の「御用聞き・配送サービス」との組み合わせでも、シナジー効果を期待することは難しいだろう。シナジー効果は、複数事業間に「直接的な相互作用」が起こりうる特定事業同士の組み合わせでないと発揮されない。逆に、特定事業同士が組み合わせられると、ほとんどの場合、同じようなシナジー効果が発生する。これが、本章の冒頭で指摘したように、鉄道会社の事業構成が相互に類似したものになりやすい原因の一つになっている。

3.情報的資源のダイナミズム：多重利用と誘発

シナジー効果が発生するのは、特定の事業同士が組み合わせられた場合のみであり、シナジー効果が発生する原因やロジックは、それぞれの組み合わせに固有である。ただし、様々なシナジー効果を観察すると、効果発生の主要因として「情報的資源の同時多重利用可能性」が作用している場合が多い。

モノやカネという物的な資源と、技術やブランドなどの経営資源とは性質が大きく異なっている（伊丹 2003; 伊丹・軽部 2004）。モノ・カネ、

---

*12——「注目される牛乳販売店の機能」
〈http://www.dreamvision.co.jp/b0000/b7800200811/b7877/0184.html〉

あるいは単純な労働力としてのヒトは、特定の目的のために利用すれば、その分だけ他の分野で使える余地が少なくなる。しかし、情報的資源は「多重利用」が可能であり、使用による減耗がほとんどない。ブランド名や技術ノウハウは、複数の場所で同時に利用することができる。また、ブランドや技術ノウハウを利用したことで、それ自体が減耗したり消滅したりする可能性はあまりない。さらに、情報的資源には、使用されることで洗練され価値が向上したり、他の情報と結びついて再生産されたりするという特徴もある。

花王による化粧品事業への参入が、情報的資源の多重利用と誘発の典型例である。1890（明治23）年の「花王石鹸」発売以来、花王は原材料開発まで一貫して手がける「垂直統合」を推進してきた。花王は、人間の皮膚の上で油脂と水分がどのような反応を起こし、皮膚表面にどのような効果をもたらすかに関するノウハウを長期にわたって蓄積してきた。こうした油脂化学・界面科学・皮膚科学などの分野におけるノウハウは、化粧品業界への参入に際して強力な武器になった。

花王の化粧品ブランド「ソフィーナ」は、1982年に洗顔フォーム・化粧水・乳液・クリームなどのいわゆる「基礎化粧品」からスタートした。「コスメティック化粧品」と呼ばれる口紅やファウンデーションなどの「皮膚の上に付け加えていく」化粧品とは異なり、「化粧品を落とす」ための洗顔フォームはまさに石鹸企業としてのノウハウが活用できる製品であった。また、「皮膚の潤いを保つ」ための乳液や化粧水・クリームなども、油脂化学・界面科学・皮膚科学のノウハウが活用できた。さらに、こうしたノウハウをベースに「落とさない」ための技術を付け加え、汗では落ちないが洗顔時には簡単に落とせるファウンデーションや、食事をしても落ちない口紅など、コスメティック化粧品にも進出した。

花王は、「潤いを保つ」や「落ちない・崩れない」といった明確な機能をアピールした製品で、自社製品の差別化を図りシェアを伸ばしていった。それに対して、市場リーダーの資生堂は有効な対策を講じることが困難であった。資生堂の主力はコスメティック化粧品で、皮膚科学や油脂化学に関するノウハウの蓄積が花王には及ばなかった。資生堂も、皮膚科学・界面科学・油脂化学のノウハウ獲得のための研究に着手したものの、短期間にキャッチアップするのは不可能であった。

ブランドや技術ノウハウのような情報的資源は、容易には移転できない性質のものが多く、新たに蓄積するのには長い期間が必要な場合が多い。たとえば、技術ノウハウは多くの場合ヒトに体化され、ノウハウだけを取り出して売買することは難しいため、競争相手による模倣は困難になる。また、新たに獲得するにも時間が必要であるため、長期にわたって有効な競争優位の主要な源泉となりうる。

特定の情報的資源を同時並行的に活用することで、花王の化粧品参入の例のように新分野での競争上の優位を効率的に築くことが可能になる。さらに、化粧品事業向けに蓄積された「潤いを保つ」ためのノウハウを石鹸にもフィードバックすることで、「汚れを落としつつ手膚の潤いを保つ」石鹸が開発可能になる。「見えざる資産」とも呼ばれる情報的資源は、活用することで新たな蓄積を誘発する特質があり、シナジー効果の重要な源泉となっている。

4―動態的な合成効果

1.ダイナミックな相補効果

複数事業の組み合わせによる合成効果（相補効果・相乗効果）は、時間要因を考慮しない静的（スタティック）効果と、時間要因を考慮した動的（ダイナミック）効果とに概念的に分類することができる。ダイナミックな合成効果は、単一時点での複数事業の組み合わせから発生するスタティックな効果とは異なり、複数時点間での事業の組み合わせから発生する効果である。

たとえば、配達のトラックや人員の維持・確保という目的のために、酒販店がメール便の配送を手がけるのはスタティックな相補効果から説明できる。それに対して、周期的な需要変動に対応するために、スキーリゾートのホテルがゴルフ場を運営するのは、ダイナミックな相補効果の一例である。ダイナミックな相補効果を考える際には、過去に蓄積されてきた資源、特にモノ・カネに代表される物的資源が、現在あるいは将来の事業において、どの程度まで転用できるかが決定的に重要になる。

物的資源の中でも、特にカネに関するダイナミックな相補効果を享受するための手法が「製品ポートフォリオ・マネジメント（Product

Portfolio Management; PPM)」である。詳細については第11章で述べるが、PPMはキャッシュフローのパターンが異なった事業をバランスよく組み合わせて、全体として一つのポートフォリオを構成することを目指している。PPMは、将来時点でのポートフォリオ全体としてのバランスを保つために、各事業が現時点でどのような戦略を採用すべきかの示唆を提供している。

　競争上の地位や製品ライフサイクルにおけるステージが異なると、事業によってキャッシュフローの状態が異なる。たとえば、すでに成熟した産業でリーダーの地位を確保している事業ではキャッシュ余剰が発生しやすく、新興成長市場でトップシェアを目指して熾烈な競争を展開している事業は慢性的なキャッシュ不足に悩むことが多い。

　両者を組み合わせて、前者から後者へキャッシュを移転することで、全体としてのキャッシュフローのバランスが安定する（スタティックなカネの相補効果）。このキャッシュ注入によって、新興事業が市場シェアを伸ばし、リーダーの地位を確保できれば、時間の経過とともに「次の資金源」となる可能性が高い。新興事業において市場リーダーの地位を目指すべく、「現在の資金源」から「次の資金源」候補にカネを配分する。優先的な資源配分を受けて市場リーダーの地位を確保し、現実に「次の資金源」となった際には、そこから「次の次」の資金源候補へと資源を配分する。こうしたサイクルを繰り返すことで、ポートフォリオのバランスを長期的に維持し、企業全体としての成長性をより高めることが可能になる。PPMは、現在のカネを将来のために使うことで、「カネのダイナミックな相補効果」の実現を目指している。

2. ダイナミックな相乗効果

(1) ダイナミック・シナジー

　ダイナミックな合成効果は、相補効果だけではない。事業活動から生み出された資源、特に情報的資源を新たな事業や既存事業で次々と多重活用し、新たな事業展開が可能になるという、ダイナミックなシナジー効果も観察される。

　たとえば、花王は2003年に「ヘルシア緑茶」で飲料市場に参入している。ヘルシア緑茶は「特定保健用食品」の認定を受け、体脂肪低減効果が期待できるとして、発売直後から好評を博した。発売当初は需要の伸

びに増産ペースが追いつかず、全国販売を予定より遅らせなければならないほどの売れ行きを見せた。花王にとって、飲料市場への参入は「ヘルスケア事業」の拡大と位置付けられている。

　飲料市場に参入した時点で、花王はすでに食用油で「ヘルスケア食品」という商品カテゴリーを開拓していた。食用油で初めて特定保健用食品の認定を受けた「健康エコナクッキングオイル」が代表的な商品である。

　花王は、1928（昭和3）年に業務用食用油脂「エコナ」[*13]を発売しているが、90年に家庭向けの食用油「花王エコナクッキングオイル」を発売するまで、一般小売りは手がけてこなかった。その理由として、食用油への進出に際して、(1)消費者に「トイレタリーメーカー」ではなく「食品メーカー」としての花王のイメージを訴求しなければならない、(2)鮮度管理が要求される食品向けの物流システムを構築する必要がある、(3)小売店頭でのシェルフスペースをめぐる熾烈な競争を勝ち抜くための営業ノウハウが不足している、などを考えることができる。

　花王エコナクッキングオイルは、他社製品にないユニークな製品特性があった。親水性油脂や酵素分解脂質を配合することで、油を素材全体に薄くなじませやすくなり、素材表面に油の薄い膜ができるため、素材にしみ込む油の量が少なくなることである。そのため、少ない量で調理でき、「油はね」も少ないというのが発売時の訴求点であった。

　一方、少ない油で調理できることで、油分の摂取量を少なくでき、「健康によい」というイメージが形成されていった。その後、体脂肪の蓄積が抑えられる天然の油脂成分の抽出に成功し、特定保健用食品の認可を受けた花王は、1999年に「健康エコナクッキングオイル」を発売する。健康エコナは、他社製品の4倍程度の価格で販売されていたにもかかわらず、「体脂肪がつきにくい」ことを差別化の訴求点にして大ヒットとなった。その商品化には、脂質代謝と栄養の研究が大いに役立ったといわれている。[*14]

　健康エコナは単なる食品としてではなく、「健康機能油」として花王のヘルスケア事業の重要な一角を形成し、発売の翌年には健康エコナを

[*13]——商品名は"Edible Coconut Oil of Nagase（長瀬の食用ココナツ・オイル）"の頭文字から命名された〈http://www.kao.com/jp/corp_about/history_01.html〉。花王の前身「長瀬商店」は1887年に長瀬富郎が創業している。
[*14]——平成16年3月期事業報告書 p.15

利用したマーガリン・パン・ツナ缶などが食品メーカーから発売されるようになった。花王は、健康エコナを活用したドレッシングを2001年に発売し、翌2002年にはマヨネーズも商品化している。ヘルシア緑茶も、こうした一連の健康機能食品によるヘルスケア事業拡張の一環と位置付けられる。

　花王は、石鹸メーカーとして培ってきた油脂化学・界面科学のノウハウを活用できる分野、たとえば化粧品に進出してきた。ヘルシア緑茶の主成分「カテキン」の抽出・精製にも、化学製品で培った抽出や精製の技術が活用されている。ただし、カテキン抽出・精製ノウハウは、花王だけが保有できる特殊なものではないだろう。

　花王の飲料市場参入の背後にある大きな要因は、技術ノウハウよりも、むしろ食品業界に対する「土地勘」が培われたことだと推測できる。健康エコナのヒットによって、消費者の間に「健康機能食品」メーカーとしての花王のイメージ、特に「体脂肪がつきにくい」製品の供給者というイメージが浸透した。また、食用油・ドレッシング・マヨネーズなどの市場導入によって、食品業界における物流・営業などのオペレーションに関するノウハウが蓄積されていった。こうしたブランド力やノウハウが、飲料市場への参入を後押ししたものと推測される。

　花王は、石鹸や洗剤で培った酵素技術・油脂の精製技術から派生した技術ノウハウを携えて家庭用食用油市場に参入した。「健康機能食品」というコンセプトを訴求することで得られた、健康エコナの知名度や健康機能食品メーカーとしての花王のイメージを梃子に、今度は飲料市場に参入する。さらに、ヘルスケア事業の「健康」というイメージと、サニタリー・トイレタリー事業の「清潔」というイメージは親和性が高く、相乗的に「花王」という企業のブランド価値を高めるのに役立っている。

　花王のヘルスケア事業参入の事例は、過去の活動によって生み出された資源、特に情報的資源を新たな事業分野で活用して競争優位を確保し、その市場で新たに確保された情報資源を再び他の事業（既存企業や他の新規事業）に波及させていく「ダイナミック・シナジー」（伊丹2003）の典型例である。

　あるいは、家電のアセンブラーであったシャープが、新規事業として

---

*15——「花王 健康志向に照準 体脂肪減らす緑茶発売」日経産業新聞2003年4月22日付

進出した電卓事業での競争を勝ち抜くために採用した液晶ディスプレイをキーデバイスに、その後、「液晶ビューカム」と呼ばれる液晶画面を見ながら撮影するビデオカメラを商品化したり（新宅・網倉 1998）、液晶を利用した薄型大画面テレビを手がけるようになった事例も、蓄積してきた情報的資源を新たな事業活動に活用するダイナミックなシナジー効果の典型例である。

「現在の戦略から生み出される見えざる資産を将来の戦略が使う」（伊丹2003 p.312）ダイナミック・シナジーは、事前に予測・デザインするのが困難な創発的な現象である。花王は、家庭向けに食用油を発売した時点で、将来飲料に参入することは予想していなかっただろう。

ダイナミック・シナジーが創発的になる原因は、資源が(1)明示的に資源獲得を意図した活動の成果として蓄積される場合と、(2)新規事業分野での日常の業務活動の結果として副産物的に蓄積される場合との二通りあることに求められる（図10.3参照）。花王は、化粧品市場に参入した時点では、ライバル企業に比べて化粧品メーカーとしてのブランド力や流通経路への影響力、化粧品営業のノウハウなどの点では劣位にあっ

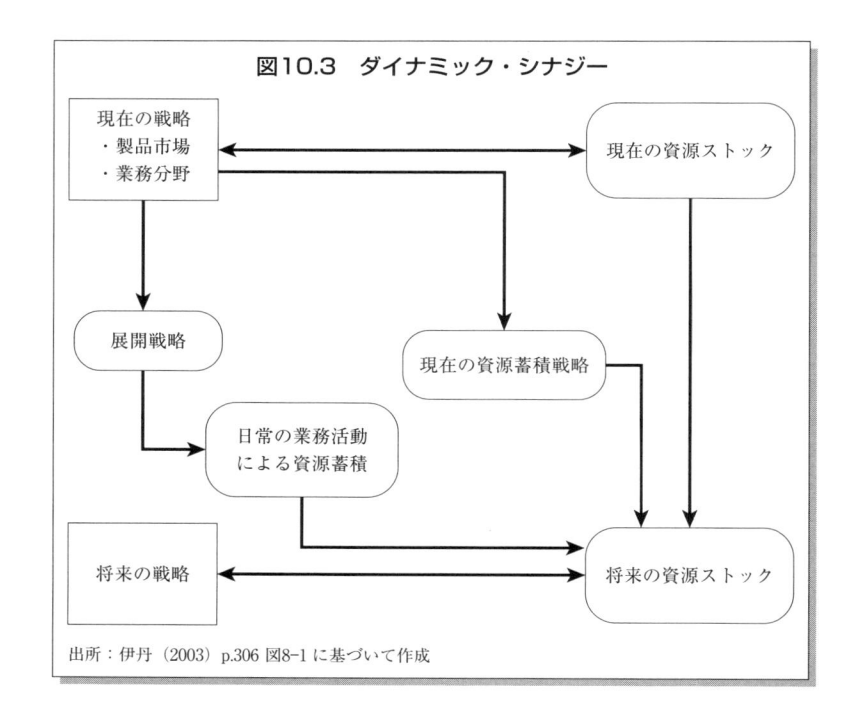

図10.3　ダイナミック・シナジー

出所：伊丹（2003）p.306 図8-1 に基づいて作成

た。食用油による食品市場参入の時点でも同様であった。業界ごとに異なる様々な慣行や営業のノウハウは、業界での経験者を中途採用したりコンサルティングを受けたりすることによって、意図的に蓄積することが可能になる。

　しかし、ブランドや企業イメージなどは一朝一夕に築けるものではなく、様々な事業活動の結果として形成されていくものである。花王は、食用油事業で「健康機能食品」というコンセプトを訴求し、差別化を図ってきた。その結果、消費者に「健康によい」食品の供給者というイメージが形成されていき、今度はそれをより積極的に活用して、飲料市場に参入する。新規参入市場での競争のプロセスを通じて、意図せずに蓄積してきた資源に改めて着目し、蓄積された見えざる資産に新たな意味づけを行い、新しい戦略を構築していくという創発的プロセスを通じて、ダイナミック・シナジーが実現されていく。

(2) オーバー・エクステンション

　創発的なダイナミック・シナジーは、「多少の無理」を承知のうえで、資源の裏付けを欠いた、静的なバランスに欠ける戦略を選択することによって実現することがある。伊丹（2003）は「オーバー・エクステンション」というコンセプトで、「多少の無理」の重要性を指摘している。

　モノやカネといった物的な資源は戦略実行に必要不可欠なため、資源の裏付けを欠くことの不利は決定的で、覆すことは困難である。半導体製造などの資本集約的な産業で競争していくのに、設備投資や研究開発投資のための資金に事欠く場合には、ライバルとの競争に伍していくことは難しい。しかし、情報的資源は、戦略を「うまく」実行するのに必要な資源であるため、これを多少欠いた戦略を選んでも実行は可能である（伊丹 2003）。

　化粧品や飲料に参入した時点での花王のように、業界慣行についての知識や営業ノウハウ、ブランド力を欠いていても、何とか競争に伍していくことはできる。参入当初は、様々なハンディキャップを負っていても、競争のプロセスでライバルや顧客に鍛えられて、当初は欠けていた情報的資源が徐々に蓄積されていく（沼上・淺羽・新宅・網倉 1992）。蓄積された情報的資源を梃子に、さらに多少の無理を承知のうえで、「次のオーバー・エクステンション」たる新たな事業分野が選択され、新しい事業で再び情報的資源の蓄積が誘発される。こうしたプロセス

で、企業全体の成長が加速されていく場合がある。

　たとえば、多少の無理を承知で、家庭用食用油の小売に乗り出した花王は、競争の過程で獲得したブランド力・技術ノウハウ・食品卸や小売店への影響力を駆使して、飲料事業に参入した。さらに、花王は緑茶飲料だけにとどまらず、ウーロン茶・スポーツドリンク（ニアウォーター）・炭酸飲料（スパークリングウォーター）と飲料の取扱品目を拡大している。

　ダイナミック・シナジーを活用して企業成長を加速するためには、戦略とその実行に必要な資源とは「つり合って」いないほうが望ましい場合が多い。新規事業への進出によって創り出された戦略と資源の間の不均衡が競争プロセスで動的に解消され、蓄積された新たな情報的資源をベースに、新たな戦略を構想し、戦略と資源の不均衡を意図的に作り出し、それが再び動的に解消されていく。企業の成長プロセスでは、戦略と資源の静的なアンバランス（不均衡）がダイナミックに解消され、さらに大きな発展のベースとなる「不均衡ダイナミズム」がしばしば観察される。

5 ── 多角化と経営成果

　前節では、多角化のメリットを、複数事業の組み合わせによる合成効果という観点から検討した。多角化による、未利用資源の有効活用・範囲の経済・シナジー効果などは、経営成果に正の影響を及ぼすと考えられている。しかしながら、近年、多くの日本企業が事業構造の再構築（リストラクチャリング）を断行し、事業領域を縮小しているとのニュースを目にする機会が増えている。「選択と集中」によって、事業領域を少数の競争力あるものに絞り込み、そこに経営資源を集中的に投下するという経営方針が広く浸透しているように思われる。では、事業領域縮小は業績向上をもたらすのだろうか。本節では、カメラメーカーの事業多角化を例に、多角化による事業領域の拡大（もしくは縮小）と経営成果との関係について議論する。

1.カメラメーカーの多角化と経営成果

　図10.4から図10.8は、キヤノン・ニコン・オリンパス・ミノルタ・ペ

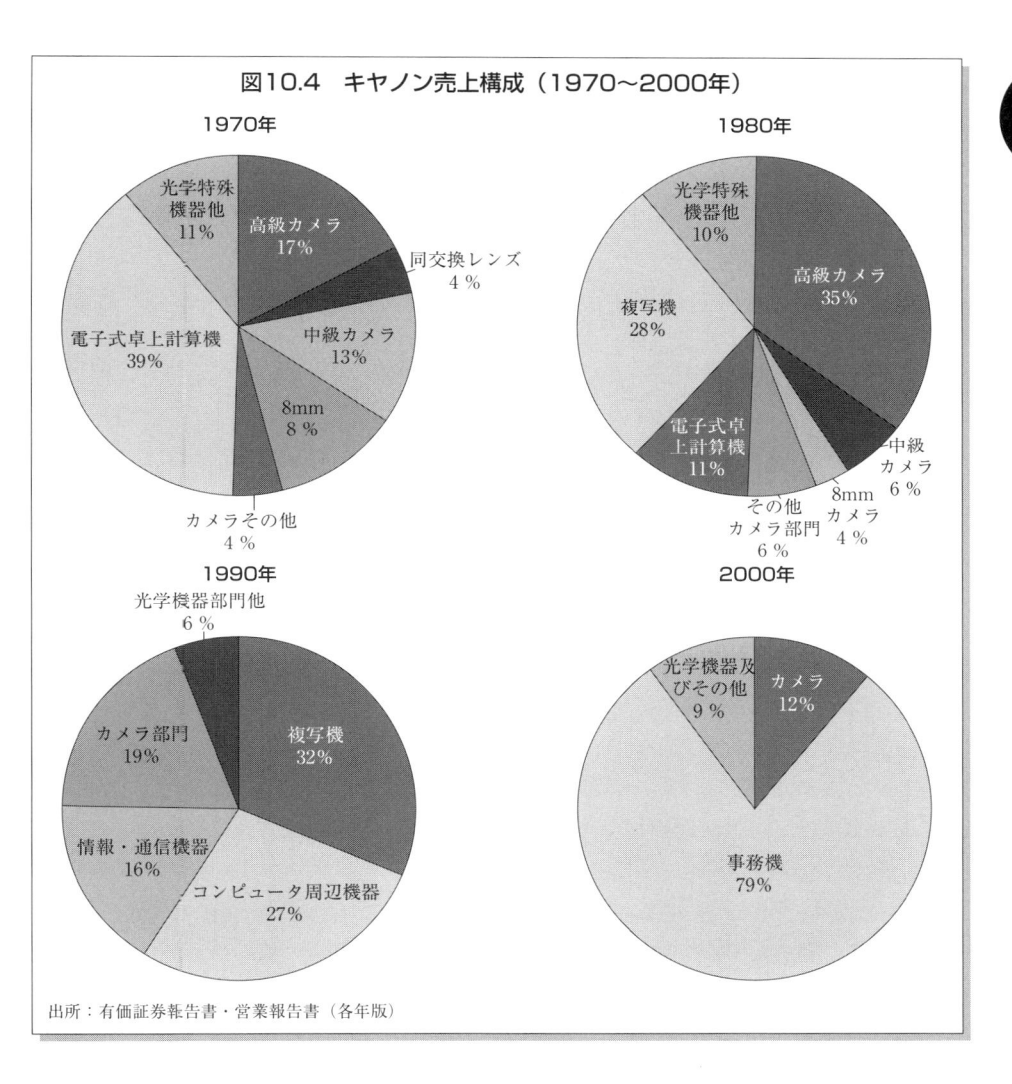

図10.4 キヤノン売上構成（1970〜2000年）

1970年
- 光学特殊機器他 11%
- 高級カメラ 17%
- 同交換レンズ 4%
- 中級カメラ 13%
- 8mm 8%
- カメラその他 4%
- 電子式卓上計算機 39%

1980年
- 光学特殊機器他 10%
- 高級カメラ 35%
- 中級カメラ 6%
- 8mmカメラ 4%
- その他カメラ部門 6%
- 電子式卓上計算機 11%
- 複写機 28%

1990年
- 光学機器部門他 6%
- 複写機 32%
- カメラ部門 19%
- 情報・通信機器 16%
- コンピュータ周辺機器 27%

2000年
- 光学機器及びその他 9%
- カメラ 12%
- 事務機 79%

出所：有価証券報告書・営業報告書（各年版）

ンタックスの1970年・80年・90年・2000年の売上構成である。80年までは、各社ともカメラの売上構成比が高く、「カメラメーカー」と呼ぶにふさわしい業容であった。その後、事務機器（複写機・プリンタ）・半導体製造装置（ステッパー）・医療用機器（内視鏡）などに事業分野を拡大していき、かつては主力事業であったカメラ事業の売上構成比が低下していった。

2000年の売上構成を見ると、キヤノンでは事務機事業が80%近くを占めているし、ミノルタでも複写機事業が50%を超えており、もはや「カ

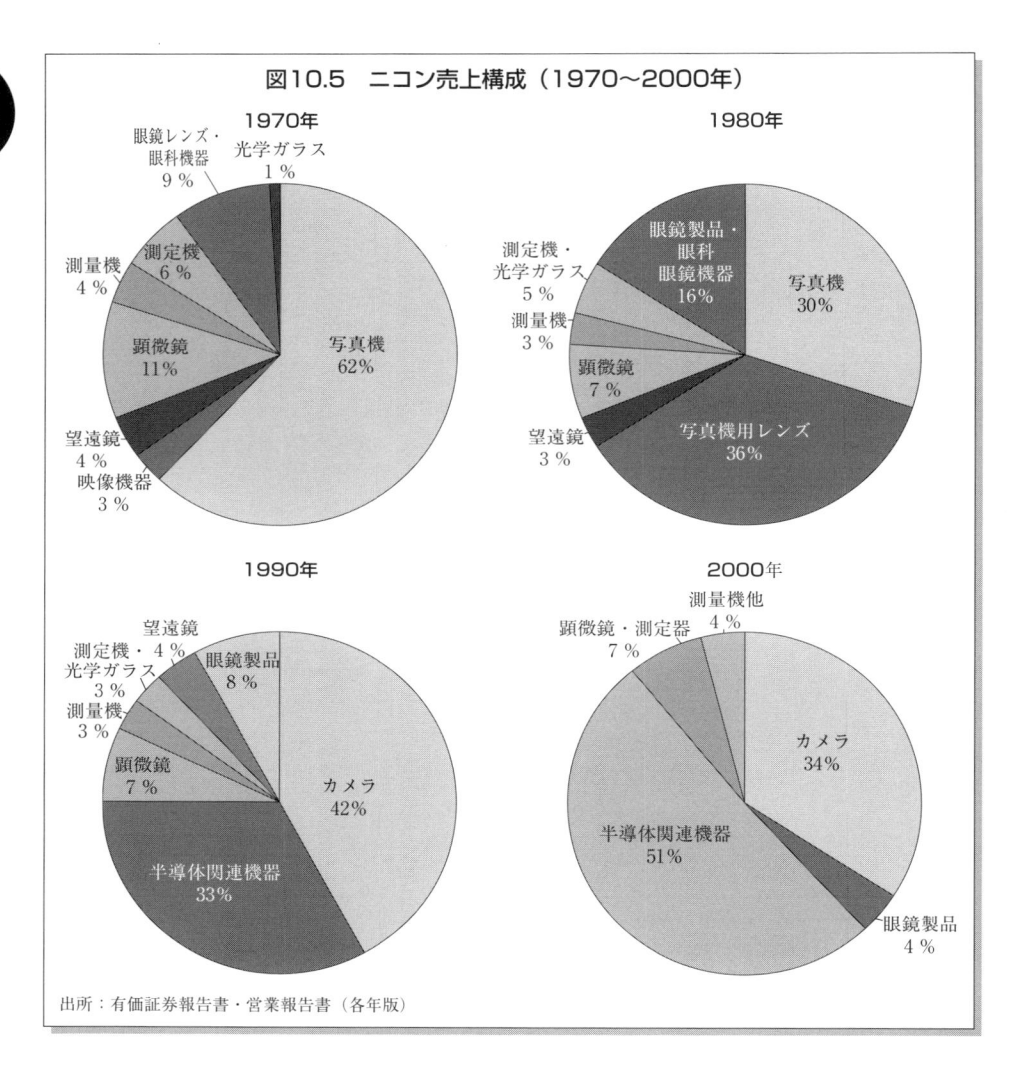

図10.5 ニコン売上構成（1970〜2000年）

1970年
- 写真機 62%
- 顕微鏡 11%
- 眼鏡レンズ・眼科機器 9%
- 測定機 6%
- 測量機 4%
- 望遠鏡 4%
- 映像機器 3%
- 光学ガラス 1%

1980年
- 写真機用レンズ 36%
- 写真機 30%
- 眼鏡製品・眼科眼鏡機器 16%
- 顕微鏡 7%
- 測定機・光学ガラス 5%
- 測量機 3%
- 望遠鏡 3%

1990年
- カメラ 42%
- 半導体関連機器 33%
- 眼鏡製品 8%
- 顕微鏡 7%
- 望遠鏡 4%
- 測定機・光学ガラス 3%
- 測量機 3%

2000年
- 半導体関連機器 51%
- カメラ 34%
- 顕微鏡・測定器 7%
- 測量機他 4%
- 眼鏡製品 4%

出所：有価証券報告書・営業報告書（各年版）

メラメーカー」と称するにはふさわしくないだろう。ミノルタは、2003年にコニカと経営統合し、コニカミノルタとして「イメージング」を事業領域の中心に据えている。

図10.9には、カメラおよびカメラ関連製品（交換レンズなど）の「カメラ事業」が各社の売上全体に占める比率の推移が、5年ごとに示されている。全体的な傾向として、カメラ事業比率が下がっている、すなわち事業多角化が進展していることが読み取れる。しかし、カメラ事業比率の絶対水準・減少幅には企業ごとに違いが見られる。1970年から2000

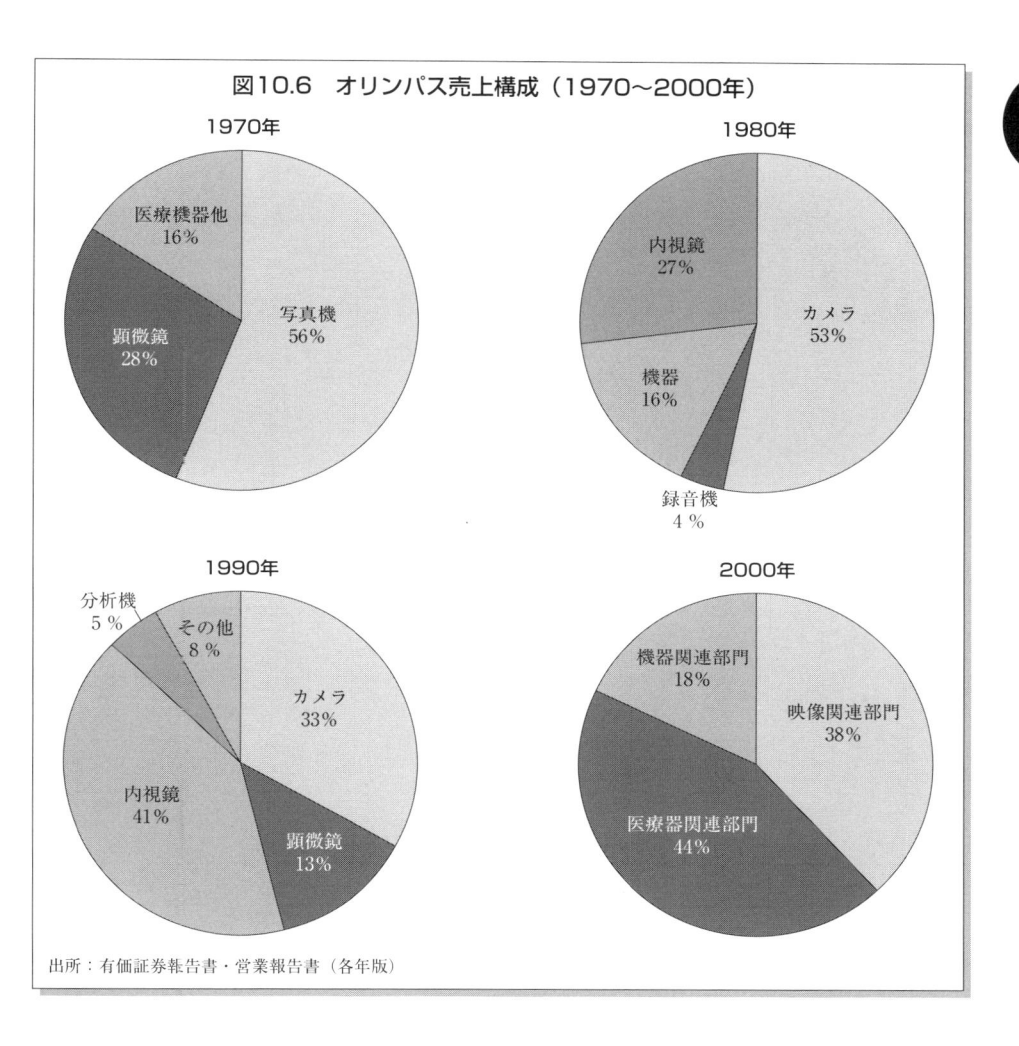

図10.6 オリンパス売上構成（1970〜2000年）

1970年
- 写真機 56%
- 顕微鏡 28%
- 医療機器他 16%

1980年
- カメラ 53%
- 内視鏡 27%
- 機器 16%
- 録音機 4%

1990年
- カメラ 33%
- 内視鏡 41%
- 顕微鏡 13%
- 分析機 5%
- その他 8%

2000年
- 映像関連部門 38%
- 医療器関連部門 44%
- 機器関連部門 18%

出所：有価証券報告書・営業報告書（各年版）

　年までの期間で、カメラ比率が最も高いのはペンタックスで、最も低いのはキヤノンである。

　多角化の程度の指標でもあるカメラ事業比率は、会社全体の売上成長率に影響を与えている。フィルム幅にちなんで「35mmカメラ」と呼ばれる銀塩カメラの国内市場は、図10.10に示すとおり、台数ベースで見ると1970年代後半から90年にかけて成長してきたが、金額（名目）ベースでは80年代を通じて成長が見られなかった。91年以降は、台数・金額ともに市場は縮小傾向にある。カメラ市場が成熟・衰退しつつあるため、カメラ事業比率の高い企業は売上高を大きく伸ばすことが難しくな

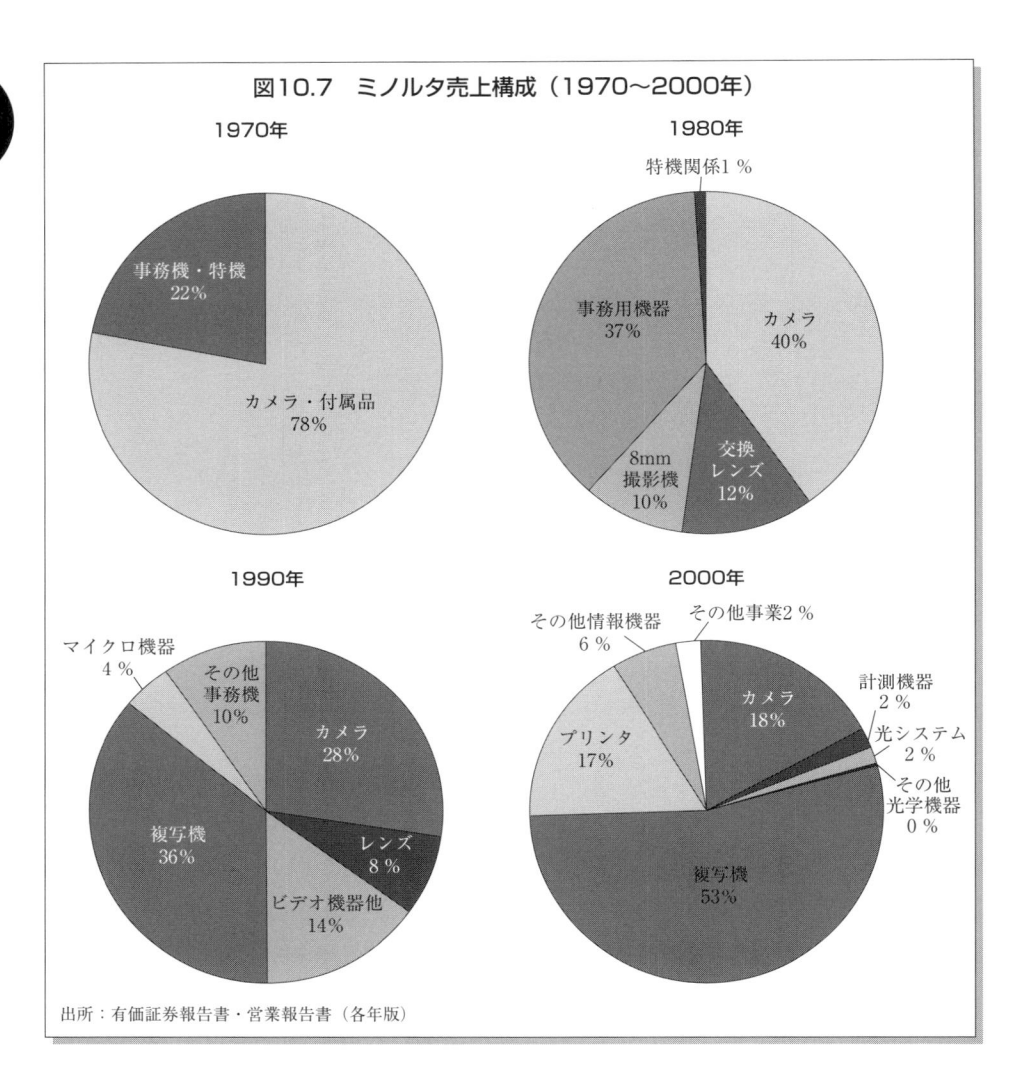

図10.7　ミノルタ売上構成（1970〜2000年）

1970年
- カメラ・付属品 78%
- 事務機・特機 22%

1980年
- カメラ 40%
- 事務用機器 37%
- 交換レンズ 12%
- 8mm撮影機 10%
- 特機関係 1%

1990年
- 複写機 36%
- カメラ 28%
- ビデオ機器他 14%
- その他事務機 10%
- レンズ 8%
- マイクロ機器 4%

2000年
- 複写機 53%
- カメラ 18%
- プリンタ 17%
- その他情報機器 6%
- その他事業 2%
- 計測機器 2%
- 光システム 2%
- その他光学機器 0%

出所：有価証券報告書・営業報告書（各年版）

っている。

　図10.11から図10.15には、1970年から2000年までの期間について、各社の多角化度（カメラ事業比率）と、1970年を基準とした売上高・当期利益（いずれも名目）の成長倍率が5年間隔で示されている。多角化が進みカメラ事業比率の低いキヤノンは、1970年から2000年の30年間で、売上高が70倍になっている一方で、カメラ事業への依存度の高いペンタックスの売上規模成長は約5倍にとどまっている（図10.11・図10.15）。

　1980年代以降、銀塩カメラ市場が成熟・衰退していたため、ペンタッ

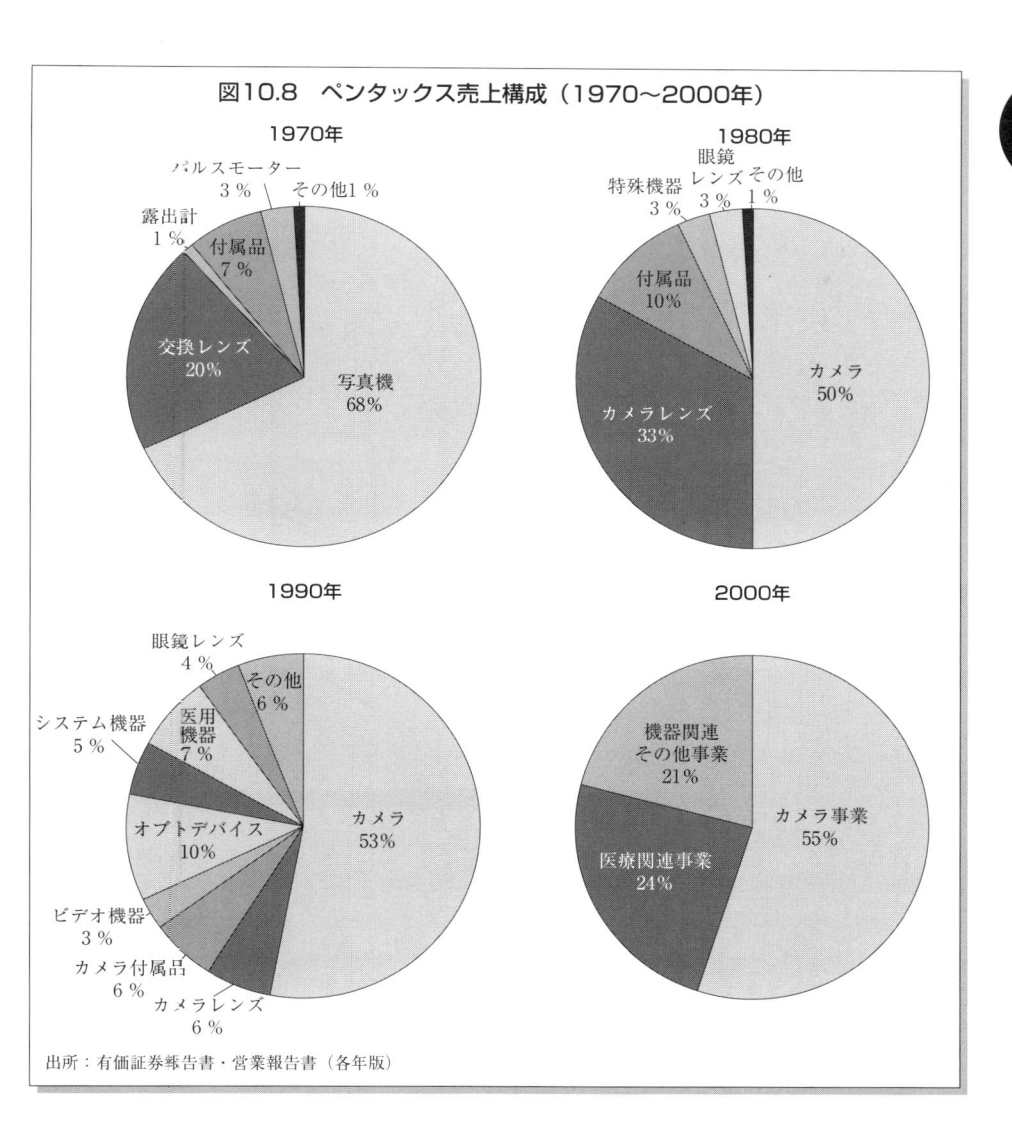

図10.8　ペンタックス売上構成（1970～2000年）

1970年
- 写真機 68%
- 交換レンズ 20%
- 付属品 7%
- パルスモーター 3%
- 露出計 1%
- その他 1%

1980年
- カメラ 50%
- カメラレンズ 33%
- 付属品 10%
- 特殊機器 3%
- 眼鏡レンズ 3%
- その他 1%

1990年
- カメラ 53%
- オプトデバイス 10%
- 医用機器 7%
- カメラ付属品 6%
- カメラレンズ 6%
- その他 6%
- システム機器 5%
- 眼鏡レンズ 4%
- ビデオ機器 3%

2000年
- カメラ事業 55%
- 医療関連事業 24%
- 機器関連その他事業 21%

出所：有価証券報告書・営業報告書（各年版）

クスのようにカメラが売上の多くを占める企業は全社的な成長率を高めることは困難であった。それに対して、キヤノンのように、カメラ以外のより成長率が高い事業での売上が大きな比率を占める企業の場合、全社的な売上規模成長率を高めることが可能であった。実際、各企業の売上高は、多少の変動はあるものの、大きな傾向としては多角化度と相関しているように見える。ただし、70年代から80年代にかけては日本経済全体が高度成長を遂げていたため、各社の売上高成長の主原因が多角化

第10章 多角化

図10.9 カメラ事業比率

出所：各社『有価証券報告書』各年版

図10.10 国内カメラ市場

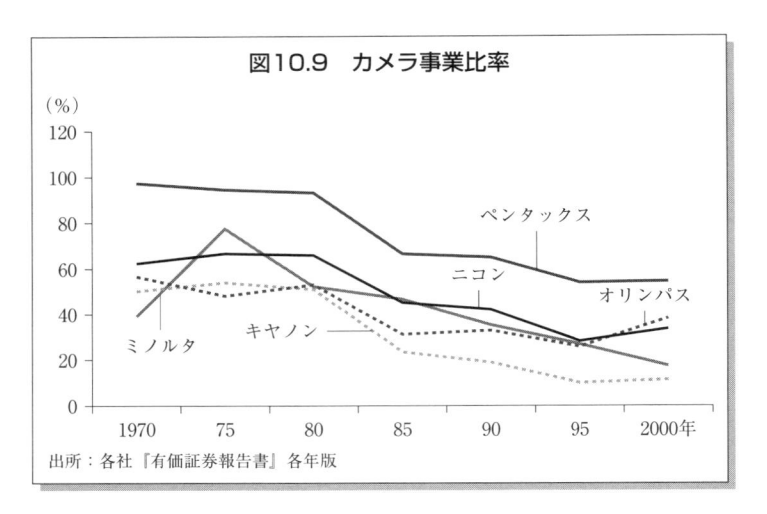

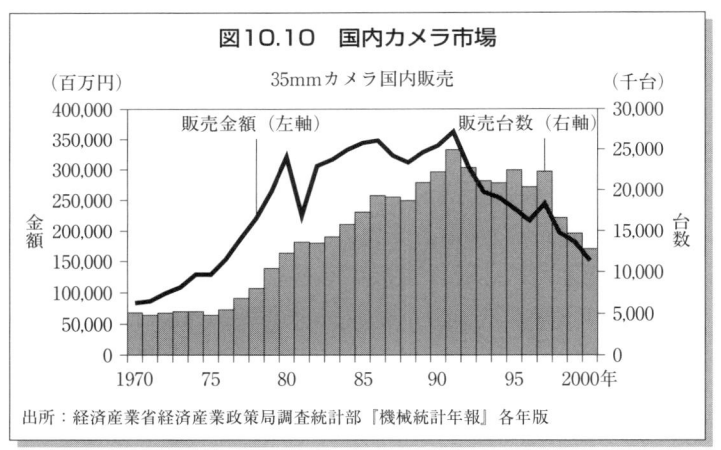

出所：経済産業省経済産業政策局調査統計部『機械統計年報』各年版

の進展にあると結論付けることは難しいかもしれない。経済全体が好調であったため、売上高も伸び、多角化事業への進出も可能になったという因果経路を想定することもできる。

また、収益性については、大きな傾向としては、多角化の進展と相関があるように見えるが、その程度は売上高に比べて強くはない。特に、キヤノン以外の4社は、1990年から2000年にかけて収益性の成長倍率を低下させている点に注目すべきである。

1990年代の収益性低下は、銀塩カメラ市場の衰退と、デジタルカメラによる代替にあると考えられる。95年発売のカシオQV-10以降、コンシ

図10.11　多角化度と売上・利益成長：キヤノン（1970～2000年）

成長倍率（1970年＝1）／カメラ事業比率（％）

売上
当期利益

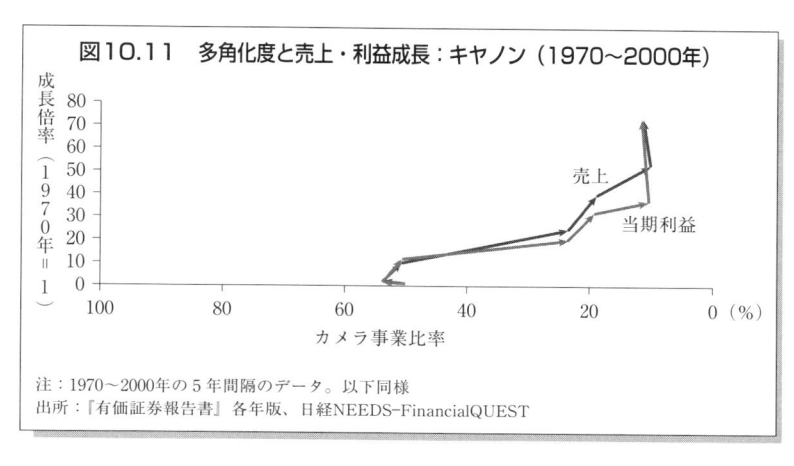

注：1970～2000年の5年間隔のデータ。以下同様
出所：『有価証券報告書』各年版、日経NEEDS-FinancialQUEST

図10.12　多角化度と売上・利益成長：ニコン（1970～2000年）

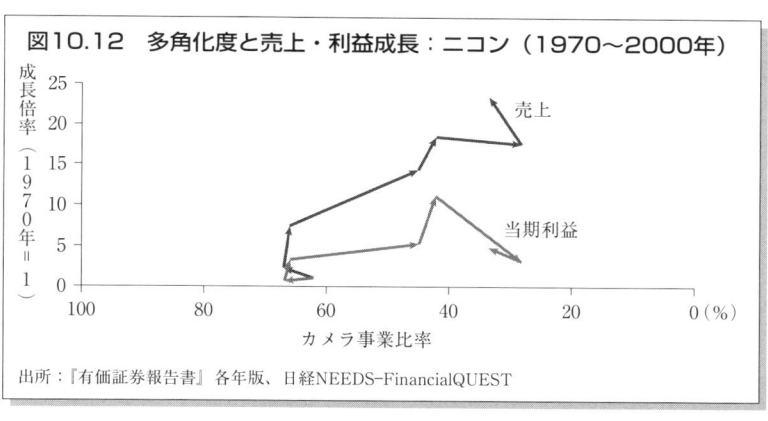

成長倍率（1970年＝1）／カメラ事業比率（％）

売上
当期利益

出所：『有価証券報告書』各年版、日経NEEDS-FinancialQUEST

図10.13　多角化度と売上・利益成長：オリンパス（1970～2000年）

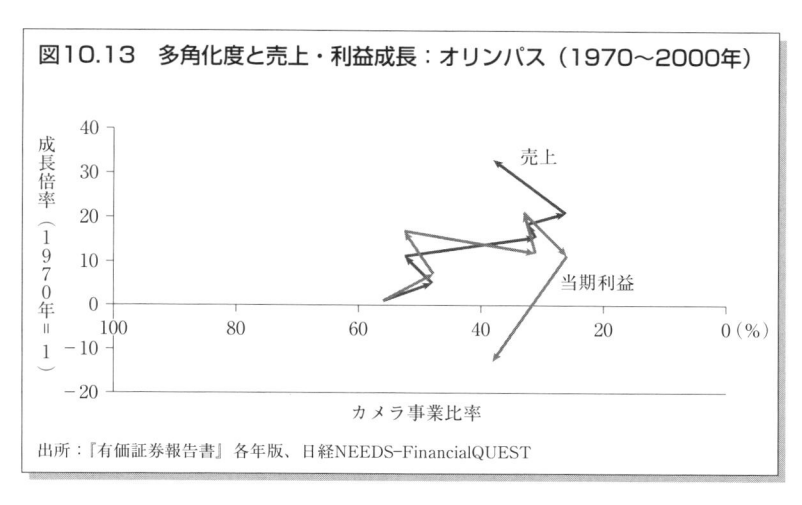

成長倍率（1970年＝1）／カメラ事業比率（％）

売上
当期利益

出所：『有価証券報告書』各年版、日経NEEDS-FinancialQUEST

図10.14　多角化度と売上・利益成長：ミノルタ（1970〜2000年）

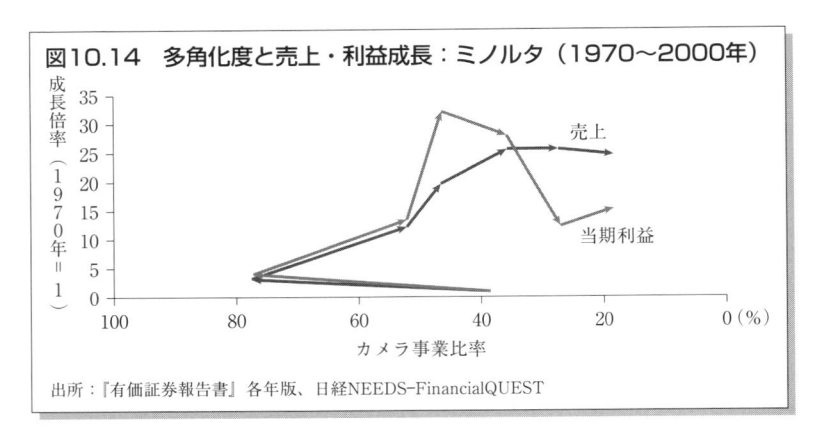

出所：『有価証券報告書』各年版、日経NEEDS-FinancialQUEST

図10.15　多角化度と売上・利益成長：ペンタックス（1970〜2000年）

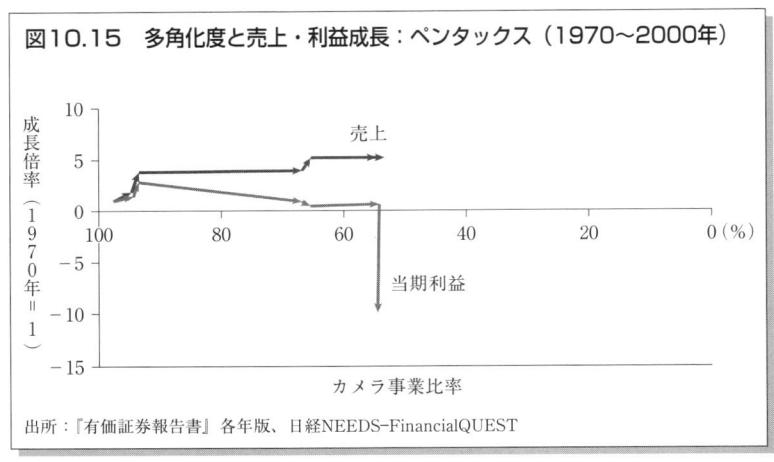

出所：『有価証券報告書』各年版、日経NEEDS-FinancialQUEST

ューマ向けデジタルカメラの普及が本格化した。デジタルカメラ事業での競合は、従来からのカメラメーカーだけではない。デジタルカメラは技術進歩のペースが速く、また量産によってコストが急激に低下するという「エレクトロニクス製品」の特徴をも備えているため、デジタルカメラ事業では、ヒット商品に恵まれると収益性が大きく向上するものの、逆にヒットに恵まれないと大きな損失を出すリスクも高い。

1990年代後半に、100万画素CCDを搭載した「メガピクセル機」をヒットさせたオリンパスは、95年から2000年にかけて、多角化度が減少している。カメラの売上が大きく伸びたことで、全社的な売上高成長に貢献しているものの、収益は大きく落ち込んでいる（図10.13）。全社的な

収益低下から、ペンタックスは2007年にHOYAの子会社となっている。

また、コニカとミノルタが経営統合したコニカミノルタは、2006年に写真フィルム・カメラ・レンズといったすべての写真関連事業からの撤退を発表し、デジタル一眼レフについては「α」のブランドごとソニーに事業譲渡している。

2.日本企業の多角化と経営成果

カメラメーカーの事業多角化の事例に見られるように、多角化の程度が企業の長期的な成長性や収益性に影響を及ぼすと考えられている。しかし、ここでの例は、あくまでもカメラメーカー5社に限ったものであり、観察結果を一般化するわけにはいかない。議論を一般化するためには、大規模サンプルを対象に体系的に調査する必要があるものの、日本企業の多角化と経営成果に関する体系的な研究はそれほど多くない（吉原・佐久間・伊丹・加護野 1981; 上野1991，2004）。

実証的なデータによる裏付けが十分でないため、あくまでも傾向を示唆する仮説でしかないが、多角化と経営成果の関係については、(1)多角化の進展に伴って売上高も成長していく、(2)収益性は「適度の多角化」状態で最も高くなることが指摘されている。以下では、日本企業の多角化に関する調査に基づいて、多角化タイプと経営成果について議論する。

(1)多角化類型

まず、多角化のタイプについて触れておきたい。一言で「多角化」といっても、カメラメーカーが「医療用機器」に進出するのと「電子辞書」を手がけるのとでは意味合いが違う。新規事業分野に進出した際に、既存事業での資源やノウハウが活用できる程度や、新規事業での売上規模の大きさが異なる多角化を一律に論じるのは生産的ではない。

吉原ほか（1981）では、Rumelt（1974）にならって、売上高による量的な尺度と、既存企業からの展開パターンという質的な尺度を組み合わせた、「専業型」「垂直型」「本業中心型」「関連型」「非関連型」という5種類の多角化類型を採用している。また、本業中心型・関連型は、後述する資源展開のパターンに応じて、集約型（constrained）と拡散型（linked）に細分される（表10.4）。

多角化類型の判定には、「特化率」「垂直比率」「関連比率」という売上高比率に基づく量的な尺度と、資源展開パターンという質的な尺度が

用いられている。量的尺度は表10.5のようにして、算出される。

　特化率は、「最大の売上規模を持つ事業単位が全売上高に占める構成比」である。垂直比率は、たとえば自動車メーカーが自動車部品を内製する場合のように、特定製品分野における「垂直的な関連を持つ事業グループのうち最大のものが全売上高に占める構成比」である。関連比率とは、「市場や技術で何らかの関連を持つ事業グループのうち最大のものが全売上高に占める構成比」である。関連性のある事業の典型例としては、鉄道業が、自社の沿線に住む顧客に対して、顧客生活に密着した不動産開発・住宅販売・流通・情報通信・輸送サービス・娯楽などを提供することが挙げられる。

　質的尺度である、資源展開のパターンは、図10.16のように、「集約型」「拡散型」に大別される。集約型は、事業間の関連性が網の目状に緊密で、少数の経営資源を様々な分野で共通利用するタイプである。拡散型は、「様々な経営資源が企業内に蓄積され、緊密な共通利用関係が

表10.4　多角化類型

専業型 (S: Single)	売上高のほとんどを主力事業が占める
垂直型 (V: Vertical)	垂直的な関連を持つ事業グループの売上が、全社売上の大部分を占める
本業中心型 (D: Dominant)	主力事業が売上高の多くの部分を占める 　　本業中心型・集約的（DC: Dominant-Constrained） 　　本業中心型・拡散的（DL: Dominant-Linked）
関連型 (R: Related)	市場や技術などで関連ある事業グループの売上が、全社売上の多くの部分を占める 　　関連型・集約的（RC: Related-Constrained） 　　関連型・拡散的（RL: Related-Linked）
非関連型 (U: Unrelated)	事業間に関連がなく、売上比率の大きな部分を占める事業がない

表10.5　量的尺度

特化率 (SR: Specialization Ratio)	$\dfrac{\text{最大事業の売上高}}{\text{総売上高}}$
垂直比率 (VR: Vertical Ratio)	$\dfrac{\text{垂直的な関連を持つ最大の事業グループの売上高}}{\text{総売上高}}$
関連比率 (RR: Related Ratio)	$\dfrac{\text{技術や市場で何らかの関連性を持つ最大の事業グループの売上高}}{\text{総売上高}}$

図10.16　資源展開パターン

集約型　　　　　　　　　　　　拡散型

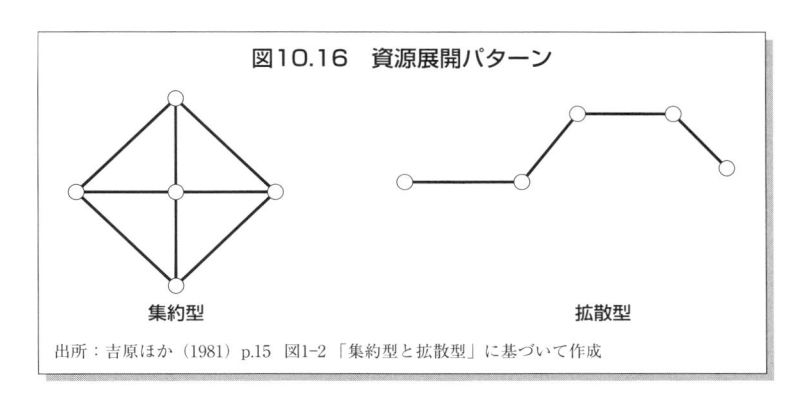

出所：吉原ほか（1981）p.15 図1-2「集約型と拡散型」に基づいて作成

生じることなく、保有する経営資源を梃子に新分野に進出、その新分野で蓄積した経営資源をベースにさらに新しい分野に進出する」（吉原ほか 1981 p.15）タイプを指している。

　集約型の事業展開の例として、ホンダを挙げることができる。ホンダの事業は、自転車にエンジンを取り付けるところから出発し、今日ではオートバイ・自動車・発電機・芝刈り機・船外機などの事業を擁している。これらの事業の中心には、内燃機関（エンジン）の技術がある。市販される量産車だけでなく、モーターサイクルや自動車のレースにおいても蓄積されたエンジン技術がホンダの事業展開の基礎となっている。

　拡散型の事業展開の例としては、花王の多角化を挙げることができる。石鹸会社としてスタートした花王は、石鹸の主原料である油脂が皮膚の上で水分と出合った際にどのような化学的・物理的な反応を示すかについてのノウハウ、「界面科学」の知見を蓄積してきた。このノウハウを活用して、石鹸・シャンプーなどのトイレタリー用品を手がけるだけでなく、業務用食用油脂事業や化粧品事業に進出したり、フロッピーディスク製造にも進出した。このような技術ノウハウを生かした展開は集約型であるものの、石鹸から食用油を経由して飲料事業に至る事業展開は拡散型の典型例である。[*16]

　一般消費者をターゲットとした食用油「花王エコナクッキングオイ

---

*16──フロッピーディスクは、ポリエステルなどの薄い記憶メディアの表面に磁性体をコーティングして作られる。メディア表面と磁性体の振る舞いは、石鹸事業で培った界面科学のノウハウが生かせる分野であった。ただし、フロッピーディスクは記憶容量が限られていることから、1990年代後半には記憶媒体の主力の座を明け渡し、花王も98年にフロッピーディスク事業から撤退している。

ル」で食品事業のノウハウを蓄積するとともに、健康食品としてのブランド・イメージを確立した。食用油事業で蓄積した資源を活用して、飲料事業へと展開してきた花王の事例に見られるように、進出先事業で得られた資源をベースに次の展開を図るのが拡散型資源展開である。

以上の定量的・定性的尺度を組み合わせることで、図10.17のように、多角化タイプを分類できる。吉原ほか（1981）では、(1)特化率が95％以上を専業型、(2)特化率95％未満で垂直比率70％以上を垂直型、(3)垂直比率70％未満で特化率70％以上（95％未満）を本業中心型、(4)垂直比率70％未満かつ特化率70％未満で、関連比率70％以上を関連型、(5)垂直比率70％未満かつ特化率70％未満で、関連比率70％未満を非関連型と分類している。

この分類によると、専業型が最も多角化の程度が低く、垂直型・本業中心型・関連型・非関連型となるにつれて、多角化度が高くなる。また、本業中心型・関連型については、同じ類型内でも、資源展開パターンが拡散的であるほど多角化度が高い。たとえば、本業集約型と本業拡散型では、後者のほうがより多角化の程度が高い。

(2)多角化の動向

1980年度の鉱工業売上の上位100社、資本金上位100社、鉱工業のうち主要14業種ごとの売上高上位3社のいずれかの条件に該当する企業、118社（その後、合併により117社になる）を対象にした調査によると、1958年から88年の30年間を通じて、日本の大企業は多角化を進展させてきた（吉原ほか 1981; 上野 1991）。表10.6および図10.18に示すように、多角化戦略タイプのうち高度に多角化が進展している「関連集約型」「関連拡散型」「非関連型」の合計が、1958年の約40％から、73年に約46％、88年には約53％と増加している。その一方で、多角化度の低い「専業型」「垂直型」の合計は、1958年の約39％から、73年に約36％、88年には約31％と減少している。

また、Fukui and Ushijima（2007）では、吉原ほか（1981）の調査対象118社に新たにデータを付け加えて、合計142社の多角化動向を調査している。新たに付け加えられたデータは、1998年時点で吉原ほか（1981）と同じ基準に該当する企業である。調査結果によると、1973年から98年の期間、多角化の程度は一貫して上昇している。ただし、事業間の関連度には変化が見られないため、本業に関連した事業へと進出し

図10.17 多角化タイプ

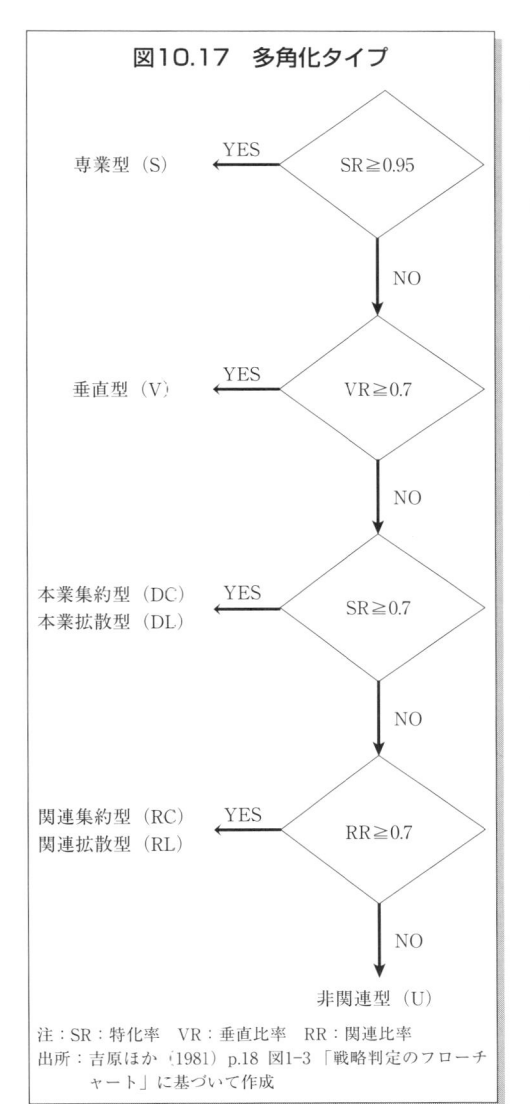

- 専業型（S）← YES ─ SR≧0.95
  - ↓ NO
- 垂直型（V）← YES ─ VR≧0.7
  - ↓ NO
- 本業集約型（DC）
- 本業拡散型（DL）← YES ─ SR≧0.7
  - ↓ NO
- 関連集約型（RC）
- 関連拡散型（RL）← YES ─ RR≧0.7
  - ↓ NO
- 非関連型（U）

注：SR：特化率　VR：垂直比率　RR：関連比率
出所：吉原ほか（1981）p.18 図1-3「戦略判定のフローチャート」に基づいて作成

ているものと推測されている。また、90年代後半には、M&Aや経営統合、事業売却などによって、多角化度の高い企業の多くで「リストラクチャリング（事業構造改革）」が観察されている。

上野（2004）も、1990年代後半には、既存主力事業への投資を維持・拡大しつつ事業数を減少させる「集中」が進行し、今後その方針をさらに徹底していこうとする企業が多いことを指摘している。これらの発見事実は、90年以降の厳しい経済状況のもとで、多角化の進展に一定の歯止めがかかり、本業への「選択と集中」が進行していることを示している。

これらの調査から、日本企業の多角化度は1990年代前半まで上昇傾向にあり、90年代半ばに多角化度の上昇傾向が「頭打ち」になり、その後、事業の「選択と集中」によって多角化度が低下している可能性があると推測できる。もちろん、これらの調査は、調査期間や調査対象が一致していないため、単純に組み合わせるだけで推測の基礎とすることはできない。また、これらの調査だけから、こうした仮説を提示するのは「過剰な一般化」である可能性も否定できない。

しかし、先行して多角化度が低下している米国企業の経験を踏まえると、この推測はあながち誤りでもないだろうと考えられる。Markides（1995）は、1945年以降進展してきた米国企業の多角化は、80年に「ターニングポイント」を迎え、その後、「再焦点化（refocus）」によって「行き過ぎた多角化」を修正していると指摘している。再焦点化とは、「中核事業に集中するために事業分野を縮小すること」（Markides 1995 p.2）を

第10章 多角化

表10.6　日本企業の多角化戦略タイプの推移

	1958年度	1963	1968	1973	1978	1983	1988
専業型（S）	25.7	23.9	20.5	16.2	16.2	14.5	14.5
垂直型（V）	13.3	17.9	18.8	19.7	17.1	17.9	16.2
本業集約型（DC）	15.0	11.1	10.3	10.3	11.1	10.3	12.0
本業拡散型（DL）	6.2	6.0	8.5	7.7	7.7	6.8	4.3
関連集約型（RC）	15.0	17.9	13.7	14.5	16.2	18.8	17.9
関連拡散型（RL）	15.9	15.4	21.4	24.8	25.6	27.4	27.4
非関連型（U）	8.9	7.7	6.8	6.8	6.0	4.3	7.7
合計	100.0%	99.9%	100.0%	100.0%	99.9%	100.0%	100.0%

出所：上野（1991）p.50 表1「戦略タイプの分布（構成比）」を一部修正して作成

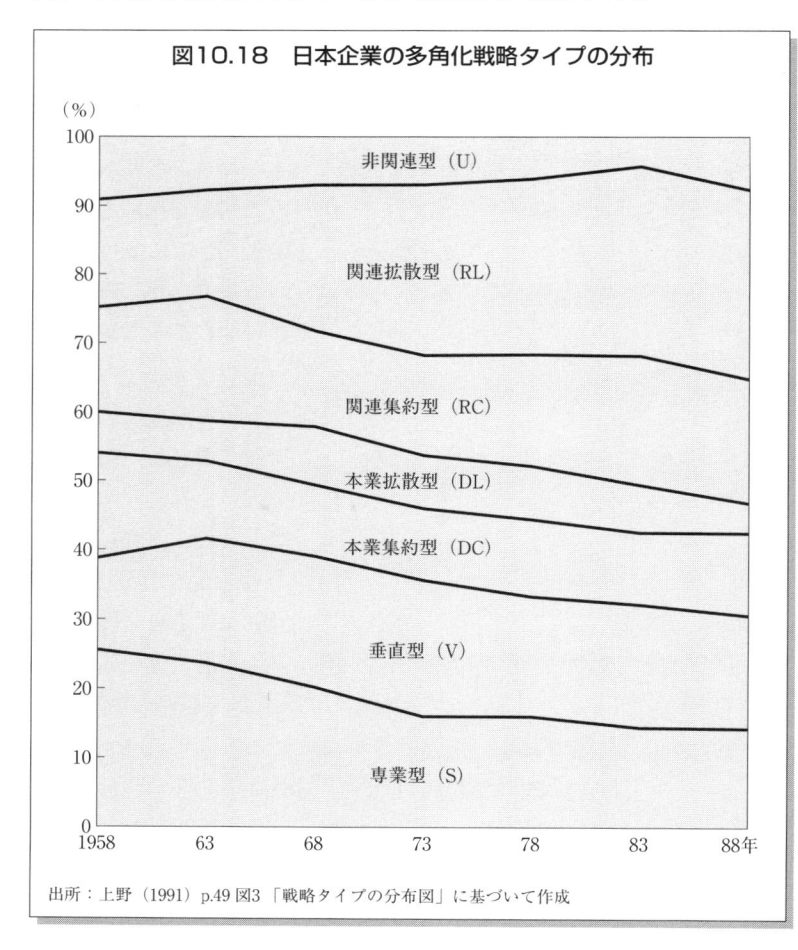

図10.18　日本企業の多角化戦略タイプの分布

出所：上野（1991）p.49 図3「戦略タイプの分布図」に基づいて作成

350

意味している。80年代以降に米国企業で観察された再焦点化は、日本企業においては90年後半に観察されているのではないだろうか。

3.多角化と経営成果

　Markides（1995）は、事業の再焦点化が観察されるのは、多角化と収益性の関係が曲線状であるからだと主張している。多角化の程度が低い間は、多角化の進展に伴って収益性が向上するが、ある点を超えると関係が逆転し、多角化の進展によって収益性が低下する。「行き過ぎた」企業は、業績低下から再焦点化を余儀なくされる。
「一定の望ましい多角化程度が存在する」というMarkides（1995）の指摘は、吉原ほか（1981）と共通している。吉原ほか（1981）では、経営成果に関して、収益性と成長性を取り上げ、いずれについても「中程度の多角化が望ましい」との仮説を、先行研究に基づいて提示している。

(1)経営資源と成長性・収益性：予想

　売上高成長については、多角化によって市場変化への適応力が高まり、それによって成長が一層加速されるという仮説を提示している。

　単一事業のみを手がける企業の売上高成長は、当該事業の市場成長率に大きく制約される。成長率の低い市場で、市場成長率以上に売上を伸ばすためには競合ライバルからシェアを奪う必要があり、低成長市場での高い売上成長は容易ではない。異なる製品分野に進出することによって、高い成長率を実現できる可能性が高まる。しかし、それはあくまでも「可能性」であり、必ず実現できるわけではない。市場全体の成長率が高いからといって、すべての企業が売上を伸ばし、利益をあげられるとは限らない。新規事業分野で売上を伸ばす、あるいは収益を確保するためには、それに適した資源の裏付けが必要になる。

　吉原ほか（1981）では、多角化によって新規事業へ進出していく経験を積むことで、市場変化に応じて事業構成を組み替え、成長性の高い分野へと進出していく資源やノウハウが蓄積され、戦略上の積極性、すなわち企業家精神が養われ、市場変化への適応力が高まると予想している。成長性の高い分野を発見し、その機会を活用していく能力が高まることで、売上高成長が加速される。ただし、多角化の程度が高度になりすぎると企業内部での管理・調整の負担が高まり、成長を抑制することになる。つまり、当初は多角化の程度に伴って成長性も高まるが、多角

化の程度が高くなりすぎると成長性が低下していくと考えられている。

収益性についても、同様に中程度の多角化が高い収益性と結びつきやすいという仮説を提示している。多角化によって複数事業分野での資源の共通利用が進み、「範囲の経済」によって収益性が高まる。しかし、多角化の程度が高くなりすぎると本業との関連が希薄になり、新規市場分野での競争に伍していくための資源やノウハウが不足して、収益性が低下していく。

(2) 経営資源と成長性・収益性：調査結果

吉原ほか（1981）による調査結果では、最も収益性が高かったのは本業集約型であった。これは、特化率が比較的高く、資源集約的な展開という「中程度の多角化」で収益性が最も高いことを意味し、仮説は支持されたものと解釈されている。

一方、成長性については、多角化の程度が最も高い非関連型において、やや伸びが鈍るものの、全体としては多角化度の上昇につれて伸びていると解釈されている。こうした結果から、吉原ほか（1981）では、高度の多角化は高い成長性をもたらすが収益性は低くなるとして、収益性と成長性は「トレードオフ関係」にあるとしている（図10.19）。

しかし、上野（1991）による1974年から88年までのデータだと、収益性・成長性ともに「中程度」が最も成果が高く、トレードオフ関係は観察されていない。これは、吉原ほか（1981）の調査データが1958年から73年を対象としたもので、いわゆる「高度成長期」にはどのような事業であろうと、事業構成を拡張しさえすれば高い確率で売上高成長が期待できたことに起因していると推測されている（上野 1991）。

図10.19　多角化と経営成果：収益性と成長性のトレードオフ

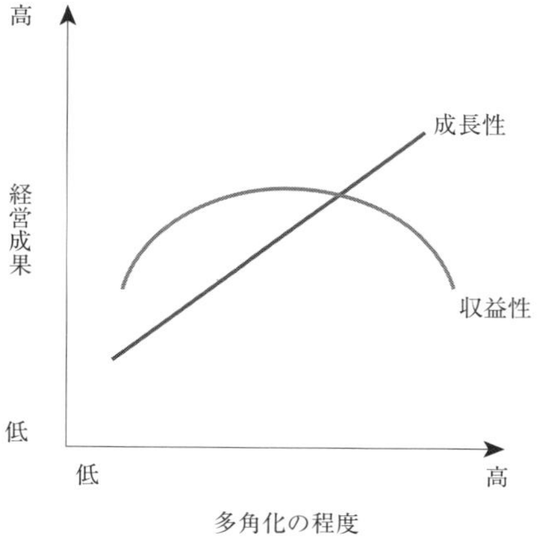

出所：吉原ほか（1981）p.181 図4-12「多角化と成果（収益性、成長性）の関係についての実証結果の概念図」に基づいて作成

*17——株式市場で評価された企業価値を資本の再取得価格で割った値。企業が保有する資本ストックの価値と市場が評価する企業価値との比率を意味している。

前述の通り、日本企業の多角化に関して、大規模サンプルによる体系的調査は決して多くはない。そのため、多角化と経営成果の関係についても十分に解明されているとはいえない状態である。ただし、最適な多角化度は、企業が保有する経営資源・組織能力と外部環境条件によって決定されると、多くの研究者は考えている。

　今日、日本企業の多くは事業の再焦点化に取り組んでいる。Fukui and Ushijima（2007）の調査によると、1973年から98年の期間全体を平均すると、多角化度と企業業績（ROAおよび「トービンのq」）の間には負の相関が観察されている。多角化事業の関連度が一定であることを考えると、この観察事実は、日本企業は自社の強みを発揮できる中核事業の周辺に集約的に資源を展開してきたにもかかわらず、独自資源のもたらすメリットを長続きさせてこられなかったことを意味している。事業展開パターンと経営成果（成長性・収益性）に関するこうした問題点については、第12章で扱う垂直統合の観点も加えて、第13章において改めて検討する。

〈参考文献〉

Ansoff, H. Igor（1965）*Corporate Strategy: An Analytic Approach to Business Policy for Growth and Expansion*, New York; McGraw-Hill.（広田寿亮訳（1969）『企業戦略論』産業能率短期大学出版部）

Fukui, Yoshitaka and Tatsuo Ushijima（2007）"Corporate Diversification, Performance, and Restructuring in the Largest Japanese Manufacturers," *Journal of the Japanese and International Economies* 21(3) pp.303–323.

伊丹敬之（2003）『経営戦略の論理（第三版）』日本経済新聞出版社

伊丹敬之・軽部大（編著）（2004）『見えざる資産の戦略と論理』日本経済新聞出版社

Markides, Constantinos C.（1995）*Diversification, Refocusing, and Economic Performance*, Cambridge, Massachusetts; The MIT Press.

沼上幹・淺羽茂・新宅純二郎・網倉久永（1992）「対話としての競争—電卓産業における競争行動の再解釈」『組織科学』26（2）pp.64–79

Rumelt, Richard P.（1974）*Strategy, Structure and Economic Performance*, Boston; Graduate School of Business Administration, Harvard University.（鳥羽欽一郎他訳（1977）『多角化戦略と経済成果』東洋経済新報社）

新宅純二郎・網倉久永（1998）「戦略スキーマの相互作用—シャープの事業展開と戦略策定の参照点」『経済学論集』64（2）pp.2–24

上野恭裕（1991）「日本企業の多角化戦略と経営成果」『六甲台論集』38（2）pp.47-63

上野恭裕（2004）「日本企業の多角化経営と組織構造」『組織科学』37（3）pp.21-32

吉原英樹・佐久間昭光・伊丹敬之・加護野忠男（1981）『日本企業の多角化戦略―経営資源アプローチ』日本経済新聞出版社

第11章
多角化企業の資源配分：
製品ポートフォリオ・マネジメント

　すでに旧聞に属するが、日米貿易摩擦が大きな政治問題になっていた1980年代には、日米の半導体企業の相違について次のように指摘されていた。半導体、特にメモリの製造は大規模な設備投資が必要とされ、しかも経験曲線効果が強く作用するため、他社に先駆けてシェアを拡大する必要がある。そのため、最先端の技術を保有するだけでなく、設備投資のタイミングと規模が決定的に重要で、各世代で上位数社しか収益を確保できない。なおかつ、技術進歩のペースが速く、たとえある集積度の世代で「勝ち組」に入れたとしても、設備投資資金を完全に回収する前に、次世代設備への投資を始めなければならない。

　米国の半導体企業の多くは半導体専業であったのに対して、日本の半導体企業は重電・家電から電子デバイスまでを手がける「総合電機メーカー」が主体であった。半導体専業企業の場合、メモリ集積度の複数世代に対して常に大規模な設備投資を続けるだけの資金を調達することは困難である。半導体に比べると、テレビやVTRなどの家電品は安定したキャッシュフローを期待できる。家電事業からのキャッシュを半導体事業に流用できる日本企業は、半導体専業の米国企業に比べて有利になる。こうした立場の違いは「フェア」ではなく、日本企業は「テレビの利益で半導体をダンピングしている」というのが米国側の言い分であった。

　こうした主張に見られるように、「キャッシュフロー」は企業の戦略行動に影響を与える。たとえば、パーソナルコンピュータ（PC）のオペレーティング・システム（OS）の開発には10億ドルの投資が必要といわれている。[*1] 1ライセンス当たり50ドルと仮定すると、開発費用を回収するためには2,000万本を販売する必要がある。マイクロソフトは、2001年10月にリリースした「ウィンドウズXP」を発売後8週間で1,700

第11章 多角化企業の資源配分：製品ポートフォリオ・マネジメント

万本出荷している。2001年3月に「MacOS X」をリリースしたアップルの場合、ほぼ2年後の2003年末のアクティブ・ユーザーは700万人であった。マイクロソフトはOS開発費用を発売後数カ月で回収でき、その後は売れた分だけ利益となるのに対して、アップルは発売から2年近く経っても開発投資を回収できていない。シェアの小さいアップルにとって、より利幅の大きいPCのハードウェアや携帯音楽プレーヤーiPodなどからの利益がないと、次世代OS開発への投資を続けるのは難しい。

　多角化した企業の場合、製品ライフサイクルの段階も違い、キャッシュフローのサイクルなども異なる事業を擁しているので、保有資源を社内の複数事業部門間で移転させることによって、専業企業では不可能な規模やペースで投資を行うことが可能になり、競争を有利に展開することができる。本章では、こうした多角化企業の資源配分について、なかでも特に投資資金の配分について検討する。

1──キャッシュフローのバランス

1.キャッシュフローとは

　キャッシュフローとは、文字通り「現金の流れ」のことである。事業活動を行うためには、ほとんどの場合、まず投資が必要である。製品開発や製造設備、原材料の仕入れなどの投資に伴って、キャッシュが企業外部に流出する。この流出を「キャッシュ・アウトフロー」と呼ぶ。その後、売上代金の回収入金としてキャッシュが流入する。この「キャッシュ・インフロー」は、投資への見返り（リターン）である。キャッシュ・アウトフローとキャッシュ・インフローを総合して、キャッシュの流れ全体を捉えるのがキャッシュフローである。

　キャッシュフローを計算する際の「キャッシュ」には、現金のほかに「現金同等物」が含まれ、「現金」には、手許現金だけでなく、普通預金・当座預金などの「要求払預金」が含まれている。「現金同等物」とは、満期が近い（一般に3カ月以内）定期預金などの「換金が容易で価

---

*1──David B. Yoffie and Yusi Wang "Apple Computer 2002" Harvard Business School case 9-702-469, 2002.（網倉久永・浅川和宏監訳、清水大輔訳「アップルコンピュータ2002年」9-707-J04）および David Yoffie "Apple Computer 2004" Harvard Business School case 9-704-460, 2003.

格変動のリスクがごく小さい短期投資」である。なお、株式については価格変動リスクが大きいので、現金同等物には含まないのが通例である。

2000年3月期決算から、株式公開企業にキャッシュフロー計算書の作成が義務づけられている。キャッシュフロー計算書では、キャッシュフローを「営業キャッシュフロー」「投資キャッシュフロー」「財務キャッシュフロー」の3種に区分する。[*2]

営業キャッシュフローは、当期利益や減価償却などを主な構成要素とする、企業の本来業務によって発生するキャッシュの流れである。投資キャッシュフローは、設備投資を主な構成要素とする、本来業務に付帯するキャッシュの流れである。財務キャッシュフローは、営業キャッシュフロー・投資キャッシュフローの過不足を調整するための資金借入や返済など、財務活動によるキャッシュの流れである。また、営業キャッシュフローと投資キャッシュフローの合計を「フリー・キャッシュフロー」[*3]と呼び、設備投資のために企業が自由に利用できるキャッシュの大きさを示す。本章では、議論の簡便化のため、フリー・キャッシュフローを中心に議論し、株式や社債の発行や金融機関からの借り入れなどの外部からの資金調達に関連する財務キャッシュフローについては考慮しないことにする。

2.事業活動のサイクルとキャッシュフロー

事業活動のサイクルをキャッシュフローの視点から捉えると、通常まず投資キャッシュフローがマイナスとなり、その後プラスの営業キャッシュフローが計上され、それらを相殺することで「累損一掃」あるいは「利益計上」がなされる。複数事業を擁する多角化企業の場合、各事業のキャッシュ流出入のパターンが異なっている場合が多い。事業によって、投資からキャッシュ流入が始まるまでの時間がごく短いものもあれば、非常に長いサイクルが必要なものもある。

エレクトロニクス製品を製造しているとしても、最終組立てだけを行う場合と、部品（電子デバイス）も手がける場合とでは、キャッシュフ

[*2]──キャッシュフロー計算の詳細については、たとえば中沢恵・池田和明『キャッシュフロー経営入門』日経文庫、1998を参照のこと。
[*3]──フリー・キャッシュフローの定義として、「営業キャッシュフローから投資キャッシュフローを差し引く」としている場合があるが、投資キャッシュフローは通常マイナスなので「営業キャッシュフローと投資キャッシュフローの合計」と同じことを意味している。

第11章 多角化企業の資源配分：製品ポートフォリオ・マネジメント

ローのサイクルがまったく異なってくる。たとえば、液晶パネルを外部から購入しテレビを組み立てて販売する場合と、液晶の研究開発・製造も手がけている場合とを比べてみよう。自社製の液晶パネルを用いてテレビを製造・販売する場合は、研究開発・工場の建設・生産設備の導入、さらにはその期間中の人件費の支払いなど投資金額が大きくなるだけでなく、その回収期間も長くなる。キャッシュフローのサイクルが長い事業のみを手がけていると、フリー・キャッシュフローがマイナスとなり、営業上の黒字が出ているにもかかわらず運転資金が不足して、いわゆる「黒字倒産」のリスクが高まる。

　特定時点で見てみると、事業ごとにフリー・キャッシュフローの大きさが異なるため、キャッシュフローのサイクルやインフローのタイミングの異なる事業を複数組み合わせることでキャッシュフローが安定し、事業展開の自由度が増す。日本の総合電機メーカーは、白物家電からAV機器・電子デバイス・重電までも手がけていたため、半導体事業への継続的な投資が可能であった。また、アップルがオンラインの音楽配信（iTunes Store）で、1曲当たり99セント（日本では150円もしくは200円）という低価格を設定できたのは、連携して利用する携帯音楽プレーヤーiPodのマージンが大きいためであるといわれている。多角化した企業は、事業間でキャッシュの移転を行うことで複数事業の組み合わせ効果、特に相補効果のメリットを享受できる。

　ただし、複数事業の組み合わせによって、単に営業キャッシュフローのプラスマイナスを相殺するだけだと、本来は撤退すべき競争力の弱い事業を温存させる結果になりかねない。会社の株式時価総額が、会社が保有している個々の事業の事業価値の合計に比べて低く評価される、いわゆる「コングロマリット・ディスカウント」が観察されるのはこのためである。多角化企業における、事業間のキャッシュ移転は戦略的に行われる必要がある。

　製品ライフサイクルの早い段階にある、将来の成長が見込める事業に対して、成熟した事業からキャッシュを移転することで、企業全体の成長を加速することが可能になる。現在の主力事業からの営業キャッシュフローを、将来の主力事業候補に対する投資キャッシュフローとして活用することで、ダイナミックな相補効果を享受することができる。

　製品ライフサイクルの導入期や成長期にある事業では、投資キャッシ

ュフローのマイナスが大きくなるのが通例である。営業キャッシュフローもマイナスか、あるいはプラスであってもごくわずかである。一方、成熟期や衰退期にある事業では、営業キャッシュフローが大きくプラスになる一方であまり投資が必要とならないことが多い。そのため、各事業単位が個別に投資の意思決定を行っていると、成長機会と投資余力のアンバランスが発生する。将来成長が見込める事業では、資金需要が旺盛な一方で、単体では投資余力はほとんどないため過小投資になりがちである。逆に、すでに成熟してしまった事業では、市場が成熟しているために追加投資の必要はほとんどないにもかかわらず、投資余力が大きいがゆえに過剰投資になりやすい。

2──製品ポートフォリオ・マネジメント(PPM)

1.キャッシュフローに影響する要因

　成長機会と投資余力のアンバランスを是正し、企業全体としての成長を最大化することを目指しているのが、1970年代に米国のコンサルティング会社ボストン・コンサルティング・グループ（Boston Consulting Group; BCG）が提唱した「製品ポートフォリオ・マネジメント（Product Portfolio Management; PPM）」の考え方である。PPMでは、各事業のキャッシュフローに影響する要因として、製品ライフサイクルと競争ポジションを重視している。

　第8章で述べたとおり、製品は導入期・成長期・成熟期・衰退期というライフサイクルのステージを経験する。ライフサイクルの早い段階では、研究開発・マーケティング・販売促進などに多額の投資が必要となる。特に市場成長率が高い場合には、市場シェアを維持するだけでも、生産設備や販路の拡張のために、多額の投資が必要となる。市場シェアを伸ばすためには、自社の売上を市場成長率以上の速さで成長させる必要がある。たとえば、市場全体が年間15％で成長しているのに、自社の売上高が10％しか伸びていない場合には、市場シェアを落としてしまう

---

[4]──「PPM」は、「製品ポートフォリオ・マネジメント」だけでなく、後述する「製品ポートフォリオ・マトリックス」の略称として使われる場合もあるので、混同しないよう注意を払う必要がある。

ことになる。一般に、市場成長率が高いほど、キャッシュ・アウトフローが大きくなる。

なお、PPMでは、市場成長率は所与の「外部環境要因」、すなわち個別企業の努力では左右することができないものと想定している。多くの企業は、成熟した製品への需要を再度活性化しようと努力しており、時にはその努力が実を結ぶこともある。しかし、一企業の努力によっていったん成長率の低下してしまった製品に対する需要を盛り返すのは容易ではなく、市場成長率は個別企業のコントロールの範疇外にあると考えられている。

キャッシュフローに影響する二つ目の要因として挙げられているのが、競争ポジション、特にリーダーのポジションである。第7章で述べたとおり、競争上の地位は「累積生産量が倍増するごとに一定の比率で単位当たりコストが減少する」という経験曲線効果と密接に関連している。市場シェアがどのライバルよりも高いリーダーのポジションにあることは、ライバルよりも多く製品を販売していること、すなわちどのライバルよりも大量に製品を生産していることを意味している。販売残が発生しないと仮定すると、トップシェアの座を保持し続けているリーダー企業は累積生産量がどのライバルよりも大きい。経験曲線効果が強く作用する製品の場合、経験量（累積生産量）の違いがコスト水準の大きな違いとなる。リーダー企業は、同一製品のコスト水準について業界で最も低い水準を達成しているため、同一価格で販売している場合、市場シェアが高いことは利益額が大きいことを意味する。一般に、リーダー企業が2番手以下のライバルを引き離して、トップの地位が安定しているほど、キャッシュ・インフローは大きくなる。競争上のポジションは、「自社シェア÷自社を除く最大競争相手のシェア」で定義される「相対市場シェア」で表すことができる。この相対市場シェアと収益性の関係は、第6章で紹介したPIMS研究の実証的知見とも整合的である。

このような市場成長率や競争上の地位とキャッシュフローとの関係は、あくまでも一般的な傾向であり、個々の事業ごとのキャッシュフローを完全に予想することができるわけではない。しかし、単純な指標によって、企業内すべての事業のキャッシュ・ポジションを予想することで、多数の事業を抱える高度に多角化した企業の資源配分に「定石的」な指針を提供することが可能になる。

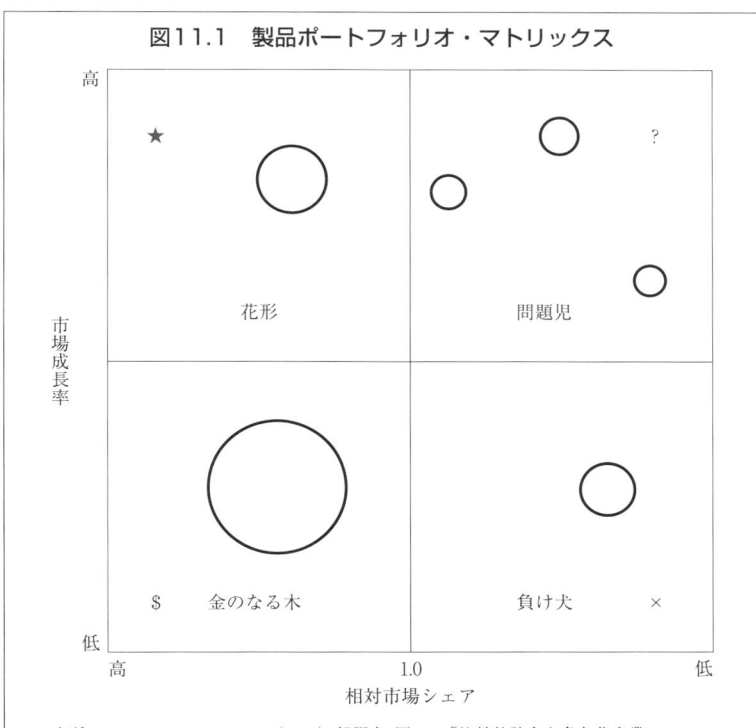

図11.1　製品ポートフォリオ・マトリックス

（縦軸：市場成長率（高―低）、横軸：相対市場シェア（高―低、中央に1.0））
- 左上：花形　★
- 右上：問題児　？
- 左下：金のなる木　$
- 右下：負け犬　×

出所：Abell and Hammond（1979）邦訳書 図4-1「比較的強力な多角化企業について描かれた典型的なポートフォリオ図」(p.229) および図4-2「製品ポートフォリオ図における製品の類型」(p.232) に基づいて作成

2.製品ポートフォリオ・マトリックス

キャッシュフローに大きく影響する要因のうち、市場成長率を縦軸に、相対市場シェアを横軸にとると、各事業ごとに2次元上の座標を決定することができる。その点を中心として、各事業の売上規模に面積が比率するように円を描くと「製品ポートフォリオ・マトリックス（Product Portfolio Matrix）[*5]」を描くことができる（図11.1）。

製品ポートフォリオ・マトリックスは、縦軸が市場成長率、横軸が相対市場シェアなので、提唱したBCGの名を冠して「BCG成長―シェ

[*5]——分析単位が個別製品であるため、「製品ポートフォリオ・マトリックス」と呼ばれる。一事業が一製品に対応している場合には、「製品ポートフォリオ・マトリックス」は「事業ポートフォリオ・マトリックス」と同じものになる。一事業一製品ではない場合については、PPMの分析単位に関する後述の議論を参照のこと。

ア・マトリックス」とも呼ばれる。製品ポートフォリオ・マトリックスでは、縦軸は通常目盛だが、横軸は対数目盛になっている点、また横軸の目盛りが通常とは逆転していて、左側が大きくなっている点には注意が必要である。

製品ポートフォリオ・マトリックスは、縦軸・横軸ともに区切りを設定して、それぞれを高低に分けることで、各事業を四つのセルに分類する。横軸の相対市場シェアに関しては、「1.0」という数字が特別な意味を持っている。相対市場シェアは、「自社シェア÷自社を除く最大競争相手のシェア」で求められるため、1.0であるということは、自社シェアと業界最大ライバルのシェアとが等しい、つまり自社はライバルと並ぶ「同率首位」の業界リーダーの座にあることを意味する。

また、製品ポートフォリオ・マトリックスで左側に位置する、すなわち相対市場シェアが1.0よりも大きい場合は、自社が単独で業界リーダーのポジションにあり、相対市場シェアが大きくなればなるほど、追随するライバルに対するリードの幅が大きいことを意味する。逆に、相対市場シェアが1.0よりも小さい場合は、自社のポジションは2番手以下であり、相対市場シェアが小さければ小さいほど、トップ企業との差が開いていることを意味する。[*6]

縦軸の市場成長率については、高低の区切りはあくまでも目安にすぎない。BCGは、高低を区切る目安として10%を提唱している。しかし、この数字は、BCGがPPMを提唱した1970年代の米国産業界の状況を反映した、恣意的な区切りである。成長率の高低は、産業や時期によって大きく異なるため、PPMを作成する際に分析者が適切な区切り水準を設定する必要がある。

また、円の面積は事業規模（売上高）に比例することだけが条件で、円の絶対的な大きさに関する制約はない。製品ポートフォリオ・マトリックスが全体として見やすいように適宜定めればよい。[*7]

---

*6──製品ポートフォリオ・マトリックスで横軸を対数目盛にすると、相対市場シェア1.0近辺の差を際立たせて表現することが可能になる。また、通常と左右を逆転させることで、1.0から2.0までの領域を広く表示できる。

*7──表計算ソフトウェアやグラフ作成ソフトウェアを利用すると、製品ポートフォリオ・マトリックスは簡単に作成できる。詳細な作成手順については、本章末の〈付録〉を参照のこと。

3.各セルの名称と特徴

　製品ポートフォリオ・マトリックスの四つのセルには、それぞれのキャッシュフローの状態に応じて名前が付いている。左下のセルが「金のなる木」、右下が「負け犬」、右上が「問題児」、左上が「花形」である。

(1)金のなる木(cash cows)

　製品ポートフォリオ・マトリックスの左下セルに位置する事業では、市場成長率が相対的に低いため、必要とされる投資額は大きくない。その一方で、相対市場シェアが大きい市場リーダーのポジションにあり、キャッシュ・インフローが大きいため、トータルでは自らの事業に効果的に再投資できる額を大きく超える資金が生み出される。

　金のなる木は、製品ライフサイクルの成熟期もしくは衰退期に位置する事業が多く、十分に開発された大きな市場においてリーダーの地位にあるため、事業規模も大きくなる。そのため、左下セルに位置する事業は、会社全体の屋台骨を支える「金のなる木」と呼ばれる。

(2)負け犬(dogs)

　右下セルは、成長率の低い市場で、小さな市場シェアしか確保できていない事業である。製品ライフサイクル上で成熟期から衰退期にあるため、追加投資に必要なキャッシュは小さい。一方で、市場シェアが2番手以下であるため、期待されるキャッシュ・インフローも小さい。

　市場自体が成熟してしまっているケースが多いため、ライバル企業からリーダーの座を奪うためには、大規模なマーケティング・キャンペーン、販路拡張や販売奨励金などへの巨額な投資が必要とされる。しかし、市場の将来性を考えると、こうした巨額な投資を正当化することは困難であり、「負け犬」とみなされる。ただし、現状を維持するだけであればキャッシュ・アウトフローも小さいため、次に述べる問題児に比べて収益性が低いわけではない点には注意が必要である。

(3)問題児(problem children)

　右上セルは、成長率の高い市場において、小さな市場シェアしか持たない事業である。市場シェアが小さいため、キャッシュ・インフローは小さい。その一方、導入期・成長期などの製品ライフサイクルの早い段階にあるため、現在の市場シェアを維持するだけでも多額の投資が必要となる。この市場においてシェアを拡大するためには、さらに多額のキ

ャッシュが必要とされる。キャッシュフローを総合すると、旺盛な資金需要を自力で賄えるだけの収益を確保できていない、すなわち投資キャッシュフローの大きなマイナスを小さな営業キャッシュフローでは支えきれない状態である。右上セルの事業は、現時点では明らかに「金食い虫」であるが、育成の仕方次第では大物になるかもしれない可能性を秘めているという意味で、「問題児（problem children）」あるいは「疑問符（question marks）」などと呼ばれる。

(4)花形(stars)

　左上セルに位置する花形は、高成長市場において市場リーダーの地位を占める事業である。市場成長率の高さゆえに投資必要額は大きくなるが、相対市場シェアが大きいためキャッシュ・インフローも大きい。高額の所得がある一方で支出額も大きく、世上の耳目を集める「スター」になぞらえて、「花形」もしくは「スター」と呼ばれる。インフローとアウトフローがほぼ拮抗している場合が多いので、流出入を相殺すると、キャッシュフローがプラス（もしくはマイナス）になったとしても、それほど大きな額にはなりにくい。花形は、アウトフローも大きいがインフローも大きいので、投資キャッシュフローを営業キャッシュフローでほぼ賄える「独り立ち」した事業である。将来、製品ライフサイクルの段階が進み、市場成長率が低下した時点でリーダーの地位を確保し続けていれば、「金のなる木」として大きな資金供給源となりうる。

　製品ポートフォリオ・マトリックス上の各セルに位置する事業ごとのキャッシュフロー状況を総合すると、企業全体でのキャッシュフロー状態が予想できる。たとえば、図11.2から図11.6には、公表資料に基づいて作成したシャープの製品ポートフォリオ・マトリクスが、1980年から5年おきに2000年まで示されている。この5枚の製品ポートフォリオ・マトリックスから、20年間のシャープの全社的な事業展開の概略を理解することができ、同社の資源展開に関する課題も読み取ることができる。[8]

---

*8——図11.2から図11.6に示されたPPMでは円の面積の絶対的な大きさの基準を統一していないので、事業規模を他年度と直接比較することはできない点には注意が必要である。ここに示されたPPMはグラフ作成ソフトウェアで自動的に作成されたものであるため、それぞれの年度で事業規模に比例するよう円の面積が定められているが、各年度ごとのPPMを見やすくするために絶対的な大きさは自動的に調整されているため、年度間の比較には注意が必要になる。

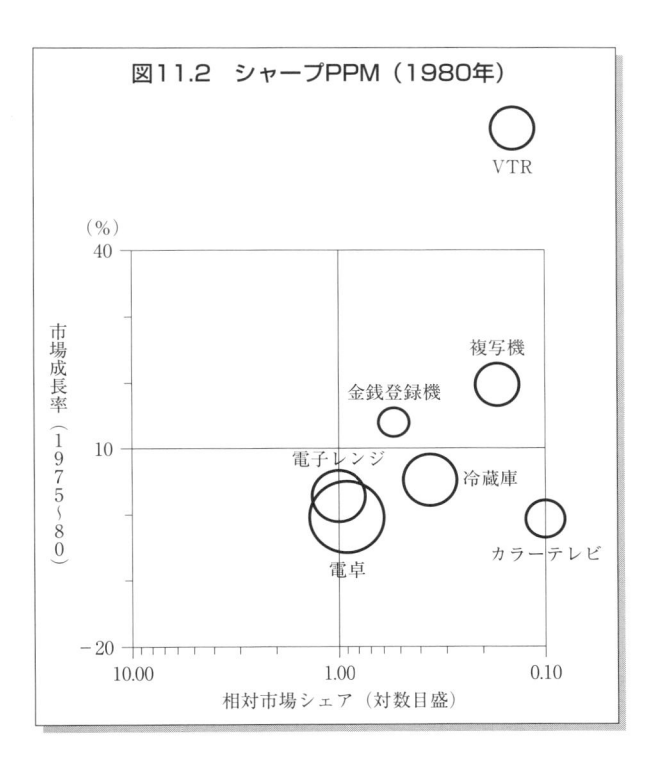

図11.2 シャープPPM（1980年）

縦軸：市場成長率（1975〜80）（％）、−20から40
横軸：相対市場シェア（対数目盛）、10.00から0.10

- VTR
- 複写機
- 金銭登録機
- 電子レンジ
- 冷蔵庫
- 電卓
- カラーテレビ

　1980年には事務用電子機器（電卓・複写機・金銭登録機）と家電品（電子レンジ・冷蔵庫・カラーテレビ・VTR）の組立てメーカーであったシャープは、時間の経過に伴って事業範囲を拡大していき、PPMにも多数の事業が登場している[*9]。95年には集積回路・液晶表示装置などの電子デバイス事業が事業構成の中心となり、単なるアセンブリ・メーカーではなくなっている。2000年には、液晶ディスプレイがシャープを代表する事業分野として、文字通り「シャープの顔」となっている。

　また、時間の経過に伴って、全体的な事業構成が成熟している。各事業の成長率は低下しており、下半分に位置する円が多くなっている。また、1985年には多くの事業が問題児セルに位置していたが、95年にはそれらのうち家電品のほとんどが負け犬セルに移動しているか、PPM上に表示されないほど事業規模が縮小している（もしくは撤退している）。

　キャッシュフローの状況に目を向けると、全期間を通じて左下の「金のなる木」がほぼ空白であるため、キャッシュ・インフローはそれほど大きくないと予想される。その一方で、1985年以降は事業構成が大幅に変化しており、成長率の高い右上の「問題児」事業での資金需要が旺盛

---

*9——PPM上に登場する事業数が増えているのは、売上比率の情報が外部に公表される（あるいは推測を可能にするような情報が存在する）程度に売上規模が大きい製品（事業）の数が増えたためであり、必ずしも新規事業が登場したことを意味していない点には注意が必要である。ここでのPPMは公表資料に基づいて作成されており、売上構成比率についての情報をどの程度まで詳細に提供するかは情報提供側の判断による部分が大きい。そのため、現実には、ここでのPPMに記載されていない数多くの製品・事業が存在する。また、市場シェアや市場成長率はデータソースによっても、また市場の定義によっても変動しうる。

図11.3 シャープPPM（1985年）

市場成長率（1980〜85）（％）

相対市場シェア（対数目盛）

ワープロ、パソコン、VTR、集積回路、光電変換素子、電子レンジ、複写機、液晶表示装置、冷蔵庫、カラーテレビ、電卓、金銭登録機

図11.4 シャープPPM（1990年）

市場成長率（1985〜90）（％）

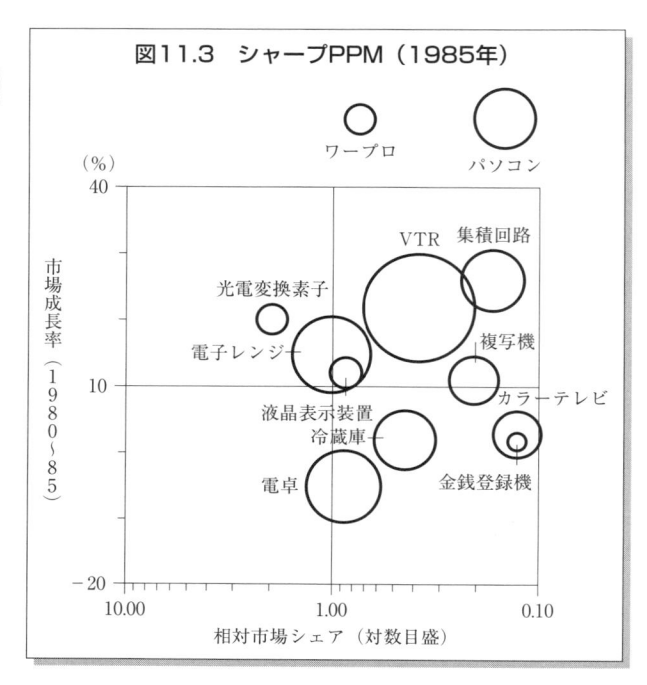

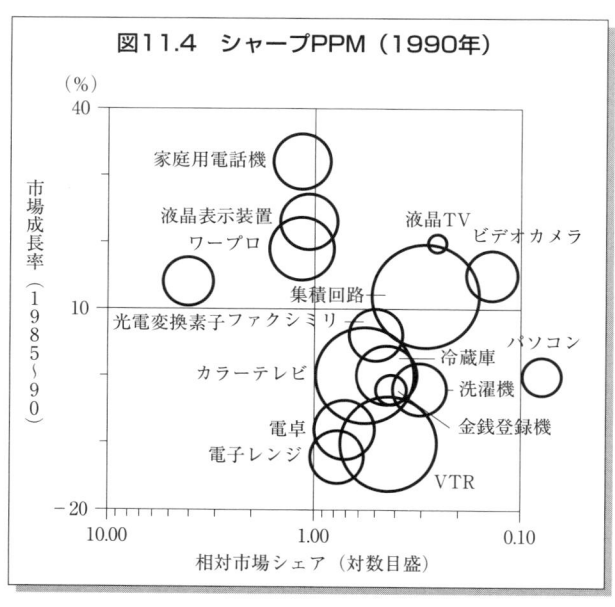

相対市場シェア（対数目盛）

家庭用電話機、液晶表示装置、ワープロ、液晶TV、ビデオカメラ、集積回路、光電変換素子、ファクシミリ、パソコン、カラーテレビ、冷蔵庫、洗濯機、電卓、金銭登録機、電子レンジ、VTR

であると予想される。電子デバイスは、研究開発・工場建設・生産設備設置などに多額の投資が必要になるにもかかわらず、投資回収までの期間が長くなる傾向があるため、営業キャッシュフローだけでは投資キャッシュフローを賄いきれず、有利子負債が大きくなっている可能性がある。[10]

電子デバイスが主力事業となっている近年のシャープにとっては、財務キャッシュフローの重要性が非常に高く、財務戦略が全社的な業績を大きく左右する可能性がある。

製品ポートフォリオ・マトリックスを実際のデータに基づいて作成してみると、特定企業の過去から現在に至る長期的な事業展開の概略を把握しやすくなる。また、キャッシュフロー状態が予想できるため、それに基づいて今後の事業展開も予測しやすくなる。製品ポートフォリオ・マトリックスを作成するために必要なデータ、各事業の売上規模・市場シェア・市場成長率は、公表されていた

図11.5　シャープPPM（1995年）

縦軸：市場成長率（1990〜95）（%）、横軸：相対市場シェア（対数目盛）

プロット項目：液晶表示装置、集積回路、光電変換素子(除LED)、冷蔵庫、液晶TV、カラーテレビ、複写機、電子レンジ、ワープロ、金銭登録機、ファクシミリ、ビデオカメラ、VTR、電卓

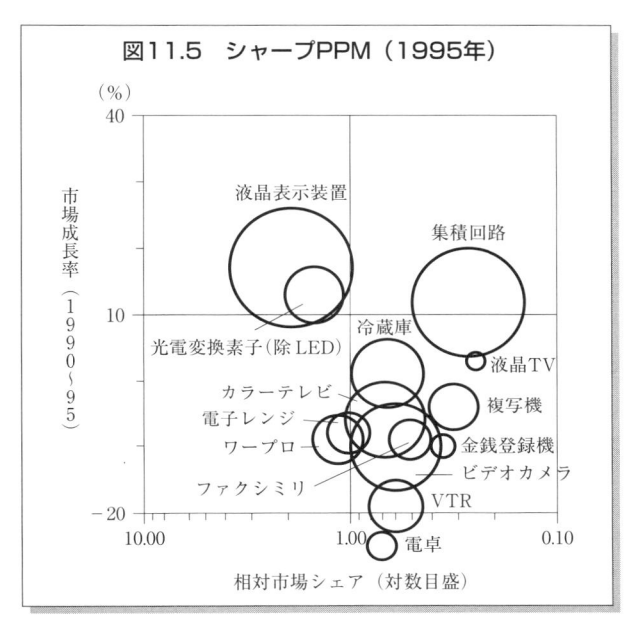

り、公表データから推測が可能であるため、簡単な計算によって製品ポートフォリオ・マトリックスを作成できる。本章末〈付属資料〉に、図11.6に掲げた2000年時点でのシャープのPPMを作成する際に利用したデータと作成手順が示されているので、参照されたい。

4. PPMからの戦略上の示唆

　PPMでは、全社的な成長を加速するために、将来性のある事業に対して現在の主力事業から投資資金を移転することを示唆している。この考え方の背後には、製品ライフサイクルは個別企業にとっては左右できない「与件」である一方、市場地位は各企業の努力次第で変化させることが可能だという仮定がある。製品ポートフォリオ・マトリックス縦軸の市場成長率の変化は、企業の自由にはならない。どんな製品も、導入・成長・成熟・衰退というライフサイクルをたどるのは必然であり、成熟してしまった市場を再度活性化させ、市場成長率を再び高めることは企業一社だけの力では困難である。市場成長率は時間の経過に伴って下降する。実際、シャープのPPMにおいて1980年には突出して高い成長率を誇ったVTRもその後市場成長率は低下し続け、早くも90年にはマイナス成長となっている。

　個別企業にとって、製品ライフサイクルは自らの力では動かせない

---

*10——実際には、シャープは「身の丈経営」を掲げ、会社創業時から規模に見合った投資を旨としてきた。液晶に投資を集中しているシャープは、2005年度には過去最大規模の2,200億円の投資を計画していたが、グループのファイナンス会社の運用資金を除くと実質無借金であった。「特集―大企業の4割が無借金　キャッシュリッチ企業　今こそ成長への攻め時だ―第4章―JT、TDKに続け　俺たちも成長を目指す　新・勝ち組を決める3つのキーワード」『日経ビジネス』2005年1月24日号 p.44

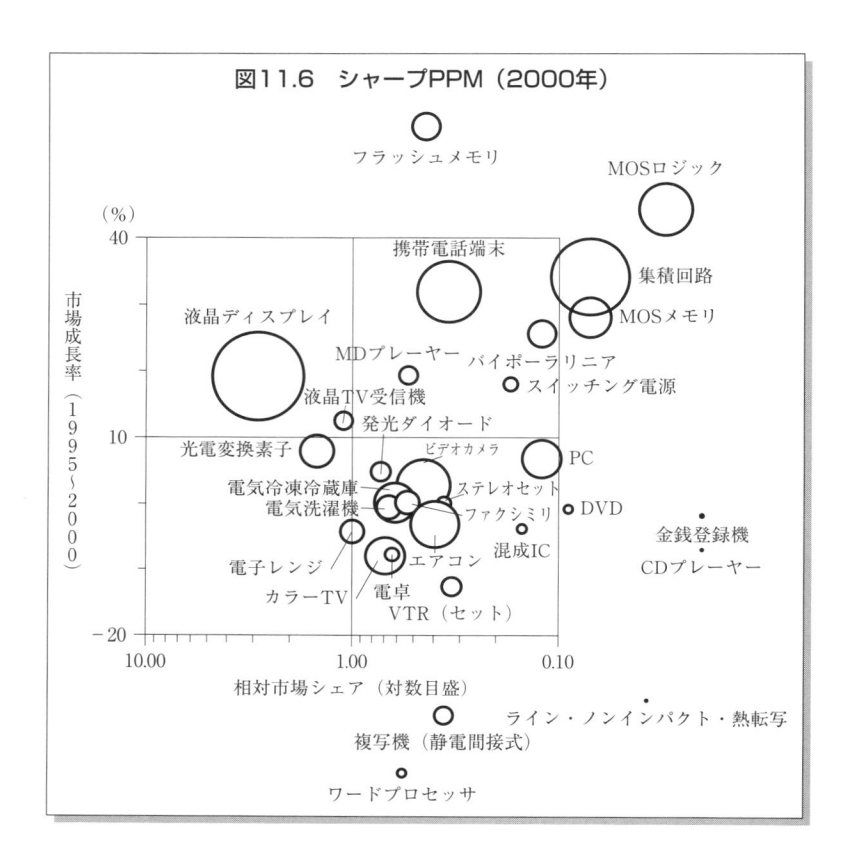

図11.6 シャープPPM（2000年）

縦軸：市場成長率（1995〜2000）（％）、横軸：相対市場シェア（対数目盛）

プロットされている事業：フラッシュメモリ、MOSロジック、集積回路、携帯電話端末、MOSメモリ、液晶ディスプレイ、MDプレーヤー、バイポーラリニア、スイッチング電源、液晶TV受信機、発光ダイオード、光電変換素子、ビデオカメラ、PC、電気冷凍冷蔵庫、ステレオセット、電気洗濯機、ファクシミリ、DVD、金銭登録機、電子レンジ、エアコン、混成IC、CDプレーヤー、カラーTV、電卓、VTR（セット）、ライン・ノンインパクト・熱転写、複写機（静電間接式）、ワードプロセッサ

が、市場シェアを増加させることは可能である。ただし、市場シェア拡大には相応の資源投入が必要になる。すべての事業で、市場シェアを伸ばしてリーダーの地位を確保できれば理想的であるが、現実には必要な資源、特に投資金額を賄えるだけのキャッシュを保有していない場合が多い。限られた手持ち資源を最大限有効に活用するためには、投資効率の高い事業に優先的に資源を配分する必要が出てくる。

PPM上の四つのセルのうち、最も投資効率が高いのは、右上の「問題児」である。市場成長率が高いため、問題児事業では、必要な投資額は大きい。だが、製品ライフサイクルの早い段階にあり、市場規模自体がまだ小さいため、成熟市場でシェアを逆転する場合に比べると、必要な投資額は小さくてすむ。

そこで、左下の「金のなる木」での余剰資金を、少数に絞り込んだ右上の「問題児」に集中的に注ぎ込み、それを将来の花形（業界リーダ

ー）に育てることが奨励される。花形も、時間の経過とともに成長率が低下し、金のなる木となる。この新しい金のなる木での収益を、新たな問題児へと集中投資して次世代の花形へと育成する。こうした複数事業間でのダイナミックな資源配分によって、長期的な成長を達成することが可能になる（図11.7）。これがPPMによる「カネに関するダイナミックな相補効果」である。

　ここで注意が必要なのは、PPMが奨励する投資方針は「問題児事業のすべてに資源を配分すべき」ではない点である。問題児は、確かに市場成長率が高く、将来、魅力的な市場になる可能性が高い。だが、市場全体が拡大していることと、そこで十分な収益が確保できることとは異なっている。問題児の中には、「自社にとっての将来性」が必ずしも高くないものが存在する。問題児事業が多すぎる場合には撤退によって少数に絞り、そこに金のなる木で得たキャッシュを集中的に注ぎ込み、花形事業へと育成することがPPMの奨励する戦略方針である。そのため、

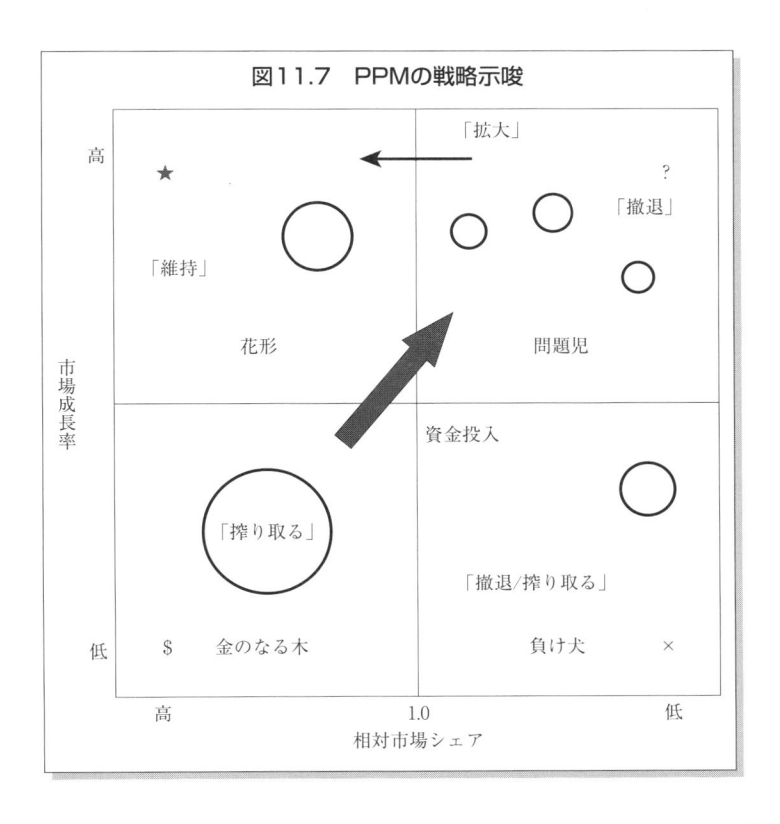

図11.7　PPMの戦略示唆

第11章 多角化企業の資源配分：製品ポートフォリオ・マネジメント

問題児事業に対する定石的な示唆は、「拡大」もしくは「撤退」となる。

金のなる木事業には、全社的なキャッシュ供給源として、利益最大化が期待される。業界リーダーとしての地位を維持するため必要最小限に投資規模を抑制し、売上拡大よりも利益創出を優先する。シェアを維持し、最大限のキャッシュを「搾り取る」ことが、金のなる木事業に対する戦略の定石である。

花形事業は、将来の金のなる木候補として、シェア維持が期待される。成長率が高く、将来有望な市場であるため、ライバル企業が自社事業を問題児から花形に育成すべく、シェア逆転を狙って積極的な攻勢に出てくる可能性がある。ライバルからの攻撃に対応できるよう、研究開発・生産設備・販売促進などに十分な投資を行い、市場シェアを「維持」する。キャッシュ・インフローが大きいので、投資資金は自ら手当てできる場合が多いが、金のなる木からの補充が必要になる場合もある。

負け犬事業に対する定石的なアドバイスは、収益があがらない場合には「撤退」、収益があがっている場合には「搾り取る」である。負け犬事業は、低成長市場で2番手以下という魅力のないポジションであるため、他の高収益事業からのキャッシュ補充を受けて追加投資をするのではなく、現時点で収益があがっていない場合には撤退を検討する。雇用対策や他事業への波及効果などの理由で、即時撤退が難しい場合には、追加投資を最小限に抑制できるような方策をとりつつ、長期的な撤退シナリオを描く。また、たとえ少額であろうとも、単独事業として収益があがっている場合には、それをシェア拡大のための自己再投資に費やすのではなく、選抜された問題児事業の拡大に振り向ける。

ただし、こうした戦略的示唆は、あくまでも一般的な「定石」であり、実際の戦略策定には様々な要因を考慮する必要がある。たとえば、シャープの事業構成に関しては、PPMの負け犬に位置する製品・事業が多すぎることが問題であると指摘されることが多い。なかでも白物家電は、液晶ディスプレイやデジタル家電など、シャープの目指している将来的な方向性とそぐわないため、事業を整理統合する必要があると指摘されてきた[*11]。負け犬事業が多いことは確かに問題だが、家電事業はキャ

---

*11──「ケーススタディー シャープ─インタビュー 町田勝彦氏［シャープ社長］─単なるデバイス屋ではない 独自商品作り発展目指す」『日経ビジネス』1999年6月21日号 pp.48-49

ッシュ回収サイクルが短く、技術も市場も成熟しているため、全社的キャッシュフローの安定に大きな役割を果たしている。

　投資から資金回収までのキャッシュ・サイクルの長い電子デバイス事業への大規模投資が必要な一方、金のなる木を持たない同社にとって、単独で利益をあげている家電事業は重要な投資資金源になる。負け犬であるため、個々の製品・事業ごとではインフローとアウトフローを相殺して大きなプラスになる可能性は低いものの、製品数が多いため、全体ではある程度のキャッシュフローを確保できるものと予想される。もしも、それらから撤退してしまうとキャッシュフローのサイクルが長い事業だけになってしまい、継続的に投資を続けていくことが難しくなる。

　キャッシュフローのサイクルの短い事業と長い事業を組み合わせることによって、キャッシュフローのバランスが安定する。負け犬事業であっても、相乗効果や相補効果がある場合には、安易な撤退は戦略上の問題を引き起こすことがありうるので注意が必要である。

5.PPMの功績

　PPMのメリットは、選択投資の奨励と長期志向性である。PPMは「選択と集中」による選択的投資を奨励している。全社的な資源配分の際にすべての事業を同条件に扱うのではなく、各事業のポジションに応じて「拡大」「維持」「搾り取り」「撤退」といった指針を与え、選択的な投資資源配分によって投資効率を高めることを目指している。

　また、現在のキャッシュを将来の主力事業育成のための資金源として活用することを示唆するPPMは、企業の長期的な成長を最大化することを目指す分析フレームワークでもある。長期的な成長のためには、「健全な赤字」事業が必要になる。赤字事業が一つもない状態はすばらしい。しかし、そのすばらしさは短期的なものでしかない。「すべて黒字事業」という事態は、長期的には、飛躍的な成長の可能性はなく、現状維持以外に新たな展望を描くのが難しいことを意味している。

　PPMは、常にいくつかの問題児事業を保持し、それらのうちから育成対象となった事業に対しては、短期的な利益よりも成長を優先すべきであると示唆している。売上成長のためには、たとえば浸透価格政策によって、短期的な利益を犠牲にする必要も出てくる。金のなる木が現在の主力事業であるとすれば、将来の金のなる木候補である花形が「次の

主力事業」であり、さらに将来の花形候補である育成対象の問題児が「次の次の主力事業」候補となる。

現在の主力事業から将来の主力事業候補（「次の次」）へと投資資金を移転するためには、複数世代にわたる長期的な事業展開の構想を描いておく必要がある。長期展望なしに事業間での資源移転を行うと、過去からの「しがらみ」などによって、本来は撤退すべき事業に対して、きわめて投資効率の低い資源配分が行われてしまう。[12] PPMに基づいて、全社的事業展開における各事業の役割を明確にしておくことで、「どんぶり勘定」によって「不健全な赤字」が隠蔽されることを阻止できる。

さらに、各事業に対して明確な方針が示されることで、高度に多角化した企業に散見される、収益率のみに偏重した事業評価の弊害を回避することができる。多角化事業数が多くなると、すべての事業の個別要因を考慮して評価することは困難になり、すべての事業を一律に収益性に基づいて評価しようとする試みが散見される。だが、育成対象となった問題児事業を、収益の絶対的な大きさや収益率に基づいて評価することは、シェアを拡大して市場リーダーになるというミッションと矛盾する。PPMの指針に基づくと、「拡大」のミッションを与えられた事業では、利益ではなく市場シェアの成長に基づいて評価されるべきである。また、「搾り取り」のミッションを与えられた事業は「キャッシュ創出額の大きさ」を基準に、「撤退」事業では損失や他事業への影響を小さくして、いかに「きれいに」撤退するかを基準に評価される必要がある。

6. PPMの問題点と限界

PPMは、売上規模・市場シェア・市場成長率といった少数のデータに基づいて、各事業のキャッシュフローを予測する簡便な分析手法である。比較的単純な作図作業によって、「ある程度」の正確さで、各事業のキャッシュフロー状態を予想できる。だがその一方で、簡便法であるがゆえに、予測精度には一定の限界が存在する。

たとえば、分析単位の設定次第で、PPMの「図柄」は異なってくる。ビール・発泡酒・「第三のビール」をまとめて一つの分析単位とするか、別々に見るかによってシェアも市場成長率も異なったものになる。出荷

---

*12——これが、「総合企業」の市場価値が、個別事業の市場価値を足し合わせたものよりも小さくなる、いわゆる「コングロマリット・ディスカウント」の主因となっている。

量ベースの市場シェアでは、1998年以来、アサヒビールがビール市場のリーダーであり、発泡酒市場ではキリンビールが首位の座を守っている。[*13] ビール・発泡酒を合計すると、2000年まではキリンがリーダーの座にあったが、2001年にアサヒが48年ぶりに首位を奪還している。また、ビール需要は1994年をピークに長期減少傾向にあるが、発泡酒・第三のビールは市場を伸ばしてきた。

「市場全体」をどのように定義するか、ビールのみ、発泡酒のみ、第三のビールのみ、あるいは3種合計とするかによって市場シェアは異なってくる。また、シェアを金額ベースで測定するのか、数量ベースで測定するかによっても、市場シェアは異なりうる。市場成長率は、分析対象期間の選択によっても異なりうる。このため、まったく同一のデータに基づいていても、複数のPPMを作成することが可能になる。

PPMを作成するためには、どの範囲の製品市場を分析単位とするかを決定しておかなければならない。ビールと発泡酒・第三のビールを異なった製品として別々に取り扱うべきか、あるいは三者を総合して一つの分析単位とすべきかは、判断が分かれるところだろう。それぞれが独立した別市場であると考える相応の理由がある場合や、分析対象企業がどちらかの製品のみしか扱っていない場合などは、それぞれを別々に扱うべきかもしれない。しかし、ビールと発泡酒・第三のビールのマーケットが密接にリンクしており、事業としても一体として運営されているような場合は、三者を合わせて一つの事業単位として取り合うほうがふさわしい。このように、分析単位の選択は、各事業の置かれた状況や分析の目的に照らしてなされるべきであるが、その判断から恣意性を排除することは難しい。そのため、「市場の定義」次第で、分析者の意図する主張を導きやすいように、ある程度の操作が可能になる。

また、市場成長率や相対市場シェアとキャッシュフローの関係が、必ずしもPPMで想定しているとおりにならない場合もある。まず、市場成長率で製品ライフサイクルを正確に代理させることは困難であるため、市場成長率とキャッシュフローの関係が正確に予想できるとは限らない。製品ライフサイクルの早い段階では市場成長率は高いが、市場成長率が高いからといってライフサイクルの早い段階にあるとは限らない。そもそも、特定製品が特定時点で製品ライフサイクル上のどの段階

---

*13——日経産業新聞編『日経市場占有率』各年版

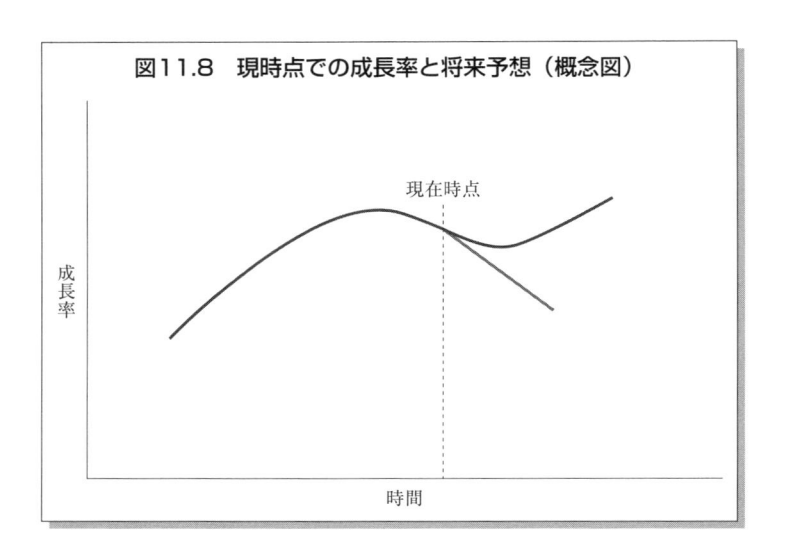

図11.8 現時点での成長率と将来予想（概念図）

にあるかを判別するのは、非常に困難である。たとえば、市場成長率が低下しているという事実だけでは、それが長期的な低落傾向の一環なのか、一時的な変動に過ぎず短期間に回復基調に復帰するのかは予想できない（図11.8）。

　分析期間をどのように設定するべきかは、市場の定義の場合と同様に分析の目的やデータの入手可能性に依存するため、唯一最善のガイドラインは存在しない。そのため、過去から現在までの傾向を正確に判定することは難しくなる。さらに、もしも過去からの傾向が正確に判定できたとしても、そのまま将来に延長できるとは限らない。実際、正規分布で近似されるような「標準的」あるいは「教科書的」な製品ライフサイクルを描かないケースが頻繁に観察されている。たとえば、1980年代半ばの日本のビール産業のように、すでに市場が成熟したと思われていても、画期的な新製品や積極的なプロモーションによって市場が再度活性化する「脱成熟」が起こる可能性がある。こうした状況では、たとえ成長率の低い市場であってもキャッシュ・アウトフローが大きくなりやすい。

　相対市場シェアとキャッシュフローの関係も、PPMで想定しているとおりになるとは限らない。たとえば、経験曲線効果がほとんど作用しない業界では、シェア（経験量）の差がコスト差に結びつかないため、高シェアが高収益をもたらすとは限らない。また、コスト優位によってではなく、たとえば細部まで作り込まれた高品質製品を提供したり、ブラ

ンド認知を高めるために大規模な宣伝広告活動を行ったりするなど高いコストを伴う差別化によって、市場での高シェアを達成している場合も、市場リーダーが他企業よりも高収益であるとは限らない。あるいは、半導体産業において、真空管がトランジスタに代替され、トランジスタが集積回路（IC）や大規模集積回路（LSI）に取って代わられるような大きな技術転換に際しては、過去からの経験の蓄積がコスト上の優位をもたらさない場合が多い。

　数少ない変数を利用する簡便な分析手法であるため、PPMの予想する各事業のキャッシュフロー状態は現実とは異なる可能性がある。そのため、実際に戦略上の判断を行うためには、PPMの戦略示唆を機械的に適用するのではなく、PPMには表れない要因にも目を向ける必要がある。

　たとえば、PPMで考慮しているのはキャッシュのみで、それ以外の要因、負け犬事業や撤退が決まった問題児事業での担当者の士気低下といった問題については考慮していない。さらに、複数事業間に戦略的な関連性がある場合、PPMだけではその関係を読み取ることは難しい。シャープにとって液晶表示装置は、デバイス専業メーカーが外販によって利益をあげることだけを考えればよいのとは意味が異なっている。液晶表示装置は、テレビ・携帯電話・ビデオカメラなど数多くの自社製品の重要な構成部品であるため、他事業に与える戦略的な影響は非常に大きい。シャープは、明るく高精細の大型液晶を安定的に生産するノウハウをベースに、テレビの薄型化を積極的に推進し、国内液晶テレビ市場ではシェア首位の座を守っている。デバイスのノウハウに基づいた差別化製品を市場に投入するという、完成品とデバイスのシナジー効果をPPMから読み取るのはほぼ不可能である。

　PPMの分析単位は、シナジー効果などの戦略上のリンクを考慮して他とは独立して戦略を立案できるような「戦略事業単位（Strategic Business Unit; SBU）」にすべきであり、「製品」が適切な分析ではない場合も多い。ただし、どの範囲までを「戦略的につながっている」と判断するかは微妙な問題であり、統一的な指針を提示することは難しい。たとえば、シャープでは電子レンジや冷蔵庫などの白物家電品にも積極的に液晶ディスプレイを搭載しているため、白物家電は液晶事業と無関係ではないものの、戦略的に重要なリンクがあるとは判断しにくい。

　また、PPMは長期志向の強い分析手法だが、そこで描かれる将来は

「現在の延長」であり、不連続な未来像を描くことは難しい。現在のPPMからは、将来の事業構成を予想することは難しい。たとえば、図11.2での1980年のシャープのPPMから、1990年や2000年時点の事業構成を予想することはほぼ不可能だろう。PPMには「将来手がける予定」の事業は表現しようがないためである。

あるいは、問題児事業のうちどれに注力し、どの問題児からは撤退するかといった、個々の問題児事業に対する戦略上の指針をPPMだけから導き出すことは困難である。問題児事業のうち、集中的な資源投入によって花形へと育成されるべきものは、たとえば相対市場シェアの大きさやライバル企業との競争関係だけでなく、成長率・収益性や自社にとっての戦略上の重要度なども含む市場の将来性、自社の企業ドメインとの適合性などを総合して選択されるべきである。

こうしたPPMの問題点や限界を十分に認識せずに、単純にPPMからの定石的な戦略示唆のみに盲従すると、「分析麻痺症候群」と呼ばれる状態に陥りやすい。PPMは、すべての事業に対して戦略上の方針を示してくれる万能な分析手法ではなく、あくまでも簡便法である。PPM作成は戦略策定の出発点であり、分析のゴールではない。PPMを深く読み解き、それをベースに戦略を構想していく創造性が戦略策定者には必要とされる。

〈参考文献〉

Abell, Derek F. and John S. Hammond (1979) *Strategic Market Planning: Problems and Analytical Approaches*, Englewood Cliffs, N.J.; Prentice-Hall. (片岡一郎訳 (1982)『戦略市場計画』ダイヤモンド社)

加藤俊彦 (2004)「シャープ—戦略が資源を蓄積し、利用する」伊丹敬之・西野和美 (編著)『ケースブック経営戦略の論理』日本経済新聞出版社 pp.305-336

沼上幹 (2008)『わかりやすいマーケティング戦略 (新版)』有斐閣アルマ

新宅純二郎・網倉久永 (1998)「シャープ—多角化事業の展開」社会経済生産性本部 ケース37

「新・会社の見方 キャッシュフロー時代を生き抜く2 利益重視の落とし穴 日立、東芝が沈んだ真の理由」『日経ビジネス』2002年9月2日号 pp.50-52

〈付属資料〉公表資料からPPMを作成する

　第11章本文で述べたとおり、製品ポートフォリオ・マトリクス（PPM）は市場成長率・相対市場シェア・事業ごとの売上規模のデータから作成される。これらのデータは、各種調査の結果として公表されているものが多い。だが、すべての必要データが利用可能とは限らず、実際に公表データに基づいてPPMを作成しようとすると、推測や推定を行わなければならないこともある。以下では、公表資料に基づいて特定企業のPPMを作成するための参考として、第11章本文で利用したシャープのPPMについて、公表資料のデータ源やデータ加工のプロセスを詳細に記述していく。

表1　2000年度のシャープ主要製品

部門		主要製品名
エレクトロニクス機器	AV機器	カラーテレビ、ハイビジョンテレビ、液晶カラーテレビ、テレビデオ、液晶ビジョン、デジタル放送受信機、DVDプレーヤー、液晶ビューカム、ビデオデッキ、デジタルスチルカメラ、MDプレーヤー、CDラジカセ、CDステレオ、DVD・MDピックアップ
	電化機器	冷蔵庫、電子レンジ、エアコン、洗濯機、ドラム式乾燥洗濯機、掃除機、石油暖房機器、電気暖房機器、CCDカメラ、ホームネットワーク制御ユニット、空気清浄機、除湿機、小型調理機器
	通信・情報機器	ファクシミリ、電話機、携帯電話機、PHS電話機、パーソナルコンピュータ、日本語ワープロ、パーソナルモバイルツール、電子辞書、電卓、POSシステム機器、ハンディーターミナル機器、電子レジスタ、ワークステーション、液晶カラーモニター、パソコン用ソフトウェア、デジタル複合機、静電複写機、カラーインクジェットプリンタ・カラースキャナ等各種パソコン周辺機器、各種複合機・複写機及びプリンタ用消耗品、FA機器、CADシステム、超音波洗浄機
電子部品		電子チューナ、高周波・赤外線通信ユニット、衛星放送用部品、半導体レーザ、ホログラムレーザ、光半導体、レギュレータ、スイッチング電源、太陽電池、ELディスプレイモジュール、LED、フラッシュメモリ、複合メモリ、CCD・CMOSイメージャ、液晶用LSI、アナログIC、マイコン、TFT液晶ディスプレイモジュール、デューティー液晶ディスプレイモジュール

出所：シャープ有価証券報告書（第107期）p.5

表2　製品シェア一覧

部門	有価証券報告書記載の主要製品	市場シェア・市場規模のデータが入手可能な製品	市場シェア（％）	市場規模（出荷金額）*（百万円）
AV機器	カラーテレビ	カラーTV	13.0	437,113
	ハイビジョンテレビ	ハイビジョンTV	21.3	
	液晶カラーテレビ	液晶TV受信機	24.6	53,805
		ワイドTV	15.7	
		BSチューナー内蔵TV	13.8	
	テレビデオ			
	液晶ビジョン			
	デジタル放送受信機	CSデジタルチューナー	19.0	
	DVDプレーヤー	DVD	4.1	119,167
	液晶ビューカム	ビデオ一体型カメラ	17.2	611,917
	ビデオデッキ	VTR（セット）	8.0	203,682
	デジタルスチルカメラ			
	MDプレーヤー	MDプレーヤー	20.1	75,459
	CDラジカセ	CDラジカセ	4.8	
	CDステレオ			
	DVD・MDピックアップ			
		ステレオセット	6.3	135,065
		CDプレーヤー	0.7	289,676
		MDラジカセ	10.7	
電化機器	冷蔵庫	電気冷凍冷蔵庫	13.1	435,873
	電子レンジ	電子レンジ	26.3	88,622
	エアコン	エアコン	5.2	1,552,160
	洗濯機	電気洗濯機	14.1	188,800
	ドラム式乾燥洗濯機			
	掃除機	電気掃除機		101,188
	石油暖房機器			
	電気暖房機器			
		石油ストーブ		108,176
		石油温風暖房機		24,864
		ガスストーブ		13,646
	CCDカメラ			
	ホームネットワーク制御			
	ユニット			
	空気清浄機			
	除湿器	除湿器		18,186
	小型調理機器			
通信・情報機器	ファクシミリ	ファクシミリ	10.1	232,997
	電話機	電話機		131,088
	携帯電話機	携帯電話端末	8.9	1,511,726
	PHS電話機	公衆用PHS端末		92,641
	パーソナルコンピュータ	PC	2.7	2,144,200
	日本語ワープロ	ワードプロセッサ	22.2	11,790
	パーソナルモバイルツール	携帯情報端末（PDA）	22.8	
	電子辞書			
	電卓	電卓	36.0	19,913

部門	有価証券報告書記載の主要製品	市場シェア・市場規模のデータが入手可能な製品	市場シェア（％）	市場規模（出荷金額）＊（百万円）
	POSシステム機器			
	ハンディターミナル機器			
	電子レジスタ	金銭登録機	0.8	57,168
	ワークステーション			
	液晶カラーモニター	液晶ディスプレイ	22.3	1,400,300
	パソコン用ソフトウェア			
	デジタル複合機			
	静電複写機	複写機（静電間接式）	9.3	97,250
	カラーインクジェットプリンタ・カラースキャナ等各種パソコン周辺機器	ライン・ノンインパクト・熱転写	2.9	4,320
	各種複合機・複写機及びプリンタ用消耗品			
	FA機器			
	CADシステム			
	超音波洗浄機			
電子部品	電子チューナ			
	高周波・赤外線通信ユニット			
	衛星放送用部品			
	半導体レーザ			
	ホログラムレーザ			
	光半導体			
	レギュレータ			
	スイッチング電源	スイッチング電源	1.9	390,330
	太陽電池	太陽電池	39.2	76,957
	ELディスプレイモジュール			
	LED	発光ダイオード	14.7	108,550
	フラッシュメモリ	フラッシュメモリ	10.7	180,696
	複合メモリ			
	CCD・CMOSイメージャ			
	液晶用LSI			
	アナログIC			
	マイコン			
	TFT液晶ディスプレイモジュール　デューティー液晶ディスプレイモジュール			
		集積回路	1.4	16,302,493
		バイポーラリニア	1.7	1,655,405
		MOSロジック	1.2	8,702,002
		MOSメモリ	1.3	4,880,319
		混成IC	2.9	180,696
		光電変換素子（LEDを除く）	23.1	200,770
		液晶パネル		31,723
		低圧開閉器・制御機器	0.9	449,585

＊ただし、太陽電池と低圧開閉器・制御機器は生産金額

表3 推定事業規模

製品	市場シェア（％）	市場規模（出荷金額）（百万円）	推定事業規模（百万円）
カラーTV	13.0	437,113	56,825
液晶TV受信機	24.6	53,805	13,236
DVD	4.1	119,167	4,886
ビデオ一体型カメラ	17.2	611,917	105,250
据置型VTR	8.0	212,370	16,990
MDプレーヤー	20.1	75,459	15,167
ステレオセット	6.3	135,065	8,509
CDプレーヤー	0.7	289,676	2,028
電気冷凍冷蔵庫	13.1	435,873	57,099
電子レンジ	26.3	88,622	23,308
エアコン	5.2	1,552,160	81,023
電気洗濯機	14.1	188,800	26,621
ファクシミリ	10.1	232,997	23,533
携帯電話端末	8.9	1,511,726	134,544
PC	2.7	2,144,200	57,893
ワードプロセッサ	22.2	11,790	2,617
電卓	36.0	19,913	7,169
金銭登録機	0.8	57,168	457
液晶ディスプレイ	22.3	1,400,300	312,267
複写機（静電間接式）	9.3	97,250	9,044
ライン・ノンインパクト・熱転写	2.9	4,320	125
スイッチング電源	1.9	390,330	7,416
発光ダイオード	14.7	108,550	15,957
フラッシュメモリ	10.7	180,696	19,334
集積回路	1.4	16,302,493	228,235
バイポーラリニア	1.7	1,655,405	28,142
MOSロジック	1.2	8,702,002	104,424
MOSメモリ	1.3	4,880,319	63,444
混成IC	2.9	180,696	5,240
光電変換素子（LEDを除く）	23.1	200,770	46,378
低圧開閉器・制御機器	0.9	449,585	3,956
太陽電池	39.2	76,957	30,167
		合計	1,511,284

1. 事業分野の確定

　まず対象とする企業を選択し、株式公開企業であれば有価証券報告書や投資家向け広報（Investers Relations; IR）資料などから、事業分野を確定する。多くの場合、「事業」は複数の製品・サービスから構成されている。たとえばオーディオ・ビジュアル機器には、テレビ・ビデオ・ステレオ・携帯音楽プレーヤーなどが含まれている。

　PPM作成には、事業（製品）ごとの売上規模データが必要となるが、市場シェアは基本的に特定の製品やサービスごとに集計されていることがほとんどであり、「事業」では市場シェアのデータが入手可能でない場合が多い。そのため、有価証券報告書やIR資料から、できるだけ詳細に事業分野内の取扱製品を確定する。

　表1は、2000年度のシャープの有価証券報告書（第107期：平成12年4月1日～平成13年3月31日）に記載されている主要製品名である。

2. 市場シェア・市場規模のデータ収集

　次に、各製品・サービスについての市場シェアと市場規模のデータを探す。市場シェアを算出するためには、分母となる市場全体の規模が必要となるため、市場シェアと市場規模は同じ情報ソースから入手できることがほとんどである。市場シェアについては、特定の品目や業種ごとに市場調査会社によって調査が行われている場合が多い。しかし、ここでは、入手しやすく、また比較的長期間にわたって調査品目カテゴリーの連続性を維持しながら継続的な調査が行われている点から、矢野経済研究所『日本マーケットシェア事典』と 日経産業新聞（編）『日経市場占有率』によるデータを利用している。

　なお、有価証券報告書やIR資料に記載されている「製品」項目と、市場シェアのデータが入手可能な項目とが必ずしも一致していない場合があることには注意が必要である。たとえば、表1に掲載されている「テレビデオ」と呼ばれる「ビデオ一体型テレビ」についての市場シェアのデータは入手不能であった。また、電子部品分野では電子デバイスの分類カテゴリーがシャープの主要製品と市場シェア調査とで異なっている。あるいは、AV機器のデジタルスチルカメラについては、市場全体のシェア・データは入手可能であるが、「シャープの市場シェア」は

表4　相対市場シェアの算出

	自社シェア（%）	最大競争相手	同シェア（%）	相対市場シェア
〈AV機器〉				
カラーTV	13.0	松下電器産業	18.9	0.69
液晶TV受信機	24.6	カシオ	22.2	1.11
VTR	8.0	松下電器産業	24.0	0.33
ビデオカメラ	17.2	ソニー	37.9	0.45
DVD	3.2	パイオニア	36.9	0.09
ステレオセット	6.5	ソニー	17.8	0.37
CDプレーヤー	0.7	ソニー	40.0	0.02
MDプレーヤー	20.1	ソニー	37.9	0.53
〈電化機器〉				
電気冷凍冷蔵庫	13.1	松下電器産業	21.3	0.62
電気洗濯機	14.1	日立	21.5	0.66
電子レンジ	26.3	松下電器産業	26.5	0.99
エアコン	7.6	松下電器産業	19.1	0.40
〈通信・情報機器〉				
電卓	36.0	カシオ	56.5	0.64
ライン・ノンインパクト・熱転写	2.9	神鋼電機	72.0	0.04
複写機（静電間接式）	9.3	リコー	25.8	0.36
金銭登録機	0.8	東芝テック	32.2	0.02
ファクシミリ	10.1	リコー	18.8	0.54
ワードプロセッサ	22.2	カシオ	38.9	0.57
PC	2.7	NEC	22.0	0.12
液晶ディスプレイ	22.3	日立	8.9	2.51
携帯電話端末	8.9	松下通信工業	26.0	0.34
〈電子部品〉				
発光ダイオード	14.7	松下電器産業	20.3	0.72
光電変換素子（LEDを除く）	23.1	フィリップス	15.6	1.48
スイッチング電源	1.9	新電元	11.0	0.17
集積回路	1.4	インテル	20.5	0.07
バイポーラリニア	1.7	フィリップス	13.9	0.12
MOSメモリ	1.3	サムスン	18.7	0.07
MOSロジック	1.2	インテル	35.9	0.03
混成IC	2.9	サンケン	19.0	0.15
フラッシュメモリ	10.7	富士通	24.2	0.44

上位企業にリストされていないため、不明である。

　さらには、「ワイドTV」や「BSチューナー内蔵TV」などのように、有価証券報告書やIR資料には記載されていなくても、市場シェアのデータが入手可能な場合もあるため、対象企業の事業分野に関連する製品市場については注意を払っておく必要がある。表2は、有価証券報告書の主要製品とシェア上位企業群の中にシャープが含まれる製品との対照一覧表である。

　なお、市場規模については、データ出所ごとに金額（生産額・出荷額・販売額）や数量（生産台数・出荷台数・販売台数）の算定ベースが異なっている場合が多い。キャッシュフローへの影響を考慮するというPPMの性格からすると、金額ベースの市場規模が数量ベースよりも優先されるべきであり、金額ベース・シェアの中でも市場に近い順、すなわち販売・出荷・生産の順に優先されるべきである。ここでは、販売・出荷ベースでの市場規模を用いている。近年多くの品目について、市場シェアが数量ベースで算定され、金額ベースでの市場規模が把握できないケースが増えてきた。そうした場合、経済産業省経済産業局調査統計部（編）『機械統計年報』の出荷データを利用して、市場規模を推定している。

3.製品別事業規模の推定

　近年ではセグメント情報の開示が進行しているものの、個別製品ごとの売上規模についてはデータが入手できないことが多い。その場合には、市場全体の規模と市場シェアから、当該製品の事業規模を推計する。表3に示されるように、各製品の推定事業規模の合計は約1兆5,112億8,400万円となっている。これは、連結売上（2兆128億5,800万円）の約75％、単体売上高（1兆6,029億7,400万円）の94％であり、単体売上のほとんどの部分をカバーできていることが確認できる。

4.分析単位の設定

　次に、事業規模・市場シェア・市場規模に関するデータの利用可能性や、特定製品・事業が当該企業にとって持つ戦略的意義などを考慮して、何を分析単位とするかを決定する。戦略を分析する「事業」単位として何が適切かを分析対象となっている企業の状況に合わせて判断して

表5 市場成長率の算出

	2000年 市場規模 （百万円）	2000年実質市場規模 （1995年基準 デフレータ）	1995年 市場規模 （百万円）	市場成長率 （1995-2000） （％）
〈AV機器〉				
カラーTV	437,113	455,801	687,626	−7.89
液晶TV受信機	53,805	56,105	31,023	12.58
VTR（セット）注1	203,682	212,390	417,748	−12.65
ビデオカメラ（一体型＋単体）注2	611,917	638,078	553,311	2.89
DVD 注3	119,167	124,262	125,101	−0.67
ステレオセット	135,065	140,839	143,147	−0.32
CDプレーヤー	30,074	31,360	44,719	−6.85
MDプレーヤー	75,459	78,685	33,002	18.98
〈電化機器〉				
電気冷凍冷蔵庫	435,873	454,508	449,621	0.22
電気洗濯機	188,800	196,872	201,639	−0.48
電子レンジ	88,622	92,411	114,114	−4.13
エアコン	1,061,136	1,106,503	1,288,971	−3.01
〈通信・情報機器〉				
電卓	19,913	20,764	30,826	−7.60
ライン・ノンインパクト・熱転写	4,320	4,505	26,473	−29.83
複写機（静電間接式）	97,250	101,408	701,774	−32.08
金銭登録機	57,168	59,612	64,793	−1.65
ファクシミリ	232,997	242,958	240,000	0.25
ワードプロセッサ	11,790	12,294	169,490	−40.83
PC	2,144,200	2,235,871	1,600,900	6.91
液晶ディスプレイ	1,400,300	1,460,167	606,000	19.23
携帯電話端末 注4	1,511,726	1,576,357	393,789	31.97
〈電子部品〉				
発光ダイオード	108,550	113,191	90,769	4.51
光電変換素子（LEDを除く）	200,770	209,353	142,292	8.03
スイッチング電源	390,330	407,018	177,225	18.09
集積回路	16,320,493	17,018,241	3,910,155	34.20
バイポーラリニア	1,655,405	1,726,178	551,170	25.65
MOSメモリ	4,880,319	5,088,967	1,471,235	28.17
MOSロジック	8,702,002	9,074,038	1,449,549	44.32
混成IC	180,696	188,421	227,197	−3.67
フラッシュメモリ 注5	263,400	274,661	71,357	56.72

注1：VTRは、2000年については、据置型のみの市場規模データを入手することができなかった。
　　他年度のデータは入手可能であるが、比較可能性を高めるため、全年度について集計単位を「セット（据置＋ポータブル）」で統一してある。
　2：ビデオカメラも、一体型のみの2000年の市場規模が不明であるため、全年度の集計単位を「ビデオカメラ（一体型＋単体）」で統一してある。
　3：市場規模データは1995年ではなく1999年
　4：2000年の市場規模は生産ベース
　5：市場規模データは1995年ではなく1997年

いく。

たとえば、テレビに関する製品セグメントとして、カラーTV・ハイビジョンTV・液晶TV受信機・ワイドTV・BSチューナー内蔵TVのデータが利用可能であるが、これらをすべて利用するか、あるいはより集計レベルの高い「カラーTV」のみとするか判断していく。シャープは1998年に町田勝彦社長（当時、現会長）が就任直後に表明した「国内のカラーテレビを2005年までにすべて液晶に切り替える」という方針のもと、2005年に300万台（国内シェア25％に相当）という販売目標を掲げているため、テレビについては詳細に分析する必要があると判断し、ここではカラーTVと液晶TV受信機の情報を利用することにする。ただし、入手可能なデータをすべて盛り込むと細かくなりすぎてPPMの全体像が把握しにくくなる場合もあるので注意が必要である。

5.相対市場シェアの算出

ここまでで得られたデータをもとに、相対市場シェア・市場成長率を算出し、事業規模のデータ（あるいは推計値）と合わせて製品ポートフォリオ・マトリックスを作成する。

相対市場シェアは、「自社シェア÷自社を除く最大企業シェア」で求められる（表4）。

6.市場成長率の推定

PPMで用いる市場成長率は、将来見込める「期待成長率」である。しかし、将来を確実に予測することはできないため、何らかの方法で市場成長率を推定する必要がある。ここでは、過去5年間の平均市場成長率が、近い将来には変わらないものと仮定している。こうした仮定を満たすためには、市場成長率の計算期間は、長すぎても短すぎても望ましくない。どの程度が適切かは、様々な要因を総合的に判断して決定すべきである。ここで用いている5年という計算期間は、総合判断の結果として選ばれたものであり、5年という数字が理論上特別な意味を持つわけではない点には注意が必要である。

過去一定期間の市場成長率は、期間中の平均成長を仮定すると、以下の(1)式で算出できる。

表6　PPM作成用データ

	相対市場シェア	市場成長率 (1995-2000)（%）	推定事業規模 （百万円）
〈AV機器〉			
カラーTV	0.69	−0.08	56,825
液晶TV受信機	1.11	0.13	13,236
VTR（セット）	0.33	−0.13	16,295
ビデオカメラ（一体型＋単体）	0.45	0.03	105,250
DVD	0.09	−0.01	3,847
ステレオセット	0.37	0.00	8,833
CDプレーヤー	0.02	−0.07	221
MDプレーヤー	0.53	0.19	15,167
〈電化機器〉			
電気冷凍冷蔵庫	0.62	0.00	57,099
電気洗濯機	0.66	0.00	26,621
電子レンジ	0.99	−0.04	23,308
エアコン	0.40	−0.03	80,646
〈通信・情報機器〉			
電卓	0.64	−0.08	7,169
ライン・ノンインパクト・熱転写	0.04	−0.30	125
複写機（静電間接式）	0.36	−0.32	9,044
金銭登録機	0.02	−0.02	457
ファクシミリ	0.54	0.00	23,533
ワードプロセッサ	0.57	−0.41	2,617
PC	0.12	0.07	57,893
液晶ディスプレイ	2.51	0.19	312,267
携帯電話端末	0.34	0.32	134,544
〈電子部品〉			
発光ダイオード	0.72	0.05	16,000
光電変換素子（LEDを除く）	1.48	0.08	46,300
スイッチング電源	0.17	0.18	7,416
集積回路	0.07	0.34	228,235
バイポーラリニア	0.12	0.26	28,142
MOSメモリ	0.07	0.28	63,444
MOSロジック	0.03	0.44	104,424
混成IC	0.15	−0.04	5,240
フラッシュメモリ	0.44	0.57	28,184

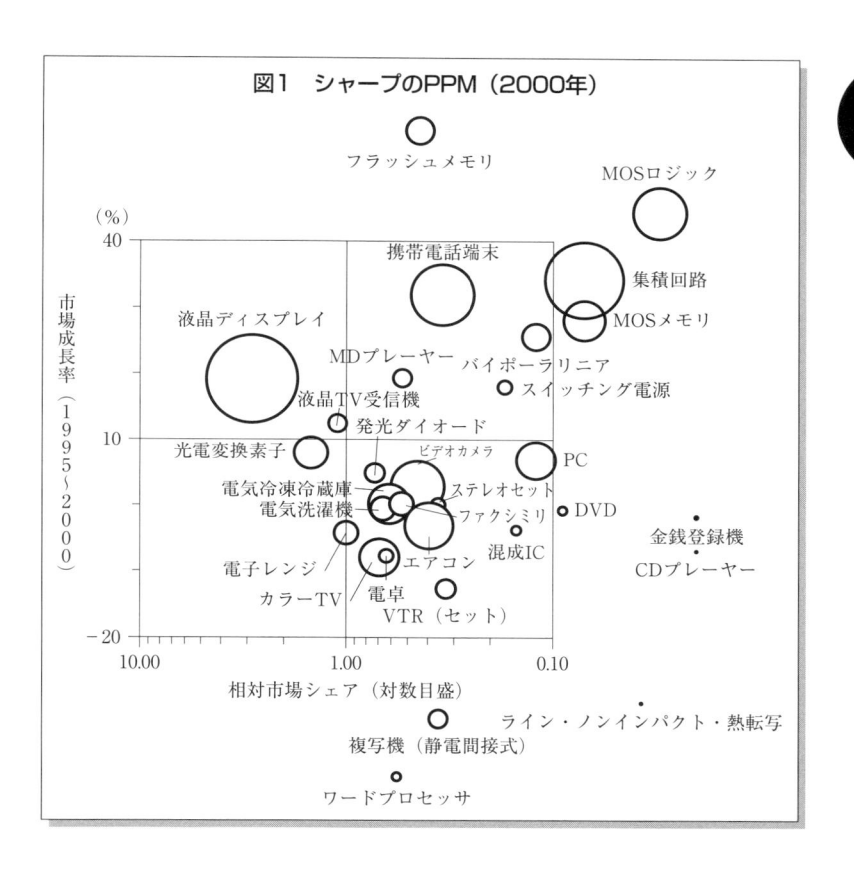

図1 シャープのPPM（2000年）

（縦軸）市場成長率（1995～2000）（％）
（横軸）相対市場シェア（対数目盛）

プロット項目：フラッシュメモリ、MOSロジック、携帯電話端末、集積回路、液晶ディスプレイ、MOSメモリ、MDプレーヤー、バイポーラリニア、液晶TV受信機、スイッチング電源、光電変換素子、発光ダイオード、ビデオカメラ、PC、電気冷凍冷蔵庫、ステレオセット、電気洗濯機、ファクシミリ、DVD、金銭登録機、電子レンジ、混成IC、CDプレーヤー、カラーTV、エアコン、電卓、VTR（セット）、複写機（静電間接式）、ライン・ノンインパクト・熱転写、ワードプロセッサ

$$n\sqrt{\frac{y_n}{y_0}} - 1 \tag{1}$$

ただし、n：計算期間（年数）、ただし$n \geq 2$
　　　　y_n：第n年目の販売（生産）規模
　　　　y_0：基準年（0年目）の販売（生産）規模

なお市場規模は、貨幣価値変動の影響を修正して、実質化しておく必要がある。ここでは、1995年（平成7年暦年）を基準とする国内総支出デフレータ[*]を利用している。95年を基準とした場合、2000年の国内総支出デフレータは95.9である。これは、95年の100単位当たり（たとえば

---

[*]――国内総支出デフレータは、内閣府経済社会総合研究所のホームページ「国民経済計算（SNA）」〈http://www.esri.cao.go.jp/jp/sna/menu.html〉から入手可能である。

100円）の貨幣価値と、2000年の95.9単位（95.9円）が等しいことを意味している。この関係を利用して、2000年の市場規模を95年時点での貨幣価値に換算することができる。

なお、DVD・フラッシュメモリについては5年前（1995年）時点での統計データが存在しないため、最大限遡及できる時点（DVD 99年、フラッシュメモリ 97年）を基準年として市場成長率を計算している。DVDの場合、計算期間が1年間なので、市場成長率は次の(2)式で求められる。

$$（2000年実質市場規模 ÷ 1999年実質市場規模）- 1 \qquad (2)$$

7.グラフ作成

以上のプロセスで求められた、相対市場シェア・市場成長率・事業規模が前ページの表6にまとめられている。

このデータに基づいて、グラフを作成する。表計算ソフトやグラフ作成ソフトで「バブルチャート」を選択し、相対市場シェアを対数目盛にして、通常とは左右を逆転させて右側が小さくなるようにグラフを作成すれば、PPMが出来上がる。縦軸の市場成長率については、高低の区切りとなる目安がグラフの中央になるように調整すると、よりわかりやすくなる。ここでは、市場成長率の高低を10％で区切っている。

第12章
垂直統合

1——垂直統合とは

1.垂直統合：定義

　第10章で触れたように、同一製品分野内で「取引関係にある活動単位」へ進出して企業活動の範囲を拡大することを「垂直統合」と呼ぶ。ある製品・サービスが最終消費者のもとに至るまでは、たとえば製品開発・製造・販売など数多くの段階を経ている。こうした活動の段階を川の流れにたとえて、最終消費者に近い段階を「川下」、反対に、たとえば製品の原材料調達など、最終消費者から遠い段階を「川上」という。最終消費者の方向に向かって活動範囲を拡大することが「川下統合」もしくは「前方統合」であり、逆方向が「川上統合」あるいは「後方統合」と呼ばれる（図12.1）。

　たとえば、トヨタや日産・ホンダといった自動車メーカーの中心的な活動は製品の「最終組立て」である。日本の自動車メーカーでは、製造コストに占める部品・材料・外注費用の割合、すなわち「外製比率」は70％以上で、米国や欧州の自動車企業と比べて高いことが知られている（藤本 1995 p.46）。また、完成した自動車を販売するのは、自動車ディーラーと呼ばれる販売会社であり、メーカーが直接販売しているわけではない。自動車販売店は、特定の自動車メーカーの製品のみを専門に扱う、いわゆる「系列ディーラー」がほとんどであるが、企業としては自動車メーカーからは独立している。部品メーカーも自動車ディーラーもともに、子会社やいわゆる「系列企業」との取引が多いため、純粋な「外部」とはいいがたいものの、自動車メーカーが「内部」で手がけて

図12.1　垂直統合

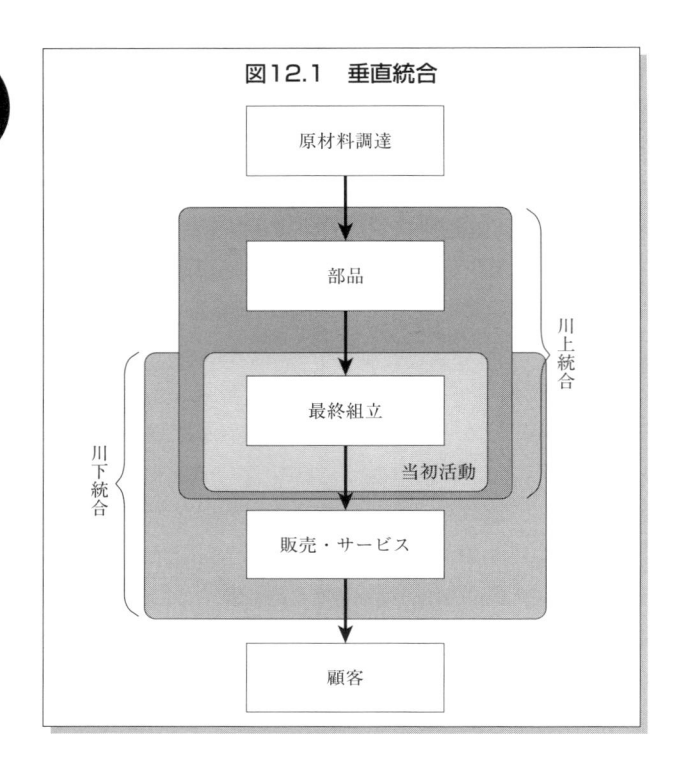

原材料調達 → 部品 → 最終組立（当初活動）→ 販売・サービス → 顧客

川上統合：部品〜販売・サービス
川下統合：最終組立〜販売・サービス

いる活動は最終組立てと製品開発が主要なものである。完成品の最終組立てを活動内容とする企業が、部品を内製するのが「川上統合」あるいは「後方統合」であり、逆に完成品を自ら販売するのが「川下統合」あるいは「前方統合」に相当する。

現在の活動範囲外では、サプライヤやディーラーなどと市場取引を行っているので、垂直統合を行うか否かの意思決定は、現状と同様に市場取引を継続するか、その活動を内部化し自ら手がけるかの選択となる。部品を内製するか外部から購入するかの選択は「メイク・オア・バイ（make or buy）」の意思決定と呼ばれ、内製が選択されると、川上統合が行われる。

2.市場と組織：活動間の調整メカニズム

原材料の調達から始まり、最終消費者に製品を販売するまでの活動は一連の段階であり、川下の段階での活動は川上での活動に制約される。たとえば、部品が計画通りに調達できなければ、製品は生産できない。生産スケジュールに間に合わなければ、製品の納期も遅れてしまう。このように、前の段階の活動が終了しないと次の段階の活動に移れない、「順序的な依存関係」にある場合には、川上段階での小さな変動が、川下での活動にとっては決定的な打撃となる場合すらある（Goldratt 2004）。

混乱を防止するため、それぞれの活動段階の中間に「バッファ」として在庫を保有し、変動に備えることが一般的である。ただし、不測の事

態に備えることを目的とする中間在庫は、何かトラブルがあるたびに積み増され、意識して在庫削減の努力を継続しない限り、適正水準に保つのが困難である。たとえ生産現場での生産効率が高くても、在庫水準が過剰では全体としての効率性が低下してしまうので、バッファ量を適正に保つためには、垂直的な各活動段階間での調整が不可欠になる。

　最終製品の生産量は、川下の販売量によって規定される。景気後退で需要が減退しているにもかかわらず、生産量を減らさなかったり、売れ筋商品が変わっているのに機種別生産量を調整しなければ、過剰な製品在庫が積み増されることになる。川下の活動が川上の活動に制約されると同時に、川上の活動は川下の状況によって規定される。「必要なものを、必要なときに、必要な量だけ」正確に供給する、いわゆる「ジャスト・イン・タイム（just-in-time）」の生産を実現することで、生産効率は飛躍的に向上する。2008年秋のリーマン・ショックの際には、ジャスト・イン・タイムの生産体制で先進的であるといわれてきた日本の自動車メーカーでさえ、減産体制への切り替えに遅れて、流通在庫を積み増す事態に陥り、その在庫一掃のために苦労することになった。

　こうした工程間の調整メカニズムには、市場と組織の2種類がある。市場を通じた調整とは、価格メカニズムによる需要・供給バランスの調整である。ある財に対する需要が供給を上回る場合には価格が上昇し、逆の場合には低下する。市場を通じて、必要な部品を確保しようとする完成品メーカーは、必要量が確保できない場合には、より高価格を提示するか、生産計画を変更して必要量を引き下げる。売り手である部品メーカーは、市場での価格水準に応じて供給量を調整する。

　もう一つの調整の仕組みは組織階層である。完成品メーカーは部品生産を内部化し、部品から完成品まで一貫した生産計画を策定し、組織という権限・命令体系を利用して、部品供給量を調整することもできる。部品と完成品の生産を統括する責任者が、全体の生産計画を策定し、完成品の生産計画に基づいて、部品製造を担当する部門に対して「ある部品を、いつまでに、どれだけ作るように」と指示する。もしも、完成品の生産計画に変更があった場合には、指示内容も変更される。

　市場と組織は、垂直的な活動段階間での調整の代替的メカニズムである。ただし、両者は相互排他的で、二者択一の代替的関係とは限らない点には注意が必要である。現実には、市場的な調整と組織的な調整を組

み合わせて用いている。

たとえば、自動車部品には、内製品と外部調達品がある。すべての部品を完全に内製しているメーカーはなく、企業ごとに比率は異なるものの外注品を利用している。また、特定部品を全量内製（もしくは外注）している場合もあれば、部分的に内製している場合もある。各企業は、活動間の調整メカニズムとしての市場・組織それぞれのメリット・デメリットを比較考量し、特定部品を内製するか外注するかを決定する。

以下では、まず調整メカニズムとしての市場と組織、それぞれのメリット・デメリットについて検討し、その後、市場と組織の中間形態としての「中間組織」について議論する。

2──市場取引：メリット・デメリット

1.市場取引のメリット：活動集約による効率性・競争圧力

市場取引によって、(1)活動集約によるコスト低下、(2)専門化による独自能力の向上、(3)競争圧力による価格低下・品質向上などの効果を期待することができる（Milgrom and Roberts 1992）。

たとえば、自動車メーカーが、市場取引によって、部品メーカーから部品を購入する場合を考えてみよう。部品が業界共通の汎用部品であり、規模の経済性が強く作用する場合には、完成品メーカー各社がその部品を内製するよりも専門部品メーカーに生産を集約したほうが、生産規模が大きくなるため、コスト上有利である。また、たとえば自動車用部品と二輪車用部品に共用部品があるような場合、範囲の経済が観察される。この場合、自動車メーカーが自動車用だけに部品を内製するよりも、部品メーカーが自動車・二輪車の両方を対象に部品を生産することで低コストを実現できる。タイヤは完全な共通部品ではないが、この一例であろう。

コスト上のメリットだけでなく、完成品メーカーが個別に研究開発・生産を行う場合に比べると、専門部品メーカーに活動を集約することで技術ノウハウや製造ノウハウが蓄積されやすい。たとえば、タイヤ製造には、原料の配合、タイヤ形状、トレッドと呼ばれる溝のパターンなど製品設計上のノウハウに加えて、適切な温度や圧力に管理するといった

製造工程上のノウハウが必要とされる。自動車メーカーが、各社でタイヤの研究開発・製造を行う場合に比べて、タイヤのみに専門特化したタイヤメーカーに活動を集約したほうが、専門知識・ノウハウという独自能力が構築されやすい。自動車メーカーにとっても、独自能力を持った専業メーカーから購入したほうが、自社開発品よりも高品質の部品を入手できるというメリットがある。

また、市場では複数の供給者が顧客の愛顧をめぐって競争している。この競争圧力によって、市場での供給者はコスト低下・品質向上に向けた努力を継続することが期待される。垂直統合によって活動が内部化されると、競争圧力が機能しなくなり、コスト削減・機能品質向上へのインセンティブが低下する場合がありうる。

たとえば、電子部品とエレクトロニクス製品のいずれも手がけている、いわゆる総合電機メーカーでは、組織の「しがらみ」から、市場で調達するのに比べて割高な自社製電子部品を利用しなければならない場合がある。電子部品部門が「最後は社内（グループ内）で面倒を見てもらえる」と考えると、コスト削減努力を極限まで追求することはなくなり、市場での価格競争力が低下する。実際、完成品部門が市場価格より高い社内部品を使わざるを得ないことが、完成品部門の競争力低下の一因になった例も観察された。ただし、近年では、完成品のコスト競争力を優先し、自社製部品優先の調達方針を緩和・撤廃する例が増加し、社内の電子部品製造部門にも外部サプライヤとの競争圧力が高まっている。

2.市場取引のデメリット：機会主義的行動

(1)機会主義的行動

市場取引にはデメリットもある。その最たるものが、取引相手の利益を犠牲にしてでも自己利益を拡大させようとする「機会主義的行動（opportunistic behavior）」（Williamson 1975）のリスクである。機会主義とは、「自己の利益を悪がしこいやり方で追求すること」（Williamson 1975 邦訳書 p.44）を意味する。

品質に関する判断がつきにくい財の取引で、本当は品質が劣ることを知っていながら、あたかも高品質であるかのように装って高く売りつけようとするのが、機会主義的行動の典型例である。米国の中古自動車販売業界では、事故車や問題のある中古車は「レモン」と呼ばれる。果物

のレモンは、外から見ただけでは中身を判断するのが難しいため、問題のある中古車がこう呼ばれるようになった。市場取引では、価格が品質のシグナルで、高品質な製品は通常高価格である。しかし、高価格な製品が必ずしも高品質である保証はない。レモンにあえて高価格をつけることによって、買い手に誤ったシグナルを送るだけでなく、レモンを高値で売りつけられれば儲けはそれだけ大きくなる。

売り手は製品の品質について詳細な情報を有しているが、買い手にはそれがない。市場取引の当事者間で「情報の非対称性」が観察される場合、情報保有者には、取引相手に不利益を被らせてでも自らの利益を拡大しようとする、機会主義的行動へのインセンティブが働きやすい。中古車販売業者がレモンを売りつけようとしていないか、取引相手が信用できるかどうか事前に判断するのは容易ではない。市場取引にはリスクがつきまとう。

(2) 取引特殊的投資とホールドアップ

特定の取引にしか利用できない「取引特殊的資産（transaction specific asset）」への投資が必要な場合にも、機会主義的行動が観察されやすい。たとえば、特定メーカーしか使用しない特別な部品を生産するために、特殊な生産設備が必要とされるケースを考えてみよう。こうした部品は特殊で他の買い手を見つけるのが難しく、また生産設備も技術的に特殊で他の用途に転用できないことが多い。部品メーカーにしてみると、この生産設備は、特定顧客との取引のみに限定されるという意味で「取引特殊的」な資産である。

取引特殊的資産への投資が行われた場合、完成品メーカーからの「事後的」な値下げ要求に対する、部品メーカーの交渉力は著しく低下する。部品メーカーにとって、取引特殊的な生産設備は他の用途に転用できない「埋没費用（サンク・コスト）」となる。取引特殊的な投資を実行してしまった後では、「値下げしなければ、発注を取り消す」という脅しに対抗する術は、部品メーカーにはない。設備投資がまったく回収できない状況に比べたら、たとえ赤字であっても受注して、少しでも投資資金を回収したほうがよいと考える。こうした状況は、強盗にあって「命を奪われるよりは金を出したほうがいい」ことになぞらえて「ホールドアップ」と呼ばれる。

特定の取引にしか利用できない取引特殊的な資産に対する投資は、そ

こからの収益性が取引相手の行動によって大きく左右される。自らをホールドアップ状態に追い込むのは合理的でないため、取引相手が機会主義的な行動を取ると予想される場合には、取引特殊的投資は行われにくい。最終製品の性能・機能を向上させるために取引特殊的資産が必要不可欠な場合、ホールドアップ防止のために、投資の部分負担や共同出資といった「コミットメント」を完成品メーカーに求めることがある。部分的な出資だけでは十分でないと考えられる場合には、投資の全額負担が要請されることすらありうる。さらに、より極端な場合には、取引相手を買収する（完成品メーカーが部品メーカーを買収する場合もあるだろうし、その逆もありうる）ことで、機会主義的行動のリスクを軽減させる場合もある。

このように、市場取引には取引相手の機会主義的行動のリスクという問題がつきまとう。そのため、たとえば市場を通じて部品を調達しようとする場合には、部品の購買価格だけを考慮するのでは十分ではなく、機会主義的に振る舞うかもしれない相手との取引で自らが不利にならないように情報を収集したり、契約条件や購買方法を工夫したりする必要が出てくる。市場取引のメリットを享受するためには、金銭的なコストだけではなく、非金銭的な労力や苦労が必要になる。こうしたコストや労力は、市場取引に固有のコストという意味で「取引コスト（transaction cost）」（Williamson 1975）と呼ばれ、取引される財・サービスの取引価格とは区別される。

3.取引コストと活動内部化

市場取引に際しては、特定の取引相手が適切かどうか情報を集めて判断し、自らが不利にならないように契約を交わし、実際にその契約が履行されているかどうか監視する必要がある。情報収集・契約締結・履行監視などの取引コストは、図12.2に示すように、(1)取引される財・サービスの特徴や取引状況などの外部環境要因、(2)取引主体の特性の二つの要素によって規定される。

たとえば、自動車は複雑な製品であるため、外見だけで性能・品質を判断するのは難しい。また、メーカーが品質管理を十分に行っている新車とは異なって、中古車の場合、品質のばらつきが大きいという意味で不確実性が高い。中古車購入を検討している顧客には、自動車に関する

図12.2　取引コストの規定要因

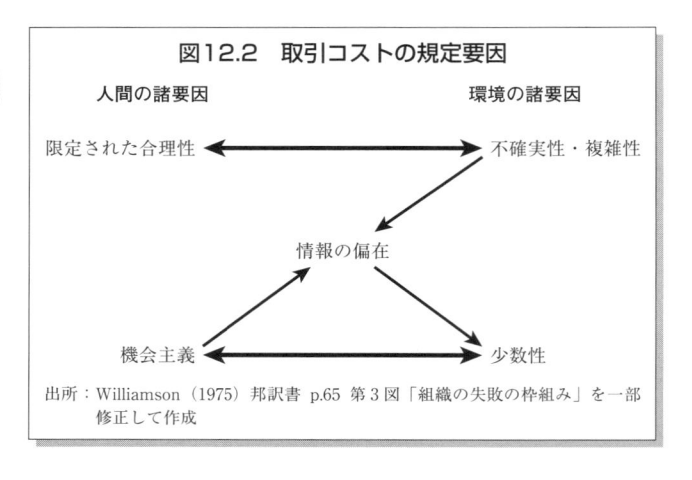

人間の諸要因　　　　　　　環境の諸要因

限定された合理性　⟷　不確実性・複雑性

情報の偏在

機会主義　⟷　少数性

出所：Williamson（1975）邦訳書 p.65 第3図「組織の失敗の枠組み」を一部修正して作成

詳しい技術的な知識を持たない人が多い。また、特定の中古車の故障やメンテナンスの履歴を正確に知ることは、事実上不可能である。

人間の情報処理速度や記憶能力には一定の限界があるという意味で、人間の合理性は制限されている。取引当事者は「限定された合理性（bounded rationality）」しか有さないため、複雑で不確実な状況下では、情報は非対称的に分布し、情報の偏在が発生しやすい。

機会主義的に振る舞おうとする取引参加者にとって、情報の偏在は歓迎すべき事態である。悪質な中古車ディーラーは、自らの有利な立場を強化するために、情報を歪曲・操作することで情報の非対称度を高めて、レモンを高く売りつけようとする。しかし、取引参加者が多数存在し、有効な監視メカニズムが機能している場合には、機会主義的な行動は、取引不成立のリスクを高めてしまう。たとえば、医師の「セカンド・オピニオン」のように、同じ中古車に対して複数の中古車ディーラーが価格見積もりを出すとしたら、不当に高く売りつけることは難しくなる。ただし、こうした監視の仕組みは、当事者が少数の場合は機能しにくい。たとえば、中古車ディーラーが2社しかなかったとしたら、他社の見積もりに否定的な意見を述べて、他社の機会主義的行動の機会を制限することは、自らの利益を損なうことになりうる。他社もまた自社の機会主義的行動を制限するパワーを持っているため、両社の間には「暗黙の結託（tacit collusion）」が発生しやすくなる。

取引参加者が多数存在すると、暗黙の結託は発生しにくくなる。しかし、情報の非対称性は競争業者の数も制限する。技術ノウハウや市場動向など、伝達の難しい情報は、先行企業の優位性の源泉となり、後発企業の市場参入を制限し、取引参加者の数を少数に限定することになる。

限定された合理性、複雑性・不確実性、機会主義、少数性といった要

因によってもたらされる情報の非対称性の程度が取引コストを規定する。非対称度が高くなると、取引コストは大きくなる。取引コストが大きくなりすぎ、市場取引のメリットをも相殺してしまう場合には、活動を内部化するほうが望ましい。

　自動車メーカーは、自動車部品の開発・生産といった活動を部品メーカーに集約することで得られる、コスト低下・専門能力向上・競争圧力などのメリットと、信頼できる部品メーカーを見つけ出し、自らが不利にならないように契約を締結し、契約の履行状態を監視するための労力・コストとを比較して、特定の部品を外部から購入するか内製するかを決定する。たとえ部品メーカーの製造コストが低かったとしても、取引コストまで含めて考えると、内製したほうが結果的に低コストになる場合には、川上統合によって自ら部品製造を手がけることになる。

3──垂直統合：メリット・デメリット

1.垂直統合のメリット：取引コスト節約・情報活用

　垂直統合のメリットは、コントロールと調整の一元化による取引コスト節約と情報の有効活用である。取引相手が担当していた活動を内部化することによって、取引コストを節約できる。本章末の〈ケース〉「シルク・ドゥ・ソレイユ」では、ショーで使用する衣装・靴・かつら・帽子・マスクなどをすべて自ら製作していることが指摘されている。

　衣装や靴はショーの品質を大きく左右するため、頻繁にデザイン変更が行われる。また、予期せぬ出演者の交代が起こった場合には、出演者ひとりひとりにジャストフィットする「特注品」を限られた時間内で製作する必要がある。衣装や靴の製作を外部の専門業者にアウトソースする場合、頻繁なデザイン変更や短納期での特注品製作に伴う調整コストが高くなりやすい。突然の出演者交代など高い不確実性が予想される状況下で、自社に有利な取引契約を締結するためには、大きな取引コストが発生しやすい。不確実性下での市場取引に伴う取引コストは、衣装などの内製、すなわち垂直統合によって節約することが可能になる。

(1) 取引コスト節約

　出版業では、雑誌や書籍の印刷を出版社から専門の印刷会社に発注す

るケースが多い。それに対して、新聞社は印刷機を自社保有し、社内で印刷している場合が多い。新聞社も印刷をアウトソースしたほうが印刷コストを低廉に押さえることができるだろう。しかし、自社で印刷することによって、紙面に掲載される内容についてのコントロール範囲が広がる。通常の締切時間を過ぎて、印刷が始まった後でも、非常に大きなニュースが飛び込んできた場合には、紙面を組み直して印刷をやり直す場合がある。事前に想定していなかったような事態に緊急に対処しなければならない場合、自由意思を有する行為主体間の契約をベースにした市場取引では調整が難しくなる。

　新聞印刷を外注する場合、「特ダネ」で紙面を組み替える場合にどう対応するかを事前に詳しく取り決めておくことは難しく、一刻を争う状況で印刷業者と紙面変更に伴う各種条件を交渉する必要が出てくる。そのため、原稿締切から短時間で印刷を終了させる必要があり、なおかつ印刷内容の変更が頻繁に起こりうる新聞の場合は、垂直統合によって印刷機能を内部化して、編集と印刷という機能を一元的にコントロールすることで、煩雑な交渉を省略できる。逆に、原稿完成から発行までの間にある程度の時間的余裕を持たせることが可能な雑誌や書籍の場合には、印刷内容の修正を加えるための調整コストは大きくならないため、専門の印刷会社に外注したほうがコスト上有利になる。

　市場取引では、価格以外の情報は伝わりにくい。新古典派経済学では、財・サービスの品質や取引相手が信頼に足るかなどの要因も、価格に織り込まれていると想定されている。市場取引にまつわる多種多様な情報を縮約し、価格情報に一元化することで、情報が多数の参加者に同時に行き渡り、出入り自由な市場という「場」で、数多くの相手との取引が効率的に行えるようになる。これが新古典派経済学で想定していた価格メカニズムのメリットである。

　しかし、Coase（1937）が基礎的なアイディアを提唱し、Williamson（1975）が基本的なフレームワークを確立した「取引費用の経済学」では、各種情報の価格への一元的縮約は十全に機能しないと考えている。実際、製品の品質や納期、故障や不具合などがあった場合のアフター・サポートはどこまで保証されるのかといった情報は、価格情報に集約するのは難しいため、取引において自らが不利にならないように工夫する必要が出てくる。たとえば、インターネット上のオークション・サイト

では、出品者の過去の取引履歴や取引相手からの評価などの情報を提供している。このような取引相手についての情報を収集し、評価するためのコストは、垂直統合によって活動を内部化すれば不要になる。

また、垂直統合は、機会主義的行動のインセンティブを消滅させる。先述のホールドアップの例は、完成品メーカーと部品メーカーの利害が対立しているからこそ発生する。垂直統合によって、それまで取引相手の行っていた活動を内部化すると、生産設備に対する意思決定が一元化される。特殊な生産設備に対する投資も、ホールドアップのリスクを考慮せずに決定することができる。

「財布」が別々だと成果の配分をめぐって争いが起こることもあるが、財布が一つになってしまえば、完成品部門と部品部門の二者間でどちらに利益が厚く配分されようとも、二者を合計した総利益は同じであるため、争う意味はなくなる。垂直統合していれば、垂直統合していないライバルが取引特殊的投資を巡って取引相手と交渉している間に、ライバルに先んじて投資を実行し、競争上優位なポジションに立てる。

(2) 情報活用：独立した取引主体間での情報共有

こうした利害対立の消滅は、当事者間での情報の共有・活用を容易にする。独立した別々の企業間で情報を共有し活用していくことは困難である。ひとつの原因は、後述するように、情報には「粘着的」な性質があり、移転が難しいことがある。だが、情報の移転可能性が高い場合でも、利害が対立する場合には、情報の共有・活用は進まない。

たとえば、1996年11月に発売され翌97年にかけてブームとなったバンダイの「たまごっち」のように、予期せずヒットに恵まれた玩具メーカーと販売店を例に考えてみよう。

その玩具の突然のヒットで販売店には十分な在庫がなく、玩具を求めて来店した客の需要を満たすことができない。そこで、慌てて注文を積み増すことになるが、全国の玩具店からの発注に応えるだけの在庫は玩具メーカーにもない。玩具メーカーは急遽増産体制に入るものの、追加生産には一定のリードタイムが必要になる。その間にも、販売店からの発注に対して製品を出荷しなければならないため、たとえば「すべてのオーダーに対して一律半分」などの条件で納品される。入手が難しいことがニュースになって、さらに需要は高まり、複数の販売店に同時に予約を入れる顧客も現れる。こうして、販売店の受注残は積み上がるもの

第12章　垂直統合

の、相変わらず供給体制は整わない。供給が限られていることを知った販売店は、少しでも多くの商品を確保しようと、実際の注文数よりも「水増し」して発注する。全国の販売店から、少しずつ水増しされた注文を受けた玩具メーカーは、目先のオーダーに応じることができず、たとえば「全オーダーに一律3割」と、さらに条件を下げて納入する。それを知った販売店は、次の発注でさらに大幅な水増し注文を出す。

　このサイクルが繰り返されることで、実需とはかけ離れた「見かけ上の需要」が、販売店とメーカーの間だけで発生してしまう。

　販売店からの注文情報を鵜呑みにして大増産体制を整えると、出荷準備ができた瞬間に見かけ上の需要は雲散霧消してしまう。実際、バンダイは1999年3月期決算で不良在庫の処理のために60億円の特別損失を計上している。[*1]

　利害関係が一致しない場合には、取引当事者間で重要な情報を共有し、活用していくのは難しい。玩具販売店が実際に売れると予想した分だけを正直に注文すると、「水増し発注」している他の玩具店に客を奪われてしまう。販売店からの注文は水増しされていることを承知していても、実需がどれだけあり「見かけの需要」がどの程度かをメーカーが正確に把握することは難しい。見かけの需要に踊らされると不良在庫の山を築いてしまいかねない。しかし、逆に、実需をあまりに内輪に見積もりすぎると、販売機会を逃してしまう。垂直統合によって、製造・販売が一体化されるとこうした利害不一致は解消され、販売部門でも製造部門でも「本当の需要」情報を共有・活用できるようになる。

　製品ライフサイクルが極端に短くなったPC業界においても、「メーカー直販」は有力な選択肢となっている。近年では「PCは生鮮品」ともいわれ、販売のピークは新モデル導入直後になっている。新モデル導入直後になるべく多く販売するために、各社とも事前に十分な製品在庫を用意する必要がある。家電量販店やコンピュータ専門販売店などの「間接ルート」を経由して販売を行っているメーカーの場合、いったん販売店に納品するため製造から販売までのリードタイムが長くなり、さらに販売店側の事前注文がどれだけ本当の市況を反映しているのかを見極める必要がある。販売までのリードタイムが長いことは、マイクロ・プロ

---

*1——「品薄続くバンダイ『たまごっちプラス』、定番化へブームを制御」日経MJ2005年6月3日付

セッサやメモリ・ハードディスクなど、短期間のうちに性能が向上する一方でコストも低下する部品を多用しているPC業界では競争上不利になる。販売数量の予測を誤った場合、在庫処分のコストも必要となる。

　メーカー直販にすると、顧客からの注文が確定してから製造を開始することが可能になる。これによって、より廉価で高機能の部品を用いることが可能になり、市場での競争力が向上する。さらに、物流や在庫管理（売れ残り品の在庫処分コストを含む）などの流通費用が不要になるため、直販メーカーは競争上有利なポジションに立てる。

　デルは、販売するPCをすべて直販にすることによって、他社よりも優位に立つことができた。デルに追随して直販を始めたメーカーの多くが、間接ルートと併売であったため、デルのように部品コストの変動に応じて素早くPCの価格を改定することはできなかった。販売店に価格改定の交渉をするのには、1～2カ月を要したといわれている。

(3) 情報活用：情報の質向上

　垂直統合によって、情報の質を高めることもできる。われわれ人間が扱うことのできる情報や知識には、数字や言葉に置き換えることで比較的容易に伝達しやすいものと、そうでない種類のものとがある。後者は、「暗黙知」や「個人的知識」などと呼ばれる（Polanyi 1958: 1966）。たとえば、自転車に乗れる人が、自転車に乗れない人に乗り方のノウハウを言葉だけで伝えることは難しい。自転車に乗る手順を聞いても、自分で練習しないと乗れるようにはならない。

「実行できるが表現しにくい」属人的で暗黙の知識は、持ち主から引きはがして移転させるのが難しいという意味で「粘着的情報（sticky information）」（von Hippel 1994）とも呼ばれる。知識や情報が粘着的であるため、「百聞は一見に如かず」という諺が示すように、「時と場所のそれぞれ特殊的な状況についての知識」（Hayek 1945 邦訳 p.57）が存在する。

　たとえば、アパレル販売の第一線にいる人は、どのような製品が「売れ筋」なのかを直感的に理解している「現場の人（man on the spot）」（Hayek 1945）である。しかし、現場の人にとって、それを言葉やデザイン画として正確に表現することは非常に困難である。製品サンプルを見せられると、どれが売れそうで、どれは売れなさそうかを直感的に判断することはできる。だが、その判断の根拠を説明するのは難しいし、

第12章 垂直統合

どうすれば製品がより良くなるかを詳細に伝えるのはさらに難しい。「もっと華やかな感じで」といった非常に曖昧な情報のやりとりから、製品デザイナーは「販売現場の空気」を読み取るしかない。

現場の情報や個人的知識を伝達するのが困難なのは、言語によるコミュニケーションが「文脈依存的」だからである。自転車の乗り方を教える場合の決まり文句に、「倒れないようにスピードを上げる」というアドバイスがある。一般的に「スピードを上げる」ということはできるが、たとえば「時速24キロで走って！」と具体的な数字で指示することは困難である。適切なスピードは、それぞれの場面で異なっている。あるいは、「明るい色」と一口にいっても、明度が高いのか、彩度が高いのか、あるいはその両方なのか判断するのは難しい。われわれが、日常用いる言葉はかなりの曖昧さを許容しており、特定の単語も用いられる文脈によって意味内容が異なってくる。

粘着的な情報・知識を伝達するためには、言葉や数字という伝達媒体の背後にある曖昧で流動的な「文脈情報」を共有する必要がある。公式文書・私的メモ・電子メール・電話といったコミュニケーション手段に比べて、直接対面でのコミュニケーションは、表情やしぐさ、声のトーンなど、多様な情報を伝えやすい「リッチなチャネル」で、文脈情報の共有に適している。たとえば、セブンイレブンでは、商品の「売れ筋」を見極めるためのノウハウを共有することを主目的に、「フィールドカウンセラー」と呼ばれる店舗指導担当者が全国から東京のセブンイレブン本部に毎週集まっている（網倉 1995）。

垂直統合によって活動を内部化し、企業メンバーが自身で直接体験することは、粘着的な「現場の情報」を獲得・共有する有力な手段である。垂直統合によって、暗黙的・粘着的な「現場の情報」を入手しやすくなる。そのため、アパレルメーカーが「アンテナショップ」と称する販売店舗を構えて直接消費者に販売したり、重要な技術ノウハウを蓄積することを目的に自動車メーカーが少量だけ部品を内製するといった事例が見受けられる。

あるいは、顧客からの相談・クレームなどを受け付ける「コールセンター」業務をいったんアウトソースした企業が、将来の商品開発への貴重なインプット情報となるとして、自社負担で設備を拡充したり、顧客と直接やりとりする「オペレータ」や「コミュニケータ」と呼ばれる担

当者を、派遣社員・パートタイム・アルバイトから正社員に切り替えるなどの動きも見受けられる[*2]。

2.垂直統合のデメリット

　垂直統合には、取引コスト節約や情報活用などのメリットがあるものの、当然ながらデメリットもある。垂直統合のデメリットは、市場取引のメリットの裏返しの関係にある。

　調整メカニズムとしての市場取引の最大のメリットは、製品の品質や納期などの多様な情報を、価格という単一の情報に「圧縮」することで、多数の相手（潜在的・顕在的を両方含む）と効率的に取引関係に入れることである。市場では、多数の行為主体間の自由意思による取引を効率的にするために、価格以外の情報は敢えてやりとりしない。それゆえ、調整メカニズムとしての効率性が高くなる反面、取引相手の機会主義的行動のリスクが発生する。

　垂直統合による活動内部化によって、機会主義的行動のリスクを軽減でき、また価格メカニズムでは扱いきれない「文脈情報」を取り扱えるようになる。しかし、その反面、垂直統合によって取引機会が制限され、(1)活動集約によるコスト低下、(2)専門化による独自能力の向上、(3)競争圧力による価格低下・品質向上などの市場取引のメリットを享受することは期待できなくなる。

　たとえば、自動車メーカーがタイヤを内製する場合と、タイヤメーカーから調達する場合を比較してみよう。特定の自動車メーカーが自社向けにタイヤを製造する場合と、タイヤメーカーがすべての自動車メーカーや二輪車メーカー向けのタイヤを製造する場合とを比べると、後者のほうが規模の経済や範囲の経済によって製造コストが低くなるだろう。また、前述の通り、タイヤ製造には複雑なノウハウが必要とされる。自動車メーカーが内製する場合と、タイヤメーカーに活動を集約した場合とを比較すると、ノウハウ蓄積が進みやすいのは後者である。

　あるいは、活動内部化によって、競争圧力を利用することができなくなる。独立したタイヤメーカーである場合と、M＆Aによって自動車メーカーのタイヤ製造部門となった場合とを比較すると、後者では、担当

[*2]──「『出会い』がすべてを左右する　ファンをつかむコンタクトセンター」『日経ビジネス』2003年2月24日号 pp.150–153

者の効率向上へのインセンティブが低下しやすい。また、後者では、部門責任者の報酬と部門業績との関連性が弱くなりやすい。タイヤメーカーの社長の報酬は、タイヤ事業の業績と直結している。自動車メーカーのタイヤ製造部門長の報酬決定には、自部門の業績だけでなく、全社的な業績水準も考慮されることが多い。

　このような垂直統合のデメリットを回避しつつメリットを享受するために、完全に垂直統合せずに、部品調達のための知識や情報を入手することを目的として、部品の開発や生産を手掛ける場合もある。たとえば、日本の自動車メーカーでは、自社で小規模な部品生産を手がける一方で、同じ部品を部品専業メーカーから大規模に調達することがある（武石 2003）。部品開発・生産を自ら手がけることで部品についての知識や情報を蓄積し、部品メーカーへの情報偏在を回避できる。その一方で、自社部門の規模を小さく抑制し、部品専業メーカーから大規模に調達することで低コストの調達が可能になる。

4──市場と組織の中間領域：中間組織

　調整メカニズムとしての市場と組織には、それぞれのメリット・デメリットがあり、両者は表裏一体の関係にある。市場のメリットは組織のデメリットであり、その逆でもある。活動集約のメリットと取引コストを総合して、活動集約のメリットが上回っていれば市場取引が選択され、逆の場合には、活動が内部化される。これが、取引費用の経済学が想定している企業の活動境界決定のロジックである。ここでは、市場と組織とは、二者択一的な選択肢であると考えられている。しかし、現実には、市場と組織の中間的な形態がありうる。

　市場（外部調達）と組織（内製）の中間形態の典型例が、自動車メーカーが系列部品メーカーから部品を調達したり、系列販売店が特定メーカーの自動車のみを販売したりする「系列取引」である。米欧メーカーと比較すると、日本の自動車メーカーは部品内製率は低いものの、系列部品メーカーからの「系列内調達」の比率が高いことが指摘されている（表12.1）。

　系列部品メーカーは、自動車メーカーからは独立した企業である。ただし、資本関係（自動車メーカーからの出資）や人的関係（役員の派

表12.1　自動車メーカーの調達比率（1999年）

	自動車メーカー内製率	系列部品メーカーからの調達比率	系列外部品メーカーからの調達比率
トヨタ	14%	62%	24%
日産	8	51	41
本田技研	7	40	53
三菱自動車	5	21	74
マツダ	6	31	63

出所：武石（2003）p.111 表5-1「自動車メーカーの系列部品メーカーからの調達比率（1999年）」に基づいて作成

遣）などを通じて、「親会社（自動車メーカー）」と特別な関係にある。

　自動車部品の納入には、自動車メーカーが作成した設計図に基づいて部品を製造し納入する「貸与図方式」と、部品メーカーが自ら設計図を作成し自動車メーカーの承認を得たうえで、部品を製造・納入する「承認図方式」とがある（浅沼 1984）。承認図方式での部品開発プロセスでは、自動車メーカーと系列部品メーカーは、あたかも同一組織であるかのように、緊密な共同作業によって開発が進行する。自動車メーカーは、製品開発の初期段階から、系列部品メーカーなど、少数の部品メーカーに対して製品仕様構想を提示する。一方、部品メーカーは蓄積した技術能力をベースに、独自に部品の設計・開発を行い、納入部品の設計図を作成して、最終的に自動車メーカーの承認を得る。こうした関係は、企業としては別の法人格であっても単一組織のように振る舞うという意味で「準組織」と呼ぶことができる。

　あるいは、自動車用鋼板の購買において、トヨタは新日本製鐵と長期的な取引関係にある。国内最大の自動車メーカーと、国内最大の製鉄メーカーとの価格交渉は「チャンピオン交渉」とも呼ばれ、合意内容は他の自動車メーカー・鉄鋼メーカー間の取引にも影響を及ぼしてきた。[*3] トヨタと新日本製鐵の関係では、互いを単なる一度限りの取引相手であるとは考えず、長期継続的な取引関係を前提とした取引関係を構築している。市場取引をベースとした関係であるものの、純粋な市場取引とは異なるという意味で、こうした関係は「準市場」と呼ぶことができる。

---

*3──「企業新世紀　第5部　消える業界　⑴購買革命の波紋」（2000年1月1日）〈http://www.nikkei.co.jp/topic3/kigyo/eimi051424.html〉

調整メカニズムとしての市場・組織は、(1)取引や決定の行われる「場」としての意味合いと、(2)そこでの意思決定の「原理」や「メカニズム」としての意味合いを有している（今井・伊丹・小池 1982 p.137）。市場という場において「組織の原理」が用いられたり、組織において「市場メカニズム」が利用されることもある。市場と組織は、「市場か、組織か」という二者択一的な関係にあるのではなく、純粋な市場と純粋な組織を両極として、その中間領域が存在する。こうした中間領域は「中間組織」（今井ほか 1982）と呼ばれる。

市場原理や組織原理は、(1)取引参加者の決定原理の特徴、(2)取引参加者集団のメンバーシップおよび参加者間の相互関係の特徴という、二つの次元で把握することができる。

市場原理は、(1)価格ないしそれに準じたシグナルを主な情報媒体とする、各人の個人的利益・効用の最大化を原理とする自由な交換（M_1）と、(2)自由な参入・退出（M_2）が特徴である。対して、組織原理は、(1)権限・責任による命令（O_1）と、(2)固定的・継続的関係（O_2）を特徴としている。ここで、「M」は市場（Market）、「O」は組織（Organization）を、また数字は決定原理（1）およびメンバーシップ（2）を表している。純粋な市場は、M_1とM_2の組み合わせという意味で（M_1, M_2）と、純粋な組織は（O_1, O_2）と表せる（図12.3）。

図12.3　中間組織

決定原理 \ メンバーシップ	M_2 自由な参入・退出	$M_2 + O_2$	O_2 固定的・継続的関係
M_1 個人利益・効用最大化	市場 (M_1, M_2)		
$M_1 + O_1$		中間組織	
O_1 権限・責任による命令			組織 (O_1, O_2)

出所：今井ほか（1982）p.140 図8-1に基づいて作成

純粋な市場の典型例は、インターネット上のオークション・サイトで見られるように、売り手と買い手が自由に参入と退出ができ、各自が価格シグナルを活用しつつ個人的な利益や効用を最大化することを目指している状態である。その対極にあるのが純粋な組織で、参入・退出が一定程度制限された固定的・継続的な関係にある人々が、組織における権限と責任に基づいて、意思決定・行動を行っている。

　純粋な市場・組織を両極として、決定原理・メンバーシップそれぞれの次元で中間形態が存在する（M_1+O_1およびM_2+O_2）。たとえば、トヨタと新日本製鐵の間の長期継続的な取引関係は、基本的には参入・退出の自由を原則としつつも、過去の歴史的な経緯から固定的・長期的な関係が継続するものと互いに期待している。また、技術力の高い承認図方式部品サプライヤとの関係は、長期固定を原則にしつつも、完成品メーカーがサプライヤを入れ替えたり、部品メーカーが取引のなかった完成品メーカーと新たな取引関係に入ったりすることがありうる。

　あるいは、完成品メーカーが、サプライヤや素材メーカーに対して完全な技術スペックで発注するのではなく、「曖昧な発注」（清 1990）を行うこともある。たとえば、自動車メーカーから鉄鋼メーカーに対する要望は、製造・加工や仕上がりの条件といった「問題の所在」を提示するだけで、その解決方法は鉄鋼メーカーに任せている（清 1990 p.218）。しかも、鉄鋼メーカーは、自動車メーカーからの要望に応じるための技術開発などの必要経費を請求しない例が多い。こうした、メーカー・サプライヤ関係は、個人利益の追求（M_1）と権限・責任による命令（O_2）の中間形態である。

　市場取引と垂直統合のメリット・デメリットは表裏一体の関係であるため、中間組織を上手に活用できれば、市場と組織それぞれのデメリットを抑えて、双方のメリットを享受することができる。ただし、市場・組織のデメリットを抑えながら、メリットを享受するのは容易ではない。一歩誤ると、メリットをまったく享受できず、両者のデメリットのみが作用することになりかねない。中間組織を活用するには、高度なマネジメントが必要とされる。

　中間組織のような垂直的な組織間関係のマネジメントと競争優位の関係については、次章において、製品分野（多角化）・活動範囲（垂直統合）の両者を総合する観点から改めて検討する。

〈参考文献〉

浅沼萬里（1984）「自動車産業における部品取引の構造―調整と革新的適応のメカニズム」『季刊現代経済』58 pp.38-48

網倉久永（1995）「情報組織化の分析―情報の流れと組織」高橋三雄・伊丹敬之・杉山武彦（編著）『意思決定の経済分析』有斐閣 pp.61-81

Coase, Ronald H.（1937）"The Nature of the Firm," *Economica* 4（16）pp. 386-405.

藤本隆宏（1995）「部品取引と企業間関係」植草益（編）『日本の産業組織』有斐閣 pp.45-72

Goldratt, Eliyahu M.（2004）*The Goal: A Process of Ongoing Improvement*（3rd ed）, Croton-on-Hudson, N.Y.; North River Press.（三本木亮訳（2001）『ザ・ゴール―企業の究極の目的とは何か』ダイヤモンド社）

Hayek, Friedrich A.（1945）"The Use of Knowledge in Society," *American Economic Review* 35（4）pp.519-530.（「社会における知識の利用」田中真晴・田中秀夫（編訳）（1986）『市場・知識・自由―自由主義の経済思想』ミネルヴァ書房 pp.52-76）

今井賢一・伊丹敬之・小池和男（1982）『内部組織の経済学』東洋経済新報社

Milgrom, Paul and John Roberts（1992）*Economics, Organization and Management*, Englewood Cliffs, N.J.; Prentice-Hall.（奥野正寛・伊藤秀史・今井晴雄・西村理・八木甫訳（1997）『組織の経済学』NTT出版）

Polanyi, Michael（1958）*Personal Knowledge: Toward a Post-Critical Philosophy*, Chicago, Illinois; University of Chicago Press.（長尾史郎訳（1985）『個人的知識―脱批判哲学をめざして』ハーベスト社）

Polanyi, Michael（1966）*The Tacit Dimension*, London; Rutledge and Kegan Paul.（佐藤敬三訳（1980）『暗黙知の次元―言語から非言語へ』紀伊國屋書店）

清晌一郎（1990）「曖昧な発注、無限の要求による品質・技術水準の向上―自動車産業における日本的取引関係の構造分析序論」中央大学経済研究所編『自動車産業の国際化と生産システム』中央大学出版部 pp.193-240

武石彰（2003）『分業と競争―競争優位のアウトソーシング・マネジメント』有斐閣

von Hippel, Eric（1994）"'Sticky Information' and the Locus of Problem Solving: Implications for Innovation," *Management Science* 40（4）pp.429-439.

Williamson, Oliver E.（1975）*Markets and Hierarchies: Analysis and Antitrust Implications*, New York; Free Press.（浅沼萬里・岩崎晃訳（1980）『市場と企業組織』日本評論社 1980）

〈ケース〉シルク・ドゥ・ソレイユ[*1]

「太陽のサーカス」

　2008年10月1日、東京ディズニーランドの隣に巨大なサーカステントの形をした「シルク・ドゥ・ソレイユ・シアター東京」がオープンした。

　フランス語で「太陽のサーカス」を意味する「シルク・ドゥ・ソレイユ（Cirque du Soleil）」は、1984年にカナダのモントリオールで創業し、従来のサーカスとは一線を画すユニークなサーカス集団として、世界各地で好評を博してきた。日本でも「サルティンバンコ」（初演92年）、「アレグリア」（同94年）、「キダム」（同96年）、「ドラリオン」（同99年）、「コルテオ」（同2005年）、「デリリアム」（同06年）、「クーザ」（同07年）などの演目が上演されてきた。これらの演目は、世界各地を移動しながら上演を続ける「ツアーショー」と呼ばれるショー形態である。

　それに対して、「常設ショー」と呼ばれるショー形態では、専用劇場を建設して同一ショーを繰り返し上演する。シルク・ドゥ・ソレイユ・シアター東京は、日本国内では最初、世界で7番目の専用劇場で、この劇場のために用意されたショー「ZED（ゼッド）」が上演されている。

「ラスベガスの集客装置」

　シルク・ドゥ・ソレイユの2007年度売上高は6億3,000万ドル（約630億円：以下、為替レートは1ドル100円で換算）、すでに世界210都市で公演を行い、累計観客動員数は7,000万人を上回っている。米国ラスベガスでは、100億円を超える建設費を投じて専用劇場を設け、「O（オー）」や「Ka（カー）」といった常設ショーを上演している。シルク・ドゥ・ソレイユのダニエル・ラマー社長は、年間4,000万人といわれるラスベガス訪問客の5％がカジノではなくシルク・ドゥ・ソレイユのショーが目当てだとして、「我々は、ラスベガスのトラフィックビルダー

[*1]──本例の記述には、以下の記事を参照している。
「シルク・ドゥ・ソレイユ　ディズニー感服の創造力」『日経ビジネス』2008年10月20日号 pp.40–44
「『企業』としてのシルク・ドゥ・ソレイユ」日経ビジネスオンライン
〈http://business.nikkeibp.co.jp/article/manage/20081006/172776/〉

（集客装置）として認められている[*2]」と語っている。

事実、常設ショー「Ka」の場合、シルク・ドゥ・ソレイユを誘致したMGMグランド・ホテルが、専用劇場建設に1億3,500万ドル（約135億円）を投じている。また、日本でも、オリエンタルランドが、「ディズニーランドの主流顧客である家族連れや若いカップルとは違う客層を呼び込める」として、ディズニーランド開設25周年の目玉としてシルク・ドゥ・ソレイユの専用劇場を誘致し、シアター建造費用140億円を共同で投じている。

シルク・ドゥ・ソレイユのチケットは平均1万5,000円前後で販売されており、一般のサーカスを大きく上回っている。チケットが高額であるにもかかわらず、高い集客力を誇っているのは、ひとえにコンテンツ水準の高さゆえである。

ショー開発には、常設ショーの場合で4,000万ドル（約40億円）、ツアーショーの場合で2,000万〜2,500万ドル（約20億〜25億円）を投じるといわれているが、ラマー社長によるとショー開発のコストは「通常1〜2年で回収できる[*3]」という。

シルク・ドゥ・ソレイユのショーでは、奇抜な衣装に身を包み、独特のメイクアップを施したパフォーマーが、大がかりな舞台装置上でトランポリン・空中ブランコなどのサーカス的要素の高い演技を繰り広げる。しかし、シルク・ドゥ・ソレイユのショーには、一般のサーカスとは違い一貫したテーマとストーリーがあり、サーカスを楽しむというよりは、オペラやミュージカルを鑑賞する感覚のほうが近いといわれる。

動物なし、セリフなし、スターなし

シルク・ドゥ・ソレイユのショーと一般のサーカスとの違いとして、動物・セリフ・スターの有無が指摘される。

ライオンや象などの動物は、観客の注意を引きつけやすいため、サーカスの重要な構成要素とされてきた。しかし、飼育に手間がかかる一方で、ショーでの登場時間は長くない。独自のテーマとストーリーを重視するシルク・ドゥ・ソレイユのショーには、動物は登場しない。

また、ストーリーは登場人物の動作・表情・音楽・照明などで伝える

[*2] 『日経ビジネス』2008年10月20日号 p.41
[*3] 『日経ビジネス』2008年10月20日号 p.43

ことを原則としているため、基本的に登場人物にはセリフがない。「ノンバーバル（言葉によらない）」と呼ばれるショー形式であるがゆえに、上演する国が異なってもショーの内容に手を加える必要がなく、同一演目を様々な国に簡単に「移植」できる。

さらに、シルク・ドゥ・ソレイユの出演者の中には特定の「スター」はいない。出演者は人目を引く衣装に身を包み、顔が判別できないほど厚いメイクアップを施しているため、誰がどの役を演じているのか、簡単には見分けがつかない。これは、作品の世界観を強調するためであると同時に、出演者の交代を容易にするという意味も持っている。知名度の高いスターに依存してショーを組み立てると、スターの怪我や病気といった不慮の事態が発生した場合には、上演自体が危ぶまれることさえありうる。

ノンバーバルなパフォーマンスによって、世界観やテーマ・ストーリーを伝えなければならないため、「パフォーマー」と呼ばれる出演者には高い運動能力と芸術性が求められる。パフォーマーの中には、オリンピック出場経験者などの一流アスリートも少なくない。現在、シルク・ドゥ・ソレイユのパフォーマーは全世界で1,000人程度で、うち50％がスポーツ選手出身、35％がダンサー、15％が他のサーカス経験者であるという。約20人の専任スカウトが、人材発掘のためにオリンピックなどの国際イベントに出向いている。

新入団員は、原則として、モントリオール郊外にある国際本部で基本的なトレーニングを受ける。トレーニングは、ショーの基本動作を習得する「アクロバティック」と、顔の表情・感情表現・メイクアップ技法などを学ぶ「芸術」の2種に大別され、約100人の指導者が半年程度かけてノウハウを伝授していく。国際本部では常時数百人のパフォーマーがトレーニングを受けており、25カ国語が飛び交うといわれているため、多数の通訳スタッフも常駐している。

ダンスや振り付けだけでなく、メイクアップもトレーニングの重要な要素である。パフォーマーの顔が判別できないほどの奇抜なメイクアップは、シルク・ドゥ・ソレイユ作品を特徴づける要素である。パフォーマーには、自分自身でメイクアップを完璧にマスターすることが期待されている。1時間以上かかるメイクアップを、使う材料が細かく指定されたマニュアルを忠実に守りながら、手順を覚えるまで何度も練習し、

2〜3週間かけて習得していく。

内製へのこだわり

　シルク・ドゥ・ソレイユの国際本部は、入団したパフォーマーが最初にトレーニングを受ける場所であるだけでなく、ショーを構成するすべての要素が作り出される場所でもある。ここでは、ショーの内容が形づくられるだけでなく、舞台装置や出演者の衣装も内製されている。

　国際本部には、ショーで使われる衣装や靴などを内製する工房が設置され、400人以上の専門職人が働いている。帽子や靴なども含めると、年間に使用するコスチューム・アイテムは2万5,000点を上回り、その大部分がこの工房で製作されている。また、空中ブランコなどの舞台装置も、年間1,000万ドル（約10億円）を投じて、日々改良を重ねている。

　シルク・ドゥ・ソレイユに入団したパフォーマーの最初の仕事は、自身の詳細な寸法データを測定することである。身長・体重・足の大きさ・首まわりなど、100カ所近くにわたって採寸する。衣装用の採寸だけでなく、帽子やかつらの製作に必要な頭部の「顔型」、いわゆる「デスマスク」も製作される。こうして採寸されたパフォーマーひとりひとりの寸法データは、パフォーマー名・出演しているショー・役柄・身体データ・衣装データの識別子をつけて、データベースで管理される。顔型や足型は、帽子・かつら・靴などがすぐに製作できるように、ショーごとにまとめて保管されている。

　舞台衣装の製作場所は、国際本部のアトリエ棟と呼ばれる建物に集約されている。棟内は、頭部（かつら・帽子・マスク）・脚部（靴）・衣装・小道具などのパートごとの工房に分かれている。

　靴工房では、30人前後の職人が年間に3,000足の靴を製作している。靴は、既製の市販品に様々な装飾を施していく方法か、まったく新たに製作する方法かの2種類の作り方をしている。どちらの方法を採用するかは、ディレクターのイメージに合わせて決めているが、ほとんどの場合、ゼロベースで製作するという。

　靴の製作は、型製作・裁断・縫合など段階ごとに完全な分業体制が取られている。詳細なマニュアルが用意されているため、ベテラン靴職人だけでなく、経験の浅い職人でも作業に戸惑うことはない。まったくのゼロベースから製作する場合でも、数時間で1足が完成するという。

かつら・帽子・マスクなどパフォーマーの顔にまつわるアイテムは、観客の目を引き、舞台衣装の中でも特に重要な部分であるだけに、素材からデザインの細部にわたって丹念に作り込まれている。役柄ごとに帽子やかつらなどのデザインは決まっているが、舞台上で激しい動きをするため、パフォーマーひとりひとりにフィットしたサイズでなければならない。デスマスクに薄い膜を張りつけ、その上にかつらを重ねるための印を付けていくという地道な作業が必要になる。こうした作業は、パフォーマー1人当たり5～6時間程度かかるものの、ショーの製作過程でデザイナーがコンセプトを変更することもあるため、何度も作り直すことも珍しくないという。また、パフォーマーの体型が変わってしまうと、顔の大きさも微妙に変化するので、その度に微調整が必要になる。

　かつらや帽子と同様、ショーの世界観を表現するためにはコスチュームは重要な要因である。コスチューム工房では、3つのショー単位で6～12人のチームが製作を担当している。製作プロセスは、デザイン・パターン作成・裁断などの作業ごとに担当者が割り当てられ、コスチューム1点ごとに製作方法が詳細に記されたマニュアルが整備されている。

　コスチュームには、ショーの世界観を視覚的に伝えるという役割のみならず、パフォーマーの運動を支える機能性も求められている。アクロバティックな演技をサポートする衣装は、伸縮性などから、部位によって使うべき繊維が異なってくる。また、紐やボタンなどの取り付け方を誤ると、演技に集中できないだけでなく、危険でさえある。コスチューム作成マニュアルには、使うべき生地、繊維の裁断方法、紐やボタンの取り付け方などが詳細に規定されており、コスチュームに変更が加えられると、その度に情報がアップデートされている。

　シルク・ドゥ・ソレイユでは、コスチュームに使う生地も内製している。染色も国際本部内の工房で行われており、年間に使う生地は、長さに換算すると50キロメートル以上になるという。

　シルク・ドゥ・ソレイユが衣装の大半を内製している理由は二つあるといわれている。第1に、ショーの品質を高めるためである。靴・かつら・帽子・衣装などのコスチューム・アイテムは、舞台装置と並んで、ショーの世界観・テーマを表現するために最も重要なアイテムである。ビジュアルなインパクトが強いだけでなく、運動機能にも優れたコスチュームを製作するノウハウは、シルク・ドゥ・ソレイユにとってコア・

コンピタンスの一つである。

　また、ショーの開発中には、デザイン変更もしばしば行われる。ショーの開発・パフォーマーのトレーニング・衣装製作のすべてが1カ所で行われていることで、こうした変更に迅速に対応しやすくなる。

　第2の理由は、内製したほうがコストを抑制できるからだという。パフォーマーは人間の身体能力の限界に挑むような演技を繰り広げるため、衣装の消耗も激しく、破損してしまうことも珍しくない。ショーの品質を維持するためには、予備の衣装を準備しておく必要があるが、衣装はパフォーマーにフィットするよう「オーダーメイド品」として作られているので、予備アイテムの作成・保管には労力とコストがかかる。また、出演者の病気や怪我などから、急遽代役を立てる場合には、新しい出演者向けのコスチューム・アイテムが一式必要になる。

　確かにコスチュームの製造段階だけを考えると、人件費の安い地域の企業に外注したほうが、コストを削減できるだろう。しかし、2万5,000点以上のアイテムを、全世界1,000人のパフォーマーごとに個別に管理することを考えると、衣装製作を外注するよりも、内製したほうがトータルではコストを抑制できるという。

　シルク・ドゥ・ソレイユでは、パフォーマーひとりひとりの寸法データやコスチューム・アイテム1点ごとのデータを、すべて一括してデータベースで管理している。ツアー中であっても、衣装の補修が必要になったら、関連部署にパフォーマーのデータを送信し、新たな衣装を発注できるシステムを完備している。また、製作方法についてはマニュアルが完備され、製作者はそれを忠実に再現するように指導されているため、どの職人も一定品質の衣装を製作することができる。前述したとおり、ショーの進行はノンバーバルで、パフォーマーは顔が見分けられないほど厚いメイクアップを施し、新しい衣装を短時間で補充できる体制が整っているため、パフォーマーの交代も容易になる。

　内製にこだわることによってコストを抑制しつつ様々なリスクへの対応力を高め、世界中で上演されるどのショーも一定の品質レベルを保つことができる。ここに、シルク・ドゥ・ソレイユの強みがある。

第13章
企業活動領域の設定と再構成：活用と蓄積のダイナミズム

　第3部では、全社戦略の中心的なトピックとして、製品分野と活動段階の観点から企業の活動領域について検討してきた。ここまでの議論では、製品分野・活動段階のいずれについても、基本的に拡張することを前提にしてきた。製品分野の拡張が「多角化」（第10章、11章）、活動段階の拡張が「垂直統合」（第12章）である。これに対して、製品分野の縮小は何と呼ぶべきだろうか。また、活動段階の縮小は何と呼ばれるだろうか。

　第10章で言及したMarkides（1995）では、多角化度の減少を「再焦点化（refocus）」と命名しているものの、その表現が一般に受け入れられているとは言い難い。また、英文文献では、垂直統合（vertical integration）の対概念として'vertical disintegration'が古くから用いられている（Stigler 1951）。ただし、その訳語については、「垂直分解」（Langlois and Robertson 1995; 邦訳 2004）、「垂直分裂」（丸川 2007）など複数が提唱されており、一般に受け入れられている定訳は未だに確立していないと考えられる。

　製品分野や活動段階の縮小に関する議論は十分に行われておらず、多角化や垂直統合と対になる概念の用語さえ定まっていないように思われる。本章では、これまでの多角化・垂直統合の議論を踏まえて、製品分野・活動段階の拡張・縮小を包括的に扱える概念を導入し、全社戦略に関する議論を改めて見直してみたい。

1—企業活動領域

1.企業活動領域の変動

　全社戦略において、これまで基本的に「拡張」方向のみが取り上げられてきたのは、経営戦略論、特に全社戦略の議論が発展してきた歴史的なタイミングによる要因が大きい。経営理論はその時々の経済的・社会的要因の影響を強く受ける。たとえば、第11章で取り上げた製品ポートフォリオ・マトリックス（PPM）の基本的な考え方は、1970年代の米国での経済状況を反映している。PPMでは、市場成長率について、慣習的に年率10％が高低の区切りとされてきた。しかし、近年の日本や米国など成長率の低下している国々の市場では、その妥当性は疑問視される。

　経済全体が右肩上がりで成長している状況では、産業界の関心は多角化や垂直統合に向かいやすい。取り扱う製品範囲を拡大することで売上や利益を拡大でき、活動段階を広げることでより多くの付加価値を取り込むことができる。経営理論は、産業界での実務や関心を反映しやすいため、高成長期には、製品分野にせよ、垂直的な活動段階にせよ、縮小方向の議論については注意が向けられてこなかった。

　一方、経済全体が縮小してくると、多角化・垂直統合が必ずしも有利とは限らなくなり、事業売却や撤退などのニュースが目につきやすくなる。多角化・垂直統合とは逆方向の動きについて、議論を体系的に整理する必要があるものの、現時点では、多角化や垂直統合の対概念の名称についてさえ合意を見いだすのが困難な状況である。

　そこで、本章では、製品分野・活動段階の縮小拡大を包括的に議論するために、「企業活動領域（corporate activity domain）」という概念を導入したい。

　企業活動領域は、製品分野と活動段階の2次元で構成されている。水平方向に企業が事業構成に組み込んでいる製品分野を取り、垂直方向に企業が自ら手がける活動段階を取ることによって、特定企業の活動範囲を2次元で示すことができる（図13.1）。図13.1では、企業活動領域変動の例として、当初、製品Bの製造のみを手がけていた企業が、多角化によって水平的に製品分野を拡大するとともに、垂直統合によって垂直的

図13.1 企業活動領域

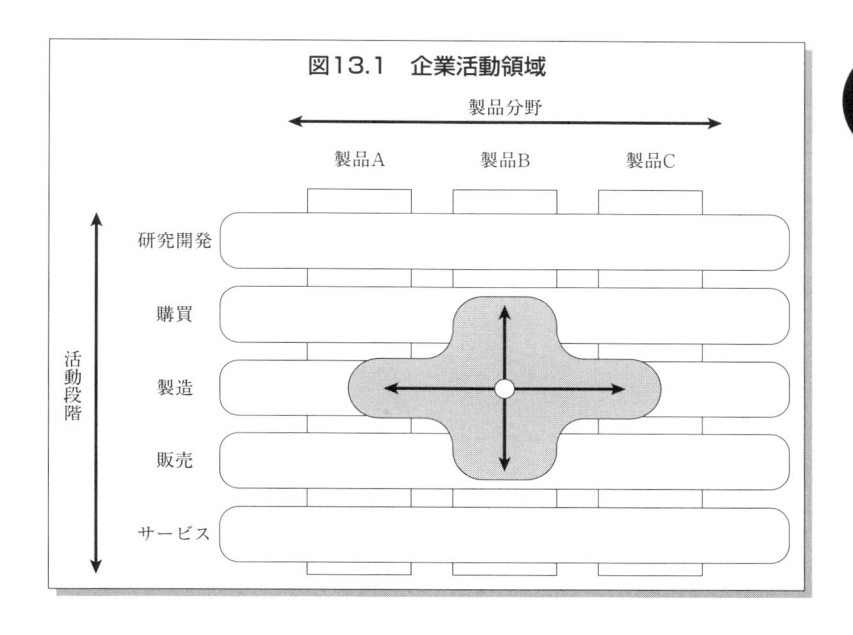

（製品分野：製品A、製品B、製品C／活動段階：研究開発、購買、製造、販売、サービス）

にも活動範囲を拡大していることが示されている。

企業活動領域は、個別の事業部（製品分野）や職能部門（活動段階）を越えて、企業全体として手がける活動の範囲を示している。企業活動領域では、従来の多角化は企業活動領域の「水平的拡大」、逆にMarkides（1995）の「再焦点化」は「水平的縮小」と表現することができる。また、従来の垂直統合は「垂直的拡大」、その対概念は「垂直的縮小」となる。

図13.1は特定の企業ではなく、一般的な製造業を想定して描かれている。実際に特定企業に関する企業活動領域を図示しようとすると、それぞれの企業に応じた水平次元・垂直次元を選択する必要がある。水平方向の製品分野（事業分野）をどのように区分し、グルーピングするのか、あるいは垂直的な活動段階に何が含まれるのか、各企業の実態に合わせて検討すべきである。

2.企業活動領域の設定

各企業が、水平・垂直方向にどこまでをその活動領域とすべきかについては、(1)提供している製品やサービスの技術特性や、市場におけるシナジー効果などによって決定される「活動集約のメリット」と、(2)活動

第13章 企業活動領域の設定と再構成：活用と蓄積のダイナミズム

主体間での情報の非対称性や、取引主体の機会主義の程度などによって決定される「活動コーディネーションのコスト・労力」の両者を総合することで決定される。

たとえば、自動車部品の製造を例に考えてみよう。部品メーカーは、技術的な類似性やシナジー効果などの点でメリットがある場合、取扱製品範囲を拡大することを検討する。複数の製品分野を手がけることでシナジーが発生するのであれば、企業は活動領域を水平的に拡大し、逆に保有資源や独自能力が生かせないほど多角化が行き過ぎてしまった場合には、水平的に活動領域を縮小する。

また、特定の自動車部品について、規模の経済や経験効果などの点、あるいは技術ノウハウなどから部品メーカーに生産活動を集約させることが有利であれば、完成車メーカーは部品を内製するのではなく、部品メーカーから購入したほうが有利である。ただし、部品の外部調達に伴って、取引コストを典型例とする、活動コーディネーションのコストが発生する。こうした活動集約のメリット、複数主体間でのコーディネーションのコストを総合して、特定企業の垂直的な活動領域が決まる。

水平・垂直のいずれにせよ、企業活動領域の設定には、技術や市場などの外部要因の影響が働く。たとえば、三輪（2001）は、半導体製造の微細加工技術や設計ツール・製造装置などの技術的要因、特にその急速な進歩が、市場の需要構造の変化と相まって、半導体産業における競争優位のあり方をドラスティックに変革してきたことを指摘している。汎用DRAM需要が急速に拡大した1980年代半ばには、半導体製造技術を強みとする日本企業がグローバルにシェアを拡大した。しかし、90年代以降、ASIC（Application Specific Integrated Circuit）やシステムLSIと呼ばれる用途別の半導体の需要が各種分野で成長した。

半導体設計と製造が技術的に切り分けられるようになってきたことを背景に、米国半導体企業は、自らは半導体設計に専念する一方で、半導体製造を「ファウンドリー」と呼ばれる、台湾を拠点にした製造請負専門企業に外部委託するようになった。たとえば、米国のベンチャー企業であったクアルコムは、携帯通信のコアチップの製造を台湾のTSMCに委託して、大きな成功を収めた。需要と技術の変化を背景に、米国半導体企業はシェアを拡大し、86年に日本に譲った世界シェア1位の座に返り咲いた。

図13.2　アパレル業界

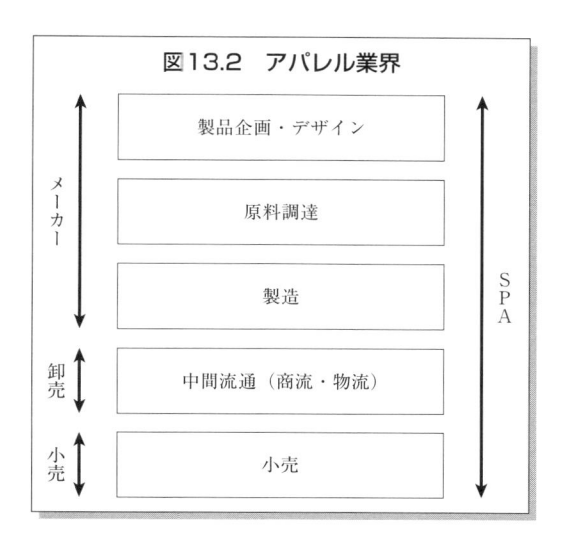

メーカー
- 製品企画・デザイン
- 原料調達
- 製造

卸売
- 中間流通（商流・物流）

小売
- 小売

SPA

　企業活動領域は、技術や市場などの外部要因だけでなく、企業が保有する経営資源や独自能力、またそれらを背景として選択される戦略などの影響も受ける。たとえば、アパレル業界では伝統的なメーカー・流通（卸売・小売）という業態と、「SPA」と呼ばれる業態とが混在している（図13.2）。

　米国のGAPや日本のユニクロを代表例とするSPAは、自社で企画・デザインしたアパレル製品を自社ブランドで販売することから、「製造小売業」などとも訳される。アパレル業界では、デザインやサイズのバラエティを取りそろえる必要があるため、取扱アイテム数が多くならざるを得ない。その一方で、需要を事前に予測するのが難しいため、売れ残りが発生しやすい。小売店で売れ残った商品は、卸売業者・メーカーに返品することが業界慣行として認められていた。何段階もの中間流通業者が関与する複雑な流通構造は、売れ残りのリスクを多数の関係者でシェアするための仕組みでもあった。しかし、返品を前提とした商習慣のもとでは、返品分の損失を補うために価格を引き上げる必要がある（石倉 2002; 月泉 2009）。

　垂直的に活動領域の広いSPA業態では、何段階にもわたる卸売業者が関与しないため、中間マージンを排除し、いわゆる「中抜き」が可能になる。しかし、中間マージンを排除して、低価格を実現するための方策はSPA業態の採用だけではない。小売業のしまむらでも、「返品なし」を条件にメーカー・卸売業者と取引をすることで、低価格での商品仕入れを実現している（石倉 2003; 月泉 2009）。さらに、しまむらの藤原秀次郎前社長は、取扱製品のバラエティを確保するために、SPA化による垂直統合に乗り出す意図はないことを明言している[*1]。

　川上の製品企画から川下の小売までを自社で手がけるSPA[*2]では、売れ

---
*1──「人物─編集長インタビュー 藤原秀次郎氏［しまむら社長］─店を真似ても仕組みはできぬ 小売業が工場持つ必要ない」『日経ビジネス』1996年6月10日号 pp.56-60

残りのリスクは単独で負担しなければならない。また、しまむらでも、メーカー・卸売業者に対する返品を行わないため、売れ残りのリスクが大きくなる。ユニクロとしまむらは、リーズナブルな価格設定を実現するために売れ残りのリスクを自ら負担している点は共通している。しかし、売れ残り商品を可能な限り少なくするための方策はまったく異なっている。

　ユニクロでは、比較的広い顧客層に支持されやすいように取扱製品を、同社が「ベーシック・カジュアル」と命名したカテゴリーに限定している。アイテム数の抑制は、生産規模拡大による低コスト実現の主要因となるだけでなく、売れ残りリスクの回避にも重要な役割を果たしている。ただし、アイテム数を抑制すると「他人とは違う装いがしたい」という顧客の要望に応えることが難しくなる。

　しまむらでは、この点を重視して自らを小売業と位置付け、店舗オペレーションの標準化によって低コスト化を実現しつつ、多数のアパレルメーカーと取引することで、取扱アイテム数を多数取りそろえることが優先されている。仕入れた商品を売り切るために、アイテムごとの取扱数量を抑制する一方で、自前の物流システムを活用して店舗間で高頻度にローテーションさせることによって、「売り場の鮮度」を保ち顧客の購買意欲を刺激すべく努力している。

　ユニクロとしまむらが昨今のアパレル業界での「両雄」と称されていることは、個別企業にとって望ましい活動領域は、市場や技術などの外部要因のみによって定まるのではなく、各企業が保有する経営資源や組織能力、あるいは採用する戦略によっても影響を受けることを端的に示している。

2──企業活動領域の再構成：
　　経営資源・組織能力の活用と蓄積

　前節では、水平・垂直いずれの方向についても、「活動集約のメリッ

＊2──SPA企業でも、川上から川下まですべてを自ら手がけるわけではなく、実際には製造や物流などはアウトソースしているケースが多い。ただし、外部委託先に完全に任せきるわけではなく、たとえばファーストリテイリングでは「匠プロジェクト」と称する、品質管理の専門家を委託先工場に派遣し、委託先の品質管理に深くコミットする活動が行われている（石倉 2002）。

ト」と「活動コーディネーションのコスト」を総合して、競争優位に結びつく場合には、その活動を自ら手がけ、企業活動領域に含めるべきであることを指摘した。この議論は、競争優位の実現という観点からのもので、競争優位の持続という観点からは、時間要因を取り入れた異なるタイプの議論が必要となる。

　競争優位が、市場で容易に調達できる資源に基づくものであるとしたら、ライバルは容易に模倣でき、競争優位は短期間で競争均衡へと変化しやすい。たとえば、インテルなどの半導体メーカーからマイクロ・プロセッサを調達しているパソコン業界において、マイクロ・プロセッサの処理能力の高さだけを訴求することで競争優位を維持することは難しい。

　競争優位を持続させるためには、競争優位の源泉にライバルが容易にアクセスできないことが肝要である。「VRIOフレームワーク」（Barney 1997）が主張するように、競争優位をもたらす資源や能力の稀少性が高く、模倣可能性が低ければ、競争優位は持続的となる。ただし、ここで注意しなければならない点は、価値が高く、稀少で、模倣可能性の低い資源や能力の獲得・蓄積には時間とコストが必要となる点である。

　競争力には、製品の価格や品質といった顧客が直接目にできる「表層の競争力」と、それを舞台裏で支える「深層の競争力」とがある（藤本 2003）。生産コストやリードタイムなど製造現場における「深層の競争力」が、市場における製品の魅力である「表層の競争力」を支えている。また、組織文化や改善の仕組みといった「組織能力」が「深層の競争力」の維持に貢献している。「深層の競争力」を支える組織能力の構築・変革は、一朝一夕では実現できない。「表層の競争力」を舞台裏で支える「深層の競争力」、さらには深層の競争力の中核を構成する「組織能力」の獲得には長い時間が必要になる。その一方で、「深層の競争力」や「組織能力」は、短期的な収益との関係が強くはない。顧客の目に見える表層の競争力は収益性に直結しやすいが、それを支える深層の競争力・組織能力の高さは必ずしも収益には直結しない。わが国の製造業では、多くの企業が、生産現場での「ものづくり」組織能力の高さと収益性の低さのギャップに悩んでいる。独自資源・能力の蓄積・獲得には、比較的長い時間と少なからぬコストが必要な一方で、目先の利益（短期的な競争優位）には直結しない場合が多い。

　長期間にわたって持続する競争優位のためには、短期的な効率性を犠

第13章 企業活動領域の設定と再構成：活用と蓄積のダイナミズム

性にしてでも、重要な活動を自ら手がけることで、将来の競争優位の源泉となる経営資源・組織能力を獲得・蓄積する必要がある。たとえば、自動車メーカー各社は、電気自動車や燃料電池車などの「次世代自動車」での実用化を目指して、電池やモーターなど、現時点で商品化されている自動車には必ずしも必要とされない技術開発に多くの技術者と多額の資金を投入している。だが、こうした先行投資によって蓄積した資源・能力が、競争優位をもたらすかどうか事前に予見できるわけではない。資源・能力の蓄積努力は、将来、確実に実を結ぶとは限らない一方で、短期的な収益性を確実に低下させる。資源・能力の短期的な活用と長期的な探索・蓄積は両立が難しい経営課題である（March 1991）。

しかも、市場の需要構造や技術の変化などから、過去から蓄積してきた資源・能力の有効性が長続きするとも限らない。たとえば、アナログ方式のテレビでは、表示装置（ブラウン管や液晶）が最終製品の性能・品質を決定的に左右していた。特にブラウン管の開発・製造には、高度な技術ノウハウと大規模な製造設備が必要であり、容易に参入することができなかった。完成品市場ではライバル関係にあるサプライヤからブラウン管を購入していたシャープにとって、自社が得意とする液晶へとテレビの主流を転換していくことは悲願とさえ呼べるチャレンジであった。

ブラウン管をライバル社から購入していたシャープにとって、目先の四半期だけを考えたら、テレビの液晶化に取り組むのではなく、ブラウン管テレビのアセンブラとして地道なコスト削減や販売拡張に取り組むほうが、有利だったかもしれない。だが、「液晶のシャープ」をスローガンに掲げ、研究開発・製造設備への大規模投資を続けることで、液晶をテレビの主流に押し上げ、同社のブランド「アクオス（AQUOS）」が薄型テレビの代名詞と呼ばれるまでになった。

しかし、近年、技術のデジタル化によって、テレビは「すり合わせ」型から「組み合わせ」型の製品となり、液晶技術に傑出しているだけでは、市場で評価されなくなってきた。米国のVIZIOに代表されるような、液晶パネルや画像処理チップ、チューナーチップなどの主要部品を外部から大量に購入し、製造はエレクトロニクス製品の受託製造を専門に行うEMS（Electronics Manufacturing Service）に委託することで低コストを実現し、それを武器に米国のウォルマート（Walmart）のような強力な販売力を持つ大規模小売チェーンで大量に販売するというビジ

ネス・モデルが成立するようになってきた。

　2009年5月の『日経ビジネス』には、「激安デジタルの脅威：液晶テレビは誰でも作れる」と題した特集記事が掲載されている。11万9,800円のソニー製32型液晶テレビと比べても、画質では一般の消費者は気にならない程度の差しかないと評価されている液晶テレビを、ベンチャー企業のダイナコネクティブは4万9,800円で販売している。同社の金鳳浩社長は、「ブラウン管の技術開発が必要だったアナログと違い、デジタルテレビは簡単に作ることができる。パソコンと同じように、液晶パネルと電源コード、信号処理基板といった部品をそろえれば、一般ユーザーでも自作できるかもしれない」と語っている。

　液晶パネルや信号処理基板といった主要部品・コンポーネントが市場で調達できるようになり、その性能が向上してきたことで、大画面・高精細な液晶テレビを目指して主要コンポーネントを自社開発・生産してきたシャープに代表されるような「垂直統合型」ビジネス・モデルの優位性は徐々に脅かされつつある。

　性能・品質の点で、市場で調達した標準的なデバイス・コンポーネントを組み合わせたテレビと、主要部品の研究開発を自ら手がけて、独自の設計ノウハウで品質を「作り込んだ」テレビとの差が縮まってくると、消費者には価格の違いが強く認識されるようになる。これまでテレビ製造の経験を持たないベンチャー企業や新興工業国のエレクトロニクス企業であっても、デバイスやコンポーネントに最先端の技術を体化させるサプライヤの技術力や、驚異的な低コストで生産するEMS企業の生産能力を活用して、品質の点で大きく見劣りしない製品を、低価格で市場に提供することが可能になる。逆に、垂直統合型のビジネス・モデルを採用している既存のテレビメーカーは、研究開発投資の負担や、巨大EMSと比較すると自社生産設備が小規模にならざるを得ないことなどから、身軽な新興国企業やベンチャー企業と比較すると、製品の価格競争力はどうしても見劣りすることになってしまう。

　技術や市場などの制約条件が許すのであれば、独自資源・能力の内部蓄積よりも外部資源・能力の活用を選択したほうが短期的な財務パフォ

[*3]──「Vizio 格安テレビ業者が北米首位に立てた理由」『日経エレクトロニクス』2007年10月8日号 pp.89–94
[*4]──『日経ビジネス』2009年5月18日号 pp.24–38
[*5]──『日経ビジネス』2009年5月18日号 p.29

ーマンスを向上させやすい。しかしながら、そこで実現される表層の競争力は、深層の競争力や組織能力に裏打ちされていないため長期的な持続は困難である。競争優位の長期的な持続のためには、重要な資源・能力を完全に依存することも、反対にすべてを自らの内部に蓄積することも得策ではない。競争優位の源泉は時間の経過とともに変化するため、外部環境条件の重大な変化に直面した場合には、資源・能力の蓄積・活用という観点から、どの活動を自ら手がけ、どの活動は手がけるべきではないかを検討し直し、企業活動領域を再設定する必要が出てくる。

3──企業の境界・活動の境界・知識の境界

1.動態的取引費用

　Langlois and Robertson（1995）は、企業は(1)「本質的コア（intrinsic core）」と「補助的ケイパビリティ（ancillary capability）」という二つの要素から構成されると主張している。本質的コアは、特定の資源や能力の組み合わせによる「特異的シナジー（idiosyncratic synergy）」によって形成される。特定の資源・能力を特定のやり方で組み合わせることによって発生するシナジー効果ゆえに、本質的コアの構成要素である資源や能力は、異なった活動主体が別個に保有するよりも、組み合わせて保有されたほうが高い価値をもたらす。「資源・能力の束」としての本質的コアは、他社による模倣は困難で、市場を通じた調達の対象となりにくい。

　本質的コアは競争優位の中核であり、その周辺に補助的ケイパビリティが存在する。補助的ケイパビリティは特異的ではなく、それらを体化した製品・サービスを市場で調達できる場合が多い。補助的ケイパビリティを自社内に保有し、その能力を生かした活動を自ら手がけるべきか否かは、内部的に補助的ケイパビリティを蓄積していくためのコストと、外部から製品やサービスとして調達するためのコスト、すなわち「動態的取引費用（dynamic transaction cost）」との比較によって決定される。

　補助的ケイパビリティは市場調達が可能であるため、必要なタイミングで必要なだけ外部市場で調達できれば、資源・能力の獲得・蓄積のた

めのコストを負担する必要がなくなるので好都合である。しかし、たとえば情報の非対称性などの理由で、有利な条件で調達できない場合がしばしばある。外部調達の際に不利になることが予想されるのであれば、たとえ市場調達が可能な財・サービスであっても、それを支える資源・能力を内部に蓄積しておく必要がある。

　第12章で検討した取引コストは、特定の財・サービスを内製するか市場調達するかの決定を、ある一時点で左右するという意味で「静態的」な概念であった。それに対して、ダイナミックな取引コストは、特定時点で既存の資源・能力を活用するだけでなく、時間の経過に伴って各経済主体の保有する資源・能力が変化することを前提にした動態的な概念である。ダイナミックな取引コストは、資源・能力蓄積のための労力を誰が負担するべきか、また自社が蓄積してこなかった資源・能力をどれだけ活用できるかに大きく影響する要因である。

　企業は、資源・能力の「組み合わせの妙」によって発生するシナジー効果を競争優位の源泉にできるように、本質的コアを構成する活動については内部化しておかなければならない。補助的ケイパビリティについては、特定の資源・能力を自社内に蓄積し活用するためのコストと外部調達にかかわるダイナミックな取引コストを比較考慮して、前者が後者を下回るのであれば、その資源・能力に基づいた活動は企業自らが手がけるべきであり、そうでなければ外部化すべきである。

2.様々な境界の関係

　取引コストの経済学では、企業の活動境界、本章でいう企業活動領域が必ずしも「法人としての企業」の境界と一致しないことが議論されている。M&Aなどによる取引相手の内部化、すなわち垂直統合は、取引費用節約のための有力な選択肢であるが、取引費用節減の手段は他にもありえる。たとえば、第12章で議論したように、日本の自動車産業における系列部品取引慣行においては、法人としては別企業であっても、あたかも単一の組織であるかのような振る舞いを見せる「準組織」が観察される。こうした中間組織の存在は、企業活動領域が必ずしも法人としての企業の境界と一致していなくてもよいことを示している。

　静態的な取引費用の議論から、企業活動領域と企業の境界は必ずしも一致しないことを導き出せるのと同様に、動態的取引費用の議論から

第13章 企業活動領域の設定と再構成：活用と蓄積のダイナミズム

は、企業活動領域と「知識の境界」はかならずしも一致している必要はないという帰結を導くことができる（武石 2003）。ダイナミックな取引費用を節約できるのであれば、重要な組織能力、すなわち特定の活動を効果的・効率的に実行するための知識を、必ずしも自社内に蓄積しておく必要はない。

ダイナミックな取引費用は、技術や市場などの外部要因によっても決定されるが、サプライヤなど外部プレーヤーとの関係性のマネジメント能力によっても大きく左右される。こうした関係性マネジメント能力を高めることによって、ダイナミックな取引費用を削減することが可能になり、競争優位の源泉となりうる重要な組織能力の開発を他者に委ねることも可能になる。

たとえば、第12章の表12.1に示した、自動車メーカーの調達先比率を見ると、企業ごとに大きな差異が見られる。部品調達数量をベースにした場合、1999年時点で、系列外調達比率が最も低いのはトヨタ（24％）で、逆に最も高いのは三菱自動車（74％）であった。トヨタは部品全体の76％を内製しているか系列部品メーカーから調達しているのに対して、三菱自動車は74％を外部調達している。部品調達比率の企業間差異には、各企業に固有な要因、たとえば生産方式に関するポリシーや、創業以来の歴史的な経緯、工場の立地条件などが影響を及ぼしているが、それ以上に大きな影響を及ぼしているのは、部品メーカーとの関係性マネジメント能力であると考えられる。

伊丹・千本木（1988）では、日本の自動車産業における部品購買慣行を「見える手による競争」と表現している。いわゆる「系列取引」では、少数の系列サプライヤから部品を調達している。売り手が少数だと、暗黙の結託が形成されやすく、機会主義的行動が観察されやすいため、買い手の価格交渉力は低下しやすい。売り手は、情報の非対称度をより一層高めようと、技術の「ブラックボックス化」を試みる。こうした状態では、買い手にとってダイナミックな取引コストは高くなってしまう。

見える手による競争と呼ばれる状態は、少数のサプライヤに重要な部品・コンポーネントの供給を依存しつつも、完成車メーカーが一方的に不利にならないように工夫するなかで実現したと考えられる。表13.1に示したような、「オーバーラップ供給体制」とも呼ばれる発注体制によ

表13.1 「オーバーラップ供給体制」仮設例

	ダッシュボード	インストルメントパネル
車種1	A社	B社
車種2	B社	C社
車種3	C社	D社

出所：伊丹・千本木（1988）p.150の記述を一部変更して作成

って、サプライヤ間での一定の競争圧力を確保している。

特定車種の特定部品（車種1のダッシュボード）の発注先は1社もしくはごく少数のサプライヤに限定するが、車種ごとに発注先を変える。ただし、サプライヤが範囲の経済性を活用できるように、ダッシュボードとインストルメントパネルのように類似性の高い複数の部品・コンポーネントについて、車種ごとにサプライヤをずらしながら発注するのが、オーバーラップ供給体制の特徴である。

こうした発注パターンによって、特定部品・コンポーネントの技術を複数のサプライヤが保有することで、サプライヤ間で技術やノウハウの共通化が促進される。その一方で、複数サプライヤ間での潜在的な競争圧力も確保できるため、重要な技術・ノウハウを依存しつつも、サプライヤによる機会主義的な行動のリスクを低減させることが可能になる。さらに、部品納入条件を工夫するなどによって、成果シェアリングのインセンティブを完成車メーカーが提供することで、サプライヤによるイノベーションが促進され、サプライヤとの間に長期継続的な協力関係が維持される。

オーバーラップ供給体制を構築したり、成果シェアリングのインセンティブを適切に提供することができれば、重要な部品・コンポーネントの技術開発をサプライヤに依存しても、完成車メーカーが不利になることは少ないだろう。見える手による競争によって、サプライヤによるイノベーションを促進し、その成果を活用することが可能になる。

ただし、こうしたダイナミックな取引費用削減が難しいことは、容易に想像できる。完成車メーカーは部品技術を深く理解し、量産時のコスト低減のダイナミクスを適切に推定したうえで、サプライヤを一方的に搾取するのではない関係を築き、なおかつサプライヤが機会主義的行動を取らないようなインセンティブを提供する必要がある。こうした点について武石（2003）は、組織間分業における知識のマネジメントでの三つのジレンマを指摘している。

武石は、自動車メーカーの新製品開発プロセスの調査に基づいて、(1)自動車の新製品開発では、「部品知識」と呼ばれる特定部品に固有の知

第13章 企業活動領域の設定と再構成：活用と蓄積のダイナミズム

識と、他の部品とのかかわり方に関する「統合知識」との二種類の知識が重要であり、(2)自動車メーカーが外部サプライヤに委ねる開発業務について高い知識を持つほど開発成果が高いことが報告されている。

ただし、(1)短期的効率だけを考えれば、自動車メーカーは統合知識だけを保有し、部品知識はサプライヤに任せたほうが有利であるが、新しい技術を取り入れる革新的な開発プロジェクトでは部品知識も備えておく必要がある。その一方で、(2)部品知識と統合知識の知識レベルを同時に高めることは困難であり、なおかつ(3)サプライヤに業務を任せれば任せるほど、自動車メーカーの知識は減衰していく。こうした3点、すなわち(1)短期的効率と長期的蓄積とのトレードオフ、(2)部品知識と統合知識の同時向上の難しさ、(3)実際に活動せずに知識を獲得・維持することの難しさが、分業体制下での知識のマネジメントにおけるジレンマと呼ばれている。

重要な部品・コンポーネントの開発をサプライヤに任せつつ、部品知識・統合知識のいずれも維持・向上させることは困難であるが、実現不可能な課題ではない。エンジニアのローテーションやキャリアパスを工夫することなどで、これらのジレンマを克服することができれば、ダイナミックな取引費用を節約でき、たとえ重要な活動であっても必ずしも自ら手がける必要はなくなる。関係性マネジメントの仕組みや能力が整っていれば、「業務、取引における企業の境界（task partitioning, task boundary）と知識における活動の境界（knowledge partitioning, knowledge bounday）は一致しない」（武石 2003 p.231）のである。

また、中川（2011）は、ハードディスク・ドライブのヘッド部品メーカーであるTDKが、活動領域をヘッドに限定しながらも、知識領域を拡張することによって競争優位を獲得した事例に基づいて、部品メーカーの立場から同様な現象を分析している。

企業活動領域の設定・再構成は、短期と長期、資源・能力の活用と蓄積、競争優位の実現と維持というトレードオフ関係にある経営課題と密接に関連している。短期的には、競争優位を実現すべく、既存の資源・能力を最大限活用できるような企業活動領域が設定される。しかし、長期的には、時間の経過とともに変化する諸要因に適合すべく、新たな資源・能力を蓄積していく必要がある。第10章で言及したダイナミック・シナジーの議論が示すように、(1)保有資源や能力は戦略選択に影響し、

(2) どのような戦略を選択するかが、意図的・偶発的の二つのルートを通じた資源蓄積に影響する。

　資源・能力の蓄積は、事前に予想していなかった偶発的な出来事に対応したり、予期せぬ失敗から学習したりする創発的プロセスを経てなされることもある。資源・能力の蓄積・獲得プロセスで創発的要因が作用することから、企業活動領域を適切に再構成していくためには、高度な経営判断が必要とされる。

　外部の環境条件の変化に応じて新たな資源・能力を開発・活用していく「動態的能力」は、競争優位の持続性を大きく左右する。しかしながら、過去から引き継いできた組織能力の変革は容易ではなく、価値の高い資源や優れた組織能力を保有すること自体が、時として新たな能力構築や能力体系の組み替えを阻害する原因となることもある。

　次章では、本書全体のまとめとして、これまでの議論を振り返りつつ、競争優位の持続という観点から、戦略の策定プロセスについて改めて検討する。

〈参考文献〉

Barney, Jay B. (1997) *Gaining and Sustaining Competitive Advantage*, Reading, Massachusetts; Addison-Wesley Publishing Company.（岡田正大訳（2003）『企業戦略論―競争優位の構築と持続』ダイヤモンド社）

藤本隆宏（2003）『能力構築競争―日本の自動車産業はなぜ強いのか』中公新書

藤本隆宏・武石彰・青島矢一（編）（2001）『ビジネス・アーキテクチャ―製品・組織・プロセスの戦略的設計』有斐閣

石倉洋子（2002）「ビジネス・ケース ファーストリテイリング―「ユニクロ」成長神話の終焉と新市場への挑戦」『一橋ビジネスレビュー』50（1）pp.178-201

石倉洋子（2003）「ビジネス・ケース しまむら―ローコストオペレーションの確立と新業態の開発」『一橋ビジネスレビュー』51（2）pp.140-157

伊丹敬之・千本木修一（1988）「見える手による競争―部品供給体制の効率性」伊丹敬之・加護野忠男・小林孝雄・榊原清則・伊藤元重『競争と革新―自動車産業の企業成長』東洋経済新報社 pp.144-172

Langlois, Richard N. and Paul L. Robertson（1995）*Firms, Markets and Economic Change: A Dynamic Theory of Business Institutions*, London; Routledge.（谷口和弘訳（2004）『企業制度の理論：ケイパビリティ・取

引費用・組織境界』NTT出版）
March, James G.（1991）"Exploration and Exploitation in Organizational Learning," *Organization Science* 2（1）pp.71-87
Markides, Constantinos C.（1995）*Diversification, Refocusing, and Economic Performance*, Cambridge, Massachusetts; The MIT Press.
丸川知雄（2007）『現代中国の産業―勃興する中国企業の強さと脆さ』中公新書
三輪晴治（2001）「半導体産業におけるアーキテクチャの革新―ビジネス・アーキテクチャの仕掛け合い」藤本隆宏・武石彰・青島矢一『ビジネス・アーキテクチャ―製品・組織・プロセスの戦略的設計』有斐閣 pp.73-100
中川功一（2011）『技術革新のマネジメント』有斐閣
Stigler, George J.（1951）"The Division of Labor is Limited by the Extent of the Market," *The Journal of Political Economy* 59（3）pp.185-193.
武石彰（2003）『分業と競争―競争優位のアウトソーシング・マネジメント』有斐閣
月泉博（2009）『ユニクロvsしまむら』日経ビジネス人文庫

終章
経営戦略の策定・実行プロセス

　第1章でも述べたとおり、本書では、経営戦略を「企業が実現したいと考える目標と、それを実現させるための道筋を、外部環境と内部資源とを関連づけて描いた、将来にわたる見取り図」と定義している。ただし、戦略は、一連の経営活動に一貫性をもたらすロジックとしての「基本方針・見取り図」であり、何らかの実体として存在するとは限らない。

　経営活動に一貫性をもたらすロジックは、活動に先立つ計画として「事前に」策定されることもあれば、諸活動の結果として「事後的に」形成されることもある。本書は初学者向けのテキストであることから、説明を単純にするために主に「事前計画としての戦略」という立場から、第1部で競争戦略について、第2部で全社戦略について、それぞれの基礎的概念・分析フレームワークを紹介してきた。

　本章では、これまでの入門段階から議論を次のステップに進めることを念頭に、「事前計画としての戦略」という立場からは捉えきれない現実について検討したい。特に、戦略策定・実行・再検討という一連のプロセスに着目して、競争行動の中から創発的に形成されていく「事後的パターン」としての戦略に関して改めて議論する。

1ー事後的パターンとしての戦略

1.創発的戦略形成プロセス

　「事前計画としての戦略」という考え方に立つと、「将来的な道筋・シナリオ」として機能するためには、戦略が実際の競争行動に先立って存在する必要がある。行動に先立って、全社戦略のレベルで、全社的な活

経営戦略の策定・実行プロセス

動領域を定め（企業ドメイン・多角化・垂直統合）、競争戦略のレベルでは、個別事業分野で競争優位（低コスト・差別化・顧客価値）を実現すべく、戦略計画が策定されることを想定している。計画としての戦略が有効であるためには、全社・事業・機能の各レベルでの計画内容の一貫性が高く、外部の環境要因（業界構造・製品ライフサイクル・競争ポジション）と適合的でなければならない。また、事前計画としての戦略は、実行時の指針として機能するために、できるだけ明確であることが望ましい。第1章で取り上げたヤマト運輸の宅配事業への参入は、事前に綿密で明確な戦略計画を策定していた好例である。

だが、日本企業を観察していると、こうした意味で「理想的」な戦略を持つケースはまれであるように思われる。日本企業の経営目標は、売上や利益などの細かい数字か、抽象的な理念や理想の両極に振れる傾向があり、ゴールやそこに至る道筋としての戦略を対外的に明示している企業は多くはない。もちろん、ライバル企業との競争を考慮して、戦略を対外的に公表しないケースもあるだろう。しかし、こうした事情を考慮しても、日本企業の経営活動については、どのような目標やゴールを、どのように実現していくかという、シナリオや道筋が見えにくい。

戦略方針が見えにくい原因の一つは、多くの日本企業において、創発的な戦略形成に重きがおかれ、事前計画としての戦略を明示的・詳細に策定しようとする意識が薄いからではないだろうか。たとえば、第1章で取り上げたホンダの北米モーターサイクル事業の事例に見られる戦略は、行動に先立って策定された詳細で綿密な事前計画というよりも、時々の状況変化に対応していくプロセスの中から「創発的」に形成された行動パターンであると理解するほうが適切である。

当初は「北米に進出する」ことだけが決まり、主力車種を何にするか、どのような顧客セグメントをターゲットにするのかといった詳細な戦略方針は、紆余曲折を経て決定されていった。ホンダの北米モーターサイクル事業の展開を振り返ると、スーパーカブの販売による初期の成功は、偶然の産物にすぎないかもしれない。しかし、ホンダの北米モーターサイクル事業の成果を「単なる幸運にすぎない」と片づけることはできない。予想外の「怪我の功名」によってスーパーカブが売れたことで、ホンダは手軽な移動手段として小型モーターサイクルへの潜在的な需要が存在することを理解した。その後、ホンダは意図的にターゲット

を設定し、ターゲットに適したマーケティング・ミックスを明示的に構築していった。北米の小型モーターサイクル市場がほぼ消滅した今日でもなお語り継がれている「ナイセスト・ピープル・キャンペーン」は、こうした意図的な戦略行動が結実した成果であろう。

2.創発プロセスの二面性：事後的合理性と予測可能性

　創発的な戦略形成プロセスでは、時々の偶発的な要因の影響から、当初の意図とは異なった目的が設定され、当初は意図していなかった戦略行動が実行されることが多い。競争行動に着手する前に、明確なゴールや目標を設定し、それらを達成するためのシナリオを詳細に定めるのではなく、「とりあえず」始めてみて、時々の偶発的な要因を取り込みつつ、一連の競争行動の中からゴールに至るシナリオとしての戦略が見えてくるのが創発プロセスの特徴である。偶発要因は事前には予見できないため、創発的戦略形成プロセスを事前に計画しておくことは難しい。

　創発的に形成される戦略方針は、結果が出た後から振り返ってみると、理に適っていたという意味で「事後的に合理的」であっても、事前に定めた目的自体が変わってしまう可能性が高いため、「事前に設定した目的に照らして合理的」であるとはいえないことが多い。創発的に形成される戦略は、事後的合理性が高い一方で、事前（目的）合理性は必ずしも高くない。そのため、「現在」から「過去」に時間をさかのぼって、創発プロセスを説明することは可能であっても、時間軸を逆方向に「現在」から「将来」へと向かって予見することはきわめて難しい。

　ホンダの北米事業に関して、結果が確定してから時間を過去にさかのぼって「実現された戦略」を確定し、その良否を検討することは可能である。しかし、北米モーターサイクル事業に着手した時点で、創発的プロセスの帰結としてどのような戦略が実現されるのか、また、その「実現される戦略」の結果を予見することは、ほぼ間違いなく不可能である。

　創発的に形成される戦略は、過去からの歴史的な経緯に大きく左右されるという意味で「経路依存的（path dependent）」であり、またそれぞれの企業に個別的である。創発的戦略は、結果が確定してから「後知恵（hindsight）」として、競争優位の源泉を指摘することはできても、事前計画としては「無謀」としか見えない場合もある。

　たとえば、ホンダは、1959年に月産３万台の生産能力を持つ鈴鹿工場

を建設している。当時の資本金は14億円で、70億〜100億円ともいわれる鈴鹿工場への投資は「身の丈に合わない」大規模なものであった。しかも、当時の国内市場での年間総需要が50万台程度であり、前年に発売したスーパーカブがヒットしているとはいえ、国内需要の7割に迫る製造能力を有する工場建設は無謀であるとの声も聞かれた。

　だが蓋を開けてみると、1959年のホンダの総販売台数は28万5,000台、うちスーパーカブが16万8,000台であった。スーパーカブ以前には、ホンダで最も人気のある車種でも、日本国内市場で年間3万台程度の販売規模しかなかったことを考えると、スーパーカブのヒットがいかに驚異的であったかが分かる。また同時に、そのヒットが鈴鹿工場への大規模投資によって支えられていたことも理解できる。

　ホンダの鈴鹿工場への大規模投資は、結果的に、スーパーカブの低コスト生産を可能にし、国内市場だけでなく北米市場におけるホンダの競争優位の源泉の一つとなった。だが、鈴鹿工場への投資決定時に、北米市場でスーパーカブが主力車種になることを予見していたわけではなかっただろうし、北米モーターサイクル市場でコスト競争力を背景に競争していくことを意図していたわけでもないだろう。

3.創発的な戦略形成・実行プロセス

　戦略が創発的に形成・実行される場合、様々な出来事を事前に予見し、完全な見取り図を描いて、意図したとおり行動しているわけではない。創発性を重視する経営スタイルに対して、「何の見通しもなく、ゴールや目的さえも定かでないままで、単に目先の出来事に対して"場当たり的"に反応しているにすぎない」と批判されることが多い。

　しかし、この批判は必ずしも正しくはない。戦略が創発的に形成されてきた事例でも、行動に先立ってゴールや目標が設定され、そこに至るシナリオが、計画としての精粗の差はあっても、事前に準備されていることが多い。ただし、戦略の実行過程で、様々な状況変化に応じて、ゴールに到達するためのシナリオは変更され、時にはゴールや目的自体が変化してしまうことさえありうる。

　奥村（1989）は、「分析型戦略」と「プロセス型戦略」とを対比させ、それぞれが有効に機能する条件を指摘している。事前計画としての戦略という側面を重視する分析型戦略が有効に機能するためには、(1)外部環

境の不確実性が低く、(2)戦略決定者が戦略代替案をすべて列挙でき、代替案を採用した場合の結果も予測できる、(3)組織メンバーが提示された戦略を計画通りに実行できる、という条件がそろっている必要がある。

　環境の不確実性が高まると、こうした前提条件が満たされなくなる。そのような状況では、「事前にラフなシナリオを描きつつも、トライ・アンド・エラーを繰り返し、そこから有効な戦略のコンテントを創出し、それを蓄積しながら次第にその戦略コンセプトを精緻化する」(奥村 1989 p.38) というプロセス型戦略の有効性が高まる。事後的なパターンとしての戦略という側面を重視するプロセス型戦略は、以下のような特徴を有している。(1)経営戦略を、企業が環境と相互作用を行うプロセスの産物と捉える、(2)経営戦略は、トップ・マネジメントだけでなく、組織メンバー全員を含んだ組織の内部プロセスから生み出されると捉える、(3)戦略の策定と実施は不可分なダイナミックなプロセスと捉える。

　高度成長期から1980年代後半までの、日本企業が高い競争力を誇った時期には、日本企業における戦略は創発的に形成・実現されてきたものが主流であった。たとえば、Nonaka (1988) では、日本企業の経営実践の観察を通じて、ミドル・マネジメントがイニシアティブをとり、トップ・マネジメントや部下を巻き込んで大きな流れを形成していく、「ミドル・アップダウン・マネジメント」のプロセスを描いている。そこでは、トップ・マネジメントには、挑戦的な課題を設定することで意図的に不均衡を作り出し、自律的ダイナミズムを加速する役割が期待されている。あるいは、沼上・軽部・加藤・田中・島本 (2007) では、競争力の高かった時点での日本企業のイメージは、「終身雇用あるいは長期的雇用の下で発達する『共同体』的な従業員たちの中で、コアとなるミドル・マネジメントが戦略の策定と実行の両面で互いに協力し合いながら仕事を進めていく。またトップ・マネジメントは、そのように行動するミドルたちに大まかな方向性を示しながらも、行動の自由度を大幅に与え、自由闊達な共同体の運営・発展を側面からサポートする」(沼上ほか 2007 p.3) というものであると指摘している。

　日本企業の経営者の多くは、詳細な事前計画を策定するよりも、創発的に戦略を形成・実行していくほうが有効であると考えてきたように見受けられる。経営者の間には、「日本企業の競争力は、組織内の濃密な相互作用を通じて、新鮮で豊富な現場情報をベースとした創発戦略を生

み出し、皆が強いコミットメントをもってその創発戦略を実現することで支えられてきた」(沼上ほか 2007 p.207) という信念が共有されていたと考えられる。

外部環境の変化が激しく、不確実性が高い状況では、ゴールを固定し、自ら策定した計画に固執するよりも、状況変化に柔軟に対応していくほうが望ましい。創発的な戦略形成・実行プロセスでは、実行に先立って策定された戦略方針はあくまでも暫定的なものであり、予期せぬ偶発的事態に直面した場合には、事前計画に固執するのではなく柔軟に対応することが求められる。しかし、事前計画に「ある程度」は準拠しつつも固執せず、予期せざる事態に柔軟に対応して事後的合理的の高い結果を実現させるのは容易ではない。「準拠しつつも、固執せず」という、事前計画と実行との「つかず離れずの匙加減」は微妙であり、その実践は容易ではない。特に、事前計画が綿密で周到なものであればあるほど、「不即不離」の実践は一層難しくなる。

2──スキーマと組織能力

1.スキーマの逆機能

事前合理性と事後的合理性との接合が難しい大きな理由の一つは、われわれ人間の認知能力が制限されていることに求められる。

人間が物事を認識する能力には限界がある。たとえば、意味のない数字の羅列を「暗記」できるのは7桁程度が限界であるといわれ、しかもその記憶の持続時間も数十秒程度とされている。情報処理能力が制限されているため、人間は外部からの刺激のすべてに反応することはできない。認知能力の制約から、われわれは「当たり前のこと」を疑うのは苦手になる。ここに、事前計画と事後的合理性の接合が困難な原因を求められる。人間は外界からの刺激のすべてに反応することはできないし、外界からの刺激に関する記憶を永続させることもできない。しかし、外部からの刺激が「意味あるもの」になると状況は異なってくる。ランダムな数字を丸暗記するのは苦手な一方で、「語呂合わせ」で記憶した年号や電話番号などは長い年月を経ても容易に思い出すことができる。

認知能力が限られている人間は、外部の世界と対峙する際に「あるが

まま」を虚心坦懐に認識するわけではなく、そこに何らかの意味を見いだして、処理能力を「節約」しようとする。たとえば、「カクテルパーティ現象」として知られているように、どんなに騒がしいパーティ会場でも会話できるのは、話し相手の言葉だけに集中し、それ以外は雑音として「フィルター」にかけているため、意識しないからである。パーティ会場では、聞き取るべき音声である対話相手の発言と、それ以外の「ノイズ」を無意識のうちに選別している。

同様なことが、記憶の再現に関する実験でも確認されている。チェス盤面に配置された駒を記憶して再現する実験で、実際の対戦局面を見た場合、チェス上級者は初心者に比べて再現成績が優れていた。しかし、駒がランダムに配置された場合、上級者の成績は逆に振るわなかった（Chase and Simon 1973）。チェス上級者にとって、「意味をなさない駒配置」は記憶しにくく、再現しにくい。このことは、いったんある「ものの見方」に準拠して外界に意味を付与すると、それを離れて新しい視点を採用するのは容易ではないことを意味している。

外界の事象に意味を付与する「ものの見方」は、「パラダイム」や「スキーマ」などと呼ばれる。パラダイムとは、「企業内の人びとに共有された世界観、ものの見方であり、共通の思考前提、思考の枠組み、方法論である」（加護野 1988a p.18）。また、「認識図式」とも訳されるスキーマとは、人間が事物を認識する際に利用している「体制化された知識」（加護野 1988b p.64）である。

加護野（1988b）や沼上・淺羽・新宅・網倉（1992）では、認知心理学などの議論を援用して、企業や組織におけるパラダイムやスキーマについて検討している。たとえば、加護野（1988b）では、スキーマは、(1)情報処理の軽減、(2)探索の効率化、(3)推論や問題解決の促進、(4)外界の予測可能性の向上という役割を果たしていることが指摘されている（加護野 1988b pp.67–70）。また、沼上ほか（1992）では、戦略策定者が準拠する思考の枠組みを「戦略スキーマ」と呼び、ライバルとの競争という学習プロセスを通じて戦略スキーマがより効果的なものへと彫琢されていくプロセスを議論している。

戦略策定者は、特定の認識枠組みに準拠するがゆえに、潜在的には無限に多様でありうる外部環境を、直接的に相互作用する環境部分とそれ以外の要素とに構造化することが可能になる（榊原 1986）。パラダイム

経営戦略の策定・実行プロセス

終章

やスキーマなどの認識枠組みは、制限された認知能力の節約という順機能的に作用する一面がある一方で、過度の単純化を引き起こしたり、新しい情報の取り入れを制限するという逆機能もありうる。

たとえば、ヤマト運輸が個人向け宅配事業をスタートさせた時点では、「個人向け事業では利益は出せない」ことが業界の常識とされていた。大手輸送会社は、長距離トラック輸送に注力し、大量輸送によるコスト優位を実現するために、大型トラックや荷捌き所などに対して大規模な投資を行っていた。商業輸送に強みを持つ大手輸送会社にとって、個人向け市場は魅力の薄いセグメントであり、「個人向け市場は注目に値しない」ことが常識であった。ヤマト運輸が宅急便事業をスタートさせた後でも、同社が事業開始後5年目にして利益を計上するまで、ライバル各社は輸送事業のあり方に対する旧来通りのステレオタイプな見方を脱することはなく、個人向け市場に注意を払ってこなかった。

その後、個人宅配サービスに対する潜在需要が顕在化し、急速に成長しつつあることを認識したライバル各社が続々と個人向け宅配事業に参入したものの、ヤマト運輸からシェアを奪うのは容易ではなかった。反復的・定型的・大量の輸送需要を特徴とする商業輸送に慣れ親しんできた大手輸送会社にとって、電話と同じような「ネットワーク事業」として個別宅配事業を構想すること、いわば「点と点を結ぶ」大規模輸送事業から、全国規模の集配ネットワークを前提に「面で展開していく」小規模輸送事業へと戦略方針を転換することは難しかった。

戦略策定者が準拠しているスキーマは、過去に有効に機能したものほど変革していくことが困難になる。戦略の策定・実行プロセスにおいても、過去の成功が大きければ大きいほど、事前計画の有効性が高いものと判断されやすく、事前計画に「ある程度」は準拠しつつも固執せず、予期せぬ事態に柔軟に対応していくことは困難になる。

2. 資源・能力の制約

スキーマの逆機能といった認知上の制約だけでなく、過去から培ってきた組織能力や資源蓄積も方針変換の障害となりうる。すでに保有する強みを生かす方向で戦略方針を考えようとするのは自然な傾向である。たとえば、大規模設備を背景に大量輸送によってコスト優位を確立してきた大手輸送企業は、個人向け宅配事業においてもその強みを活用しよ

うと考えるだろう。しかし、外部の環境条件や新しい戦略方針が既存の強みと適合的でない場合、自らの強みに合致しない外部環境や戦略方針を避けることもありうる。既存の資源・能力は「組織慣性」の主要な原因の一つとなる。

スキーマが逆機能的に作用したり、資源・能力の慣性が作用することから、いったん確立された組織能力を変革していくことが困難になる場合がある（Prahalad and Bettis 1986; 加護野 1988b; Leonard-Barton 1992; 新宅・網倉 1998）。いわば「過去の成功に復讐される」ように、「適応は適応能力を締め出す（adaptation precludes adaptability）」（戸部・寺本・鎌田・杉之尾・村井・野中 1984 p. 246）ことがありうる。

Prahalad and Bettis（1986）では、企業レベルの準拠枠組みを「ドミナント・ロジック（dominant logic）」と呼び、その共通性や異質性で多角化した企業の業績を説明しようと試みている。特定の企業の中で、事業を成功に導くと考えられている「支配的論理（ドミナント・ロジック）」には硬直性があるため、新規事業でも同様の論理が適用されることが多い。本業で成功したドミナント・ロジックが適用できる新規事業の場合、多角化が成功する可能性が高い。しかし、本業とは異なる論理が必要とされる新規事業に進出すると、企業の業績にマイナスの影響を与える可能性が高い。たとえば、全国規模の集配ネットワークを「面で展開していく」ことが必要とされる個人宅配事業に、「点と点を結ぶ」大規模輸送事業で成功を収めてきた輸送大手が、規模の経済性を背景に低コストを武器に参入しても、成功を収めることはできなかった。

3.動態的能力

環境条件の変化に適応するという目的に対して逆機能的に作用することもありえるものの、スキーマや組織能力は競争優位の重要な源泉であり、これらを適切に組み替えていくことができれば競争優位を持続させることが可能になる。組織能力を向上・変化させていく能力である「動態的能力（dynamic capability）」（Teece, Pisano, and Shuen 1997）は、競争優位の持続にとって非常に重要な役割を果たしている。

藤本（2003）は、組織能力は「静態的能力」「改善能力」「進化能力」の３層をなしていると指摘する。静態的能力とは、特定の経営資源・知識・組織ルーティンの組み合わせによって、特定の活動を高いレベルで

経営戦略の策定・実行プロセス

繰り返し実現できる能力を指す。たとえば、トヨタが生産現場において、決まった手順に従って、定められた標準時間内で計画通りに日々のオペレーションを遂行し、ジャスト・イン・タイム生産を実現できることが典型例である。改善能力とは、生産現場の改善活動を通じてジャスト・イン・タイム生産方式の効率性や安定性を向上させていくように、静態的能力の水準を着実に向上させていく能力である。さらに、進化能力とは、静態的能力や改善能力の体系としての組織能力そのものを組み替えて、「能力を新たに構築していく能力」である。静態的能力が、生産性に関する目標をコンスタントに達成していける能力であるとすれば、改善能力はその目標値を向上させていく能力であり、進化能力は従来とはまったく異なる製品や工程を創り出す能力である。

外部の市場環境条件の変化に応じて、既存の能力体系を組み替えて、新たな能力を構築していく進化能力は「動態的能力」と呼ばれる。動態的能力には、個人向け宅配市場へのライバル各社の参入を受けたヤマト運輸が「2便制」を導入した事例に見られるように意図的な変革を計画・実行する能力だけでなく、ホンダの北米モーターサイクル事業の事例に見られるように失敗や偶発的な出来事などから創発的に学んでいく能力も含まれている。

スキーマや組織能力を柔軟に組み替え、予期せぬ事態に対応していくのは容易ではない。しかし、戦略策定と戦略実行を分離せず、一体的なプロセスとして捉えると、事前合理性と事後的の合理性とは相対するものではなく、補完的な役割を果たしていると考えることができる。

Burgelman（1983）や桑田（2006）が指摘するように、企業内部には相互に相容れない「ものの見方」や信念が複数存在している。戦略実行に先立って策定される事前計画とは整合的ではない、別種のスキーマが企業内には存在しうる。企業内部で、試行錯誤の自由度をある程度許容して、組織内で創発的に形成されてくる複数のスキーマや「ロジック」の相互作用を促進することができれば、事前計画に準拠しつつも、事前に想定しえなかった事態に柔軟に対応し、結果として事後的合理性の高い一貫した戦略を策定し実行していくことが可能になるだろう。

戦略の策定と実行は不可分なプロセスであり、そのプロセスの中で戦略を策定する能力、実行する能力を向上させていくことこそが、長期間にわたって持続する競争優位の源泉である。

創発的戦略形成・実行プロセスの問題点

　創発的な戦略形成・実行プロセスを効果的に実現するのは容易ではなく、理念形としての「ミドル・アップ・ダウン」や「オーバー・エクステンション」などが実現されている事例はそれほど数多くはない。逆に、今日の日本企業の経営をめぐっては、創発的なプロセスから派生する問題点が大きくクローズアップされている。

　ここでは、日本企業をめぐる問題点として指摘されている様々な現象の中から、(1)トップ・マネジメントの戦略的意思決定能力の減衰、(2)組織の〈重さ〉を取り上げる。

(1) トップ・マネジメントの戦略的意思決定能力の減衰

　日本企業の長期的業績低迷を受けて、戦略的な「意思決定の質」が大きな問題として、近年注目されるようになってきた。戦略的意思決定を主に担うのはトップ・マネジメントであることから、優れた戦略的意思決定を行えるトップ・マネジメントは企業にとって貴重な「資源」であり、主要な競争優位の源泉の一つとなりうることが指摘されている（網倉 2003; 延岡・田中 2002）。

　一方で、トップ・マネジメントの戦略策定能力の低さが、近年の日本企業の長期的な業績低迷の大きな要因の一つであるとも指摘されている（伊丹 1995; 三品 2004）。たとえば、伊丹（1995）では、日本の産業が大きな転換期にあり、従来とはタイプの異なるリーダーが求められているにもかかわらず、トップ・マネジメント人材のプールとなるべき世代の歴史的な「経験の幅と深さ」に起因する要因、さらには社長就任前のキャリアの問題から「トップ・マネジメントの供給不足」が観察されると指摘している。キャリアの問題とは、日本の経営システムの特徴とされる、コンセンサス重視・現場体験の重視・年齢による秩序への配慮といった要因から、昇進タイミングが遅くなっていることである。昇進タイミングの遅れによって、トップ・マネジメントの準備期間としての役員就任が遅くなるだけでなく、社長就任時の年齢も高くなる。必然的に社長在任期間も短くなり、社長という役割は適任者が順番に交代していく「普通のポスト」となっていき、必ずしも「質の高い戦略意思決定」を担える人材が、社長やCEOといった最高意思決定ポジションに就くわけではないと伊丹（1995）は指摘している。同様に、三品（2004）も、日本企業の長期的な業績低迷を「戦略不全」症候群と診

断し、その背景に社長在任期間の短縮化・事業経営責任者の管理職化といった、経営者の問題が存在することを指摘している。

日本企業の場合、創発的な戦略形成・実行プロセスを重視してきた傾向が強かったこともあり、事前に詳細な戦略計画を策定するのは不得手な企業が多い。創発的なプロセスにおいては、事前に設定していた目標やゴール自体が変わってしまうことがありうるため、事前計画として策定された戦略が適切なものであったかどうか、事後的に評価することは難しい。当初設定していた目標やゴールの達成が難しそうだと判断されると、目標やゴールが変更されてしまうのであれば、「失敗」という評価はありえない。そうなると、当初の戦略計画が適切であったかどうか、事後的に評価することが難しくなる。

創発プロセスを重視してきた企業において、事後的合理性の高い意思決定を創発的に行えるトップ・マネジメントの能力が低下すると、長期の企業業績に対して致命的な影響を与えることになりかねない。

(2) 組織の〈重さ〉

日本の企業組織では、大胆な経営方針転換の必要性を皆が口にするものの、実際の行動には結びつかず、内向きの調整ばかりに終始しているという事例が少なからず見受けられる。とりわけ大企業で働く人々は、組織が眼前に立ちはだかり、行く手を遮っているという感覚を一度ならず味わった経験があるだろう。

日本の企業組織においては、「ムラ」や「イエ」などにもたとえられる共同体的な性質の強さゆえに可能になる「阿吽の呼吸」の相互調整が、優れた戦略が創発的に策定・実行される一因となっている。その一方で、日本の企業組織には、一歩バランスが崩れると、「内部の対立を避けて調和を過度に強調し、問題のある人にも過度に配慮するという傾向が発達しすぎた組織、換言すれば『弛んだ共同体』に堕する可能性が十分に存在する」(沼上ほか 2007 p.14)。

沼上ほか(2007)では、事業部などの事業単位(business unit)を対象とした大規模な質問票調査に基づいて、組織の〈重さ〉について考察している。組織の〈重さ〉は、(1)内向き調整志向と(2)組織弛緩性を下位次元とする変数として操作化されている。

内向き調整志向は、(a)過剰な「和」志向と(b)経済合理性から離れた内向きの合意形成という2次元を集約したものである。また、組織弛緩性は、(c)「フリーライダー問題」と(d)「経営リテラシー不足」の2次元に分解することができる。

フリーライダー問題とは、自らは企業業績を高める努力を行わず同僚を批判するだけの「社内評論家」や、本来は自らが行うべき意思決定を部下に押しつける「丸投げ上司」などの「フリーライダー」が顕著に見られることをいう。また、経営リテラシー不足とは、優れた戦略と凡庸な打ち手を区別する「戦略審美眼」が低い経営管理者が多数存在する状態である。

　〈重い〉組織とは、(a)過剰なまでに調和が強調され、(b)市場での競争や顧客へ対応を二の次にしてまで、過去の経緯やメンツといった組織内部の「お家の事情」を重視し、(c)経営管理者の多くが批判するだけで当事者意識のないフリーライダーであり、しかも(d)多くの経営管理者が戦略審美眼を備えていない組織である。

　質問票調査の分析に基づいて、沼上ほか（2007）では、創発戦略を機能させている緊密な人的ネットワークが大きくなりすぎたり高齢化したりすると、組織階層上下での情報流が阻害され、内向き調整志向が強くなり、経営リテラシーが低下し、フリーライダーも増加することが指摘されている。緊密な社内ネットワークを有することで、創発戦略を機能させられる組織も、一歩バランスを崩すと、〈重い〉組織、弛んだ共同体に堕する可能性がある。

　組織の〈重さ〉を軽減するための処方箋として、沼上ほか（2007）では、事業部門責任者のリーダーシップを強化し、意思決定を集権化し、計画や規則を重視するといった、一定の範囲で個人の自由度を制限する方策が示唆されている。一般に、創発的な戦略形成・実行には、組織成員の自由度が高いことが望ましいと考えられているため、これらの方策は、創発的プロセスを阻害する可能性もありうる。

　日本企業の経営には、計画や規則に準拠しつつも縛られることなく、また組織ヒエラルキーに基づく垂直的なコミュニケーションと、ヒエラルキーにとらわれない水平方向への自由なコミュニケーションとを両立させ、組織の〈重さ〉を克服して創発プロセスを促進していく、高度な舵取りが求められている。

〈参考文献〉

網倉久永（2003）「日本企業の戦略策定能力」『マネジメント トレンド』8（1）pp.24-33

Burgelman, Robert A.（1983）"A Process Model of Internal Corporate Venturing in the Diversified Major Firm," *Administrative Science Quarterly*, 28（2）pp.223-244.

Chase, William G. and Herbert A. Simon（1973）"Perception in Chess," *Cognitive Psychology* 4（1）pp. 55-81.

藤本隆宏（2003）『能力構築競争――日本の自動車産業はなぜ強いのか』中公新書

伊丹敬之（1995）「トップマネジメントと企業の適応力」企業行動研究グループ編『日本企業の適応力』日本経済新聞出版社 pp.13-40

加護野忠男（1988a）『企業のパラダイム変革』講談社現代新書

加護野忠男（1988b）『組織認識論――企業における創造と革新の研究』千倉書房

桑田耕太郎（2006）「ストラテジック・ラーニング――戦略的変革の連続的側面」伊丹敬之・藤本隆宏・岡崎哲二・伊藤秀史・沼上幹（編）『リーディングス日本の企業システム第Ⅱ期第1巻 組織とコーディネーション』有斐閣 pp.22-35

Leonard-Barton, Dorothy（1992）"Core Capabilities and Core Rigidities: A Paradox in Managing New Product Development," *Strategic Management Journal* 13 pp.111-126.

三品和広（2004）『戦略不全の論理』東洋経済新報社

延岡健太郎・田中一弘（2002）「トップ・マネジメントの戦略的意思決定能力」伊藤秀史編著『日本企業変革期の選択』東洋経済新報社 pp.173-199

Nonaka, Ikujiro（1988）"Toward Middle-Up-Down Management: Accelerating Information Creation," *Sloan Management Review* 29（3）pp.9-18.

沼上幹・淺羽茂・新宅純二郎・網倉久永（1992）「対話としての競争――電卓産業における競争行動の再解釈」『組織科学』26（2）pp.64-79

沼上幹・軽部大・加藤俊彦・田中一弘・島本実（2007）『組織の〈重さ〉――日本的企業組織の再点検』日本経済新聞出版社

奥村昭博（1989）『経営戦略』日経文庫

Prahalad, C. K. and Richard A. Bettis（1986）"The Dominant Logic: a New Linkage between Diversity and Performance," *Strategic Management Journal* 7 pp.485-501

榊原清則（1986）「組織の環境認識の構造――ドメイン・ユニバースの理論」『組織科学』20（2）pp.52-62

新宅純二郎・網倉久永（1998）「戦略スキーマの相互作用――シャープの事業展開と戦略策定の参照点」『經濟學論集』64（2）1998 pp.2-24（加筆修正

の上、「戦略スキーマの相互作用─組織の独自能力構築プロセス」新宅純二郎・淺羽茂（編著）『競争戦略のダイナミズム』日本経済新聞出版社 2001 pp.27-64.として再録）

Teece, David J., Gary P. Pisano, and Amy Shuen (1997) "Dynamic Capabilities And Strategic Management," *Strategic Management Journal* 18 pp.509-533.

戸部良一・寺本義也・鎌田伸一・杉之尾孝生・村井友秀・野中郁次郎（1984）『失敗の本質─日本軍の組織論的研究』ダイヤモンド社

【さらなる学習のための参考文献】

本書の各章末の参考文献リストには、本文中で直接言及した文献のみを掲載している。ここでは、本書での学習を終えて、次のステップを目指す読者にとってのガイドとして、経営戦略論とその近接領域での主要な参考文献をリストアップしておく。

〈テキスト〉

淺羽茂・牛島辰男（2010）『経営戦略をつかむ』有斐閣

ゲマワット，パンカジュ（2002）『競争戦略論講義』（大柳正子訳）東洋経済新報社

石井淳蔵・加護野忠男・奥村昭博・野中郁次郎（1996）『経営戦略論（新版）』有斐閣

伊丹敬之・加護野忠男（2003）『ゼミナール 経営学入門（第3版）』日本経済新聞出版社

小川孔輔（2009）『マネジメント・テキスト マーケティング入門』日本経済新聞出版社

大滝精一・金井一頼・山田英夫・岩田智（2006）『経営戦略――論理性、創造性、社会性の追求』有斐閣アルマ

榊原清則（2002）『経営学入門（上・下）』日経文庫

〈古典的研究〉

アンゾフ, H. イゴール（2007）『アンゾフ戦略経営論（新訳）』（中村元一監訳・田中英之・青木孝一・崔大龍訳）中央経済社

浅沼萬里（著）・菊谷達也（編）（1997）『日本の企業組織――革新的適応のメカニズム』東洋経済新報社

チャンドラー Jr., アルフレッド D.（2004）『組織は戦略に従う』（有賀裕子訳）ダイヤモンド社

コース，ロナルド H.（1992）『企業・市場・法』（宮沢健一・後藤晃・藤垣芳文訳）東洋経済新報社

大河内暁男（1979）『経営構想力――企業者活動の史的研究』東京大学出版会

ポーター，マイケル E.（1999）『競争戦略論Ⅰ・Ⅱ』（竹内弘高訳）ダイヤモンド社

吉原英樹（1986）『戦略的企業革新』東洋経済新報社

〈組織能力〉

藤本隆宏（1997）『生産システムの進化論―トヨタ自動車にみる組織能力と創発プロセス』有斐閣

ハメル，ゲリー・C. K. プラハラード（1995）『コア・コンピタンス経営―大競争時代を勝ち抜く戦略』（一條和生訳）日本経済新聞出版社

レオナルド，ドロシー（2001）『知識の源泉―イノベーションの構築と持続』（阿部孝太郎・田畑暁生訳）ダイヤモンド社

〈日本の産業・企業研究〉

中央大学経済研究所（編）（1990）『自動車産業の国際化と生産システム』中央大学出版部

石原武政・石井淳蔵（編著）（1996）『製販統合―変わる日本の商システム』日本経済新聞出版社

伊丹敬之・加護野忠男・小林孝雄・榊原清則・伊藤元重（1988）『競争と革新―自動車産業の企業成長』東洋経済新報社

伊丹敬之・加護野忠男・伊藤元重（編）（1993）『リーディングス　日本の企業システム　第2巻　組織と戦略』有斐閣

伊丹敬之・加護野忠男・伊藤元重（編）（1993）『リーディングス　日本の企業システム　第3巻　人的資源』有斐閣

三品和広（2007）『戦略不全の因果―1013社の明暗はどこで分かれたのか』東洋経済新報社

〈技術経営〉

青木昌彦・安藤晴彦（編著）（2002）『モジュール化―新しい産業アーキテクチャの本質』東洋経済新報社

藤本隆宏（2001）『マネジメント・テキスト　生産マネジメント入門Ⅰ・Ⅱ（生産システム編、生産資源・技術管理編）』日本経済新聞出版社

延岡健太郎（2006）『マネジメント・テキスト　MOT［技術経営］入門』日本経済新聞出版社

小川紘一（2009）『国際標準化と事業戦略―日本型イノベーションとしての標準化ビジネスモデル』白桃書房

榊原清則（2005）『イノベーションの収益化―技術経営の課題と分析』有斐閣

新宅純二郎・許斐義信・柴田高（編著）（2000）『デファクト・スタンダードの本質―技術覇権競争の新展開』有斐閣

新宅純二郎・江藤学（編著）（2008）『コンセンサス標準戦略―事業活用のすべて』日本経済新聞出版社

新宅純二郎・柳川範之（編著）（2008）『フリーコピーの経済学―デジタル化とコンテンツビジネスの未来』日本経済新聞出版社

〈組織論〉

桑田耕太郎・田尾雅夫（1998）『組織論』有斐閣アルマ

沼上幹（2003）『組織戦略の考え方―企業経営の健全性のために』ちくま新書

沼上幹（2004）『組織デザイン』日経文庫

〈グローバル経営〉

浅川和宏（2003）『マネジメント・テキスト グローバル経営入門』日本経済新聞出版社

バートレット,クリストファー A.・ゴシャール,スマントラ（1990）『地球市場時代の企業戦略―トランスナショナル・マネジメントの構築』（吉原英樹監訳）日本経済新聞出版社

ゲマワット,パンカジ（2009）『コークの味は国ごとに違うべきか―ゲマワット教授の経営教室』（望月衛訳）文藝春秋

新宅純二郎・天野倫文（編著）（2009）『ものづくりの国際経営戦略―アジアの産業地理学』有斐閣

吉原英樹（2011）『国際経営　第3版』有斐閣

索　引

〈欧文〉

AIDA　153
AIDCA　153
AIDMA　153
C&C（Computer & Communication）　309
EMS（Electronics Manufacturing Service）　422
OEM（Original Equipment Manufacturing）　99, 115
PIMS（Profit Impact on Market Strategy）　196
PPM（Product Portfolio Management）→製品ポートフォリオ・マネジメント
PR　154
SCPパラダイム　71
SECIモデル　63
SPA（Speciality store retailer of Private label Apparel）　319, 419
SWOT分析　41
VRIOフレームワーク　58, 421

〈ア行〉

新しい産業組織論　71
暗黙知　63, 401
暗黙の結託（tacit collusion）　396
維持　370
移動障壁　49, 97, 99
意図された戦略　18, 54
イノベーションの採用者カテゴリー　270
イノベータ（innovator 革新的採用者）　269
　——のジレンマ（innovator's dilemma）　216
因果関係の曖昧性　56
インストールド・ベース（顧客基盤）　284
売り手（供給業者）の交渉力　71, 88
上澄み価格政策　267
営業キャッシュフロー　357
営業・販売部隊（セールス・フォース）　154
オーバー・エクステンション　335
オープン価格　157
オープン・システム　305

オピニオン・リーダー　271
卸売業者　74, 87, 121, 145, 156, 267, 419

〈カ行〉

改善能力　60, 439
買い手（顧客・流通業者）の交渉力　71, 85
外部環境　5
外部性（externality）　268
開放型チャネル政策　150
価格（Price）　138
価格センシティビティ　74
拡散型（linked）　345
学習アプローチ　54, 64
学習曲線（learning curve）　173
拡大　370
拡張されたライバル関係（extended rivalry）　71
過剰品質　203
価値　194
価値曲線（value curve）　214
価値創造　95
価値ネットワーク（value network）　216
価値マップ　194
　——のカテゴリー　201
価値連鎖（value chain）　11
活動集約　392
　——のメリット　417
活動の境界　424
金のなる木（cash cows）　363
貨幣価値変動　189, 259
可変費用（variable cost）　167
川上統合　86, 320, 389
川下統合　320, 389
完全競争　70
カンバン方式　58
関連型　345
関連比率　345
機会（Opportunities）　41
機会主義　396
　——的行動（opportunistic behavior）　393
規格　85

449

企業活動領域（corporate activity domain）　416, 425
　　——の設定と再構成　415, 420
企業＝資源観　44, 46
企業戦略　8, 294
企業ドメイン　9, 294, 298, 305, 306
　　——の機能　307
　　——の絞り込み　311
　　——の定義　312
企業の境界　424, 425
技術の「ブラックボックス化」　426
稀少性（Rarity）　58
既存企業間の対抗度（敵対関係）　71, 76
機能・サービスの束　140
機能戦略（functional strategy）　11
機能部門　8
規模の経済（economies of scale）　73, 81, 108, 136, 166, 227
規模の不経済　232
疑問符（question marks）　364
キャズム（chasm）　272
キャッシュフロー　331, 355
　　——に影響する要因　359
　　——のバランス　356
脅威（Threats）　41
業界の構造分析　44, 68, 70
　　——に関する注意事項　92
業界の収益性　68
　　——を左右する要因　73
狭義の多角化　317
供給業者　72
共生的チャレンジャー　237
競争圧力　392, 427
競争均衡（competitive parity）　37, 58, 158, 171, 213, 421
競争戦略（competitive strategy）　ⅱ, 9, 53, 67, 294
　　——の基本方針　9
競争ポジション　227, 228
　　——の類型　227
競争優位　10, 37, 100, 158, 172, 210, 421
　　——の源泉の解明とその維持　9
　　——の定義　37
競争劣位（competitive disadvantage）　37
クチコミ（word of mouth）　155, 273

経営資源と成長性・収益性　351, 352
経営資源　46, 73, 84, 185, 309, 322, 347
経営戦略　2
　　——の階層　6
　　——の策定・実行プロセス　431
　　——の定義　2, 3
経営理念　307
計画された戦略　18
経験曲線効果（experience curve effect）　32, 171
経験効果（experience effect）　52, 73, 81, 120, 166, 171
　　——追求型戦略　184
　　——追求型戦略の注意点と限界　184
　　——の定義　171
経験財　155
経済価値（Value）　58
経済性セグメント　248
形式知　63
系列企業　389
系列取引　404, 426
経路依存性（path dependency）　56
怪我の功名　17, 432
結合生産物　169, 321, 327
ゲーム・アプローチ　54
限界費用　4, 71, 138
顕示効果　227
健全な赤字　371
限定された合理性（bounded rationality）　396
現場の人（man on the spot）　401
コア・コンピタンス　311, 413
後期多数採用者（late majority）　271
広義の多角化　317
広告　151, 233
交差弾力性　124
合成効果　323, 330
行動的基準　129
後発者の不利益　82
広報活動　154
後方統合　74, 86, 320, 389
小売業者　74, 87, 145, 156
　　——のタイプと数　147
コーペティション（coopetition）　95
互換性　86, 114
顧客価値　194

——と企業収益　220
　　——と競争優位　210
顧客機能　299
顧客セグメント　129
顧客層　299
個人的知識　401
コスト　4, 81, 232
　　——／パフォーマンス比　74
　　——優位　18, 32
　　——・リーダー　164
　　——・リーダーシップ　164, 185
固定費用（fixed cost）　167
　　——の拡散効果　167
コミットメント　395, 436
コモディティ　51, 85
コモディティ化　51, 143
コングロマリット・ディスカウント　358

〈サ行〉
サービスの束　140
サイクル循環型　282, 285
サイクル複合型　282, 283
在庫費用　73
再焦点化（refocus）　349, 417
財務キャッシュフロー　357
採用遅滞者（ラガード laggards）　271
サプライチェーン・マネジメント（Supply Chain Management; SCM）　150
サプライヤ　54, 58, 94, 390, 407, 422
差別化　9, 51, 77, 124, 194, 210, 238
　　——の定義　124
産業組織論　70, 210
残存者利益　279
参入障壁　49, 73, 80, 99
支援活動　11
時間圧縮の不経済（time compression diseconomies）　56
事業構成　9, 294, 316, 365, 416
事業戦略（business strategy）　9
事業の定義　294, 298
事業部　8
　　——制組織　8
資源　2
　　——アプローチ　53, 64
　　——先行型　43

　　——蓄積　43, 54, 334, 429, 438
　　——展開パターン　345
　　——に基づく企業観（resource-based view of the firm）　44
　　——・能力の制約　438
　　——・能力の模倣可能性　52
自己成就的予言　289
事後的合理性　433
事後的パターン　19
　　——としての戦略　14, 431
事実上の業界標準（de facto standard）　88, 274
市場　391
市場再拡大　276
市場シェア　197, 231
　　——の意味　227
市場構造（Structure）　71
市場行動（Conduct）　71
市場成果（Performance）　71
市場と組織　392
市場取引　392
　　——のデメリット　393
　　——のメリット　392
市場リーダー　229, 331, 363
事前計画としての戦略　14, 19, 431
持続的イノベーション（sustaining innovation）　216
持続的競争優位　62
実現された戦略　18, 55, 433
シナジー効果　325, 375, 417
支払条件　157
搾り取る　370
指名買い　87, 156
社会的複雑性　52, 57
ジャスト・イン・タイム（just-in-time）　58, 391, 440
収益ポテンシャル　37, 45, 58, 69
収益率　68, 197, 372
収穫逓減　232
習熟率　107, 173, 264
集中度　73, 76, 102
集中マーケティング（focused marketing）　136
集約型（constrained）　345
需要の価格弾力性　124, 157, 238
需要の交差弾力性　124

451

準市場　405
順序的な依存関係　390
準組織　405, 425
上位集中度　76
上級移行　144
勝者総取り（winner takes all）　269
少数性　396
承認図方式　405
消費者選好　200
情報活用　397, 399, 401
情報共有　399
情報的資源　46
　　――のダイナミズム　328
　　――の多重利用と誘発　329
　　――の同時多重利用可能性　328
情報の質向上　401
情報の非対称性　394, 418
商流　145
初期少数採用者（early adopters）　270
職能　11
進化能力　60, 439
新規参入の脅威　71, 80
人口統計的基準　129
深層の競争力　47, 203, 421
浸透価格政策（penetrating pricing policy）　105, 182, 267, 371
信用取引条件　157
心理的基準　129
衰退期　262, 275, 359
垂直型　345
垂直的差別化　210
垂直統合（vertical integration）　8, 86, 98, 317, 389, 397, 415
　　――の定義　389
　　――のデメリット　403
　　――のメリット　397
垂直比率　345
スイッチング・コスト　52, 73, 77, 281
水平的差別化　210
　　――による新しい価値　213
スキーマ　436
　　――の逆機能　436
隙間市場　243
すり合わせ　79, 422
生産者余剰　70

生産性のジレンマ（productivity dilemma）　187
成熟期　262, 274, 359
製造品質　203
静態的能力　60, 439
成長期　262, 269, 359
　　――の定石的マーケティング・ミックス　273
成長率　73, 76, 263, 351, 359, 385
静的（スタティック）な相補効果　330
製品（Product）　138
　　――系列（ライン）　144
　　――バラエティ　143
製品ポートフォリオ・マトリックス（Product Portfolio Matrix）　361
製品ポートフォリオ・マネジメント（Product Portfolio Management; PPM）　ii, 9, 330, 355, 359
　　――からの戦略上の示唆　367
　　――の功績　371
　　――の問題点と限界　372
製品ライフサイクル　172, 182, 256
　　――に関する注意事項　282
　　――の段階別特徴　256
セグメンテーション（市場細分化）　129
　　――の基準　129
設計品質　203
セミ・フルカバレッジ　242
前期多数採用者（early majority）　271
専業型　345
先行者優位（first mover advantage）　10, 52
全国ブランド　98
潜在的収益性　75, 93, 97
潜在的な新規参入企業　72, 81
全社戦略（企業戦略）（corporate strategy）　ii, 8, 294
戦術（tactics）　2
戦術的マーケティング計画　127
選択と集中　314, 336, 349, 371
前方統合　74, 320, 389
戦略（strategy）　2
戦略キャンバス（strategy canvas）　214
戦略キャンバスと価値曲線　213
戦略グループ（strategic group）　45, 97
戦略事業単位（Strategic Business Unit; SBU）

375
戦略審美眼　ii, 443
戦略スキーマ　437
戦略的マーケティング計画　127
戦略と資源の不均衡　336
「戦略不全」症候群　441
操業停止点　77
相乗効果（synergy effet）　323
相対市場シェア　360
相対的価格　199
相対的品質　199
相対優位　49
創発的戦略（emergent strategy）　19, 55
創発的戦略形成プロセス　431
相補効果（complementary effect）　323
組織　391
組織慣性　439
組織的知識創造プロセス　63
組織的な学習　32
組織能力（organizational capabilities）　46, 215, 239, 421, 436
組織の〈重さ〉　442
組織ルーティン　47, 439
損益分岐点　77

〈タ行〉

ターゲット（標的）　128
　　──選定（ターゲティング）　136
退出障壁　73, 80
代替技術　299
代替品　72, 88
　　──の脅威　71
ダイナミック・シナジー　331
貸与図方式　405
多角化（diversification）　i, 8, 171, 317
　　──企業の資源配分　355
　　──と経営成果　336, 351
　　──の合成効果　320
　　──の定義　317
　　──類型　345
多数採用者　271
脱成熟（de-maturity）　276, 374
単位当たり費用　166
単一ターゲット・アプローチ　137
弾力性　124

知覚品質　198
　　──と収益性（PIMS研究）　196
知識創造　63
知識における活動の境界（knowledge partitioning, knowledge boundary）　428
知識に基づく企業観（knowledge-based view of the firm）　64
知識の境界　424
チャレンジャー　228
　　──の戦略定石　237
　　──の戦略目標　237
　　──の定石的マーケティング・ミックス　242
中間組織　392, 404
直接対決　233
直接販売（直販）　145
地理的基準　129
強み（Strength）　41
テイラード・マーケティング（tailored marketing）　137
適合（fit, congruence）　39
適合品質　47, 203
撤退　80, 275, 370
デフレータ　173, 190, 387
デモグラフィック基準　130
等価値曲線　200
統合知識　428
投資キャッシュフロー　357
投資収益率（Return on Investment; ROI））　197
同質化　234
動態の取引費用（dynamic transaction cost）　424
動態的能力（dynamic capability）　59
導入期　262, 266
トービンのq　353
特異的シナジー（idiosyncratic synergy）　424
独自能力　392
独占的利潤　71
特化率　345
トップ・マネジメント　8
　　──の供給不足　441
　　──の戦略的意思決定能力の減衰　441
ドミナント・ロジック（dominant logic）　439
ドメイン・コンセンサス（domain consensus）

453

313
ドメイン定義　312
共食い（カニバリゼーション）　105, 145, 239
取引可能性　50
取引コスト（transaction cost）　395
取引特殊的資産（transaction specific asset）　394
取引費用の経済学　398

〈ナ行〉

内部資源　5
中抜き　145
ニーズ　128
ニッチ　137, 243
ニッチャー　137, 228
　　——の戦略定石　243
　　——の定石的マーケティング・ミックス　244
日本標準商品分類　317
ネットワーク外部性　267, 268
粘着的情報（sticky information）　401
能力構築　49, 59, 429
能力構築競争　60

〈ハ行〉

ハーフィンダル指数　76
花形（stars）　363
パブリック・リレーションズ（Public Relations）　154
バラエティによる差別化　210
パラダイム　437
範囲の経済（economies of scope）　81, 166, 321
販売員活動　153
販売促進　151
非関連型　345
ビジネス・モデル　68, 105, 215, 422
ビジョン　308
標準価格　157
表層の競争力　47, 203, 421
品質・価格曲線　200
品質による差別化　210
品質プロフィール　203, 222
品目（アイテム）　144
フォロワー　228

　　——の戦略定石　247
付加価値　11
普及のボトルネック（隘路）　266
不均衡ダイナミズム　336
副産物　169
プッシュ型　156
物的資源　46
物流　145
　　——システム　149
部品知識　427
ブランド　52
フリー・キャッシュフロー　357
フリーミアム（freemium）　144
フリーライダー　443
ブルー・オーシャン戦略　213
プル型　156
フル・カバレッジ　236
フルライン　136
プレミアム（premium）　201
プロセス型戦略　434
プロモーション（Promotion）　138, 151
　　——政策（プッシュ型とプル型）　156
分化型マーケティング（differentiated marketing）　136
分析型戦略　434
分析麻痺症候群　376
分断的イノベーション（distruptive innovation）　105, 216
文脈情報　402
平均（average）　201
閉鎖型チャネル政策　150
変動費　167
ホールドアップ　394
補完財　78, 95, 160, 268
ポジショニング・アプローチ　45, 53
ポジション　14
補助的ケイパビリティ（ancillary capability）　424
補助的サービス　140
ボストン・コンサルティング・グループ（Boston Consulting Group; BCG）　16, 359
本業中心型　345
本質的コア（intrinsic core）　424
本質的サービス　140

454

〈マ行〉

マークアップ方式　179
マーケティング　127
　——の定義　127
マーケティング・ミックス（4 Ps）　129, 138
　——の一貫性　161
マーケティング戦略　126, 127
　——の定義　128
埋没費用（サンク・コスト）　233, 239, 394
負け犬（dogs）　363
マス・カスタマイゼーション（mass customization）　137
見えざる資産　46, 54, 330
見える手による競争　426
ミドル・アップダウン・マネジメント　435
未利用資源　169, 320
　——の有効活用　322
無差別曲線　200
無差別マーケティング（mass marketing）　136
メイク・オア・バイ（make or buy）　390
目的合理的　43
目的—手段の連鎖　6
目標設定　43
モジュラー型アーキテクチャ　113
模倣可能性（Imitability）　49, 58
問題児（problem children）　363

〈ヤ行〉

予測可能性　433
弱み（Weaknesses）　41

〈ラ行〉

ラインの幅　144
ラインの深さ　144
リーダー　227, 228
　——の戦略定石　231
　——の戦略目標　231
　——の定石的マーケティング・ミックス　236
利益パフォーマンス　47
利益マージン　11, 179
リスク分散　320
リストラクチャリング（事業構造改革）　336, 349
立地モデル　211
流通（Place）　138
　——チャネル　145
ロイヤリティ　77
ロジスティクス　149

〈ワ行〉

ワンツゥワン・マーケティング（one-to-one marketing）　137

〈著者略歴〉
網倉久永（あみくら・ひさなが）
上智大学経済学部経営学科教授
1962年生まれ、90年一橋大学大学院商学研究科博士後期課程単位取得、同年千葉大学法経学部経済学科専任講師、92年千葉大学法経学部経済学科助教授、97年上智大学経済学部経営学科助教授、2000年より現職。
主な論文に「生産システムの学習メカニズム」『ビジネスレビュー』、「組織変化に関する諸見解──メタ理論的検討」『千葉大学経済研究』、「対話としての競争──電卓産業における競争行動の再解釈」『組織科学』（共著者、沼上幹・浅羽茂・新宅純二郎）、「組織研究におけるメタファー：非決定論的世界での組織理論に向けて」『組織科学』、「組織の自律的ダイナミクス：順機能と逆機能」『一橋ビジネスレビュー』などがある。

新宅純二郎（しんたく・じゅんじろう）
東京大学大学院経済学研究科教授
1958年生まれ、89年東京大学大学院経済学研究科博士課程単位取得、同年学習院大学経済学部専任講師、90年学習院大学経済学部助教授、93年東京大学経済学博士取得、96年東京大学大学院経済学研究科助教授、2012年より現職。
主な著書に『日本企業の競争戦略』（有斐閣）、『日本の企業間競争』（共編著、有斐閣）、『デファクト・スタンダードの本質』（共編著、有斐閣）、『競争戦略のダイナミズム』（共編著、日本経済新聞出版社）、『ゲーム産業の経済分析』（共編著、東洋経済新報社）、『中国製造業のアーキテクチャ分析』（共編著、東洋経済新報社）、『コンセンサス標準戦略』（共編著、日本経済新聞出版社）、『フリーコピーの経済学』（共編著、日本経済新聞出版社）、『ものづくりの国際経営戦略』（共編著、有斐閣）などがある。

マネジメント・テキスト
経営戦略入門

2011年5月13日	1版1刷
2023年4月17日	20刷

著　者　　網　倉　久　永
　　　　　新　宅　純 二 郎

©Hisanaga Amikura, Junjiro Shintaku, 2011

発行者　　國　分　正　哉
発　行　　株式会社日経BP
　　　　　日本経済新聞出版

発　売　　株式会社日経BPマーケティング
　　　　　〒105-8308　東京都港区虎ノ門4-3-12

装丁・本文設計　川畑博昭
印刷・製本　シナノ印刷

ISBN 978-4-532-13403-7

本書の無断複写・複製（コピー等）は著作権法上の例外を除き、禁じられています。
購入者以外の第三者による電子データ化および電子書籍化は、私的使用を含め一切認められておりません。
本書籍に関するお問い合わせ、ご連絡は下記にて承ります。
https://nkbp.jp/booksQA

Printed in Japan